Anna Wimschneider
»Ich bin halt eine vom alten Schlag«

Anna Wimschneider
»Ich bin halt eine vom alten Schlag«

Geschichten vom bäuerlichen Leben einst und jetzt

Zusammengestellt von Katharina Meschkowski
unter Mitarbeit von Albert Wimschneider
Mit 31 Farb- und 61 Schwarzweißfotos von Bettina Böhmer

Piper
München Zürich

ISBN 3-492-03393-8
© R. Piper GmbH & Co. KG, München 1991
Umschlag: Federico Luci
unter Verwendung eines Bildes von Erika Hausdörffer
Gesetzt aus der Baskerville-Antiqua
Gesamtherstellung Kösel, Kempten
Printed in Germany

Inhalt

5

Januar

Ist der Januar kalt und weiß
kommt der Frühling ohne Eis

Wächst das Gras im Januar
wächst es schlecht im ganzen Jahr

Wie mir die Meieredermutter das Kochen gelernt hat

Anna Die Meieredermutter war immer freundlich zu mir. Wie ich das Kochen hab lernen müssen, ist sie jeden Tag zu mir gekommen und hat gesagt, so Dirndl, jetzt geh mit, heut kochen wir wieder was.

Dann haben wir was gekocht. Wir haben Strudel gemacht und Dampfnudeln, einfach alles, auch einen Schmarrn, einen Kaiserschmarrn. Ich hab gesagt, wieviel Eier tut man denn da rein? Und sie hat gesagt, wenns große sind, brauchst grad fünf reintun, wenn kleine auch dabei sind, dann kannst sieben, acht reintun.

Wie ich in die fünfte Klasse gegangen bin, hab ich schon alles mögliche kochen können. Dampfnudeln und Rohrnudeln und so.

Die Buben hätten am liebsten immer gleich welche essen mögen, um fünf abends schon. Da hab ich die Nudeln immer behüten müssen. Ich hab gesagt, ich sags dem Vater, wenn du eine ißt, die gehören für abends und aus! Wir haben manchmal einen Kaffee dazugemacht oder Dickmilch dazu gegessen.

Im Sommer haben wir Heidelbeeren gesucht und sie eingeweckt, die Meieredermutter und ich. Die Buben haben immer ins Regal raufgeschaut, wenns nur keiner sehen tät, dann würden wir alles runterholen! Aber die waren ja noch zu klein, die hätten eine Bank gebraucht zum Draufsteigen.

Wenn die Nudeln fertig waren, hab ich sie, weil das besser war für die Kinder, immer rausschaufeln müssen, und das untere, das Braune, in die Höhe. Da waren so achtzehn, zwanzig Nudeln drin. Aber schöne breite, große Nudeln! Die Kinder sind vorher schon um den Tisch herumgestanden, nicht gesessen, weil, sonst hätten sie ja nicht reingeschaut, die ganze Linie. Erst haben wir mal das Tischgebet gebetet, das haben wir nie auslassen dürfen. Manchmal waren die Dampfnudeln noch zu wenig. Dann hats Kletzen als Zuspeise gegeben.

Die Kletzen haben wir durch den Fleischwolf durchgedreht, erst den Stengel und das Kernhaus weg, dann sind die ganz fest gewesen, aber nicht vertrocknet. Wenn man sie gebissen hat, dann hat man einen Biß gehabt, da hat man was im Mund gespürt! Wir haben Wasser zu den Kletzen dazugeschüttet und haben das zu den Dampfnudeln gegessen. Gutes Essen haben wir immer gehabt. Das sagen meine Geschwister heute noch. – Mei grad, wenn du oft nur einmal mehr gemacht hättest!

Wie ich in die fünfte Klasse gegangen bin, hab ich schon alles mögliche kochen können.

11

Die Rauhnächte

Anna Damals wurden noch viele Bräuche eingehalten, die man jetzt vergessen hat. Da waren im Winter die Losnächte, in denen die bösen Geister Macht hatten, so eine Nacht war vor den Heiligen Drei Königen. Sie hieß auch die Rauhnacht.

Am Morgen in der Kirche hat der Pfarrer das Dreikönigswasser geweiht, auch Weihrauch und Kreide. Das alles wurde am Abend in den Häusern gebraucht, um das Haus auszusegnen. Dann hat der Vater am Abend glühende Holzkohle in das Bügeleisen getan und einige von den geweihten Weihrauchkörnern draufgestreut. Es kamen Wolken aus dem Bügeleisen, und nun ging der Vater mit uns Kindern durch alle Räume des Hauses, durch den Stall und alle Gebäude, um so die bösen Geister zu vertreiben. Ich trug das Weihwasserkesselchen und durfte mit einem Buchsbaumzweiglein Weihwasser hinsprengen, wo der Vater geräuchert hat. Mein Bruder Franz, der der Älteste und Größte war, hatte die geweihte Kreide dabei. Damit durfte er an allen Türen die Anfangsbuchstaben der Heiligen Könige anschreiben. K für Kaspar, M für Melchior und B für Balthasar. Zwischen jedem Buchstaben wurde ein Kreuz gezeichnet, dazu kam noch die Jahreszahl. Das sah dann so aus: 19 K + M + B 28.

Das Wasser ist mit einer sehr kräftigen Weihe geweiht worden, ein ganzer Zuber voll. Das Dreikönigswasser ist wirkungsvoller als gewöhnliches Weihwasser, und alle Leute haben Flaschen mit nach Hause genommen.

Wenn wir zur Schule gegangen sind, hat uns die Mutter immer das Kreuzzeichen auf Stirn, Mund und Brust gemacht, auch am Abend vor dem Schlafengehen. Das habe ich später auch mit meinen Kindern gemacht, dann haben wir zusammen das Abendgebet gesprochen.

In dieser Nacht war auch das Rauhnachtsingen. Ich hab da nie mitgehen mögen, ich hab mich gefürchtet. Die Buben sind oft gerannt, sind davongelaufen, und ich hab geschrien, aber die haben sich nicht mehr gemeldet. Wenn wir dann heimgekommen sind, haben die Buben mehr zusammengesungen gehabt als ich.

Da ist man bei den Leuten draußen vorm Fenster gestanden und hat gesungen. Nachher ist wer rausgekommen, meistens haben sie ein Hoflicht geholt oder eingeschaltet, da hat ein jeder gesehen, wers ist. Verkleidet waren wir nur ein bißerl, mit Sachen, die kaputt waren. Bloß so, nicht als Könige. Und gesungen haben wir »Stille Nacht«, ein Nikolauslied, und was man allgemein halt gesungen hat. Geld hats keines gegeben, nur Essen, Kletzen und Schmalzgebackenes.

Ich bin schon mitgegangen, aber wenn wir in der Nähe von unserm Hof waren, bin ich schnell heimgelaufen, weil ich mich gefürchtet habe. – Es könnte ja in der Nacht ein böser Geist draußen sein, gell? Aber die Buben haben oft so viel heimgebracht, so viel Schmalzgebackenes, daß wir es auf einmal gar nicht haben essen können!

Winterarbeit auf dem Bauernhof

Albert   Im Winter, an Tagen, wo schlechtes Wetter war, hat man aus Birkenreisern Besen gebunden. Da brauchte man im Jahr so dreißig bis fünfzig Stück.

Anna   Die hat man im Haus genauso genommen wie im Stall.

Albert   Überall gabs die Selbstgebundenen. Aus Weidenruten wurde das Bindeband gemacht, Draht war nicht erlaubt, denn die Bauern hatten Angst, Drahtstückchen könnten verlorengehen und kämen ins Futter. Die Tiere hätten das aufgefressen, und dann hätte es unter Umständen eine Notschlachtung gegeben. Man hat also von diesen gelben Weiden, die um jeden Bauernhof standen, Ruten abgeschnitten und hat sie gespalten, ganz dünn ausgehobelt, daß man sie zum Binden nehmen konnte.

Anna   Da hat es extra ein Messer gegeben, wo links und rechts so ein Griff dran war. Dann hat man noch eine Bank gehabt, die Schnitzelbank.

Albert   Auf der Schnitzelbank hat man auch den Rechen repariert, Holzschuhe gefertigt und diese Besen zum Binden vorbereitet. Die hat man ganz straff gebunden und hat sie dann so gelagert und beschwert, daß sie breit wurden. Wer einen runden Besen macht, der versteht nichts vom Besenbinden! Der Besen muß beschwert werden, daß er platt wird, der braucht eine breite Kehrfläche.

Anna   Auf so einer Schnitzelbank haben die Bauern auch Körbe selber gemacht, die Schwingen, und dann noch die großen Körbe zum Tragen auf dem Rücken.

Albert Das war Winterarbeit. Gemacht hat das der Korbflechter, der »Körblzainer«, das heißt Korbzäuner. Der kam auf die Höfe und hat das gemacht. Dafür nahm er ein spezielles Holz. Entweder Eiche, astfrei, oder die Salweide, die auch die Palmkätzchen bringt. Die Besen haben aber die Bauern selber gemacht, dafür ist der Korbflechter nicht extra gekommen.

Anna Dann haben die Mägde auch Federn spleißen müssen. Das war ganz wichtig. Die Bauern hatten ja Enten und Gänse. Man hat Betten gemacht für die Aussteuer und als Vorrat. So viele übereinander in der guten Stube, daß sie fast erstickt sind. Und wenn das Wetter schön war, hat man die Betten ausgelüftet.

Federnspleißen ist, wenn man die Federn in der Mitte teilt und den Federkiel dann wegtut. Der Kiel wird weggeschmissen und die Federn kann man brauchen. Hühnerfedern sind nicht gut, die brechen, die taugen nichts. Aber Gänse- und Entenfedern. Am besten sind die Gänsefedern. Daraus kann man die besten Betten machen. Ich hab meine Betten selber gemacht, und auch für meine Geschwister. Die Bauern haben damals ihre Betten alle selber gemacht, aber heute gibt es fast keine Gänse oder Enten mehr auf den Höfen.

Wenn der Kiel abgeschnitten war, hat man die Federn in Säcke getan, in Jutesäcke. Die sind dann in der Sonne aufgehängt worden. Oder, wenn man Brot gebacken hat, dann hat man die Säcke auch mal in den Backofen reingetan, wenn der noch heiß war. Dann werden sie spröde und gehen richtig auf. In den Backofen tut man sie zum Trocknen, damit kein Ungeziefer nicht mehr reinkommt. Die riechen dann nicht mehr nach Gans, die riechen nur noch nach Federn. Dann werden sie wieder in die Sonne gehängt. In den Monaten, wo ein ›r‹ dabei ist, darf man keine Betten raushängen. Zuletzt muß man schauen, ob bei den Federn noch Kiele dabei sind, die muß man dann spleißen, sonst stichts, die stoßen überall durch.

Albert Wenn es soweit ist, dann wird aus diesen Federn ein Bett gemacht. Nämlich ins Inlett gefüllt, in ein Kissen abgefüllt und dann in der »Schönen Kammer« aufgestapelt. Die »Schöne Kammer« ist, wo man sitzt, wo niemand schläft.

Anna Da wo aufgeräumt drinnen ist, wo ein Glaskasten drin steht, wo ein schönes Geschirr drinnen ist und Schmuck.

Albert Das ist die Aussteuer, die die Braut mitgebracht hatte. Die Betten werden dort aufgestellt und dazu dieser Schrank, den sie bekommen hat. Da sind dann die Glassachen drin, Geschirr und so weiter, die »Versehgarnitur« ist auch immer dabei.

Anna Die Knechte und Mägde haben die schlechtesten Zudecken gehabt. Da war oft das Inlett schon brüchig. Ich hab doch auch einmal in Dienst gehen müssen. Da habe ich ein dermaßen schlechtes Bett gekriegt, also beim ersten Mal zudecken waren schon die Federn unter meinem Hintern! Da ist ein Loch drin gewesen, und wenn man das Bett raufgezogen hat, damals wars auch noch Winter, dann hat man Federn bei den Füßen und unterm Arsch gehabt, aber bloß dort nicht, wo man es gebraucht hätte. Und so schwere Federn waren das! Die sind noch nie an die Luft gekommen. Und das sind ja keine Gänse- oder Entenfedern gewesen, für die Dienstboten haben es auch Hühnerfedern getan. Da braucht man keine so guten Betten nicht! Die Hausleute haben natürlich schon bessere Betten gehabt, aber die Dienstboten, die müssen ja so auch arbeiten! Jeden Tag hab ich mich abends hingesetzt und bei einer kleinen Petroleumlampe das Loch zugeflickt, das in der Nacht wieder gerissen ist. Da war kein Überzug auf dem Bett.

Albert Da war es kalt in den Knechte- und Mägdekammern, daß der Rauhreif an den Wänden war, und die Betten waren ganz klamm.

Anna Wenn man nur geschnauft hat, dann ist das Bett gefroren. Das war ganz hart vor Frost. So schlechte Betten wie ich da gehabt habe... Da war ich noch ganz jung, so 15, 16 Jahre! Da hab ich Kühe melken müssen, auf dem Feld Mist einreiben mit dem Rechen, Maulwurfhaufen angleichen, daß die Wiese eben war. Und bevor man dann ins Bett gegangen ist, hat man noch sein Inlett flicken müssen...

Ich war nicht lange bei denen, wir hatten ja daheim auch genug Arbeit. Aber der Vater hat gesagt, daß du mal siehst, wie es bei anderen Leuten ist.

16

Wie unser Tag vergeht

Anna Jetzt darf ich in der Früh länger schlafen, weil wir kein Vieh mehr haben.

Albert Da kommt sie um sieben mal langsam runter…

Anna Wenn ich zu früh aufstehe, dann nörgelt er schon wieder, wärst du halt liegengeblieben, du gehst gar nicht ab, du könntest leicht noch liegenbleiben. Also gut, dann bleib ich noch liegen. Und wenn ich runterkomm, dann hat er schon das Frühstück vorbereitet, Leberwurst, oder Weißwurst und Kaffee und Kuchen – was da ist, hat er alles schon vorbereitet. Ich eß gern eine heiße Milch mit Brot, das tut er dann schon einbrocken.

Morgens werde ich also erstmal verwöhnt. Dann geh ich zum Nachbarn Milch holen. Wenn ich gar nicht gut beieinander bin, dann geht er, und wenn ich besser beieinander bin, dann geh ich selber. Dann fragen sie, wies geht, was man so macht, und zeigen mir, was sie wieder alles gebaut haben, daß die Viecher jetzt so stehen, und früher sind sie anders gestanden, und was auf dem Hof los ist. Dann kommt die Bäuerin noch raus und fragt, wie gehts dir denn jetzt? Ach, hab ich gesagt, mir gehts gut.

Heute hab ich grade das Buch dabei gehabt, daß sies sehen, das »Goldene Taschenbuch«, das ich vom Verlag bekommen habe. Die haben ja keine Ahnung von so einem Buch, weils im Goldschuber drinnen ist. Mei, haben die große Augen gekriegt, haben es gewogen, wie schwer daß es ist, sowas hat ja noch niemand bei den Bauern gesehen! Später bringen wirs in die Bank in den Safe.

Im Winter muß ich meine Blumen im Haus pflegen. Da geht mal wieder eine kaputt, dann derbarmt sie mich recht. Aber weil ich eben so viel Blumen möchte, muß ich mir wieder eine neue kaufen. Die Blumen müssen gekürzt und saubergemacht werden. Aber ich hab auch draußen schon ein bißchen vorgesorgt und ein bißchen Mist draufgetan auf die Blumen, daß es nicht so kalt ist. Ich freu mich schon auf den Frühling, da tu ich wieder alles mögliche einpflanzen, da tu ich dann jeden Tag wieder garteln.

Wenn ich müd bin, leg ich mich mal eine Stunde oder zwei aufs Kanapee. Das muß ich, wenn ich mich da nicht hinleg, ist der Albert direkt böse.

Dann muß ich für uns kochen, wir mögen ja auch jeden Tag was Frisches essen. Flicken tu ich auch noch, mit der Nähmaschine, mit der Hand nicht mehr so viel, nur Strümpfe stopfen. Bei uns wird nichts weggeworfen, wir

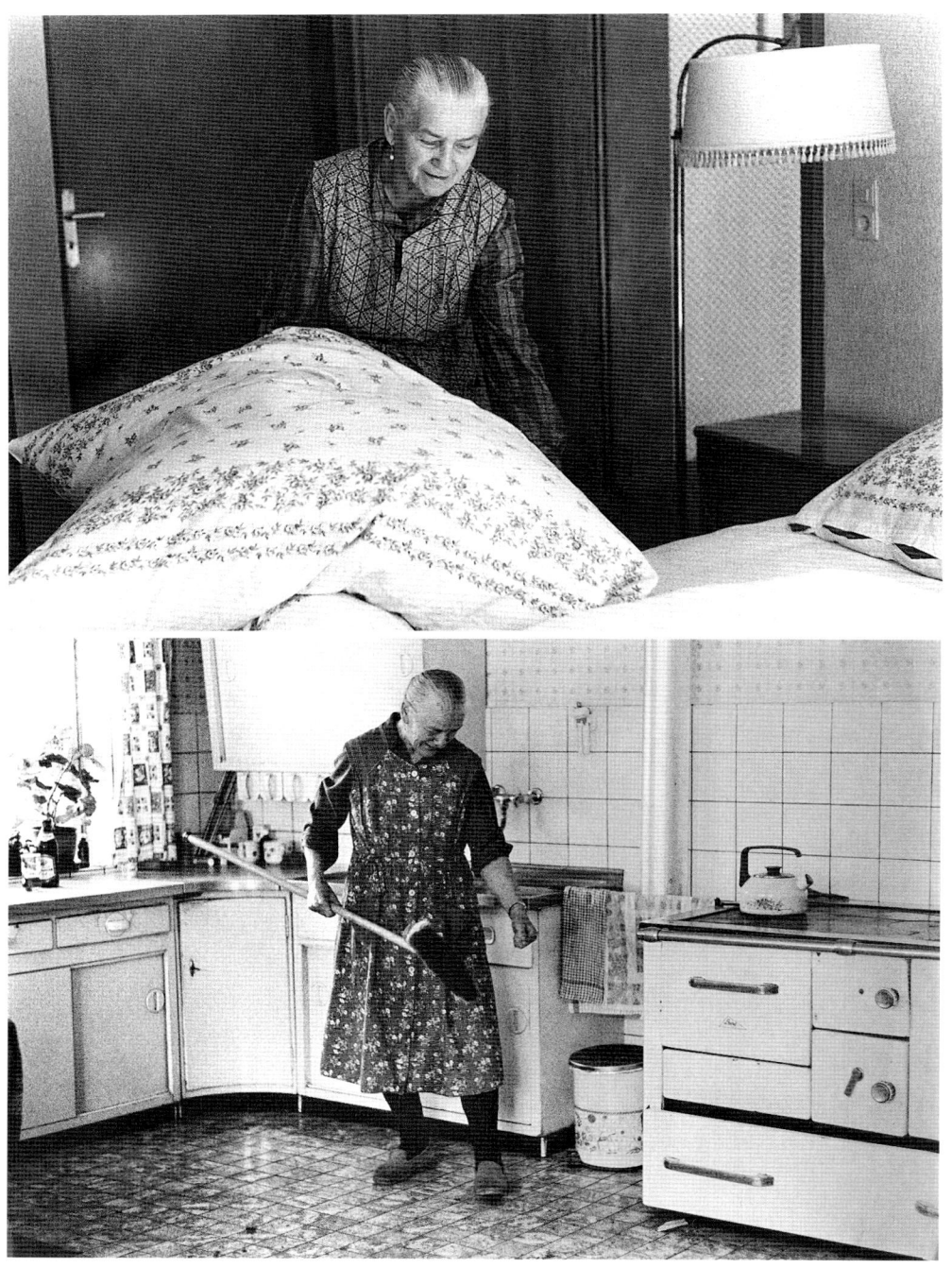

18

sind es so gewöhnt, daß man es immer wieder herrichtet. Bei der Bauern-
arbeit ist es ja gleich, ob es neu oder gestopft ist. Das wird eh alles wieder
dreckig. Ich hab Strümpfe, die hab ich schon gehabt, wie ich noch ledig
war. Die gibts immer noch. Die werden vorn mal wieder angestrickt, oder
eine neue Ferse reingestrickt... Ich bin halt eine vom alten Schlag.
Albert Und alles wird aufgehoben. Jedes Stück Schnur, jede Plastiktüte, es
ist zum Kotzen!
Anna Er tät alles wegwerfen. Ich sag allweil, man kann alles wieder brauchen.

Dampfnudeln

In ¼ l Milch, lauwarm, 20 g Hefe einbröckeln und mit einem ½ Eßl. Zucker
vermischen. Wenn die Hefe aufgegangen ist, rührt man sie in ½ Pfund
Mehl ein und stellt den Teig warm. Wenn der wieder aufgegangen ist,
kommt nochmal ½ Pfund Mehl dazu, 1 Ei und eine Prise Salz. Den Teig
deckt man warm zu und läßt ihn wieder gehen. In dieser Zeit schält man die
Äpfel und schneidet flache Schnitze, soviel, daß der Boden vom Tiegel
bedeckt wird. Ein flacher Tiegel mit gut schließendem Deckel ist geeignet.
Man macht reichlich Butterschmalz darin heiß, in den nun die Apfelschnitze eingestreut werden.

Den Teig formt man, nachdem er wieder gegangen ist, zu semmelgroßen
Stücken, legt diese aufs Nudelbrett, wo sie nochmals kurz gehen. Nun ist
das Fett heiß, man setzt die Nudeln in den Tiegel, gibt noch ¼ l warme
Milch dazu und deckt ihn zu. Die Hitze sollte nicht zu stark sein. Die
Dampfnudeln sind Glutsitzer. Nun, da diese im Tiegel sind, darf man den
Deckel nicht anheben, um nachzuschauen, sonst fallen sie zusammen. In
einer knappen halben Stunde sind sie fertig, man hört es am Brutzeln. Vom
Feuer nehmen und auf den Tisch. Wartet man zu lange, brennen sie durch
die Nachhitze noch an.

Man gibt Johannisbeeren, Reineclauden, Zwetschgen oder Kompott
dazu, je nach Geschmack.

Hefeteig:
1 Pfund Mehl
½ l Milch
20 g Hefe
1 Prise Salz ½ Eßl. Zucker
1 Ei

100 g Butterschmalz
Apfelschnitze von
2–3 Äpfeln
dazu Zwetschgen, Kletzen
und anderes

19

Februar

Viel Regen im Februar
regnets das ganze Jahr

Wenns zu Lichtmeß stürmt und schneit
ist der Frühling nicht mehr weit

Ich wär gern länger in die Schule gegangen

Anna   Ich wär gern länger in die Schule gegangen. Ich hab gute Noten gehabt.

Ich hab direkt geweint, wie die anderen in die Schule gegangen sind und ich hab daheim bleiben müssen. Schnell, schnell, hats immer geheißen, du mußt das und das tun. Dann sind ja noch die ganz Kleinen dagewesen, die noch im Wagerl drin waren. Und die anderen sind auf dem Kanapee gelegen und haben geweint. Die größeren Buben sind in die Schule gegangen. Meine Schwester hat ihre normale Schulzeit von sieben Jahren gemacht.

Nur ich bin die gewesen, die eher hat rausmüssen. Und dann noch drei Jahre Sonntagsschule! Ich bin bloß fünfeinhalb Jahre in die Schule gegangen, in die Werktagsschule. Dann hab ich dafür drei Jahre in die Sonntagsschule gehen müssen. Werktags hab ich daheim bleiben dürfen.

In der Sonntagsschule hat man das gleiche gelernt wie in der Werktagsschule, bloß ein wenig härtere Rechnungen, und auch schon mehr von der Landwirtschaft. Die Sonntagsschule war in Neuhofen, da haben wir zwei Schulhäuser gehabt. In das kleine Schulhaus sind wir bis zum dritten Schuljahr gegangen, in das große dann ab dem vierten Schuljahr. Da ist unten ein Schulsaal gewesen und oben auch.

Sonntagsschule war immer am Sonntag. Wenn die Kirche aus war, sind wir in die Schule gegangen.

Am Sonntag waren ja die Geschwister daheim, die schon ganz aus der Schule waren. Da haben die alle miteinander gekocht. Wenn ich heimgekommen bin, war meistens alles aufgegessen. Ich hab halt dann Kartoffeln essen müssen. Du findest dir schon was, hat der Vater immer gesagt. Die Essenszeit war lang vorbei, wenn ich heimgekommen bin. Meistens hat der Franz gekocht.

Der Lehrer war verheiratet und hat drei Töchter gehabt. Von denen hab ich oft die Kleider gekriegt. Das hat mich immer gefreut, weil die so schöne Kleider hatten. Und dann durfte ich die anziehen!

Einmal, da kann ich mich noch gut erinnern, hat der Vater gesagt, trenns dir nur schnell auf, das geht schon noch. Es hat einen ziemlich großen Saum gehabt, den haben wir dann rausgelassen und ich habs eingenäht. Wies dann aber wieder zu kurz war, hat er den Saum einfach aufgetrennt und hat gesagt, du kannst schon so gehen, da hängen keine Fäden nicht

22

raus. Da bin ich halt so gegangen. Wie wir in der Pause gespielt haben, sagt eine, dir hängen die Fäden hinten runter, du hast ja das Kleid nicht eingenäht! Rings um mich rum sind die Kinder gestanden und haben geschaut. Ich seh sie noch stehen und schauen. Hinten und vorn hängen die Fäden weg! Das nächste Mal, hat der Vater gesagt, nähst es dir halt gleich ein.

Für die Buben hab ich immer Hemden machen müssen. Die Näherin, die zu uns gekommen ist, hat mir einen Papierschnitt gemacht, und den hab ich immer drauflegen müssen auf den Stoff, ob auch alles stimmt. Und wie sie wieder einmal gekommen ist, hat sie gesagt, Dirndl, so darfst du das nicht mehr einnähen, das ist nicht schön. Naja, hat der Vater gesagt, für einmal gehts schon. Der hat mir dann wieder geholfen, weil, was kann man schon, wenn man in die vierte Klasse geht?

Wir sind schon wirklich arme Kinder gewesen. Wenn du keine Mutter nicht hast, dann bist du ein armes Kind.

Maria Lichtmeß

Anna An Maria Lichtmeß haben die Dienstboten gewechselt. Das ist das Wichtigste gewesen an Lichtmeß. Dann haben sie ein ganzes Jahr gearbeitet. Wenns ihnen während dem Jahr nicht gepaßt hat, sind sie wieder weggegangen. Aber im großen und ganzen ist der Dienstbotenwechsel nur zu Lichtmeß gewesen. Da ist der eine eingestellt und der andere ausgestellt worden. Da hats dann natürlich auch gutes Essen gegeben. Wenn Lichtmeß war, hat die Bäuerin immer alles mögliche gekocht für die, die neu kamen.

Albert An Maria Lichtmeß war die Kerzenweihe, die war ganz wichtig. Man hat Kerzen im Haushalt gehabt, das waren echte Wachskerzen, die wurden zu Lichtmeß geweiht.

Anna Und Wachsstöcke sind geweiht worden. Wenn die Magd gegangen ist, dann hat sie auch ein Wachsstöckchen mitgekriegt.

Albert Die Magd hat nämlich das Jahr über den Knechten die Betten machen müssen.

Anna Das hat nicht die Bäuerin gemacht, sondern die Magd.

Albert Und dafür war es Ehrensache, daß die Magd zu Lichtmeß einen schönen, kunstvoll gearbeiteten Wachsstock aus dünnen Kerzen bekommt. Der war etwa in der Größe eines Gebetbuches, mit einem schönen Bild drauf.

Die Wachszieher machen sie jetzt wieder, die sind sehr modern geworden. In den unbeleuchteten Kirchen bei der Morgenmesse haben die Frauen früher so ein Wachslichtlein auf ihrer Kirchenbank brennen gehabt. Da konnten sie im Gebetbuch dann gut lesen. Das hatte also durchaus einen praktischen Sinn. Und wenn die Kerzerl nicht stehengeblieben sind, dann haben sie auf die Kirchenbank ein bißchen Wachs hingetropft und sie draufgestellt.

Anna Es war ein besonderer Segen an Lichtmeß, ein besonderer Tag.

Albert Da waren im Februar auch die »Schlenkltag«, das war Dienstag und Donnerstag jede Woche im Fasching, von Lichtmeß an bis zum Faschingsdienstag. Da waren in der Woche jeweils zwei Nachmittage frei. Vormittags wurde gearbeitet. Mittagessen war um elf, eine halbe Stunde später wie sonst, um zwölf war man fertig mit Essen, dann hatten die Dienstboten frei. Die Mägde haben zumeist ihre Wäsche gerichtet, Spazierengehen gab es nicht. Irgendwo zu flanieren war verboten. Das galt als äußerst ungehörig und wäre niemandem in den Sinn gekommen. Die Knechte haben Karten gespielt, sind zu Freunden gefahren und so. Bis Aschermittwoch, dann war Fastenzeit, da war diese schöne Zeit vorbei.

Die Handwerker kamen ins Haus

Albert Der Schreiner kam früher ins Haus. Die Bauern hatten ihre Bretter in verschiedenen Stärken, zwei bis sechs Zentimeter Stärke, die hatten verschiedene Bezeichnungen. »Bredl« waren die Bretter von zwei Zentimeter Stärke. »Lohn«, also Laden, das waren die drei Zentimeter starken. Dann kamen die »Plettna«, die Plochen, die waren fünf, sechs oder acht Zentimeter stark. Das war meistens Hartholz. Eiche oder so. Dann haben die Bauern auch Kirschbaumholz gehabt für Tische und Möbel, das haben alles die Schreiner gemacht. Die hatten noch keine Maschinen, die haben alles mit der Hand gehobelt. Heute gibts das gar nicht mehr, die haben alle aufgehört.

Das Werkzeug, Sensen und so weiter, hat man gekauft. Eine Sensenschmiede gabs bei uns nicht. Die haben bei uns Hausierer gebracht. Da kam der Wetzstein-Hans. Der hatte Wetzsteine und Sensen zu verkaufen. Im Frühjahr ist er von Hof zu Hof gegangen und hat Sensen und Wetzsteine verkauft. Das ist nach dem Krieg noch so gewesen. Da kamen aus Westfalen diese Fabrikanten auf Motorrädern, später mit dem VW und dann mit dem Mercedes. Die gibts jetzt alle nicht mehr. Man kauft jetzt alles im Laden.

Der Schuster kam ins Haus. Der war wichtig. Der Schuster kam jährlich, auch der Schneider und die Näherinnen. Und die Flicknäherin, das war so eine untergeordnete Näherin, die ist zu den Höfen gekommen und hat die Flickwäsche wieder instand gesetzt. Das war keine gelernte Näherin. Die richtige Näherin, die Meisterin war, kam, um die Aussteuer zu nähen, die Kleider. Die waren dann auch oft ein, zwei Wochen da. Besonders wenn die Aussteuer genäht wurde.

Da wurde ein halbes Dutzend Nachthemden von der Sorte und von der Sorte, Winter- und Sommernachthemden genäht und Höschen. Das waren

25

damals aber Hosen, also mit Knieschluß! Und Unterleibchen, da hat sie vorsorglich beim Bauch schon eine Wölbung reingeschnitten, weil die Braut sowieso alsbald schwanger sein wird.

Anna Bei uns kamen nur ganz selten einmal Näherinnen. Fast nie. Die ganz kaputten Hemden hab ich so lang geflickt, bis es nicht mehr gegangen ist. Dann hab ich sie am Ärmel aufgeschnitten und hab sie auf den Stoff gelegt, habs ausgeschnitten und hab dann wieder Hemden draus gemacht. Das alte hat man dann als Lumpen hergenommen. Und wenn wir zum Schulegehen was gebraucht haben, haben wir eh meistens von den anderen, reicheren Kindern was geschenkt gekriegt, und wenn uns der Vater mal was gekauft hat, ist das was ganz Seltenes gewesen. Er hat es immer gleich so groß gekauft, daß man es länger hat brauchen können. Das ist dann raufgenäht worden, dann hat man es wieder rausgelassen, bis zuletzt, bis es dann eh schon ganz zerrissen war. Dann hat man Ellbogen reinnähen müssen und dann hat man es nur noch daheim angezogen.

Gartenarbeit im Februar

Anna Im Februar tu ich den Boden schön auflockern, und ganz alter Mist, der schon bröselt, kommt drauf. Da hab ich immer Gummihandschuhe an und zerbrösel den Mist um den Schnittlauch herum. Dann kommt der Regen, der wäscht den so ein, daß man danach nichts mehr sieht davon. Aber was man sieht, ist, daß der Schnittlauch jeden Tag um ein ganzes Stück gewachsen ist. Wenn man den nicht düngt, dann wächst er eben nicht. Dann weckt ihn niemand auf.

Von dem Mist, guter Stallmist, sozusagen abgelagerter Stallmist, nimmt der Schnittlauch keinen Geschmack an, aber wachsen tut er. Den Mist haben wir noch, Felder haben wir nicht mehr. Wir haben voriges Jahr ganz plötzlich einen Schnittlauchstock gehabt, den haben wir wahrscheinlich früher mal auf den Mist rübergeworfen, da ist dann ganz plötzlich ein Schnittlauchstock gewachsen, echter Schnittlauch, der hat ganz lange Röhren gehabt!

Ich freu mich schon auf den Frühling. Da tu ich dann jeden Tag wieder garteln...

27

Die ersten, die man einsetzen muß, sind immer die Salatpflanzen. Das sind dann Blätter, die sind gar nicht hart, das ist ein ganz lieber Salat, aber man muß ihn später ein bißchen ins Wasser legen, daß er nicht bitter wird. Dann richtet man ihn erst mit Essig und Öl an, wie mans halt beim Salat macht. Den kann man dann zum Fleisch essen, der hat viel Vitamine.

Das Gartenbuch ist eines der wenigen Bücher, die ich gelesen habe. Ich hab schon viel angeschaut vom Gartenbuch. Ich schau immer nur das an, was jetzt ist. Jetzt ist Frühling, also schau ich mir die Frühlingspflanzen an. Wegen der Vitamine, die da drin sind, in Schnittsalat und Blättersalat.

Anfangs tu ich sie ein bißerl zudecken, ein bißchen Draht drüber und ein kleines Papier, das kann von einem Zuckersack oder so sein ... Ein Zuckersack hat ja drei Lagen, ein starkes Papier, daß er nicht so leicht zerreißt, wenn er mit der Bahn geladen wird. Wenn der Sack leer ist, teile ich ihn in drei Teile und leg ihn dann über einen Draht auseinander. Dann hats Luft, gell?

Dann tu ich ein paar »Koudbrocka« hin. Bei uns sagen wir, die Erde ist ein bißchen »koud«, wenn sie bröckelig ist. Wenns lang nicht geregnet hat, und sie wird nicht gehackt, bleiben harte Brocken. Die zerschlage ich richtig. Dann nehme ich ein paar Brocken, mal da einen hin und mal da einen hin, decke so ein durchsichtiges Tuch drüber, da können die ersten Pflanzen schön anwachsen, weils nicht so kalt ist da drin. Mittag oder Nachmittag decke ich sie dann wieder mal ab, daß sie ein bißchen beregnet werden können.

Ich kann auch noch im Spätherbst beim Gärtner Salatpflanzen kaufen und kann sie hier anpflanzen. Das wird dann der allererste Salat. Aber Maus darf keine hinkommen! Wenn da eine Maus hinkommt, kannst du ihn vergessen, dann wirds nichts mehr. Mäuse haben wir immer, weil man da oben am Berg keine fangen kann. Und dann haben wir ja keine Katze mehr. Unsere Katzen sind alle vom Auto überfahren worden. Da haben wir gesagt, jetzt sind schon drei tot, jetzt tun wir uns keine mehr her.

Jetzt haben wir im Haus herinnen Fallen – und Futter erwischen sie keins. In die Küche und in die Speis kommen sie nicht rein. Am Fenster hab ich ein Gitter, das Fenster mach ich im Winter ganz selten zu, im Sommer überhaupt nicht. Da kann dann schon mal, weils das Untergeschoß ist, eine Maus reinkommen. Da decke ich eben alles ab, daß die Maus nichts erwischt. Zusätzlich habe ich noch fünf oder gar sechs Mausfallen.

Und wenn sie noch nicht tot sind, kriegen sie mit irgendeinem Hammer, einem Holzstock, den wir in der Holzkiste haben, eine auf den Schädel, und dann brauchen sie nichts mehr. Da kommt mir keine mehr aus! Früher, als wir noch eine Landwirtschaft hatten, haben meistens die Katzen die Mäuse gefressen.

Wir haben sogar einmal ein paar Ratzen gehabt. Mei, die kratzen in der Nacht, da kann man nicht mehr einschlafen! Da mußt runter, mußt die Falle aufstellen. Zwei-, dreimal haben wir Tellereisen aufgestellt, wo eine Ratte wär. Sobald eine auf den Teller tritt – schon hauts zusammen. Bei den Bauern gibt es noch viel Ratzen. Bei uns nicht mehr.

Reinzelten

Etwas besonderes sind die Reinzelten. Sie heißen so, weil sie in einer Reine gebacken werden und wie Zelte ausschaun.

400 g Mehl
Salz
1 Ei
1 kleiner Becher Sauerrahm
¼ l Milch
80 g Butterschmalz
Rosinen und Zucker nach Belieben
3 – 4 Äpfel

Aus dem Mehl, dem Ei und der Hälfte der Milch knetet man einen mittelfesten Teig. Dann gibt man den Teig aufs Nudelbrett und walkt ihn auf dem bemehlten Brett aus. Dann muß man eine Teigrolle formen und davon schneidet man Stücke ab, die man auswalkt, ziemlich dünn.

Aus den Äpfeln macht man kleine Schnitze. Im Rohr macht man Fett in der Bratreine heiß. Die Teigfladen werden auf dem Brett mit Sauerrahm bestrichen. Wenn das Fett im Tiegel gut warm ist, nimmt man die Teigflecke in die hohle Hand, füllt sie mit Apfelschnitzen und ein wenig Rosinen und stellt sie in den Tiegel wie Zelte aneinander. Dann gießt man den Rest Milch dazwischen und setzt den Deckel auf. Sie kochen im Dampf etwa eine halbe Stunde. Man soll eine schöne braune Kruste am Boden haben. Dazu wie immer Kompott, Eingemachtes, Obst oder auch Milch.

März

Viel Nebel im März
viel Donner im Sommer

Märzenschnee
tut den Saaten weh

Als Kinder haben wir die Ochsen führen müssen

Anna Wir haben immer helfen müssen, wenn das Getreide vorbereitet worden ist zum Säen. Auf dem Dachboden stand eine Windmühle, die haben wir Kinder antreiben müssen, der Vater hat die dann schon so eingestellt, daß die Spreu von den Körnern hinten rausgeflogen ist.

Da waren Räder drin, wie Wasserräder, und wenn man gedreht hat, haben die Wind gemacht. Man hat dementsprechend schnell umdrehen müssen, dann ist die Spreu hinten rausgefallen und auch das andere Leichtgewichtige. Der Rest, das schöne Getreide, ist vorne rausgekommen. Das war das Saatgetreide.

Das hat man dann ausgesät, das hab ich auch gemacht. Da gibt es ein richtiges Sätuch, das kann man über die Schulter hängen, das ist sehr breit, damit es nicht einschneidet. Da füllt man ein, soviel man tragen kann, und dann geht man übers Feld.

Das Feld hat man schon erst mit den Ochsen vorbereitet. Als Kinder haben wir die Ochsen führen müssen. Das war ein Zustand! Ich hab mich ja so schon gefürchtet, weil sie so lange Hörner gehabt haben.

Wenn die Viecher ein Kind gesehen haben, auf das Kind haben sie gar nicht aufgepaßt. Man hat sie führen müssen, daß sie gerade gegangen sind. Sie sollten gerade über den Acker gehen, hinten mit einer Egge dran. Dann ist man mit dem Sätuch übers Feld gegangen und hat gesät. Ich habs immer anders gemacht, weil ich Linkshänderin war. Da hat der Vater gesagt, du machst es verkehrt. Wenn jemand schon etwas mit der linken Hand macht, dann ist es verkehrt. Aber trotzdem ist es schön aufgegangen. Ich hab schön gesät, man hat es von der Maschine nicht weggekannt.

Dann hat man nochmal drüberfahren müssen mit der Egge, daß das Getreide in die Erde kommt. Wenn man es nicht eineggen tut, dann kommen die Krähen und die anderen Vögel, und dann hätte man nichts mehr. Da gibt es eine Egge, da sind lauter Zinken dran, hinten ist ein Strick und ein Holzprügel. Die wird von den Ochsen gezogen.

Man mußte ganz gleichmäßig säen, das war wichtig. Und man mußte auch die Länge des Feldes abschätzen, daß es reicht. Später, mit den Sämaschinen, kam es oft vor, daß eine von den Säröhren verstopft war, dann hat man Lücken drin gehabt und hats nicht gemerkt. Da ist dann nichts aufgegangen.

Wenn es einmal geregnet hat, hat man schon die ersten Spitzen gesehen. Die sind erst ein bißchen rötlich gewesen, dann sind sie grün geworden. Das ist so vierzehn Tage drauf, wenn man gesät hat. Da hat man schon gesehen, aha, jetzt gehts schon auf! Später hat man dann nachgeschaut, was man für Fehler gemacht hat, wo nichts war.

Dann hat der Vater gesagt, da bist du mal auf die Seite gegangen, da schau mal her, da ist nichts. Aber direkte Lücken waren nie.

Später, als Albert im Krieg gewesen ist, hab ich auch wieder geackert. Ein paarmal sind mir die Ochsen durchgegangen, einfach übers Feld gelaufen und ich hinterher!

Einmal hab ich die Hand nicht vom Strick losgekriegt. Da hab ich den Pflug nicht mehr halten können, da sind sie drübergegangen über die Wiesen. Wenn die mal das Laufen angefangen haben, dann sind sie gelaufen! Ich hab mich geärgert, ich hätt sie totschlagen können, so lästig waren die und so bös. Wir sind lang nicht herausgewesen, haben sich die gedacht, in einer Furche laufen wir nicht, jetzt reißen wir aus, alle beide miteinander, den Schwanz in die Höh und drüber über die Furchen! Und ich hinterher. Da war ich froh, wie dann endlich einmal der Strick losgegangen ist und ich die Hand hab rühren können.

Im Hof drinnen saßen die alten Leute. Ich durfts denen ja nicht sagen, wie das war. Manchmal bin ich dahergekommen und hab das Schürzel runtergerissen gehabt. Da war dann oft Ärger. Na, was ist denn heut wieder passiert, hast du wieder gar nicht aufgepaßt. Dabei hab ich immer aufgepaßt.

Bloß, wenn die Ochsen länger nicht mehr draußen gewesen waren, dann haben die gesagt, nein, den geraden Weg gehn wir heut nicht, heute reißen wir aus! Und dann kannst du nachrennen! Da sind die manchmal weit weggerannt, auf die Wiese, sind stehengeblieben und haben Gras gefressen. Bis ich hingekommen bin, sind sie wieder weg. Zuletzt bin ich vorne hingegangen an die Schnauze und habs draufgehaut, nur ordentlich drauf. Und dann waren sie wieder recht bedankt. Und wenns die Nase richtig voll gehabt haben, sind sie wieder richtig gegangen. Aber erst abhauen! Daß sie sagen müssen, du, die haut auch richtig zu, da müssen wir uns fürchten, die haut sonst das nächste Mal wieder.

Ich bin manchmal auch so hingegangen und hab gesagt, bleibt stehen, ihr Luder! Die sind dann stehengeblieben und haben nicht gewußt, warum eigentlich. Da hab ich ihnen dann auch die Schnauze vollgehaut, weil sie mich vorher schon so geärgert haben.

33

34

Die Fastenzeit

Anna Ich kann mich noch erinnern, wie unsere Mutter noch war, daß man die ganzen Kartage kein Fleisch nicht essen sollte. Dann hab ich immer Mehlspeisen machen müssen. Mei, für so viele Kinder! Was denkst, wenn man da Strudel macht, wie lang man da hinkneten muß! Brotsuppe haben wir auch oft gegessen.

Albert Der Aschermittwoch war wichtig. Das war ein strenger Fasttag, einmal nur essen, kein Fleisch und dann Kirchgang. Da wurde das Aschenkreuz aufgestreut. Aus Asche, die gesegnet war. Die Gläubigen knieten vorne nieder und haben dann dieses Kreuz aufgestreut bekommen mit den Worten »Gedenk, o Mensch, daß du Staub bist, daß du zu Staub zurückkehren wirst«. Und das in lateinischer Sprache. Das wird heute auch noch gemacht.

Anna Da mußten damals alle Kinder in die Kirche gehen. Am Tag vorher hats schon geheißen, morgen sind alle Kinder in der Kirche. Wie ich ein bißchen größer gewesen bin, in der fünften, sechsten Klasse, hab ich zuvor noch Kühe melken müssen und die Buben haben den Stall misten müssen, dann hat es pressiert.

Nach dem Gottesdienst ist es dann gewesen, daß man zum Speisgitter hat gehen müssen. Da ist eine Bank dort, wo man sich hat hinknien müssen. Dann hat der Pfarrer Asche draufgestreut und ist zum nächsten gegangen. Das ist bei jedem das gleiche gewesen.

Der Vater hat uns das erklärt, wie wir noch daheim waren, wie das vor sich geht, warum das so ist und daß man, wenn man stirbt, auch noch den Segen kriegt. Der Vater war ein recht christlicher Mensch. Er ist auch jeden Sonntag in die Kirche gegangen.

Dann sind wir mit dem Aschenkreuz in die Schule gegangen und die Kinder haben sich angeschaut. Du bist ganz schwarz! Ich bin nicht so schwarz. Dann hat der andere gesagt, doch, du bist auch schwarz. Meist hat man sich daheim die Haare waschen müssen, weil die ganze Asche drin war.

36

Um Josephi mußte man den Hafer säen

Albert Um Josephi mußte man, wenn irgend möglich, den Hafer säen.

Der Hafer muß sehr früh ins Feld, denn spät gesäter Hafer, der erst im April gesät wird, der hat schon nicht mehr die Kornschwere. Der wiegt nicht so viel. Da gabs seinerzeit so Tage, wo schon ein Wind wehte, der die Felder abtrocknen ließ, da hat man Hafer gesät. Gerste wurde meist im April gesät. Anfang Mai wurden die Kartoffeln gesetzt. Damals mußte alles mit der Hand gemacht werden.

Man hat auch im März die Wiesen sauber gemacht, das Stroh, das der Mist zurückgelassen hat, hat man wieder abgerecht. Im April war dann meist nasses Wetter.

Früher hat man sich auf die Wetterabläufe viel, viel mehr verlassen können. Heut ist alles anders. Seinerzeit war der März trocken, der April naß, der Mai war auch feucht, da wuchs das Gras. Und wenns im Mai feucht war, hat man auf eine gute erste Heuernte rechnen können.

Die größeren Bauern hatten damals schon Sämaschinen, die wurden von Pferden gezogen. Die haben den Samen durch Röhren, die an den Boden reichten, ganz schnurgerade gezogen, in Reihen ausgesät. Während wir, die Kleineren, noch mit einem Sätuch gingen.

Die ersten Blumen

Anna Ich hab im Garten auch Frühblüher, Hyazinthen und andere. Aber die ersten sind die Schlüsselblümchen auf der Wiese. Auf einer mageren Wiese. Wenn gut gedüngt ist, wachsen keine. Am Waldrand oder in einer Mulde, wo nicht soviel gedüngt wird, da stehen schon Schlüsselblümchen und haben ganz gelbe Büschel dran. Das sind die ersten Frühlingsblumen, die mir Spaß machen.

Die sterben ja nie aus. Außer, es wird Jauche gefahren, dann sind die

Blumen eingegangen, weil die das ja nicht gewohnt sind. Die sind nur ganz natürliches Leben gewohnt.

Als nächstes gibt es Buschwindröschen. Mei, die Buschwindröschen sind ja so schön, so schön! Und wenn man ein Kind dabei hat, so wies bei uns auch manchmal ist, weil jemand da ist, mit einem Kind, wenn ichs so an der Hand führ, dann schaut es immer so in die Höh zu mir. Es ist ja doch so weit rauf, obwohl ich so klein bin. Dann sag ich, na, was machen wir denn jetzt, wir zwei? Bumen pücken, Bumen pücken! Sie könnens noch gar nicht sagen. Was, du magst Blumen pflücken? Zeig mir einmal eine, gefällt dir eine, findest du eine? Und dann gehts hinunter. Und das kurze Röckerl, da sieht man den ganzen Hintern, das ist so lieb, das gefällt mir immer. Das tu ich immer so gern, mit den Kindern Blumen pflücken. Meistens reißen sies beim Kopf ab, das nächste wird dann erst beim Stengel abgerissen, weil sies noch nicht verstehen. Das ist so lieb!

Brotsuppe

Wenns grad pressiert, mach ich am Morgen eine Brotsuppe, es ist ja oft eine Kante altes Brot da. Da schneide ich kleine flache Schnittchen, so eine halbe Schüssel voll, überbrühe sie mit kochender Fleischbrühe oder auch mit kochendem Wasser, decke sie dann eine Weile zu und schneide inzwischen Schnittlauch ganz fein her.

Nun kommt ein Becher saurer Rahm dazu, den verteile ich über die ganze Schüssel und streu den Schnittlauch drüber, wers mag, gibt Pfeffer dazu. Das Salz gibt man schon beim Überbrühen hinein.

Hab ich grad keinen sauren Rahm, mach ich eine Zwiebeleinbrenne, kleingeschnittene Zwiebeln anrösten in Schweineschmalz, und diese dann über die Suppe geben – ich mag die mit dem Sauerrahm lieber. Da muß man beim Essen schön senkrecht mit dem Löffel abstechen, die ist ja ziemlich fest geworden, damit man oben von der Rahmschicht jedesmal etwas mitkriegt und gleichmäßig auch vom Brot und der Brühe unten.

Einige Scheiben trockenes, älteres Brot
1 Becher Sauerrahm
Schnittlauch
evtl. Fleischbrühe
evtl. Zwiebeleinbrenne
(kleingeschnittene Zwiebeln in Schweineschmalz gebräunt)

39

April

Wächst das Gras schon im April
stehts dafür im Maien still

Regnets dem Herrn ins Grab
geht der Regen später ab

Ist die Rebe Georgi noch blind
Freut sich Mann Weib und Kind

Was ich von der Mutter noch weiß

Anna Ich kann mich noch sehr gut erinnern, wie die Mutter mit mir in die Kirche gegangen ist. Da seh ich sie wie heute.

Ich hab ein ganz ein schönes Samtkleid angehabt, ein wunderschönes Samtkleid mit einem schmalen weißen Kragen. Da hat sie mich so schön zusammengerichtet. Es war ein breiter Gürtel darum und die Ärmel waren gestickt – ein sehr schönes Kleid! Dann hat sie mich vorgestellt, weil das Kleid neu war. In jedem Haus.

Beim Strassner hat sie mich auch vorgestellt. Da ist der Hund in der Stube dringewesen und hat mich in die Nase gebissen. Jetzt hab ich in dem schönen weißen Kragen und in dem schönen Kleid Blut drin gehabt, weil mich der Hund in die Nase gebissen hat! Der hat gar nicht in die Höhe springen müssen, ich war ja so klein. Der Hund ist einfach hergegangen und hat mich gebissen. Ich soll recht geschrien haben, hat die Mutter erzählt. Und Blut – wenn Kinder Blut sehen, ist es eh schon ganz aus. Dann ist es gleich zum Sterben. Wenn ich einmal wieder mit der Mutter gegangen bin, hab ich gesagt, gell Mutter, aber in das Haus gehen wir nicht mehr rein, wo der böse Hund gewesen ist? Da sind wir dann nicht mehr reingegangen.

Die Mutter hat viel gelacht und viel mit uns gespielt. Verstecken gespielt, und wir haben sie nicht gefunden und nicht gefunden. Dabei war sie drinnen und hat schon wieder gearbeitet. Und wir haben gedacht, sie spielt auch. Dann haben wir sie doch wieder gefunden und haben uns so gefreut! Manchmal hat sie die Resl, die war ja immer die Kranke, auf dem Rücken getragen, und wir sind alle hinter der Mutter hergelaufen und haben an der Mutter gehängt.

Abends haben wir Weihwasser auf den Kopf gekriegt, die ganze Familie hat von der Mutter ein Weihwasser gekriegt, dann sind wir ins Bett gegangen und sie hat noch mit uns gespielt. Irgendwo hat sie beim Bett reingegriffen und hat uns gepackt, am Fuß oder Arm, und alle haben geschrien. Weil die Mutter mitspielte, war das noch viel interessanter.

Sie ist eine brave Mutter gewesen, aber rote Haare hat sie gehabt. Und so viel Locken! Wenn sie die Haare gewaschen hat, dann sind die immer höher geworden, weil sie sich so zusammengewickelt haben. Von uns hat nur der Sepp ein bißchen rote Haare gehabt. Sie sagen hier, das ist ein anderer Schlag. Ein ähnlicher Schlag wie vom Fuchs.

43

Die Mutter war eine gute Bäuerin und eine ganz gute Krankenschwester. Die ist überall hingegangen, wo jemand krank war. Das hab ich von ihr geerbt.

Ostern und Georgitag

Anna Wenn das Frühjahr kam, ging es mit dem Palmsonntag an. Ein Bub von jedem Haus trug einen aus Weidenkätzchen und Buchsbaumzweigen gebundenen Palmbuschen zur Weihe in die Kirche. In diese Palmbuschen wurden auch Äpfel eingebunden und bunte Bänder, der Buschen steckte auf einer schön bemalten Stange.

Die Weihe war vor der Kirche. Alle zogen feierlich in die Kirche ein, zur Erinnerung an den Einzug Jesu in Jerusalem. Die Kinder voraus, die Kirchentür war nicht sehr hoch, die Buben mußten ihre Palmbuschen tief senken, um hineinzukommen. Da kamen die schönen Äpfel in die Reichweite von den Kindern, die daheim schon lange keine Äpfel mehr hatten, und am Ende fehlte manch schöner Apfel.

Dann schritt der Pfarrer durch den Mittelgang der Kirche bis hinten und sprengte mit einem großen Wedel Weihwasser über die Leute, die sich bekreuzigten. Neben ihm ging der Ministrant mit dem Weihwasserkessel. Da konnte der Pfarrer immer wieder eintauchen.

In einer Rottaler Pfarrei haben die Burschen einmal ausgemacht, daß sie den Pfarrer nicht durchlassen wollen und stellten sich dichtgedrängt auf. Dem Pfarrer war das zu Ohren gekommen und er gebot dem Ministranten, ganz dicht an seiner Seite zu bleiben. Das ging dann so: Der Chor sang kräftig das Lied »Asperges me Domine«, und der Herr Dekan Osterkorn tauchte den Wedel tief ein. Bei den ersten Burschen teilte er tüchtig aus, daß denen das Wasser nur so übers Gesicht lief, dann tauchte er wieder ein, und links und rechts und wieder ausgeteilt. Da machten die Burschen eine Gasse frei, ehe noch der Weihwasserkessel leer war. Für den Spott brauchten sie nachher nicht zu sorgen. Das hat mir die Tante Lini erzählt, die war dabei.

Dann kam die Karwoche. Am Gründonnerstag wurden die Kirchenfenster mit schwarzen Tüchern verhängt und es wurde ganz still im Dorf. Am Karfreitag läuteten die Glocken nicht mehr, die Ministranten drehten an einem hölzernen Instrument mit einer Kurbel, das gab schnarrende Töne. Das war die Karfreitagsratsche.

Am Karsamstag war auf dem freien Platz vor der Kirche beim Beinhaus die Feuerweihe. Von allen Familien hatte einer, zumeist die Buben, ein Holzscheit an einem Stecken dabei.

Ein kleiner Holzstoß wurde vom Mesner in Brand gesetzt mit glühenden Kohlen, die hatte er vorher mit den Funken von einem Feuerstein angezündet. Das war das neue Feuer. Der Pfarrer hat dieses Feuer geweiht, auch die fünf Weihrauchkörner für die Osterkerze. Mit diesem Feuer ist später auch die Osterkerze angezündet worden.

Der Pfarrer zog dann in die Kirche ein, und nun waren die mitgebrachten Holzscheite an der Reihe. Sie mußten in dem geweihten Feuer angebrannt werden. Das war ein Gedränge, da steckte der eine dem anderen das Scheit zwischen die Beine durch und verbrannte ihm die Hosen.

Das war was für meine Brüder! Am liebsten hätte ein jeder, der Franz, der Hans und der Michl, ein eigenes Scheit mitgebracht, aber sie mußten abwechseln.

Diese angebrannten Holzscheite waren wichtig für den Georgitag am 23. April. Der Vater hat uns aus ihnen Kreuzl gemacht, die Späne hat er am angebrannten, geweihten Ende ein wenig aufgespalten und ein am Palmsonntag geweihtes Palm- und Buchsbaumzweiglein quer eingewickelt, so daß ein Kreuzlein entstand.

Am Ostersonntag hat jede Familie ein Körberl hergerichtet, da war alles drin für die Speisenweihe. Da war ein Osterlampl aus Kuchenteig, dazu gab es eine Backform, dann die gefärbten Ostereier, die roten waren die schöneren, die mußten vom Gründonnerstag sein, und dazu ein Stück geselchtes Fleisch. Die Eier mußten am dicken Ende aufgepeckt sein und ein wenig Schale mußte weggetan werden, damit die Weihe rein kann.

Wenn das feierliche Hochamt vorbei war, hat der Pfarrer die Speisen geweiht. Alle haben das Körblein vom Zudecktüchlein freigemacht und es schön hingehalten, daß einige Tropfen vom Weihwasser draufkamen. Bei uns haben die Buben das Körblein getragen, die haben gesagt, das ist Bubenarbeit. Schau her, auf einmal wars Bubenarbeit, weil sie vom Vater was bekommen haben, dreißig Pfennig oder gar ein Fuchzgerl!

*Die Eier mußten am dicken
Ende aufgepeckt sein.*

46

Zum Mittagessen kam das Geweihte auf den Tisch, und als erstes hat man davon etwas gegessen, dann erst war das eigentliche Essen dran.

Albert An Georgi wurde der Lohn erhöht, da gabs den Sommerlohn. Der konnte um fünfzig Pfennig pro Woche höher sein, eventuell sogar um eine Mark für den ersten, den kräftigsten Knecht. Baumann hieß der, der Baumann war der erste Knecht auf dem Bauernhof. Dann kam der »Mitterknecht«, der zweite, der »Drittler«, das war ein bißchen mehr wie ein Stallbub, und dann war noch der Stallbub da. Da gabs eine strenge Rangordnung.

Anna Am Georgitag ist der Vater mit uns Kindern von einem Feldstück zum andern gegangen, und an jedem hat er so ein geweihtes Kreuzlein in die Erde gesteckt. Meine Schwester hat Weihwasser, das auch am Karsamstag geweiht wurde, in einem Haferl dabei gehabt und durfte mit einem Zweiglein Weihwasser hinspritzen, damit alles gut wächst. Ich konnte selten dabei sein, ich mußte mich immer um die Kleinsten kümmern.

Auch im Haus, im Stall und in den Nebengebäuden wurde so ein Kreuz ins Gebälk gesteckt, ein besonders schönes hinter das große Kreuz im Herrgottswinkel in der Stube. Da blieb es bis zum nächsten Jahr, bis ein neues kam. Die alten Kreuzlein durften nun verbrannt werden.

Alberts Hühner

Albert Damit, daß wir die Landwirtschaft aufgegeben haben und ich in Rente bin, ist jetzt eine gewisse Verschiebung der Arbeiten eingetreten. Ich habe das Kochen gelernt und habe auch andere frauliche Tätigkeiten im bäuerlichen Alltag, eben die Hühnerbetreuung übernommen. Ich hatte an den Hühnern früher wenig Interesse, mir waren die mindestens gleichgültig, eher sogar verhaßt. Aber jetzt ist es so, daß sie meine Hühner sind und ich ihre Mentalität kennengelernt habe. Sie sind sehr klug, schlau und auch sehr anhänglich. Die kennen mich, sie betrachten mich als ihren Hahn, gewissermaßen, weil wir ja keinen Hahn mehr haben.

Man kauft ja die Hühner heute schon als Junghennen, wenn sie bereits in die Legereife kommen. Und dann prägen die sich den Hahn ein, die haben nichts männliches in ihrem Leben erfahren, jetzt sind die so, wenn man an ihnen vorbeigeht und wenn die mal legereif sind, dann ducken die sich,

48

erwarten, daß der Hahn sie besteigt. Und um ihnen diese Illusion zu erhalten, muß man die Hand drauflegen.

Anna   Der schwindelt, gell?

Albert   Dann schütteln die sich ganz kräftig und haben dann also praktisch... –

Anna   – ... einen Orgasmus gehabt.

Albert   Ja, genau. Und damit sind sie auf den geprägt, der ihnen das vermittelt hat. Die laufen mir zu, ich kann mich nicht wehren.

Anna   Und dann zitterns so, jetzt kommt er zu der noch und dann kommt er zu mir!

Albert   Wahnsinn, gell? Und sie haben alle ihre Mucken. Wenn zum Beispiel eine krank ist, muß man ein Auge dafür haben, daß man das nicht zu weit kommen läßt. Wir haben sie immer nur ein Jahr, da legen sie sehr viel, legen auch den Winter durch. Als Futter bekommen sie Weizen, Hafer, dann eine Mischung aus Sojaschrot, Mais und so weiter.

Am Vormittag werden sie im Stall gehalten, da haben sie Dienst. Das heißt, sie müssen bis zum Mittag ihre Eier legen. Das ist ein Gedränge! Du, die stehen an wie bei der Osterbeichte die Gläubigen im Beichtstuhl! Weil nämlich komischerweise alle ins gleiche Nest legen wollen. Die freuen sich daran, wenn möglichst viele Eier beisammen auf einem Haufen sind, das ist der Bruttrieb. Jede legt ihre Eier, und da stehen die andern schon dort und warten, bis die eine rausgeht. Manchmal sind zwei in einem Nest, und dann kommen zwölf Eier leicht in einem Nest zusammen, obwohl im Nebennest nur eines drinnen ist.

Am Mittag hole ich dann die Eier ab und laß die Hühner alle raus. Da können sie sich frei bewegen. Wir haben so ein kleines Gehölz, da ist Laub drinnen, das scharren sie dutzend Male um, immer wieder kommen da Insekten und Würmer zum Vorschein.

Alles kommt daher. Wenn zum Beispiel Heu draußen ist, Heuhaufen – die kratzen alles nach außen, niemals wieder zusammen.

Wenn sie aus dem Stall kommen, baden sie. Die Hühner baden nicht im Wasser, sondern im Sand. Sie möchten eine trockene Stelle haben, an der Wand, an einer Mauer entlang, wo sandiger Boden ist. Da kratzen sie Löcher aus, und da räkeln sie sich drinnen, spreizen die Federn und tun das ganze Gefieder mit Sand einpudern. Damit werden Milben und andere Quälgeister aus dem Gefieder rausgeschüttelt. Das tun sie sehr gerne. So einen Platz brauchen die. Außerdem brauchen sie Sand, einen ganz feinkörnigen Sand für den Magen, um das Getreide, ihr Futter, zu zerreiben. Die Magenhaut ist so zäh wie Leder.

Außerdem brauchen sie die Eierschalen von den gelegten Eiern. Die muß man ihnen zerstoßen, und die fressen sie dann, um die neuen Schalen zu bilden. Man muß sich einmal vorstellen, so ein Ei ist schwer, und da legen die jeden Tag eines! Ich kenne die Zahl der Hühner und die Zahl der Eier, die ich bekomme, da ist höchstens eine oder zwei, die da mal Pause haben für einen Tag. Jedenfalls bekommen sie dann auch diese Eierschalen wieder, man muß sie nur trocknen. Die dürfen nicht grün sein, daß sie noch von Eidotter oder Eiweiß klebrig sind. Sonst lernen sie, die Eier zu fressen. Wenn das eine mal weiß – und es kommt vor, daß Hühner, die schon älter sind, dünnschalige Eier legen, die dann brechen –, die frißt das Ei im Nu auf. Wehe, wenn sich das nun eine zur Gewohnheit macht. Die muß man ausfindig machen, die frißt jeden Tag einige Eier!

Die Hühner gehen immer im Rudel, nie ein Huhn allein. Auch sind sie sehr aufmerksam. Wenn ein Habicht oder sowas in der Luft ist – das ist eine einzige Flucht unter die Büsche!

Schlechter ist es, daß die Maisfelder bis an die Gehöfte heranreichen und die Füchse sich gut anschleichen können. Ich habe es schon erlebt, daß einer ein Huhn gejagt hat, hat es aber nur unzureichend zu fassen bekommen. Das kam ihm aus, ist dann runtergeflogen diese dreißig Meter zum Hof, dort hat er es dann erst richtig erwischt und fortgeschleppt.

So kommt der Abend dann, die Zeit zum Schlafen. Hühner gehen sehr früh schlafen. Die möchten auf Sitzstangen ruhen, nicht am ebenen Boden. Stangen, die unterschiedlich hoch sind, von Wand zu Wand. Da haben die ihre Plätze. Sie müssen so weit voneinander entfernt sein, daß sie sich nicht stören.

Hühner sind sehr anfällig gegen Hitze und schlechte Luft. Da ersticken die. Es muß also gut gelüftet sein. Und dann muß auch der Stall jede Woche einmal ausgemistet werden und neu eingestreut. Kalk dazwischen, damit keine Parasiten reinkommen. Man muß schon ein Auge drauf haben. Aber impfen braucht man sie eigentlich nie. Da haben wir nie Schwierigkeiten gehabt. Ein Jahr werden die gehalten. Im zweiten Jahr würden sie erst die großen Eier legen, die sogenannten Doppeleier. Da ist manchmal ein zweiter Dotter drinnen, aber nicht in der Regel. Die sind nur wesentlich größer. Aber sie legen im zweiten Jahr möglicherweise nicht mehr so intensiv.

Wenn dann die Zeit kommt, daß man sagt, jetzt muß man die neuen Hühner haben, dann werden ein paar kurzerhand geschlachtet, gebrüht und gerupft und rein in die Kühltruhe. Nach sechs Hühnern oder so ist der Mordrausch abgeklungen, die übrigen haben dann Glück gehabt und überleben vielleicht auch noch das nächste Morden.

Die bekommen, wenn man sie kauft, immer einen Ring, da werden sie mit mir verheiratet. Sie bekommen im ersten Jahr meinetwegen einen roten Plastikring ums Bein rum, im zweiten Jahr meinetwegen einen blauen, einen gelben, so daß man immer weiß, die mit dem roten Ring sind die vom letzten Jahr, die mit dem blauen Ring sind die von heuer. Gewöhnlich haben wir zwölf, ein Dutzend pro Jahr

Bei den Hühnern über einem Jahr, da gibt es schon Krankheiten. Die werden durch ihre starke Legeleistung in der Leber geschädigt. Die erkennt man daran, daß sie hinken. Die Leber ist bei denen so mürbe, daß die direkt zerfällt.

Was wir bedauern, sind die Legebatterien und dergleichen. Das ist Tierquälerei, das kann man nicht anders nennen. Die Hühner sind freilaufende Tiere, die möchten in der Freiheit sein.

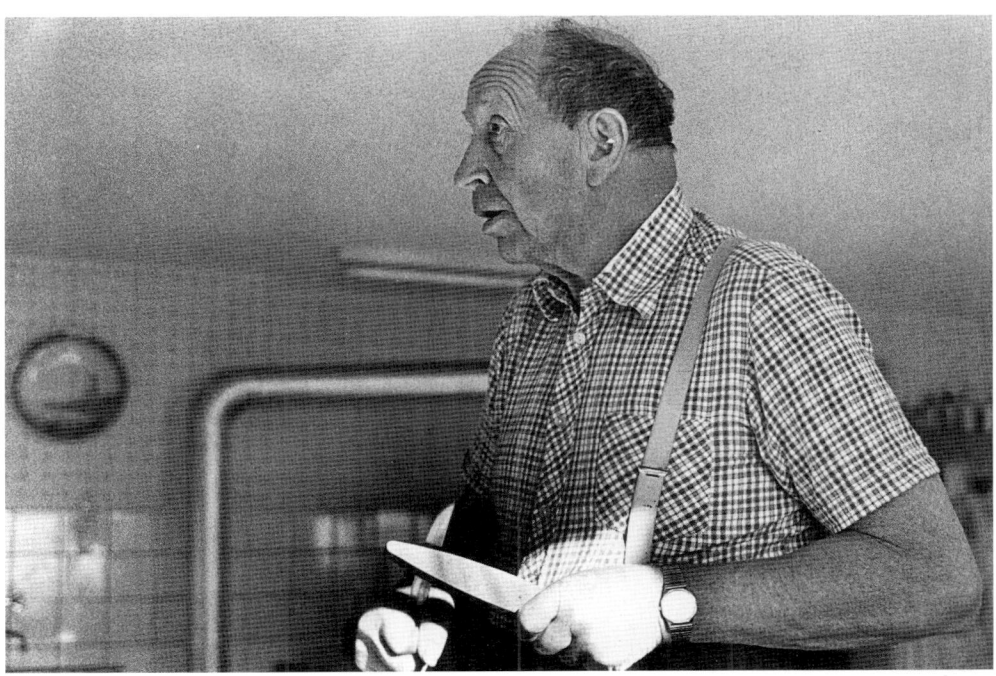

Dann werden ein paar Hühner kurzerhand geschlachtet, gebrüht und gerupft...

52

53

Wir haben einmal so einen Legehennenbetrieb besichtigt. Wie man die Tür aufmacht, da haben die Hühner alle angefangen zu singen. Die sangen, um auf sich aufmerksam zu machen. Die haben auf Freiheit gehofft. Wie wenn im Gefängnis urplötzlich eine Besichtigung stattfindet, dann erhoffen sich die Gefangenen auch eine Erleichterung.

Anna und die Hühner

Albert Die Anna hat mal im Garten so eine Fläche gehabt, die hat sie ganz fein hergerichtet als Saatbeet und hat Blumensamen angesät.

Zufällig kam ihr Bruder, der Michael, das ist ihr Lieblingsbruder. Sie rennt freudig runter, begrüßt ihn und vergißt, die Zauntüre zuzumachen. Und die Hühner, du brauchst vorher keine sehen, die sind irgendwo, aber in dem Moment, wo du die Tür offenläßt, wie durch Zauberhand kommen die daher, so ein halbes Dutzend! Gehen da rein und haben diese neu angesäten Blumensamen, die ja nur oberflächlich, also ganz leicht zugedeckt sind, durcheinandergekratzt. Jetzt, nachdem ihr Bruder weg war, kommt sie rauf – alles hin! Wild haben die das umgeackert, Hügel und Täler.

Da hat sie gleich eine Rute genommen und hat wutschnaubend auf die eingedroschen, aber in ihrem Zorn ist sie hingefallen, fällt auf den Bauch, die Hühner haben sich gerettet, sind in den Stall reingelaufen.

Dann ist sie in den Stall reingegangen und hat sie da auch nochmal durchgeprügelt und hat sich gedacht: So, und morgen bringe ich euch alle um! Aber ehrlich, da war sie so voller Wut, morgen bringe ich euch alle um! Wenn ich sag, ich brings um!

Da hab ich am Morgen das Schloß ausgewechselt, es war ein Vorhängeschloß dran. Da konnte sie nicht rein, weil der Schlüssel ja nicht am Schlüsselbund war. Und der Zorn war am Morgen dann auch verraucht.

54

Grießnockerlsuppe

Grießnockerlsuppe mach ich aus Rinderknochen. Frisch müssen sie natürlich sein. Die Knochen koch ich solange, bis das Fleisch, das an den Knochen ist, weich ist. Petersilie und Zwiebeln koch ich mit. Dann tu ich das Fleisch abschaben und ganz klein schneiden. Dann kommts wieder in die Suppe zurück. Markknochen kann man auch dazutun, aber die erwisch ich nicht immer. Und dann mach ich Grießnockerl in die Suppe. Für die Grießnockerl laß ich ein bißchen Fett aus, nicht zu heiß, ein Ei wird drin geschlagen, und dann kommt Grieß rein und ein bißchen Backpulver.

Die werden ganz locker. Die Nockerl forme ich dann mit dem Löffel. Einfach so runterschaben mit einem großen Löffel. Und dann kommen sie in die kochende Suppe. Ein ganz kleines bißchen Petersilie kommt auch in die Nockerl – und Salz. Die brauchen dann noch so zehn Minuten, bis sie durch sind. Dann ist die Suppe fertig.

2 Pfund Suppenknochen,
wenn möglich auch einige
Markknochen
Petersilie
2 Zwiebeln

Für die Nockerln:
etwa 50 g Butterschmalz
1 Ei
etwa 3 – 4 Eßl. Grieß
1 Prise Backpulver
etwas Salz

Mai

Kühler Mai
bringt viel Heu

Gewitter im Mai
schreit der Bauer Juchei

Trockener Mai – Wehgeschrei
Feuchter Mai bringt Glück herbei

Die Buben haben helfen müssen, sobald sie allein haben pieseln können

Anna Die Resl hat immer nur gestrickt. Die hat sonst gar nichts machen müssen. Die hat nicht putzen brauchen und nichts, weil sie strickte. Für die ganze Familie. Aber die hat auch wirklich sehr schnell gestrickt, ich hab das nicht so schnell können. Sie hat nicht einmal hingeschaut.

Sie hat immer zugeschaut, was ich jetzt so mach. Ich bin in der Stube oder in der Küche rumgelaufen. Wir haben in der Küche ein Kanapee gehabt, und in der Stube waren zwei, daß die Kinder ein bißchen haben schlafen können drauf. Da ist die Resl draufgesessen, hat herumgeschaut und einfach so gestrickt. Ich hab gesagt, du brauchst wirklich gar nichts tun. Ich hab mich über das geärgert, daß die nie was tun braucht.

Die Buben haben dem Vater helfen müssen. Die größeren mußten mit dem Vater auf der Landwirtschaft arbeiten. Wenn Heuernte war – im Mai – oder Getreideernte, hab ich draußen helfen müssen und die Resl auch. Da haben alle zusammen helfen müssen. Die Buben haben helfen müssen, sobald sie allein haben pieseln können. Dann hats geheißen, du mußt mitgehen, du mußt mit uns gehen. Ja, und was soll ich dann da machen? Natürlich auch mithelfen, hat der Vater gesagt, meinst du, daß du umsonst mitgehen brauchst?

Wie meine Geschwister noch klein waren, da haben wir eine große Decke dabei gehabt, das war beinahe eine Pferdedecke, also eine Bettdecke wars nicht, es war schon was Robusteres. Die haben wir dann mit rausgenommen und haben ein paar Holzklötze dabeigehabt. Da haben dann die ganz Kleinen auch spielen können. Wenn ein Waldrand war, haben sie Schatten gehabt. Wenn sie dann gerauft haben, hat der Vater geschrien, gebts doch endlich Ruhe, wenn ich hinkomm, dann passiert was! Da ist er manchmal hingegangen, weil sie sich um die Holzklötzchen gestritten haben.

Wir haben einen Eimer dabei gehabt, da war alles mögliche drin zum Spielen.

Ich hab nie auf der Decke sitzen dürfen. Für dich haben wir eine andere Arbeit, haben sie dann gesagt.

Ich hab immer, immer arbeiten müssen. Das weiß ich heute schon noch, daß ich oft gesagt habe, die Buben, die dürfen auch spielen, obwohl sie schon so groß sind. Und ich hab nicht mal spielen dürfen, wie ich noch klein

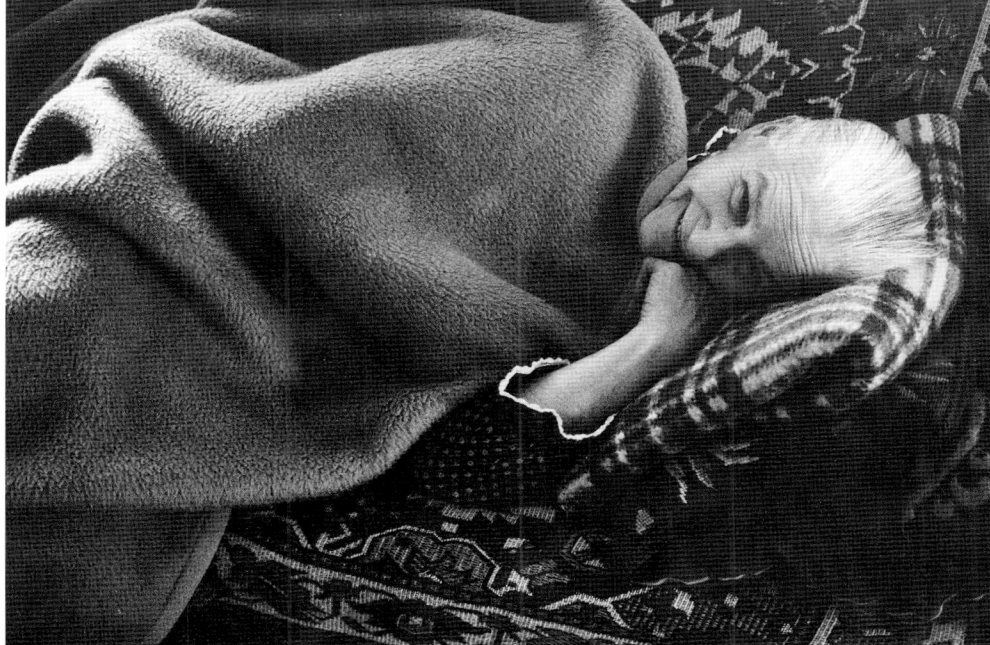

Der Hund hat sich auch
aufs Kanapee legen dürfen,
und ich hab mich nicht einmal draufsetzen dürfen.

war. Zu mir hats immer geheißen, hast du nichts mehr zu tun? Natürlich hab ich immer was zu tun gehabt.

Wie wir den Schockerl gehabt haben, den Hund, das war ein weißer Hund mit schwarzen Flecken, bis an den Hals hin ist der so getalert gewesen, haben die Kinder mit dem auch spielen dürfen. Wenn ich gesagt habe, ich möchte auch einmal den Hund streicheln, haben sie gesagt, schau, daß du weiterkommst, dich brauchen wir nicht, geh zu deiner Arbeit. Ich hab nicht einmal den Hund streicheln dürfen. Der Hund hat sich auch aufs Kanapee legen dürfen, und ich hab mich nicht einmal draufsetzen dürfen. Das hat mich geärgert. Die Resl ist ja auch dagesessen beim Kanapee und hat gestrickt, es hat grad geklappert.

Und bei mir haben sie gesagt, kümmer dich ums Kochen. Ich war eben die Erste, und an der ist es immer ausgegangen. Das hab ich oft empfunden.

Im Bett, da sind immer zwei beieinander gelegen, zwei Buben. Und wenn sie sich zerkriegt haben, hat der Vater gesagt: Nanni, komm her, die Lausbuben streiten schon wieder.

Die sind nimmer eingeschlafen, lang nicht, bis ich mich dann eingemischt habe und bin so lang geblieben, bis Ruhe gewesen ist. Jetzt wird kein Wort mehr geredet, jetzt bist ganz still. Jetzt, wenn du den Schnabel nicht hältst, dann kriegst eine drauf. So hab ich immerfort geschimpft. – Streng? Die wären ja bis in der Früh nicht eingeschlafen. Und der Vater hat mich ja deswegen geholt aus meinem Bett, daß er gesagt hat, kümmer dich drum, die geben keine Ruhe nicht. Die haben geschimpft und geboxt und gerauft. Jetzt, wenn ich dabei gelegen bin, ist Ruhe gewesen.

Den Jüngsten hat dann die Taufpatin genommen, das war der Ludwig. Der wurde nur mit der Flasche großgezogen, bei der Taufpatin dorten. Dann ist die Taufpatin gestorben, und wir haben ihn zurückgekriegt.

Da waren wir ganz begeistert. Daß der uns gehört. Unser Ludwig! Alle haben mit ihm gespielt und haben gesagt, das ist auch unserer. Das war für alle ganz interessant, bloß ich war da kritischer. Weil der immer in die Pfützen reingesaust ist. Du Lausbub, das brauchst du nicht machen, das hast du vielleicht vorher machen dürfen, aber daheim darfst du es nicht! Ich hab ihn dann wieder waschen müssen. Und es ist sogar so gewesen, daß er in die Odelpfütze hingegangen ist, die richtig gestunken hat, und hat seinen Schnuller dadrin abgewaschen. Dann sind sie dahergelaufen gekommen, den Schnuller in der Hand. Nanni, da schau her, Nanni, da schau her!

Den hat der Ludwig in den Odel geworfen! Der Depp!, hab ich gesagt, den kann er grad in den Mund nehmen. Dann putzt ihr ihn eben wieder. Nein, der stinkt so, haben sie gesagt.

Der Ludwig war nochmal viel Arbeit für mich. Aber gefreut hab ich mich trotzdem, der war ja auch unser Bruder.

Die Bittage

Albert In den drei Tagen vor Himmelfahrt, das ist zehn Tage vor Pfingsten, sind die Bittage, jeweils Montag, Dienstag und Mittwoch, da wurden Prozessionen abgehalten. Heute ist das nicht mehr. Von jedem Haus ging einer mit, um für eine gute Ernte zu beten. Um diese Zeit standen die Getreidefelder in saftigem Grün, der Roggen schon im Halm.

Voraus ging ein kräftiger Mann, der trug eine rot-golden bestickte Kirchenfahne an einer messingbeschlagenen Stange. Dahinter die Schulkinder, zuerst die Buben, dann die Mädchen. Es folgten die Burschen, der Pfarrer mit dem Allerheiligsten, das er in einem weißseidenen, goldbestickten Täschchen an einer Seidenschnur um den Hals hängen hatte, begleitet von den Ministranten in ihren roten Röcken, das weiße Chorhemd drüber. Die Ministranten, einer rechts, der andere links, trugen ihre Klingelglokken, mit denen sie immer läuteten, wenn ein Rosenkranz zu Ende gebetet war und ein neuer begann. Es folgten die Jungfrauen, die verheirateten Frauen und ganz am Ende die alten verhutzelten Weiber, das war ein langer Zug.

Im Nachbardorf wurde vom Pfarrer das Schaueramt gelesen, um Schutz vor Hagelschauern zu erlangen. Nach dem feierlichen Segen in alle vier Himmelsrichtungen war eine Pause von einer Stunde, um etwas zum Essen zu kaufen, Würstl und Semmeln. Dann gings wieder zurück.

Der erste Schnitt war fällig, wenn der Wiesenfuchsschwanz blühte

Albert Wenn man damals in der Landshuter Gegend durchfuhr, da war der rote Klatschmohn überall auf den Feldern zu sehen.

Klatschmohn ist eine Pflanze, die auf magerem Boden wächst. So hat man früher die Bodenqualität abschätzen können, am Pflanzenbewuchs. Das kann man natürlich jetzt auch noch. Nur ist die Pflanzengesellschaft stark verändert durch die Düngung mit künstlichem, mit Handelsdünger.

Es ist Stickstoff, der aus der Luft gewonnen wird, Phosphorsäure, die zwar auch ein Naturprodukt ist, aber eben konzentriert angeboten wird, und so wird die Pflanzengesellschaft auf den Feldern stark verändert. Es gibt nicht mehr soviel Klatschmohn.

Früher gab es überall das Buschwindröschen, das war so an den Hanglagen, wo es mager war, dann die Leberblume – als Frühlingsblumen.

Der erste Schnitt war fällig, wenn der Wiesenfuchsschwanz blühte. Danach kamen die Blumen: Das waren Wiesenschaumkraut, das Blutströpferl, wie wir gesagt haben, die Kleearten haben geblüht, der Wiesenklee, ich kanns jetzt gar nicht mehr so genau nennen, aber sie waren uns alle sehr vertraut. Und natürlich gabs eine Unzahl Schmetterlinge damals und die Grashüpfer, die Heuschrecken. Die sind dann, wenn man gemäht hat und hat das Heu gewendet, wie eine Welle vor einem geflohen.

Vieles ist durch diese Veränderung, durch diese vielen Gifte, die da verwendet werden, ausgestorben.

Es gab noch die rotgoldenen und grüngoldenen Laufkäfer, das sind Raubkäfer, die haben sich wieder von anderen ernährt, und die Ohrwürmer...

Das ist eine Unzahl gewesen, die sich da aufgehalten hat, auch in den Getreidefeldern, seinerzeit. Da gabs eine Menge Disteln drinnen, die hat man früher mühsam, wenn die Saat handhoch war, mit einem Stecher abgestochen in der Erde drinnen. Aber die haben halt den Nachteil, daß sie trotzdem Wurzelausläufer treiben. Die kommen an anderer Stelle wieder raus. Heute spritzt man alles – die Disteln gibts nicht mehr.

Der Boden war früher mit einer Schicht von Unterwuchs bedeckt, der ein Bodenklima geschaffen hat und eine Bodengare. Das war, wie wenn man auf einem Teppich ging, der Boden hat immer nachgegeben. Heute ist alles verhärtet. Der Druck durch die Maschinen verdichtet den Boden, so daß die Regenwürmer und all die anderen Bodenauflockerer immer weniger werden.

Der Boden war früher mit einer Schicht von Unter- wuchs bedeckt . . .

64

*Lauch kann ich das ganze
Jahr über ernten...*

65

66

Annas Gickerln

Anna   Die Gickerln, für die ich zuständig bin, heißt man auch Singerl. Wenn wir sie kriegen, sind sie kleine Küken.

Es muß schon Frühling sein, es muß schon warm sein. Wenigstens tagsüber solls warm sein. Das sind Eintagsküken, die sind einen Tag alt. Sie sind noch ganz klein und haben noch keine Federn. Sie haben nur Flaum. Und die kleinen Fußerl da, was sie haben, die dürfen sie sich nicht verkühlen, daß sie nicht krank werden. Sonst kriegen sie einen Durchfall, und dann sind sie weg. Die Gickerln sind die männlichen Hühner, die haben wir nur zum Schlachten.

Früher haben wir manchmal einen weggenommen zur Zucht, für unsere Hühner. Da kann einer laufenbleiben und die anderen werden alle geschlachtet, wenn sie groß genug sind. Die sind schön gelb, sind richtig ausgewachsen und schon fett, aber nicht so fett, daß sie direkt einen Speck drin haben. Sonst haben sie einen anderen Geschmack. Man soll sie so lang füttern, bis sie nicht ins Fette übergehen, sondern bis sie ausgewachsen sind und einigermaßen gut bestückt.

Man füttert sie erst mit Kleinkorn. Das ist gepreßt und nicht ganz so dick wie eine Zigarette, das können die kleinen Gickerln schon fressen. Später kriegen sie geschrotetes Futter, und dann kriegen sie immer Wasser.

Wenn sie mal einen Durchfall kriegen, auch die älteren Hühner, dann müssen sie blaues Wasser kriegen. Da ist etwas drinnen, das stopft. Das muß man früh genug sehen, daß eins dabei ist, das so eine weiße Flüssigkeit ausscheidet. Dann muß man gleich was tun, sonst hören die das Legen auf, und man hat von der ganzen Henne nichts mehr.

Bei den Gickerln ist es genauso, die nehmen dann nicht mehr an Fleisch und Fett zu, wenn sie darmkrank sind. So muß man aufpassen, daß man das richtig macht. Unsere sind immer so sieben Wochen alt geworden, dann sind sie aber reichlich groß gewesen.

Das gibts auch, daß sich eins mal einen Fuß bricht. Das Viech wird dann von den anderen ausgestoßen. Oder gepickt. Wenn die fressen will, die Kranke oder Verwundete, dann picken die anderen ihr auf den Hals drauf, die soll weggehen. Das wird von den andern schon gepiesackt, da gehts hart zu. Das ist eine richtige Hackordnung! Wenn du nicht mitkommst, dann bist hinten, dann hacken wir dich.

Ich geb ihnen auch Milch, wenn ich manchmal übrige gestöckelte Milch habe, die tun sie auch fressen. So werden sie gefüttert, bis sie ungefähr gute drei Pfund haben.

Dann sind sie ausgewachsen, dann sind auch die Federn ausgewachsen, daß sie keine Stiftel mehr haben, und dann sagen wir, so, jetzt leben sie nicht mehr lang. Wann schlachten wir sie, morgen oder übermorgen? – Dann überlegen wir, wann wir die meiste Zeit haben zum Schlachten.

Wenn wir die Gickerln geschlachtet haben, haben wir kochendes Wasser gemacht. Dann wird das Gickerl in einen Eimer reingelegt, und wenn es ausgeblutet ist, wird das kochende Wasser drübergeschüttet. Dann tun wirs schnell heraus, daß die Haut nicht zerreißt, tuns ein paarmal auf- und niederziehen, daß die Haut unter den Flügeln auch aufgeweicht wird und die Federn rausgehen. Dann wirft mans auf die Waschbank, und dann wird es richtig gerupft, total abgerupft, auch die ganz kleinen Federlein oder Stiftel.

Wir schneiden die Füße ab für die Hunde, dann tun wir den Kopf abschneiden, sie schön ausnehmen und lassen sie abkühlen. Die müssen gut gekühlt sein, dann kann man sie einfrieren. Ich habe drei Gefriertruhen! Eine für Fleisch, eine für Geflügel und eine für Obst.

Gickerlbraten

1 Gickerl
Salz
Pfeffer
Petersilie
etwas Butterschmalz
1 Semmel
2 Eier

Ich tu das Gickerl innen ein bißchen salzen, und dann tu ich meistens eine Fülle rein. Fülle ist Semmel, die aufgeschnitten wird und dann mit ein bißchen Fett vermengt, daß es nicht so trocken wird – und Petersilie. Wenn Petersilie drin ist, braucht man keine Zwiebeln, die tu ich nicht gern rein. Aber viele mögen den Zwiebelgeschmack. Von der Petersilie kommt alles rein, der Stengel und die Blätter. Semmel, zwei Eier – unsere Gickerln sind ja größer als gekaufte Gickerln, bei gekauften Gickerln brauchst du bloß ein Ei –, Pfeffer drunter und Salz. Dann tut man die Fülle einstecken. Das Gickerl ist ganz ausgenommen, alles ist heraus, sogar das Herz. Zuerst muß man in die Reine ein bißchen Wasser reintun, weil sich ja so schnell von dem

Gickerl nichts rausbrät. Dann tut mans erst auf den Rücken legen und im Rohr braten. Wenn es dann schön braun ist, dreht man es um, tut etwas Pfeffer dran, dann kommt der Rücken in die Höh, daß der auch braun wird. Da wird dann von selber noch ein bißchen Soße, man muß nur immer rüberschöpfen. Nach einer Stunde ist es fertig. Es muß schon eine gute Hitze sein, aber doch nicht so, daß es oben schon dunkel wird und in der Mitte ist es nicht durchgebraten.

Wenn ich ein ganz großes Gickerl hab, wie manchmal, wenn viel Leute sind, dann tu ich es, wenn es links und rechts schon braun ist, in der Mitte auseinanderschneiden und laß das so noch im Rohr liegen, daß es noch ein bißchen braun wird, weil es sonst sein kann, daß das innen nicht durch ist.

Ich mach Gickerl fast jedes Jahr. Voriges Jahr, mein ich, haben wir keine gehabt, weil wir so wenig daheim waren.

Juni

Gibts im Juni Donnerwetter
wird auch das Getreide fetter

Ist der Siebenschläfer naß
regnets ohne Unterlaß

Sich firmen lassen kostet einen Haufen Geld

Anna Wenn man in die vierte Klasse geht, dann wird man gefirmt. Mit einer Nachbarin, einer ganz nahen Verwandten von der Meieredermutter, hat der Vater ausgemacht, daß sie mich firmen lassen. Sich firmen lassen kostet einen Haufen Geld, weil da der ganze Tag vergeht, bis man abends wieder heimkommt. Da geht man in die Kirche, der Gottesdienst dauert zwei Stunden, weil der Bischof da ist. Der Bischof muß die Kinder firmen.

Ich bin in Pfarrkirchen gefirmt worden, da kamen die Kinder von vielen Pfarreien hin. Ich habe ein neues, langes Kleid gehabt. Meine Schwester hat es hernach dann gekriegt, wie die reingewachsen war und ich rausgewachsen. Das war ein dunkelblaues Kleid mit weißem Spitzenkragen. Ich habe auch eine Halskette gekriegt, eine ganz, ganz dünne, kleine, von der Firmpatin.

Es geht an mit so einem öffentlichen lauten Gebet, das man vorher schon lernen muß. Wenn die Kirche bald zu Ende ist, müssen die Kinder antreten, und dann kommt der Bischof mit seiner Mütze, so ganz stolz, denn er ist ja der Bischof! Schon eindrucksvoll. Und dann müssen die Kinder antreten, alle stehen da, die Buben und die Mädchen.

Die Firmpaten stehen hinter den Kindern. Deine Firmpatin steht hinter dir, da brauchst dich nicht mehr umschauen. Dann stehen sie da, aus allen Pfarreien. Da müssen sich alle schön hinstellen und schön die Hände gerade falten. Ich hab damals schon meine Finger ein bißchen verkrüppelt gehabt, da hab ich sie nicht mehr so gerade machen können. Da haben die anderen Kinder gesagt, kannst du deine Hände nicht schön aufrecht halten? Ich hab gesagt, das kann ich nicht. Das haben sie mir nicht geglaubt.

Der Pfarrer hat dann meine Pfoten selber angeschaut, weil ich gesagt hab, das kann ich nicht. Ja, warum nicht? Das weiß ich nicht. Wahrscheinlich, sagen die Leute, von der Arbeit. Ich hab ja immer schwer tragen und heben müssen. Das hab ich aber damals nicht gewußt, und da hätte er mich beinahe gehaut, der Pfarrer. Soviel Verständnis hat der für ein Kind gehabt!

Beim Lehrer hab ich es einmal so machen müssen: Er hat mir die Kreide draufgelegt, weil die Hände auch nicht ganz gerade waren. Dann ist sie immer, wenn ich ein bißchen was gemacht habe, runtergefallen. Da haben die Kinder soviel gelacht, und er hat gesagt, ich solls richtig machen. Alle haben es richtig gemacht, alle haben es gekonnt, ich nicht. Der Lehrer hat gesehen, wenns nicht geht, gehts nicht. Ich hab dann mit den Kindern gelacht, für mich war das auch komisch.

Wenn zuwenig Kinder bei der Firmung zusammenkommen, werden zwei Klassen zusammengenommen. Bei uns auf dem Dorf waren grad sieben, acht Kinder in einer Klasse. In der Stadt drin, da sind es manchmal fünfzig. Wenn alle Kinder dastehen, kommt der Bischof daher mit seinem Stab und macht das Kreuz auf den Kopf und betet noch ein bißchen was. Der betreffende Pfarrer von der Pfarrei ist auch dabei, und da tät man am liebsten lachen, weil der so komisch und so alt ist. Wenn dann welche lachen, kriegen sie hernach vom Pfarrer noch eine Watschn.

Danach ist Wechsel, denn da stehen schon wieder welche an. Da sind in Pfarrkirchen ja viele kleine Dörfer rundum, die werden alle gleichzeitig gefirmt. Das ist schon recht feierlich. Zum Aufregen und auch zum Lachen für die Kinder.

Nach der Firmung bin ich mit meiner Firmpatin ins Gasthaus gegangen. Da haben wir gegessen und getrunken. Man ist dann lange im Gasthaus gesessen, bis um halb drei nachmittags. Dann war noch Andacht, eine Dankandacht in der Kirche. Einige gehen hernach noch mal ins Gasthaus, aber wir sind nicht mehr gegangen, weil meine Firmpatin bei der Stallarbeit hat daheim sein müssen. Da wars ja schon vier, wie die Andacht vorbei war. Wir sind mit der Kutsche und zwei Pferden heimgefahren, ich bin heimgegangen und hab mein Kleid ausgezogen. Dann wars schon beinahe wieder Zeit zum Kochen und für die Stallarbeit.

Fronleichnam

Albert Die Höfe waren ja damals weit verstreut, also spielte sich das ganze Gemeinschaftsleben im Dorf ab. Da ist das Schulhaus, das Wirtshaus und die Kirche.

Zu Fronleichnam war ein großes Fest. Es wurde eine Prozession veranstaltet und die Straßen waren mit Birkenbäumchen geschmückt. Das Allerheiligste wurde damals im Dorf herumgetragen, oder sogar weit raus in die Felder. Da waren dann Altäre aufgebaut, da wurden die vier Evangelien gelesen.

Beim Festzug waren vorne die Kirchenfahnen, dann kamen die weißgekleideten Mädchen mit ihren Kommunionskleidern, mit Kränzen und Blumen im Haar und Sträußen, dann kamen die Buben in blauen Anzügen, den Kommunionsanzügen, dann die Feuerwehr und die Vereine, schließlich das Allerheiligste. Vier Männer trugen diesen sogenannten Traghimmel, Baldachin sagt man da auch. Die Gemeinderäte oder ausgesuchte Bauern haben den getragen. Hinterher kamen die Männer und als letztes, wie das immer so ist, die Frauen. Die waren die letzten, obwohl sie die frömmsten waren.

Nach einer gewissen Strecke war ein Altar aufgebaut, und dort wurde ein Evangelium gelesen. Es wurde gesungen, dann wurde der Segen gegeben, und es wurde auch gebetet. Fronleichnam ist das Gedenken an die Einsetzung des Altarsakraments. Das bezieht sich auf das letzte Abendmahl, wo Jesus vor seinem Tod die Jünger noch versammelte und sagte »Das ist mein Leib, das ist mein Blut«. Zur Verehrung dieses Geheimnisses gibt es das Fronleichnamsfest.

Da war das ganze Dorf geschmückt. Die Prozession dauerte schon von acht bis elf Uhr. Das ging natürlich nur bei gutem Wetter, damals wars auch zumeist gutes Wetter. Und dann natürlich hinterher war das Wirtshaus fällig. Die Frauen mußten heim und sich ums Kochen kümmern, aber die Männer sind dann noch auf einen Schluck gegangen. Zuhause ist das dann nicht mehr gefeiert worden, das war keine häusliche Feier.

Bauernhochzeit

Anna Eine Bauernhochzeit wurde groß aufgezogen.

Wenn der Pfarrer am Sonntag in der Kirche zum erstenmal das Aufgebot vorlas, mit den Worten »Zum heiligen Sakrament der Ehe haben sich versprochen der ehr- und tugendsame Jüngling Matthias Hinterbichler aus

Hennerkogl und die ehr- und tugendsame Jungfrau Katharina so und so ...«, da war es ganz still in der Kirche. Die Burschen stießen sich heimlich mit den Ellenbogen an beim »ehr- und tugendsamen Jüngling« –, und die sitzengelassene Magd ging an diesen drei Sonntagen des Aufgebots lieber anderswohin in die Kirche.

Da gab es ein Sprichwort: »Wenn geheiratet wird, dann kommt das Unglück im Stall«, damit war gemeint, daß die Sitzengelassene dem Paar Unglück wünschte, und es kann schon etwas dran sein.

Da war eine Magd, die hatte ein Kind von dem Hoferben, der dann eine andere geheiratet hat. Für das Kind zahlte er nur ein paar Mark im Monat und ließ sie in Not. Da hörte das Unglück überhaupt nicht mehr auf: Bullen brachen sich die Beine, Kühe mußten notgeschlachtet werden, das Fleisch mußte mühsam pfundweise in der Umgebung angeboten werden. Wenn da fünf Pfund abgenommen wurden, war es viel, oft nur zwei Pfund. Man mußte die halbe Gemeinde um Abnahme bitten. Es konnte ja niemand das Fleisch lange halten, weil es Gefriertruhen noch nicht gab.

Doch bei der Hochzeitsfeier, da wußte noch kein Brautpaar, ob Glück oder Unglück sein wird, so war alles fröhlich. Wenn eine Hochzeit war, haben wir Kinder uns schon recht gefreut. War das Brautpaar von der Nachbarschaft, dann spannten die Kinder ein Seil über die Straße und hielten den Kammerwagen auf, dafür bekamen sie ein bißchen Geld zur freien Durchfahrt.

Der Kammerwagen war ein besonderer Blickpunkt. Da waren auf einem Leiterwagen, mit dem sonst das Heu und Getreide eingefahren wurde, die Möbel der Braut aufgebaut, die Federbetten hoch aufgebauscht, mit den eigenen Gänsefedern gefüllt. Wir Kinder standen am Straßenrand und rauften uns um die Pfennige, die vom Wagen ausgeworfen wurden. Da waren die Buben uns Mädchen meist voraus, und es konnte vorkommen, daß einer zehn Pfennige zusammenkriegte.

Nach dem guten Essen war das Schenken und Nachehren besonders interessant. Beim Schenken, da wurden vom Hochzeitslader, dem »Prokurader«, die Gäste einzeln mit Namen aufgerufen. Zuerst die Eltern des Brautpaares, und dann, nach dem Verwandtschaftsgrad, alle übrigen bis zu den Freunden und Freundinnen des Brautpaares.

Wer dran war, ging zum Brauttisch vor, die Musikanten spielten auf und der Prokurader sang einen lustigen Vers über den Gast. Der beglückwünschte das Paar und trank beiden zu. Wenn er das Weinglas leerte,

75

wurde gleich nachgeschenkt und er mußte wiederum mittrinken, und es sind oft an die sechzig bis hundert Gäste.

Inzwischen wird in einem Umschlag das Hochzeitsgeldgeschenk abgegeben, für die Braut in einen besonderen Topf ein Haushaltsbeitrag, für die Musiker und den Prokurader auch noch etwas in jeweils einen Teller. Bis alle durch sind, das dauert lange.

Dann kommt noch das Nachehren. Da werden Gebrauchsgegenstände geschenkt: Bügeleisen und Babywäsche, Bettwäsche und Geschirr, alles, was man so im Haushalt braucht, heute sogar schon Kühlschränke, Waschmaschinen und Elektroherde. Das ist schon was für das Brautpaar! Aber später, wenn dann das Paar anderswo zur Hochzeit geladen ist, wird das alles wieder ausgeglichen.

Schläfst du unterm Mähen?

Anna Im Juni war Heuernte. Damals, wie ich noch ein Kind war, hat man mit der Sense gemäht, da hat man noch keine Maschine gehabt.

Der Kleinste, der hinten geblieben ist beim Mähen, der ist dann ausgebleckt worden, wo bleibst denn, schau, daß du nachkommst, schläfst du unterm Mähen? Der hat noch nicht soviel nehmen können und der war noch nicht so kräftig. Man hat schon Kraft gebraucht, um mit der Sense zu mähen, und nicht jede Sense ist gleich gut.

Wenn das Mähen fertig war, hat man das Gras mit einem Rechen oder einer Gabel auseinandergestreut, daß Sonne reinkommt. Da war es nicht mehr in Haufen, sondern ausgebreitet, daß es trocknet. Dann hat man es wieder umgedreht. Nach ein paar Tagen ist es Heu gewesen, und dann hat mans heimgefahren. Das war für die Tiere zum Füttern.

Zum Einstreuen hat man Stroh gehabt. Das gedroschene Stroh ist gebunden und noch mehrmals abgeschnitten worden, dann hat mans als Streu genommen. Zum Schneiden gabs so ein rundes Messer, da ist ein langer Drücker dran gewesen. Man hat das Stroh reingetan, dann hat man fest gedrückt und das Stroh ist abgeschnitten worden. Das Heu zum Füttern hat man auch manchmal mit der Schneidemaschine kleingeschnitten, damit man nicht soviel braucht. Dann hat man noch Stroh drunter gemischt, daß es ergiebiger gewesen ist. Später, wie man besser gedüngt hat und mehr Heu hatte, da hat man direkt Heu gefüttert.

Aber früher haben die Leute nicht gedüngt, die haben das Geld dazu ja nicht gehabt.

Anna, die Ziege

Albert Anna ist eine Ziege, denn ihr Geburtsjahr ist im chinesischen Horoskop das Jahr der Ziege.

Da hab ich mal zu ihr gesagt, siehst du, das ist doch genau richtig. Du kannst an nichts vorbeigehen, ohne etwas abzurupfen. An den Blumen eine vertrocknete Blüte, an den Geranien oder an den Weintrauben eine schon rot werdende Beere oder eine Zwetschge.

Die muß sie kaum nach dem Essen schon wieder irgendwo runterknabbern.

Also, das ist die eine Seite der Ziege. Die andere Seite ist die, daß sie meckert. Und die Ziege meckert nämlich, weil sie Angst hat, es könnten schlechte Zeiten kommen. Noch im guten Futter jammert sie schon vorsorglich, daß sie nur ja nicht zu spät dran ist. Um zu warnen.

Und das trifft Annas Charakter haargenau: Diese Vorratshaltung – die drei Tiefkühltruhen sind voll – wo soll das hinführen? Und wenn einmal der Pegel drinnen sinkt, um 20 bis 30 Zentimeter, dann gibts ein Sonderangebot, was wir wieder kaufen. Und dann gibts das und jenes. Es ist eine unerhörte Vorratswirtschaft.

Anna Und wenn wer kommt, muß ich Kuchen backen.

Albert Ja, dann werden die Kuchen natürlich erst gemacht – dann kommt niemand, dann werden sie nicht gegessen, dann muß man wieder tiefkühlen. – Du, da ist von der Geburtstagstorte noch was da, da müssen wir gucken, wo die ist, daß die Katharina auch einmal was bekommt davon. Von der dreistöckigen Geburtstagstorte, am 16. Juni war das. Weils immer

78

so ist: Für andere Leute tuts uns leid, selber kommen wir nicht dazu, so ißt sie keiner. Diese Ziegen-Mentalität, die ist ihr auf den Leib geschrieben.

Anna Mein Geburtstag ist ein Tag wie andere. Ich krieg von den Kindern und vom Mann was, aber sonst, im Tagesverlauf, ist es kein anderer Tag.

Der Geburtstag im Verlag war feierlich. Da waren wir nicht daheim, sonst wären gerade die gekommen, die uns immer um alles neidisch sind, und wir haben gesagt, nein, immer heißt es – ja die! Die kriegen ja das Geld zugeworfen! Ein Buch hätten wir auch schreiben können. Aber weil sie die Wimschneiderin ist... Da hast du ja den Neid schon rausgehört.

Da haben wir gesagt, wir machen gar nichts mehr und haben überhaupt niemanden eingeladen. Im Verlag wars schön, das war feierlich. Herrlich wars, wirklich schön! Die Torte war vom Verlag. Dreistöckig! Ich hab noch ein paar Stück, die habe ich eingefroren. Unten war eine ganz große Torte, dann eine kleinere und dann noch eine kleinere. Oben drauf war ein Häuschen. Das war ganz schön gemacht – wir haben ein Foto davon.

Bei der Lesung

Anna Einmal, bei einer Lesung in einem Gasthaus, da war einer, der war so betrunken und hat immer gestört. Die Leut haben schon immer gesagt, bist du jetzt stad, schau, daß du rauskommst, brauchst nicht herin bleiben. Geh anderswo hin, daß du deinen Rausch ausschlafst. Der hat sich aber nichts sagen lassen. Da sind die direkt mit Zorn auf ihn losgegangen und haben gesagt, entweder gehn wir oder gehst du!

Das war in einem Gasthaus, da haben viele Platz gehabt. Wie wir dann gekommen sind, hat der gemeint, er kann sich da groß aufmachen, kann sich was einbilden und auf ihn wartet ein jeder. Dabei hat auf ihn überhaupt niemand gewartet.

Ich hab dann einfach erzählt.

Gestern war ein Lehrer mit einer ganzen Schulklasse oder gar ein paar Schulklassen da, das war in einem großen Saal. Immer wenn ich dort bin,

Ich hab dann einfach erzählt . . .

kann man sagen, ist der ganze Saal voll. 400 Leute haben wir da gehabt. Das muß schon ein großer Saal sein, wenn 400 Leute Platz haben! Bei den Schulkindern heute ist es so, daß denen mein Leben fremd ist. Die leben in einer ganz anderen Zeit. Mit der Schulklasse, das war so: Ich hab irgendwo eine Lesung gehabt, da war der Lehrer da und hat das aufgenommen. Dann hat er das Band in der Schule vorgespielt. Da waren die Kinder ganz begeistert und haben gewollt, daß sie einmal mitkönnen und das selber erleben. Sie sind dann direkt vorm Podium gestanden.

Sie haben auch Fragen gestellt. Ob ich da nicht ganz traurig war, weil ich nirgends hingehen durfte, und weil ich eben auch nicht richtig in die Schule gehen durfte. Ich hab gesagt, das gewöhnt man, man muß nicht überall sein.

Ich mag das gern sehen, daß auch Schulkinder da sind. Ich glaub, daß das 30, 40 Kinder waren. Die waren sehr interessiert. Kein Muckserl haben die gemacht bei der ganzen Erzählung.

Erst hernach haben sie mich dann gefragt. Ob wir nicht eine andere Mutter hätten haben wollen und so. Naja, der Vater hat ja keine gekriegt, bei so vielen Kindern. Da geht doch keine hin. Ein hartes Leben wär das gewesen. Das mußte ich dann machen. Weil der Vater eben keine mehr gekriegt hat, auch keine genommen hat. Er wollt ja gar keine haben, weil er gesagt hat, das geht nicht gut aus.

Wie ich mein Leben so erzählt hab, haben manche Kinder gesagt, das hätt ich nicht ausgehalten, da wäre ich davongelaufen! Ich hab gesagt, das gewöhnt man, man kann auch den Geschwistern nicht davonlaufen, dem Vater nicht davonlaufen. Man muß einfach das machen, was das Beste ist.

Zwetschgenpavesen

Da hat die Tante Lini schon so einen Vers über die Zwetschgenpavesen gewußt: »O Zwetschgenpavesen, wo bist so lang gewesen, im Himmel drei Wochen, die Muttergottes tuts kochen...« Die kamen selten auf den Tisch, nur an den hohen Feiertagen und Kirchweih. Dann mußte ich schon so viele machen, wies nur ging.

Dazu braucht man alte Semmeln. Die Rinde reibt man ab mit dem Reibeisen. Dann teilt man sie in der Mitte. Man streicht Zwetschgenmarmelade drauf und drückt die wieder zusammen. Nun taucht man sie kurz in warme Milch, damit sie weicher werden und dann gleich in den Pfannkuchenteig.

So kommen sie dann ins heiße Fett und werden schwimmend ausgebakken. Man muß dran denken, daß die Pavesen etwas länger brauchen, bis sie durchgebacken sind, das Fett soll nicht zu heiß sein, sonst sind sie außen dunkelbraun und innen noch teigig.

Am Schluß wendet man sie in Zucker und Zimt.

Zwetschgenmarmelade
8 alte Semmeln
¼ l Milch

Pfannkuchenteig:
4 Eier
½ Pfund Mehl
½ l Milch
1 Prise Salz
Butterschmalz
etwas Zucker und Zimt

Juli

Regen am Frauentag
40 Tage währen mag

Schlägt die Glock im Glockenturm
macht das der Jacobi-Sturm

Da wird wohl der Kuckuck auch einziehen

Anna   Eine Nachbarin sagte kürzlich zu mir, seit sie ins Dorf geheiratet hat, hat der Steiner, das ist unser Hausname, nicht aufgehört, irgend etwas abzureißen und zu bauen. Das war auch nötig, denn alles war ja alt und zu klein.

Das erste war, daß wir den großen Kamin in der Küche abgerissen haben. Dem Kaminkehrer war er so zuwider, weil er da hineinsteigen mußte und innen dann hinaufklettern, um den Ruß abzukratzen. Das war vielleicht ein Staub und Ruß im Haus! Als der neue Kamin stand, da bildeten wir uns Wunder was ein, weil wir schon so viel geleistet haben.

Das nächste war eine Odelgrube. Das Loch wurde noch mit der Schaufel ausgegraben. Beim Abfahren der Erde brachen die Wagenräder, die schon alt und morsch waren. Am Ende war von vier Wagen nur noch einer auf seinen Rädern. In der Nacht kam der Lastwagen mit Zement. Über den Sonntag stürzten schon die Seitenwände der Baugrube ein, der Maurermeister sagte, schüttet alles wieder zu, der Boden ist im Untergrund zu naß. Das war unmöglich, da wäre das Haus auch noch ins Rutschen gekommen. Der Firmpate hat uns alte Bretter gebracht, weil wir nicht mehr genug Schalungsholz hatten. Endlich waren die Seitenwände fertig. Das war zu Anfang der Karwoche. Es hat noch lange gedauert, bis die Grube fertig war, aber wir haben es doch geschafft.

Nun war der Stall dran, in dem die Zugochsen und das Jungvieh untergebracht waren. Er sollte so groß werden, daß all unser Vieh in einem Stallgebäude zusammen sein konnte. Als wir die alten morschen Dachschindeln beim Abbruch in den Hof schmissen, da hat der Albert gesagt, nun können wir nicht mehr zurück, nun müssen wir das durchhalten. Geld hatten wir ja wenig, wie meistens beim Bauen, da haben wir halt Schulden gemacht. Im Herbst zogen wir ins neue Stallgebäude ein. Der alte Kuhstall im Wohnhaus blieb erst noch für die Schweine, bis ein neuer Schweinestall gebaut werden konnte. Dann haben wir uns Schweine zugelegt, mehr, als viel größere Bauern hatten, die brachten schnell Geld, damit wir unsere Raten zurückzahlen konnten.

Kaum gings besser, kamen die Maschinen dran, der Schlepper, ein großes Nebengebäude unterkellert, die Grünfuttersilos, Kartoffelsilo, ein Jungviehstall – bis zum Wohnhaus.

Im März 1960 haben wir mit dem Abbruch begonnen, ganz allein, um

Geld zu sparen. Im alten Kuhstall, da war ein böhmisches Gewölbe drinnen, das wäre auch in einem neuen Haus schön gewesen. Es war aber nicht zu erhalten. Der Dachstuhl wurde aufgestützt, durch die offenen Seitenwände trieb der Schnee bis in die Küche. Nachts kamen fremde Hunde ins Haus über die Stiegen hinauf.

So wurde eine Mauer nach der anderen ausgebrochen und neue wurden eingezogen. Wenn irgendwo Geld vergraben gewesen wäre, wir hätten es gefunden, weil alles um und um gewendet wurde. So ganz unmöglich war es nicht, daß wir etwas finden könnten, denn der Albert hat als Bub mal gesehen, wie der Onkel Albert und der Onkel Otto vergrabenes Silbergeld bei der Scheune ausgegraben haben.

Es war schon Winter, da kam der Bürgermeister aus irgendeinem Grund zu uns und hat auch das Haus besichtigt. Er sagte, da wird wohl der Kuckuck auch einziehen. Da hat der Albert gesagt, der Gerichtsvollzieher wird mich schwerlich antreffen, dafür hat mein Haus drei Eingänge: Kommt er bei dem einen herein, bin ich beim anderen draußen, das wird ein schönes Spiel. Der Bürgermeister glaubte nämlich, daß wir es nicht schaffen.

Wir haben es aber geschafft.

Der Jacobi-Sturm

Anna An Jacobi sind die ersten Frühäpfel reif geworden, die Jacobiäpfel. Und dann kam immer ein schwerer Sturm.

Der Jacobi-Sturm war bekannt. Wenn Jacobi rum ist, braucht man nichts mehr fürchten. Aber wenn der Sturm da war, hat der manchmal Bäume abgebrochen, das Obst runtergeschüttelt und die Kornmandl umgeworfen.

Wir Kinder haben schon auf den Sturm gewartet. Und der hat dann die Bäume gebogen, ein alter Baum ist abgebrochen worden. Das war für uns Kinder was ganz Besonderes. Den großen Baum hat der Sturm umgeworfen! Da waren unsere Birnen dran. Da hat man sich schon auf die Birnen gefreut, und dann hat der Sturm den Baum umgeworfen. Hernach wars aus mit den Birnen.

Da hats Jacobiäpfel gegeben, die waren um die Zeit schon auch zum Essen. Das waren die ersten, die reif waren – die weißen Kläräpfel.

Der Wirt ist ja von der Kirche nicht weit weg gewesen

Anna Früher sind wir oft mit dem Radl zur Kirche gefahren. Wir haben ja noch kein Auto gehabt. Erst hats eine Viertelstunde früher schon geläutet, daß die Leute gewußt haben, jetzt ist noch eine Viertelstunde Zeit, und dann gehts los. Und dann hats das zweite Mal geläutet und da ist man dann drin gewesen. Da hat der Gottesdienst angefangen. Früher hat der Chor noch viel besser gesungen.

Nach dem Gottesdienst sind wir heimgegangen. Manchmal sind die Leute auch noch ins Wirtshaus gegangen. Wenn einer seine Frau hat verwöhnen wollen, dann ist er nach der Kirche zum Frühtrunk gegangen. Da hat es schon Weißwürst gegeben in der Früh und ein Bier oder einen Kaffee – und da sind die zum Frühtrunk rein. Der Wirt ist ja von der Kirche nicht weit weg gewesen.

Albert Die Frauen sind weitgehend in die Frühmesse gegangen, um sieben, damit sie zum Kochen daheim waren. Die jüngeren Ehefrauen sind dann zum Hauptgottesdienst gegangen, aber die Älteren waren schon in der Frühmesse.

Anna Am Nachmittag ist der Mann angeblich zum Rosenkranz gegangen, aber meistens ist er nicht zum Rosenkranz gegangen, da ist er nur ins Wirtshaus gegangen. Unser Vater auch. Wie wir die Mutter nicht mehr gehabt haben, ist der Vater nachmittags auch ins Wirtshaus gegangen. Erst einmal in den Rosenkranz. Da ist einfach ein Rosenkranz gebetet worden in der Kirche, dann hat der Pfarrer, der war auch dabei, noch einen Segen mit seinem Allerheiligsten gegeben.

Die ganze »Noudinga«, wie wir gesagt haben, die von der Not geplagt waren, die, die überhaupt nichts gehabt haben, die haben heimgehen müssen, und die anderen sind hernach ins Gasthaus gegangen. Da sind sie beieinander gesessen. Am einen Tisch haben sie Karten gespielt, am anderen Tisch sind die Alten beinand gesessen, die haben sich schon zusammengewöhnt gehabt, und das ist der Brauch gewesen, daß man sich jeden Sonntag da wieder sieht.

Mein Vater hat nicht viel getrunken, aber manchmal haben sie ihm einen Rausch angehängt, dann ist er richtig rauschig heimgekommen. Richtig besoffen ist der heimgekommen.

Wie wir Kinder waren, sind wir nach der Kirche heimgegangen. Eins hat daheim bleiben müssen, das Fleisch braten. Die anderen sind dann von der Kirche gekommen, und da hat das Essen beinahe fertig sein müssen, bis auf die Knödel. Wenn ich in der Kirche war, hab ich nachher, wie ich heimgekommen bin, Knödel machen müssen. Das Fleisch war schon gebraten, dann hat man noch einen Kartoffelsalat gemacht, ansonsten hat man eh nichts gehabt.

Hopfenstauden haben wir selber gehabt. Die sind dahinten gestanden, gleich hinter dem Kuhstall.

90

Das Bierbrauen

Anna Früher hat es ein Dünnbier gegeben, in den Flaschenhandlungen, das war ein »Scheps«, haben wir gesagt. Auf jeden Fall hat man vom Scheps keinen Rausch gekriegt, und vom Bier schon.

Bei uns haben mal die Kinder einen Mordsteufelrausch gekriegt, da hat der Vater gesagt, das hört mir auf, die Kinder kriegen kein Bier mehr! Wir haben ja schon beim Vater Bier gekocht, der Vater hat das auch können, weil sein Vater das auch gemacht hat.

Aber ich habs dann erst richtig vom Onkel Otto gelernt. Der Otto, der das Bier gemacht hat und der es mir gelernt hat, der war in einer Brauerei. Mindestens 30 oder 40 Jahre war der in einer Brauerei und hat immer Bier gekocht. Wie wir geheiratet haben, hat er gesagt, Anna, ich lern dir das Bierkochen. Kannst du das, hab ich gefragt. Ja, sagt er, das kann ich.

Dazu braucht man eine Gerste. Da gibts eine gewisse Sorte Gerste, die ist dicker, also runder als andere. Die Gerste hab ich auf einen eigenen Tisch geschüttet, da lief das Wasser ab, hab sie dünn ausgebreitet, damit sie keimen kann. Sie wird zugedeckt, daß es wärmer ist. Jeden Tag hab ich eine Bürste ins Wasser getaucht und die Gerste wieder naß gemacht. Dann wachsen die Wurzelkeime an einem Ende. Da hab ich mich gefreut, wenn sie so lange Haxen gekriegt hat. Am anderen Ende, da kommt der Blattkeim, den darf sie nicht kriegen. Da nehme ich die Gerste weg, rupfe sie auseinander, weil die mit den Wurzeln ja schon zusammengewachsen ist, und tu sie an die Luft oder auf dem Ofen auf ein Sieb, daß sie gut trocknen kann.

Wenn ich Brot gebacken hab, das ist ja oft gewesen, und wenn das Brot aus dem Backofen heraus war, da kam dann die Gerste in einer eisernen Reine in den Ofen hinein. Der war ja noch warm. Da wurde sie rasch braun, da ist sie zu Malz gedörrt worden. Sie wurde so resch, daß ich mit den Händen Keime abreiben konnte. Die haben die Kühe bekommen, die sind ganz wild drauf.

Wir haben eine Schrotmühle gehabt, die mußte ich mit der Hand treiben, da war ein Schwungrad dran. Sie hat die Malzkörner grob zerrieben, das hat grad gekracht.

Dann kam das Biersieden. Ich hab einen großen Kupferkessel gehabt, so mit 45 Litern. Auf dem Küchenherd hab ich Wasser warm gemacht, den

Malzschrot hineingeschüttet und erst einmal auf 60 Grad eine Zeitlang heiß gemacht. Dann blieb der Sud eine Weile mit dieser Temperatur stehen, da verzuckert sich die Maische, so heißt das Malz.

Nachher wird sie gekocht und immer umgerührt dabei. Nach einer Stunde kommt noch der Hopfen hinein.

Hopfenstauden haben wir selber gehabt. Die sind da hinten gestanden, gleich hinter dem Kuhstall. Vier Hopfenstauden sind da gestanden. Da haben wir jedes Jahr Hopfen gezupft, den haben wir dann getrocknet, hier heroben auf der Terrasse.

Dann bleibt der Sud stehen und kühlt ab. Ich hab den Gärbottich hingestellt und den Sud durch ein Seihtuch in den Gärbottich geschüttet. Der Gärbottich stand ganz kühl in der hinteren Speis. Es kommt noch Bierhefe in den Sud und man läßt den Sud gären, da kommt Schaum oben drauf. Wenn die Gärung aufhört, ist das Bier fertig. Ich hab es aus dem Gärbottich in Flaschen ablaufen lassen, in Literflaschen.

An dem Topf war unten ein Wechsel dran, da hat man die Flasche

druntergehalten. Wir hatten da extra Bierflaschen, Einliterflaschen. Die haben wir heute noch, da tun wir jetzt den Apfelsaft rein.

Alle zwei Wochen haben wir 60 bis 65 Flaschen gemacht, aber ein Sud hat meistens keine zwei Wochen gelangt.

Das Bier muß drei Tage stehen, dann haben wir es meistens gleich getrunken, gerade in der Hitze, im Sommer. Wir haben im Sommer aber oft auch was anderes gemacht statt dem Bier. Da haben wir gesagt, heut essen wir mal eine Rahmmilch. Dann haben wir das Bier noch nicht so schnell getrunken. In den Flaschen hat das Bier vier Wochen mindestens gehalten, wenns langt, meistens länger. Das ist so gewesen, daß man es einfach hat stehenlassen können.

Aber manchmal setz ich mich auch raus

Anna Wie wir damals das Haus umgebaut haben, haben wir auch die Terrasse gebaut, geplant hat sie der Albert selbst. Wir haben gesagt, jetzt haben wir schon so ein großes Haus, haben soviel Zimmer, wir brauchen überhaupt nichts mehr. Jetzt machen wir uns eine Terrasse. Da können wir uns im Sommer auch mal raussetzen. Wir können das Sonnendach runterlassen, dann haben wir Schatten. Wir habens uns gemacht, wie es uns paßt.

Früher, wie ich ein Kind war, hätte ich mir nie vorstellen können, einmal eine Terrasse zu haben. Mei, wenn mich der Vater erwischt hätte, daß ich einmal in der Sonne gesessen wäre, da hätte der gefragt, ja, hast du nichts mehr zum Nähen, warum machst denn du nichts? Zum Faulenzen bist du nicht auf die Welt gekommen!

Terrassen gabs früher in der ganzen Umgebung nicht. Da hat man halt einen Balkon gehabt, wo man die Wäsche trocknet. Eine Schnur haben die Bauern gehabt, keinen Wäschetrockner, sondern eine Schnur ist da an die Wand geschlagen gewesen, und dann sind da aus Holz noch Träger weggegangen, da waren dann ein, zwei Schnüre dran, den ganzen Balkon entlang. Da hat man einen ganzen Haufen Wäsche aufhängen können zum Trocknen.

August

Gibts im August keine Garben
wird man im Winter darben

Kommt der Sturm am Frauentag
kein Weizenmanderl stehen mag

Vater, da kommt immer ein junger Mann . . .

Anna Anfangs ist der Albert immer gekommen, wie der Vater nicht daheim war. Wir hatten damals noch kein Telefon, aber er hat gewußt, daß der Vater immer am Sonntag nachmittags mit seinen Freunden ins Gasthaus gegangen ist. Wir Kinder waren dann allein daheim. Wir sind in der Stube gesessen und haben geredet. Er hat ein bißchen mit den Buben gespielt, die waren ja damals noch ganz klein.

Wenn kein Sonntag war, haben wir oft zusammen Futter geschnitten, Stroh und Heu. Oft haben die Buben gesagt, sie wollen auch mitgehen zum Futterschneiden. Na, dann haben wir Futter geschnitten, vorne sind wir gewesen, Albert hat in die Maschine das Heu getan, und hinten sind all die Kleinen noch dran gehängt. Da haben sie sich immer gefreut. So haben sie ihn kennengelernt, was er für einer ist.

Bei den Kindern war er beliebt. Er hat auch Geschichten erzählt, wenn sie auf dem Kanapee gesessen sind, das war sehr interessant.

Eines Tages haben die Buben dem Vater gesagt, Vater, da kommt immer ein junger Mann. – Ach so? Was macht er denn? – Ja, der kommt zu der Nanni, und dann sitzen sie auf dem Kanapee oder am Tisch und unterhalten sich. – Und was tut ihr? – Wir sitzen auch und hören zu. – Das haben die Buben immer gemacht. Sich hingesetzt und zugehört. Maul und Augen offen. Der Vater hat oft gesagt, schau sie dir an, die Maulaffen. Der Vater fand das nicht schlimm mit dem Albert – weils ja Tag war, es war ja nicht Nacht. Nachts wärs schlimmer gewesen.

Erntegeschichten

Albert Bei schlechtem Wetter, das oft gleich eine Woche oder länger andauerte, konnte der Pfarrer den Leuten erlauben, daß sie auch sonntags Erntearbeiten machen dürfen.

Da gabs manchmal so schlechtes Wetter, daß das Getreide am Halm auswuchs, das heißt, daß es schon die Wurzelkeime trieb. Und, damit mans einbringen konnte, hat man dann am Sonntag arbeiten dürfen.

Oder wenn die Dreschmaschine kam, und das konnte auch an einem Freitag sein, da durfte man an sich kein Fleisch essen. Dann hat man sich auch beim Pfarrer die Erlaubnis geholt, Fleisch zu essen. Da wurde die Erlaubnis erteilt, daß die Leute an diesem Tag Fleisch essen durften.

Die Erntezeit war etwa von Ende Juli bis Mitte August. Das Fest Mariä Himmelfahrt, am 15. August, war ein wichtiger Termin. Es kam nämlich um diese Zeit zumeist ein Gewittersturm, der »Frauensturm«, haben die Leute gesagt. Das ist tatsächlich so. Um Jacobi, das ist der 25. Juli, gibt es einen solchen Sturm, der oft große Schäden anrichtete, und dann am 15. August, der sogenannte Frauensturm.

Anna Der Onkel Albert hat mir von einem Bauern erzählt, den er gut kannte. Der hat die Ernte eingebracht, es war ein ungünstiges Jahr mit viel Regen. Da kam ein schweres Gewitter und der Bauer und seine Leute haben sich getummelt, um die letzte Fuhre noch in den Stadel einzubringen, aber schon fing der Regen an. Da hat der Bauer eine Weizengarbe mit der Gabel zum Himmel hinaufgereckt und geschrien: Da peck her! Und da peckte der Herrgott mit einem Blitz her, und die Scheune und der halbe Hof brannten ab. Da wurde es mir ganz unheimlich, weil das eine Gotteslästerung war.

Ein anderer Bauer, ein jähzorniger Mensch, ein wilder Flucher, der hat, weil es in der Ernte immerzu regnete und das Getreide schon auf den Manderln auswuchs, in seiner Wut das Kreuz aus dem Herrgottswinkel heruntergerissen, hat es vor dem Haus in den Misthaufen gesteckt und geschrien: Da bleibst draußen, damit du weißt, wies im Regen ist.

Früher haben die Bauern bei uns viel geflucht.

Albert Wie wir uns noch nicht lange kannten, hab ich die Anna einmal hergebracht als Erntehelferin. Ich wollte sie meinem Onkel und der Tante vorstellen als meine Braut, aber so, daß sies nicht merkten, denn sonst hätten sie voreingenommen geurteilt.

Ich hab gesagt, ja, wir hätten so nötig eine Erntehelferin gebraucht, weil ich ja praktisch alleine war mit einer Taglöhnerin und einer buckligen Magd. Die Arbeitskräfte waren zu wenig, man hat ja alles mit der Hand machen müssen. Alle zweieinhalb Tagwerk mußten immer Roggen, Gerste und Weizen mit der Sense gemäht werden, das hab ich gemacht. Dann kam die Anna und hat hinter mir die Garben gebunden.

103

*Aber das Schöne war ja das
Zusammensein...*

104

105

Wenn wir da so gingen, das war natürlich wunderbar. Es konnte dann keiner mehr sagen, ja, nun, *so* tüchtig ist sie nun auch wieder nicht.

Auf diese Weise habe ich sie eingeschmuggelt. Aber das Schöne war ja das Zusammensein, das ist ja, wenn man sich liebt, besonders schön, wenn man zusammen arbeitet.

Anna Die Ernte war früher viel schwieriger, heut braucht man ja überhaupt nichts mehr tun. Früher hats erst einmal der Bauer angeschaut. Wir auch. Da sind wir beide miteinander raus und haben geschaut, ob die Körner schon hart sind und ob mans schon ernten kann. Weil, wenn man sie grün erntet, wenn sie noch nicht hart sind, dann schrumpeln sie recht zusammen, dann werden die Körner manchmal um ein Drittel kleiner, dann haben sie weniger Gewicht, als wenn sie ausgereift sind. Richtig hart müssen die sein, daß sie davonspringen, wenn man sie zusammendrückt.

Früher hat mans mit der Sense gemäht, vom Rand draußen angefangen. Der mit der Sense hat reingemäht und eine Magd ist hinterhergegangen und hat alles aufgehoben mit der Sichel. Wenn der Bausch groß genug war, hat man so richtig reingehackt mit der Sichel und mit der anderen Hand hat man gehalten. Dann hat man ein paar Halme aus dem gleichen Stroh weggenommen und damit die Garbe gebunden.

Hernach, wenn alles gemäht ist, wenn alles fertig ist, dann sind die Manderln aufgestellt worden. Immer sieben Garben zusammen. Man hat das stehen lassen, bis es trocken war, das ganze Feld, was man da gemäht hat. Wenns trocken war, sind die Garben eingefahren worden in die Scheune. Da hat mans liegen lassen, bis die Dreschmaschine daherkam; beim Nachbar war sie schon und dann beim nächsten und dann bei uns und dann wieder beim nächsten.

So sind die von Haus zu Haus gefahren und haben überall gedroschen. Da haben ein Haufen Leut mithelfen müssen. Zwei waren schon im »Stock« drin bei den Garben, und die haben sie auf die Dreschbühne rauswerfen müssen. Dann ist das gedroschen worden, das Stroh kam hinten raus. Da ist damals ein großer dickbauchiger Dampf dran gewesen, da ist viel Holz verbraucht worden, das hat rausgeraucht, das hat man schon von weitem gesehen: In *dem* Bauernhof dreschen sie heut, da raucht es so, das hat man von weitem schon gewußt, daß sie da dreschen. Da sind ein Haufen Leute beinander gewesen, so 18 bis 20 Leute sind da beinander gewesen. Die hat man gebraucht beim Dreschen.

106 Jetzt, bei der modernen Zeit, da braucht man keinen Dampf mehr, da ist

einfach ein Mähdrescher da, mit dem kann man alles machen. Man braucht heute keinen Holzdampf nicht mehr herfahren, wie es früher war.

Albert Beim Getreidemähen kam früher die Bäuerin um neun Uhr raus mit Dickmilch, mit saurer Milch. Da war der Rahm drauf. Den hat sie gequirlt, daß der Rahm dabei war bei der Milch, nicht abgenommen wie sonst. Die Milch hat man ja sonst viel den Schweinen verfüttert, da hat man den Rahm abgenommen. Oder man hat die Milch am Abend als Zuspeise gegessen, ohne den Rahm. Aber da, bei der Ernte, wurde der Rahm durchgequirlt, es wurde Brot eingebrockt, man saß auf den Garben, hat gelöffelt und hat sich das schmecken lassen. Das war ein ganz wunderbares Gefühl.

Oder es wurde Most gebracht, mit Wasser verdünnt, weil nämlich der reine Most, Apfelmost, wäre zu alkoholisch gewesen. Da wären die Leute betrunken geworden, also hat man Wasser zugesetzt. Bier gabs damals nicht. Da gabs nur ein Einfach-Bier, das würde man heute als Leichtbier bezeichnen. An sich war das nicht üblich, daß die das gekauft haben. Die Bauern haben ja immer vom eigenen Hof genommen. Also gabs dann eben diesen Most. Wir haben ja unser eigenes Bier gekocht.

Da hat man schon zwei Liter gebraucht. Das war im Krug drinnen, da haben alle reihum aus dem Krug getrunken, auch bei der Ernte.

Schließlich war dann die Ernte damit zu Ende, daß alles in der Scheune untergebracht war. Das hat etwa, mit Mähen und allem, zwei Wochen gedauert. Kam natürlich auf die Witterung an, manchmal konnte die Ernte durch langes Regnen nicht eingebracht werden.

Wenn die Ernte beendet war, gabs »Arntbier«, das Erntebier. Das war an dem Tag, an dem die letzte Garbe eingebracht war. Da hat die Bäuerin Schmalzgebackenes gemacht und auch diese Krapfen, die wurden innen mit Marmelade gefüllt, Zwetschgenmarmelade, und dann in Teig gerollt. Das waren die »verfaulten Kartoffeln«. Ein besonderer Leckerbissen! Das gabs am Abend. Dazu gabs Kaffee – und Bier vor allen Dingen. Da wurde echtes Bier im Krug gereicht. Da hat alles zusammen gefeiert.

Na, die ganz großen Bauern im Rottal, die hatten ja nie die Dienstboten an ihrem Tisch, die Dienstboten waren in einem großen Vorraum. Der Bauer, seine Bäuerin und die Kinder hatten eine Bauernstube, in der sie aßen. Das war aber nicht die Regel. Bei uns hier nicht. Da war immer alles zusammen.

Heute ist das so, daß man als Nachbar nicht mehr beteiligt ist, es prak-

107

Das ist ja wenn man sich liebt besonders schön, wenn man zusammenarbeitet.

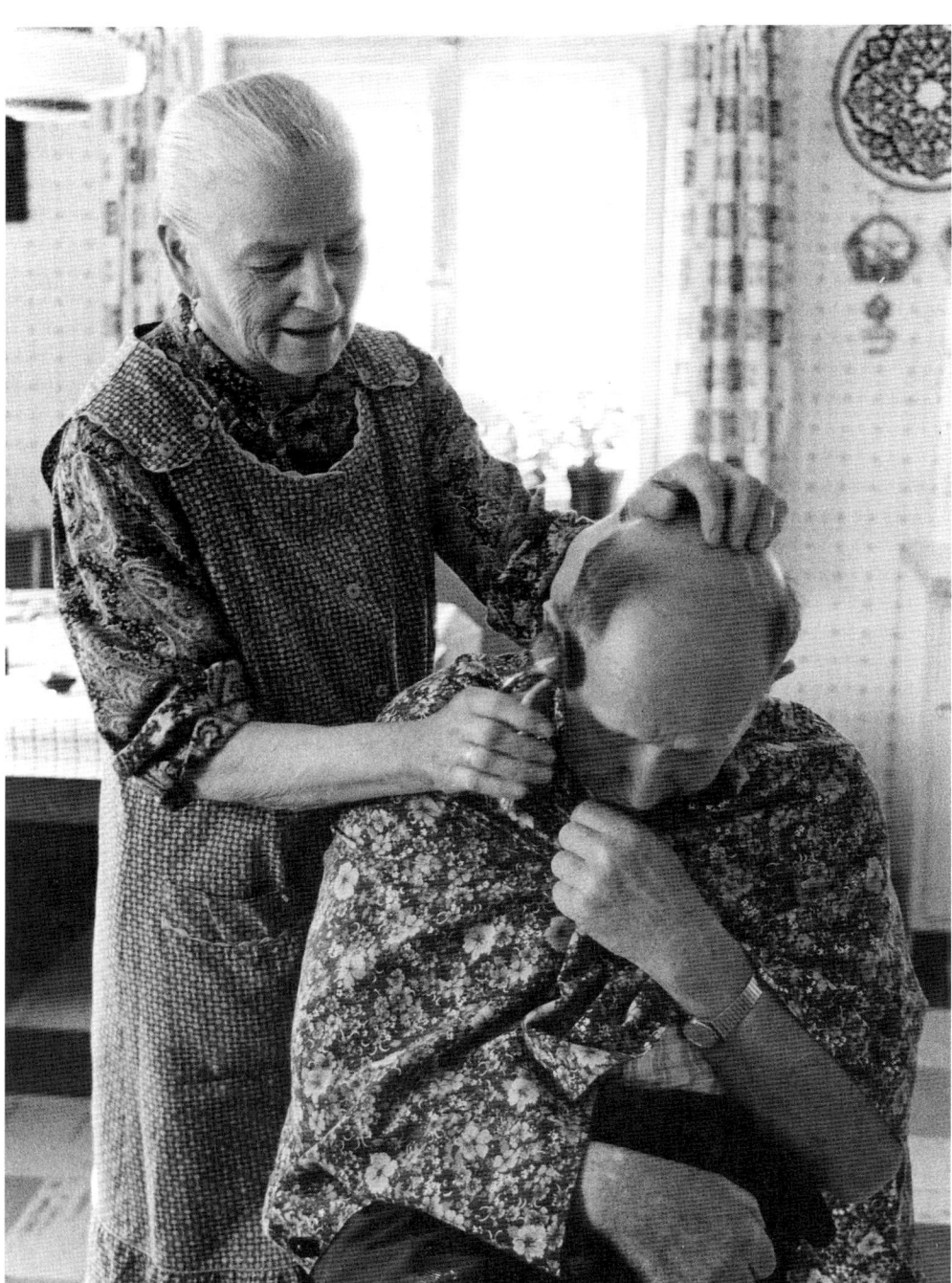

108

tisch nicht mehr mitkriegt, wenn geerntet wird. Da kommt ein Mähdrescher, der eine Mähbreite von vier Metern hat. Der fährt an diesen kleinen Feldstücken einige Male hin und her. Es kann vorkommen, daß jemand in die Arbeit fährt, weil er berufstätig ist, und kommt am Abend zurück und das Feld ist abgeerntet, das Getreide am Dachboden mit Gebläse raufbefördert und das Stroh liegt noch draußen. Am nächsten, übernächsten Tag wird das mit dem Ladewagen aufgeladen. Ein Betrieb wie bei uns, der als Mittelbetrieb gilt, das sind etwa zwanzig Hektar, der macht das an einem einzigen Tag.

Man wartet heute sehr lange, um dem Korn möglichst schon auf dem Feld die Feuchtigkeit zu entziehen.

Die meisten Bauern verbrauchen heute selbst ihr Getreide, bei der Viehmast und bei der Schweinefütterung, wenn sie spezialisiert sind. Die liefern des Geldes wegen nicht mehr viel ab. Brot backen die überhaupt nicht mehr. Das tun nur Spezialbauern, die sich darauf spezialisieren, daß die Bäuerin Bauernbrot backt und es vielleicht auf dem Markt anbietet, oder im eignen Betrieb, wenn sie »Urlaub auf dem Bauernhof« hat. Heute fährt der Bäcker über Land und bringt das Brot an einem bestimmten Tag.

Wir haben früher das ganze Getreide auf dem Dachboden aufgeschüttet. Man mußte es in der ersten Zeit einige Male umschaufeln, um ihm die Feuchtigkeit zu entziehen, daß es ja nicht schimmlig wird. Wenn es dann ausgetrocknet war, konnte man es etwa dreißig Zentimeter hoch aufgeschüttet lagern. Vorher hat man es ganz weit ausgebreitet, ganz dünn, und in der Hitze des Dachbodens oben hat man gelüftet, daß die Feuchtigkeit entkommen konnte. So trocknete das Getreide.

Wir haben das Getreide gelagert und dann verbraucht für die Schweine. Das wurde geschrotet und im Winter vielleicht auch dem Kraftfutter für die Kühe zugesetzt. Und dann, vor allen Dingen, haben wir das Getreide zum Mahlen gebracht, für die Mehl- und Broterstellung.

Wir haben dafür sehr viel verbraucht. Solang die Anna gesund war, haben wir immer Brot gebacken. Das hat sich erst später so entwickelt, daß man das Brot beim Bäcker kaufte.

Jetzt gehts mir gut

Anna Ich bin froh, daß wir die ganze Landwirtschaft nicht mehr haben. Wir haben so auch genug zum Leben. Unsere Rente – und dann haben wir auch Geld zusammengespart gehabt, jetzt täte ich auch noch vom Buch so viel Geld kriegen.

Jetzt brauch ich wirklich nicht mehr arbeiten, nur noch Hausarbeit und Gartenarbeit. Bäuerin tät ich nie mehr werden, das hab ich ja auch geschrieben. Von der Früh angefangen – und wenn du alles mit der Sense mähen mußt, das dauert! Hernach mußt du es wieder rausrechen, wohin fahren zum Heuen – nein, nein, ich möchts nimmer!

Eigentlich wollte ich Krankenschwester werden. Das tät ich heute noch gern machen. Wenn ich ganz allein im Haus wäre, ich tät jeden Tag ins Krankenhaus fahren und dort Krankenpflege machen. Ich möchte gern bei den Leuten sein, ich möchte gern jemand helfen, möchte mich mit denen gut unterhalten, möchte die wieder ein bißchen aufmuntern.

Jetzt gehts mir gut. Meine Kinder wenn heimkommen, dann fallen sie mir um den Hals, sagen, Mutterle, jetzt haben wir dich schon so lange nicht mehr gesehen, jetzt sehen wir dich wieder mal, sind wir wieder mal bei dir. Jetzt setz dich aufs Kanapee, jetzt machen wir das, was du machen sollst! Und dann helfen alle schnell zusammen, und ich muß »Sitz« machen. Sitz. Da gehts mir wie einem Hund, der muß auch immer »Sitz« machen.

Meine Ringelblumensalbe

Anna Letztes Jahr habe ich Ringelblumen gepflanzt, eine ganze Menge. Man kann sie zur Salbe brauchen.

Einfach den Samen abfallen lassen, hab ich gesagt, dann krieg ich sie nächstes Jahr wieder am gleichen Fleck her, dann brauch ich keine mehr pflanzen. ich zieh mir ja alle Pflanzen selber.

Da muß man dann die Stengel abbrechen, man könnte sogar Stengel und

111

Blätter brauchen zur Salbe. Aber ich hab immer nur, damit sie stärker wird, die Blüten genommen. Da reißt man einfach den Kopf ab von der Pflanze, und dann nimmt man Schweinefett, das wird abgewogen. Man braucht nur Schweinefett und Blüten, sonst gar nichts! Das wird dann heißgemacht und dann wirds die ganze Nacht stehengelassen. Am nächsten Tag macht mans wieder heiß, dann tut mans durchseihen. Was übrigbleibt, tut man auspressen. Wenn man Krampfadern hat, trägt man das auf. In vier Wochen sind die weg und tun auch nicht mehr weh.

Nur Ringelblumen und Schweinefett! Die ist genau wie eine andere Salbe. Ich tu sie in so kleine Töpferl. Einmal hab ich sogar einen ganzen Litertopf voll gemacht. Lauter Ringelblumensalbe!

Die Salbe hat die Tante Lini schon genommen.

Verfaulte Kartoffeln

Zum »Kiada« und beim Dreschen gab es bei den größeren Höfen die sogenannten verfaulten Kartoffeln. Das waren Schmalznudeln, die mit Marmelade gefüllt wurden. Das Grundrezept ist ein weicher Hefeteig, der sehr gut geschlagen werden muß. Auch tut man Zucker hinein. Dann muß er zugedeckt gehen.

Nachher rollt man den Teig dick aus und sticht runde Scheiben aus. Einer der Scheiben wird ein Batzen Marmelade draufgegeben, die zweite Scheibe draufgelegt. An den Rändern wird gut zusammengedrückt, daß sie halten. Nun läßt man sie wiederum zugedeckt eine Stunde gehen, bis man sie im siedendheißen Fett herausbäckt. Man kann diese Krapfen auch in Eigelb tauchen, dann bekommen sie so ein Gespinst drum herum. Man kann sie auch mit Puderzucker bestreuen. Beim Backen muß man sie einmal wenden.

Hefeteig:
(wie Dampfnudeln, aber etwas weicher)

2 Eßl. Zucker
Marmelade
Butterschmalz zum Herausbacken
1 Ei oder etwas Puderzucker

September

Mariä Geburt
da fliegen die Schwalben furt
bleibens noch da
ist der Winter nicht nah

Na gut, dann haben wir die Enten schlachten müssen

Anna Früher haben wir jedes Jahr sechs, acht oder zehn Enten gehabt. Das hat der Vater geduldet, weil so eine Ente richtig schwer geworden ist, die hat manchmal zehn Pfund gehabt.

Die waren wie Gänse, so schön gefüttert. Wir Kinder haben sie gefüttert, und der Vater hat immer gesagt, Kinder, haben die Enten heute schon was zum Fressen gekriegt? Und dann sind die Kinder reingelaufen und haben wieder Körner geholt, weil der Vater gemeint hat, die Enten hätten Hunger. Der Vater hat gedacht, daß die Hühner soviel fressen, dabei warens die Enten.

Ein jedes hat die Enten gern mögen. Aber über den Winter haben wir sie nicht behalten dürfen, denn da waren Enten und Enteriche dabei, und das wäre so gewesen, als ob wir die gezüchtet hätten. Der Vater hat gesagt, im späten Herbst müssen die Enten alle weg sein, über den Winter werden keine gefüttert.

Na gut, dann haben wir die Enten schlachten müssen. Das ist einfach gegangen. Man tritt den Enten auf die Füße und mit einem Kochlöffel tut man die Köpfe über den Kragen zurückbiegen und eventuell den Kochlöffel ein bißerl anziehen, dann ist der Kragen abgerissen. Dann ist es mit der Schnauferei schnell aus. Das habe ich so gelernt, und die Buben haben zugeschaut.

Da sind sie rundum gestanden, die Hände in den Taschen und haben zugeschaut, wie die Nanni die Enten grausam umbringt. Bist a Mörder, haben sie dann zu mir gesagt, bist a Mörder. Da hab ich gesagt, aber das Entenfleisch mögts schon gern essen. Da ist man kein Mörder, wenn man die im Rohr braten tut, gell, da muß man sie schön braun machen!

Wir sind dann oft zum Streiten gekommen, weil die mich immer Mörder genannt haben, und der Vater hat gesagt, ja, wenn die Nanni sie nicht umbringen kann, da muß ich sie umbringen. Er war aber nicht immer da und hat gesagt, du hast schon mehrere umgebracht, du kannst sie schon umbringen. Dann hab ich immer an das gedacht, daß ich ein Mörder bin. Ich muß aber die Enten schlachten, denn wir brauchen sie ja zum Essen, wir haben sie ja deswegen gefüttert.

Ein jedes hat Freude gehabt am Entenfüttern. Die waren richtig fett, bis wir sie geschlachtet haben.

Wenn wir sie abgerupft haben, habe ich den Bauch aufgeschnitten und so manches Mal habe ich zweimal reinschneiden müssen, bis ich durch das Fett durchkam. Bevor wir sie ausgeweidet haben, haben wir sie gerupft. Das kann viel Arbeit machen. Wenn dann der Rücken drankommt, und wenn sie so Stiftel haben, die noch nicht ausgewachsen sind, das ist ganz schlimm. Da kannst du eine Stunde rupfen und auch noch länger, weil die nicht rausgehen, da braucht man starke Fingernägel, bis man jedes einzelne Stiftel rausbringt. Dann haben wir sie aufgehängt, ausbluten lassen, den Kragen alles heraus, den Schlund und die Gedärme, alles rausgetan und dann hinten ausgeschnitten beim Hintern.

Der Bürzel ist drangeblieben, aber der Bürzel hat obendrauf die Fettdrüse. Wenn man die nicht rausgeschnitten hat, ist die ganze Sauce verdorben, wenn man die Ente gebraten hat. Das hat dann so einen komischen bitteren Geschmack gehabt.

Man mußte sie auskühlen lassen bis zum nächsten Tag, bis sie ganz kalt war, ein bißchen abgelegen war sie dann schon. Dann hat man sie einfach gefüllt. Wir haben guten Knödelteig gemacht, mit Eiern, Brot und Fett und ein bißchen Milch, das haben wir geknetet und in den Bauch gestopft und vorne auch in den Kragen. Grünzeug natürlich auch, Petersilie, ein kleines bißchen Zwiebel, die muß ganz klein geschnitten sein, die darf man nicht stark rausschmecken.

Wenn die Enten zu stark aufgeschnitten waren, habe ich sie zusammennähen müssen. Das, was ich aufgeschnitten hab, hab ich mit Zwirn zusammennähen müssen, daß die Füllung nicht beim Braten rausgedrückt wird. Denn die Enten ziehen sich beim Braten ja ein bißchen zusammen, und dann wäre die Füllung hinten raus, und die soll ja drin bleiben. So wie früher die Därme drin waren, so soll jetzt die Füllung drin sein.

Die Ente braucht mindestens eineinhalb Stunden im Rohr. Wenn man sie zu schnell gebraten hätte, dann wär sie oben schwarz geworden. Die soll aber gerade oben schön braun sein, knusprig sein, man muß sie auch mal umdrehen, daß der Rücken braun wird. Die Flügelspitzen hat man abgeschnitten.

Die Füllung hat mir auch die Meieredermutter gelernt. Sie hat gesagt, Nanni, das lern ich dir. Du mußt das können wie ich. Sie hats mir erst einmal gezeigt, dann hat sie gesagt, morgen komm ich wieder, da machen wir das gleiche nochmal. Ist gut, hab ich gesagt, ist schon recht. Dann hab ich das gleiche wieder vorbereiten müssen und wir haben das gleiche wieder gekocht.

Einmal hat *sie* es gemacht, und ich hab zuschauen müssen, und morgen, hat sie gesagt, machst *du* es, und ich schau zu. So hab ich verschiedene Sachen kochen gelernt.

Im Sommer haben wir die Enten gekauft, in acht Wochen müssen die ganz ausgewachsen und groß sein, dann haben wir sie geschlachtet. Zu der Zeit wars schon so, daß man Gurken gehabt hat und gedünstete Äpfel – wir haben einen großen Obstgarten gehabt. Die gedünsteten Äpfel, fast ohne Wasser gekocht, haben wir durchgepreßt, daß den kleinen Kindern nicht irgendwas im Hals stecken bleibt. Der Vater hat immer gesagt, ihr müßt sie durchdrehen – durchpressen. Da haben wir verschiedene Seiher gehabt. Die sind heuer noch daheim.

Man kann sich auch jetzt im Herbst noch Enten kaufen in der Hühnerfarm. Die Jungen sind billiger, weil man sie erst füttern muß.

Unser Vater hat immer gesagt, wir können sie uns selber füttern. Wir haben ja Getreide gehabt, wir haben ja alles mögliche gehabt, was andere große Bauern auch gehabt haben.

Eines ist immer im Nest geblieben

Anna An Mariä Geburt, da fliegen die Schwalben fort. Da beginnt der Herbst.

Die Schwalben wissen ganz genau, wann das kalte Wetter kommt, wann der Regen kommt. An einem Nachmittag können die Schwalben alle weg sein. Die sammeln sich auf den Dächern und zwitschern und singen, da ist es grad lustig. Auf den Lichtdrähten sitzen ganze Reihen von Schwalben, auf jedem Draht sitzen sie und singen und freuen sich schon aufs Wegfliegen.

Jetzt gibt es nicht mehr viele. Die dürfen ja heutzutage nicht mehr in den Häusern sein. Früher hatten die Häuser keine Weißdecken, die Fenster waren Tag und Nacht offen, und da haben die Schwalben an den Deckenbalken ihre Nester gemacht.

Die haben eine ganze Woche oder vierzehn Tage gebraucht, bis das Nest fertig war. Sie haben Lehm gebracht und Heustengel, da hat man sich grad wundern müssen, wo die das gefunden haben. Am Boden hat man eine Zeitung hinlegen müssen, weil, wenn die was fallen lassen, ist alles am Boden, da könnten ja später die Würmer wachsen. Man hat einfach eine Zeitung hingelegt und da ist alles draufgefallen.

Die Schwalben haben die Fliegen im Haus und in den Ställen gefangen. In den Ställen haben sich auch Schwalben eingenistet gehabt, da waren ja besonders viele Fliegen.

Später gabs dann ein ganzes Nest voll junger Schwalben. Da haben dann fünf, sechs Schwalben beim Nest rausgeschaut und schon die Schnäbel aufgerissen. Wenn die Alten gekommen sind und wieder was mitgebracht haben, haben alle den Kragen rausgereckt. Aber alle haben nichts gekriegt, manchmal haben sie zweimal rausgeschaut und sind nicht drangekommen. Und wieder andere sind dann zweimal drangekommen.

Wenn der Vater nicht im Haus war, mußten wir noch im Bett bleiben, wie wir noch klein waren. Dann haben wir den Schwalben zugeschaut. Die Fenster sind Tag und Nacht offen gewesen, daß die jederzeit haben raus und rein können. Die alten Schwalben haben sich abwechselnd um die Jungen gekümmert. Eines ist immer im Nest geblieben. Jetzt gibts das fast gar nicht mehr. Man sieht lang keine Schwalben fliegen. Wir haben das Fenster immer offen, da könnten sie schon reingehen. Aber wir haben ja jetzt alles Weißdecken, keine Balken. Und dann haben die Schwalben gesungen, mei, so ein schönes Lied haben sie immer gesungen. Da gibts auch ein Gedicht von den Schwalben:

Die Schwalben

Ein Sausen und Brausen in Lüften,
ein Flattern am Fenster und Dach,
die Schwalben sind wieder gekommen,
der Frühling ist wieder wach.

Ich hob mein Haupt in die Höhe,
da rauscht es über mich her,
die Schwalben erzählten sich zwitschernd
eine wundersame Mär.

Es sagte die eine zur andern,
ich komme aus Afrika,
da macht ich Quartier im Winter
und Wunder, was ich da sah.

Da gibts Minarette und Kuppeln,
beturbante Männer zu schaun,
und Neger so schwarz wie Tinte
und tiefverschleierte Fraun.

Da wandern Giraffen und Löwen
in tiefster Urwaldnacht,
da stürzen mächtige Ströme
von Felsen in donnernder Pracht.

Doch wenn ich an Deutschland dachte,
da wurde das Herz mir schwer.
Ich wünschte, wenn es doch Frühling
und Zeit zum Wandern wär.

Ich kann heute noch Gedichte.

Manchmal haben wir Kinder uns zusammengesetzt alle miteinander und haben sodann ein jedes eins vorgetragen. Die ältesten Brüder und ich. Und die Kleinen sind am Kanapee dort gesessen wie die Vogerl und haben zugehört.

Ich kann noch viele Gedichte. Manchmal fällt mir ganz viel hintereinander ein. Wenn wir so zusammen sind, dann sagen wir, kennst du das noch, weißt du das Gedicht noch? Am meisten gefallen mir die Gedichte von den Schwalben und von den Finkerl, was die Vogerl halt so heißen. Wenn ich weiß, wie ich anfangen muß, weiß ich noch viele Gedichte.

Ich kann heute noch Gedichte . . .

121

Das Dreschen

Albert Nachdem das Getreide eingelagert war, war im September bereits so ein »Andrusch«, da hat man angedroschen.

Der »Ausdrusch«, die endgültige Dresche, war erst im Spätherbst im November, Ende Oktober, nach der Aussaat. Aber um ein Saatgetreide vorrätig bei der Hand zu haben, haben die größeren Bauern einen einzigen Tag die Dreschmaschine kommen lassen und haben da einen Teil gedroschen, denn für einen halben Tag wäre der Maschinist nicht hergefahren. Da wär der Aufwand zu groß gewesen. So haben wir immer alles zugleich gedroschen. Die anderen, die drei Tage zu dreschen hatten, haben dann im Herbst erst ausgedroschen. Und wenn das Saatgetreide gedroschen war, dann war die Aussaat.

Hinterher, so Ende Oktober, gings dann mit Dreschen wieder richtig los. Da kamen die Dreschmaschinen wieder nach Absprache zu den Bauern und haben das ganze Getreide gedroschen. Und am Abschluß dieses Tages wurde dann auch ein Fest gefeiert, die »Drischleg«. Man hat ja früher das Getreide ausgelegt auf der Tenne und mit dem »Drischl« gedroschen. Mit dem Maschinendrusch hat das aufgehört, aber die Nachfeier ist geblieben. Das war immer recht lustig.

Es gab ein kräftiges, derbes Essen, Schmalzgebackenes, diese mit Marmelade gefüllten Krapfen und dergleichen. Als Anfang beim Abendessen, da gab es immer eine Hühnersuppe mit Nudeln und Hühnerfleisch. Dann kamen die süßen Sachen, Schmalzgebackenes und Kuchen.

Und dann hats auf einmal schlagartig aufgehört, diese Kuchenbackerei, da wurde kalt gegessen. Mit Wurstsorten, alle möglichen Schinken und so weiter, weil das viel weniger Arbeit machte. Da hat die Bäuerin nicht mehr den ganzen Tag am Herd stehen müssen, es gab kaltes Essen und Bier dazu. Das war sogar ganz schmackhaft.

Durch das Mähdreschen ist diese Kommunikation mit den Nachbarn wie verschwunden. Jeder kann das heute in eigener Regie bewältigen. Der Mähdrescher wird meist bestellt. Wenn er nicht ein eigener ist, dann ist es ein »Lohndrusch«, ein Lohndrescher. Der fährt nach Absprache her, und man braucht vielleicht vom Nachbarn zusätzlich einige Wagen zum Abfahren des Getreides. Der räumt so eine Fläche in ganz kurzer Zeit ab, und alles Getreide kommt auf einen Schwung zusammen. Dann fährt man das auf den Hof. In wenigen Stunden ist alles vorbei.

122

123

Anna und die Enten

Albert Anna liebt Enten. Aber jetzt kommt das Interessante. Also, das sind so kleine Entlein, die sind, wie alt sind denn die?

Anna So vierzehn Tage, vier Wochen höchstens. Mit vierzehn Tagen da kaufen wir sie.

Albert So schön gelb –

Anna – lauter Flaum und kleine Federn –

Albert – und trippeln, und dann sind sie recht scheu. Und weil die so sensibel sind, muß man recht gut mit ihnen umgehen, in der Stimme auch. Dann sagt sie so recht schmeichlerisch – Liabe, Liabe, Liabe... Dieser singende Ton beruhigt die dann und dann lernen sie auch, daß bei diesem Ton das Fressen kommt, so werden sie recht zutraulich. Schließlich werden sie kräftiger und größer und auch frecher, man läßt sie mehr ins Freie. Zuerst sind sie in einen kleinen Raum eingesperrt von einem Quadratmeter oder zwei und dürfen nur Gras fressen draußen. Vor allen Dingen muß man immer eine Menge Wasser dort haben, und zwar mehrere Behälter. Wenn die fressen, kaum haben die was im Schnabel, müssen die schon ins Wasser eintunken, um das zu feuchten. Und dann laufen sie schon zum nächsten Behälter, das sind so flache Tiegel. Sie haben die Sucht, immer mehrere Wasserstellen zu haben.

Anna Was sie im Schnabel haben, müssen sie ins Wasser eintunken und naß fressen.

Albert Man feuchtet es ihnen schon an, aber die sind unglaublich, man möchte glauben, die leben direkt vom Wasser, hauptsächlich vom Wasser. Und wenn sie irgendwo am Boden eine nasse Stelle finden, dann fangen sie an, ein Loch zu schnäbeln, und schon in kurzer Zeit ist das ganze Gelände versumpft.

Jedenfalls, die Enten werden größer. Und nun kommt die Zeit, wo sie, wenn man sie abends wieder in den Stall zurücktreibt, eigenwillig nicht mögen. Darüber gerate ich besonders in großen Zorn, und die Anna sagt, ja, das sind die Enten. Alles noch sehr tolerant. Auf einmal verlieren die ein kleines Federchen. Das heißt, sie werfen nun die ersten Federn ab, sie müßten jetzt gerupft werden, dann kommt das zweite Federkleid.

Wenn die dann gerade in dieser Zeit einen Fehler machen, dann ist das der Auslöser für die unterschwellige Tötungsabsicht, die die Anna ja schon lange hat. Sie waren die ganze Zeit »Liabe, Liabe, Liabe« –, auf einmal, und zwar ganz unvermittelt, laufen die wieder am Eingang vorbei, und es heißt, ihr Mistviecher, euch werd ichs zeigen! Morgen bring ich schon die ersten um!

Die verlieren ohnhin schon die Federn! Alles das ergibt sich. So rein zufällig ist es aber nicht. Sie hat die unterschwellige Absicht, sie umzubringen, schon eine ganze Weile, nur, der Auslöser fehlt. Und das ist der: Erst einmal, daß sie Federn verlieren, daß jetzt der richtige Zeitpunkt zum Rupfen ist, sonst schieben die andern Federn nach und man müßte die Kiele dann mühselig mit der Pinzette oder mit den Fingernägeln raustun. Und der andere Auslöser, um das Mitgefühl oder Mitleid beiseite zu schieben, ist dann gerade dieses Bockige, daß sie nicht in den Stall gehen.

Der überdeckt ihr Mitleid, und buchstäblich am nächsten Tag heißt es, heut werden die Enten geschlachtet.

Und an wen geht dann dieser Aufruf? An mich. Also muß ich sie dann töten, da oben bei den Ohren reinstechen. Man sticht mit einem ganz spitzen, scharfen Messer durch und hält sie nach unten, daß das Blut nicht das Federkleid beschmutzt. Das Blut läuft dann in einen Eimer. Die machen nicht viel Zirkus, wenn sie geschlachtet werden.

Die Verlagsenten

Albert Als wir zum ersten Mal in den Verlag kamen, haben wir die einzelnen Abteilungen besichtigt.

Wie wir schon beim Gehen waren, sagt in einer Abteilung einer, ja, was wird jetzt die Anna Wimschneider mit dem Honorar machen? Da sag ich ganz locker – da kauft sie sich Enten. – Ja, wieso Enten? – Weil, wenn sie nämlich die Enten für drei Mark das Stück kauft – nach sieben Wochen spätestens sind sie schlachtreif, dann verkauft sie sie mit hohem Gewinn weiter. Und somit verdreifacht sich das Anfangskapital, das Honorar, das sie bekommt. So einfach ist das. Da haben sie im Verlag so lachen müssen, und es wurde der Gedanke geboren, der Anna ein Zuchtpärchen zu schenken.

125

Die Gelegenheit ergab sich am 1. Dezember 1984 (das Buch kam im Oktober 1984 heraus), bei einer Lesung in einer Buchhandlung in Passau. Da waren zwei Damen des Verlags als ihre Begleiterinnen dort. Und nun, während die Anna so signiert hat, hört sie mit halbem Ohr – Hast du sie schon gefüttert, haben sie Wasser bekommen? – Ja, es ist alles in Ordnung. – Und sie denkt sich da, um was kann es sich denn handeln? und schreibt weiter.

Die Signierzeit war zu Ende, und die beiden Damen richten sich zur Heimfahrt, zur Fahrt nach Schwarzenstein, nehmen zwei Kartons mit, etwa fünfzig mal fünfzig Zentimeter, und da krabbelt was drin, da ist ein Geräusch drinnen. Ja, was das sei? Jetzt dämmerts ihr, mein Gott, da sind Enten drinnen, da sind ja Enten drinnen!

Nun kamen die schließlich am späteren Abend bei uns an, ich gehe ihnen entgegen, halte einen Blumenstrauß im Arm, freudestrahlend, und die zwei Damen tragen je einen Karton. Ich nehme einen ab, ziemlich leicht – da ist was Lebendiges drinnen. Gut, ja, was wird da drinnen sein?

Wir bringen die Kartons in einen leeren Raum, wo wir die Blumen immer überwintern, und ich mach auf: Da ist eine schwarze Ente drin, die geistesgegenwärtig gleich abhebt vom Boden und im Raum herumschwebt. Ein schwarzer Enterich! So. Und in dem zweiten Karton das gleiche, eine hellfarbige Ente. Mit den besten Grüßen von Herrn Piper, das sei nun für die Anna. Sag ich, du lieber Gott, die Leute haben ja überhaupt keine Ahnung. Was sollen denn wir im Winter in den kalten Räumen mit zwei Enten? Die brauchen ja einen wärmeren Raum!

Dann hat die Anna die genauer angeschaut und gesagt – du, das sind zwei Enteriche! Das kennt sie an der Stimme, denn Enteriche, die klingen so heiser, wenn die schnattern. Die haben eine heisere Stimme, während die Enten sehr laut und aggressiv sind in der Stimme. Auf alle Fälle weiß man das bei den Enten aufgrund der Stimme sofort. – Ja, was tun wir jetzt mit denen? Von wegen Zuchtpaar, davon ist keine Rede! Die können wir nicht behalten.

Dann fällt uns ein, da ist noch der Enghofer Paul. Paul Enghofer, Fernsehjournalist im Bayerischen Rundfunk, Herausgeber verschiedener Kochbücher, Bayerische Schmankerlküche und dergleichen. Den haben wir angerufen. Du, wir haben da zwei Enten, das sind zwei Männchen, was sollen wir mit denen machen? Ich will sie nicht haben. Da sagt er, die bringen wir der Resi.

126

So sind sie dann in Pension gekommen über den Winter. Was später aus ihnen geworden ist, weiß ich nicht, wahrscheinlich werden sie den Weg allen Fleisches gegangen sein.

Ich wecke alles ein, was übrig ist

Anna Für Holunder ist die beste Zeit September, Oktober.

Der Holunder steht meistens an einem Hang, an den Waldrändern oder an einer Ecke von einem Gebäude. Wir haben einige Hollerstauden hinterm Haus draußen. Wenn der schwarz ist, kann man ihn pflücken. Weil, wenn man noch länger wartet, bis er einmal reif ist, dann haben ihn die Vogerl weggenommen, da darf man nicht länger warten.

Man wäscht den Holunder, mit Stengel und allem, dann tu ich ihn abbeeren, also die Beeren runter, das andere werf ich weg, und dann presse ich ihn aus. Dafür hab ich extra eine Presse, da kann man den vollkommen auspressen, entsaften. Dann wird er eingeweckt in die Flaschen, ein bißchen süßen, und er ist trinkbereit. Wieviel Flaschen wir genau machen, kann ich gar nicht sagen.

Albert Doch, das kann ich schon sagen. Wir haben zum Beispiel letztes Jahr 500 Flaschen Apfelsaft gemacht, vom Hollersaft haben wir meistens so 400 gehabt, Halbliterflaschen.

Anna Und der wird dann immer süßer in der Flasche drin. Der verdirbt nicht. Da müßte schon eine Flasche nicht richtig schließen. Aber im großen und ganzen verdirbt uns nichts. Wir machen Saft aus Äpfeln, Traubensaft machen wir meistens, weil wir Weintrauben haben. Himbeeren, Johannisbeeren, Brombeeren tu ich auch entsaften. Die Beeren müssen gesüßt werden, auch die Himbeeren. Apfelsaft machen wir am meisten, soviel wir Äpfel haben.

Albert Da kommt kein Zucker rein.

Anna Apfelsaft ist richtig süß, den kann man so trinken. Birnen haben wir nicht mehr viel, der Birnbaum ist eingegangen. Der ist dürr geworden. Der ist schon ewig auf dem Berg oben gewesen, der hatte sehr gute Birnen.

127

Wir lassen nichts verderben – der liebe Gott hats wachsen lassen.

Apfelsaft ist richtig gut.
Den kann man so trinken.

Dafür hab ich extra eine Presse.

130

Aber da bleibt jetzt nichts mehr für Saft. Die wenigen, die dran sind, schälen wir, spreißeln sie und wecken sie ein. Ich wecke alles ein, was übrig ist. Was wir nicht essen können, das wird eingeweckt. Alle Früchte. Obs Birnen, Zwetschgen oder Äpfel sind oder Tomaten, Erdbeeren. Wir lassen nichts verderben – der liebe Gott hats wachsen lassen.

Zwetschgendatschi

Zwetschgen ernte ich, wenn sie nicht mehr ganz hart sind. Dann kann man sie einfach aufzwicken. Ich tu sie fest zusammendrücken, dann springen sie auf. Man nimmt den Kern raus und reißt sie in zwei Hälften.

Dann macht man einen Hefeteig. Da kann man auch Butter reintun, dann wird er, wenn er dann gebacken ist, weich. Man muß Zucker nehmen und Mehl. Für Hefeteig mache ich ein Haferl ein Drittel voll mit Milch, mach sie warm und brösel dann Hefe rein. Zucker kommt auch rein – ohne Zucker geht die Hefe nicht hoch – und dann muß man warten, bis die Hefe hochgegangen ist.

Dann tut man in die Teigschüssel ein Mehl rein, da macht man in der Mitte eine kleine Mulde und verrührt das mit der Milch, Zucker und Hefe. Ein bißchen Milch muß man noch dazutun. Dann tut man ihn wieder gehen lassen. Danach wird der Teig angerührt. Ein bißchen Fett rein, ein bißchen Salz und nochmal Mehl, dann wird der Teig fester. Jetzt kann man den Teig ausrollen und tut die Zwetschgen drauflegen. Man legt die so, daß die Haut unten ist und das Weiche oben. Dann streut man ein bißchen Zucker drüber, mit Zimt gemischt. Aber nicht zuviel Zimt, nicht einmal einen Teelöffel voll, bloß damit es danach riecht. Dann kann man ihn ins Rohr stellen. Da bleibt der Zwetschgendatschi etwa 40 Minuten drin.

Hefeteig:
1 Pfund Mehl
etwas Butter
½ l Milch
20 g Hefe
½ Eßl. Zucker
1 Prise Salz

Zwetschgen
Zucker und Zimt

131

Oktober

Fällt im Oktober das Laub gar schnell
ist der Winter bald zur Stell

Mehl warm und Ofen warm
macht den reichen Bauer arm

Der erste Rausch

Anna Ich bin einmal einem Bauern ganz schön auf den Leim gegangen. Im Herbst, ich war ein Jahr verheiratet, da habe ich mir bei ihm einen Weißkrautkopf mit Wurzelstock geholt.

Der alte Bauer wollte sich mit mir einen Spaß machen und lud mich zu einem Krüglein Apfelmost ein. Der hat mir gut geschmeckt, ich habe mich bedankt und nun wollte ich mit meinem Fahrrad heim.

Er aber verwickelte mich immer wieder in ein Gespräch, ich müßte seinen Mostkeller anschauen. Da in *dem* Faß ist ein ganz starker Most, der ist nichts für mich, aber der in *dem* Faß, der ist einer, grad richtig für ein Weiberleut, von dem da kriegt man keinen Rausch. Da probierte ich halt doch den einen und den anderen, die waren wirklich gut. Nun aber ließ ich mich nicht mehr länger halten und fuhr heim.

In der frischen Luft begann der Most zu wirken. 500 Meter waren bis zur Landstraße, da mußte ich links abbiegen, aber das Fahrrad gehorchte mir nicht, es fuhr geradeaus in einen Acker. Das Rad lag dort, der Krautkopf da, und ich mit der Nase im Dreck. Ich hab dann alles wieder zusammengeklaubt, aber ich konnte die Straße nicht mehr finden, immer wieder ging es irgendwie im Kreis herum. Ich kam erst spät am Abend heim. Das war mein erster, aber auch mein letzter Rausch. Auch der Albert hat selten einen »Fetzen« gehabt.

Kirchweih

Anna Im Oktober ist Kirchweih. »Kiada« hat man da gesagt. Das ist hauptsächlich ein Freßtag. Man feiert den Erntedank, und dann wird richtig gegessen, was Höheres als allgemein. Und dann geht man schon am Vormittag in die Kirche.

An Kirchweih gabs Entenbraten oder eine Gans, dazu Schmalzgebackenes soviel, daß mans nicht essen konnte, und ein richtiges Bier auch. In der

134

Kirche hat der Pfarrer bei der Sammlung für die eigene Kirche sammeln lassen, da mußte man schon ein Fuchzgerl geben, nicht einen abgerissenen Hosenknopf. Den konnte so ein knickriger Bauer ja in den Klingelbeutel stecken, das hat keiner gemerkt. Jetzt mit dem Körbchen geht das nicht mehr, da merkts jeder.

Am Nachmittag war der Kirchweihtanz. Da hab ich mit dem Albert das erste Mal vor allen Leuten getanzt. Das war sowas wie eine Verlobung. Der Bauer und seine Bäuerin haben an diesem Tag auch fest getanzt.

Da hat man das Mehl gleich mitnehmen können

Anna Früher haben wir unser Getreide zum Müller gebracht. Da haben wir die Körner umgetauscht für Brotmehl und für Kuchenmehl.

Während dem Krieg bin ich immer mit den Ochsen in die Mühle gefahren und hab die Körner dann umgetauscht. Denn die haben nicht mein Getreide gleich gemahlen, sondern haben einen Vorrat gehabt von dem letzten, das war schon gemahlen, da hat man das Mehl gleich mitnehmen können.

Dann bin ich wieder heimgefahren mit meinen Ochsen. Ich bin in die Kreismühle gefahren. Das ist zwischen Pfarrkirchen und Eggenfelden. Ich weiß nicht, ob sie jetzt noch arbeitet. Die wurde mit Rott-Wasser angetrieben. Und wenn Wasser zu wenig war, hat der Müller so eine Turbine gehabt. Es war halt ein billiges Mahlen. Während das andere, was alles mit Maschinen gemacht wird, das kommt viel teurer.

Wie wir Kinder waren, hat der Vater das Korn hingebracht, oder die ältesten Brüder waren schon so groß, daß sie auch mit den Ochsen haben fahren können. Das war ungefähr eine Dreiviertelstunde, der Weg bis zur Mühle. Später hats der Albert gemacht, und wenn der nicht daheim war, bin ich gefahren. Was übrig geblieben ist, wenn das schöne Mehl verbraucht war, das ist dann eine Futtermischung für die Schweine und fürs Rindvieh gewesen, das hat man verfüttert.

Erster Gang beim Mehl meint das feinste Mehl, das »schöne Mehl«. Das erste Mehl wird für Kuchen und Nudeln gebraucht. Das zweite Mehl, das ist Brotmehl. Da wird aber meistens nicht grad Weizenmehl genommen, sonst wird das Brot eher trocken, da wird auch Roggenmehl dazwischen gemischt. Mit Roggenmehl und Weizenmehl gemischt, das wird dann ein ganz gutes Brot.

137

Brotbacken

Anna Wir haben früher selber Brot gebacken, in der Woche 18 Laib. In einer Woche! Ich hab die gebacken – so große! Wir haben einen Sauerteig gemacht. Man nimmt Roggenmehl und dazu ein bißchen Weizenmehl, das vom dritten Gang war, wie der Vater gesagt hat. Das ist schon ein bißchen gröberes Mehl gewesen, das hat man dann unterm Brotbacken noch drunter getan. Über Nacht ist der Sauerteig gegangen. So eine Handvoll Sauerteig hat man gespart, bis wieder Brot gebacken wurde.

Wir haben Milch drübergeschüttet, dann hat sich das aufgeweicht. Dann hat man da wieder ein kleines bißchen Mehl reingerührt, und das ist dann schon ganz schön in die Höhe gegangen. Der Sauerteig ist weich gewesen und hat angefangen zu arbeiten. Dann wurde wieder Mehl eingerührt und dann noch mehr.

Nun hat man einen kleinen Kübel genommen mit einem Loch, wo der Kochlöffel rausgestanden ist. Den haben wir fast voll gehabt, dann erst wurde der große Brottrog, der Backtrog reingeholt. Da wurde wieder Mehl reingetan, das wurde vermischt mit dem kleinen Teig, der in dem Kübel war.

Jetzt hat man warmes Wasser hergerichtet und den Sauerteig reingetan, noch ein bißchen warmes Wasser dazu, dann ist der Teig das erste Mal schon gekommen, ist direkt lebhaft geworden, richtig lebendig. Ich habe dann noch mehr Wasser reingetan, noch ein bißchen gerührt, Salz dazu, bis ich so eine Menge zusammengehabt habe, daß ich achtzehn Laib Brot hab backen können. Der Teig hat zweimal gehen müssen im Backtrog.

Am Ende macht man die Laibe, knetet sie gut aus, daß sie keine Falten haben und schön ausschauen. Dann wäscht man sie mit Wasser, meistens nur mit der Hand, dann glänzen sie schön. Hernach sticht man sie einfach so mit der Gabel, das gibt Löcher, da reißt es die Brote nicht auf, weil an den Löchern die Luft rauskann. Sonst reißt es manchmal die Brote an der Seite auf, da kommt dann der ganze Teig raus. Das ist dann so ein Geschwür, da ist er nicht mehr schön.

Der Ofen war schon angeheizt. Jetzt hab ich mit dem Reisig einschüren müssen, hab einen Wied hineingetan, Reisig und links und rechts zwei Scheite und dann nochmal zwei Scheite. Es ist mit dreien angegangen, drei, vier, je nachdem, wie die Holzscheite lang waren. Die hat man immer übers Kreuz gelegt, bis man achtzehn, neunzehn Holzscheite gehabt hat.

Jetzt hat man die aufgerichtet. Und unten drin, wo die ersten zwei waren, links und rechts, hat man das Reisig reingetan und Wied. Ein bißchen Papier hat man auch dringehabt. Dann bin ich nachgekrochen – da hab ich mich immer gefürchtet, weil das so ein Gewölbe ist, und die Steine...

Albert ...wie bei Hänsel und Gretel.

Anna Da hab ich reinkriechen müssen und hab anzünden müssen. Der Vater hat gesagt, jetzt mußt dich ducken, weil schon der Rauch über mir rauskam. Da hab ich mich manchmal gefürchtet, das war unheimlich. Wenn es so schnell das Brennen anfängt, der Wied und das Reisig unter den Holzklötzen drin. Das hat man anzünden müssen und dann schnell wieder raus. Und wenn das niedergebrannt war, ist das verbrannte Holz ja von selber zusammengefallen, und man hat es noch heiß rausgekratzt.

Und hernach hat man einen Reisigbesen gehabt, aus Tannenreisig. Da ist man erst in den Wald gegangen, unserer war ganz nahe, und dann hat man von einem Tannenbaum die unteren Äste abgeschnitten und hat so fünf, sechs aufeinandergelegt, dann hat man eine Schnur drumgebunden oder eine Weidenrute –

Albert – Weidenruten oder Draht –

Anna – oder einen Draht, Schnur hat man auch genommen.

Albert Das war so ein breiter Fächer, ungefähr so breit, damit hat man in einem großen Wischer diese Glutreste zusammengekehrt.

Anna Erst hat man einmal mit dem Holz die Glut rausgekratzt, und hernach dann mit dem Reisigbesen. Den hat man in einen Eimer getaucht, da war Wasser drin, und dann hat man erst die letzte Glut und den Staub rauskehren können.

Albert Den hat man immer wieder naß gemacht, damit er die Asche aufnimmt.

Anna Im Winter manchmal, als Kinder, haben wir uns auf den Ofen, auf die Kuppel draufgesetzt – mei, ist es da warm gewesen. Manchmal hat der Vater Angst gehabt, uns hauts nochmal durch. Es ist aber nichts passiert.

Dann hab ich das Brot eingeschossen. Am Anfang hab ich das nicht können, wie ich noch ein kleines Kind war, mit zehn Jahren, da hats immer der Vater machen müssen. Aber dem Vater ist es auch manchmal passiert, daß er, wenn da schon ein Laib Brot war, den anderen zu weit nach hinten geschossen hat und die dann zusammengewachsen sind. Nein, hat er immer gesagt, das ist nicht schön, tu sie mir nicht zusammenschießen – zusammenschießen hat man da gesagt. Man hat richtig einen Schwung

139

gebraucht. Wir haben 19 Laib Brot in einer Woche gegessen, 18 oder 19. Das Brot hat gut geschmeckt.

Albert Wir haben die Brote in einem Holzgestell aufbewahrt. Das waren zwei Stangen, in die waren Löcher reingebohrt. Da wurden aus einer Weide oder aus einer Haselnußrute Zweige im Bogen reingesteckt. Oben und unten war ein kleines Holzbrettchen, so wie bei einer Leiter, daß es hielt. Man muß sich vorstellen, die zwei Längsstangen mit einem Brett draufgenagelt, und dann die Bögen.

Anna Das hat man an den Deckenbalken festgemacht. Da konnte man alle Brote reinlegen.

Albert So wie Schallplatten.

Anna So haben sich die Brote ganz schön gehalten. Sie sind zwar im Hochsommer immer mehr ausgetrocknet, weil jeder Laib für sich war in dem Gestell drin, aber sonst hat man sie ganz schön aufheben können.

Albert Die haben ja eh nicht viel Zeit gehabt zum Austrocknen.

Da fällt mir zu diesen Brotgestellen eine Geschichte ein: Seinerzeit war das so, daß alle Leute zu Weihnachten in die Mitternachtsmesse gegangen sind, das war Ehrensache. Und da mußte man noch zu Fuß, da gabs nicht Auto oder Fahrrad, durch den Schnee.

Aber auf den Höfen gabs manchmal schlimme Elemente, die das genutzt haben zu Einbrüchen. Aus dem Grunde mußte also immer jemand daheim bleiben, und der hat dann, bis die anderen etwa so um halb zwei Uhr in der Nacht zurückkamen, was gekocht, ein Fleisch, denn vorher war ja Fasttag, der hat also Schweinefleisch gekocht oder Knödel gemacht, da wurde ein richtig kräftiges Mittagessen in dieser Nacht gemacht. Ein Essen nach dem Fasttag, und der war alleine daheim.

Anna In der Mettennacht, hat man da gesagt.

Albert Auf einmal, wie er da so sitzt, alles ist still, auf einmal tuts ein Bumms, Bumm, Bumm, Bumm, Bumm... Über die Stiege hinunter, dann Stille. Da war der natürlich furchtbar erschrocken.

In jedem Haus waren seinerzeit Gewehre, Vorderlader, einläufige oder doppelläufige. Da hat er eben diese Flinte von der Wand genommen, schußbereit ist er auf die Tür losgegangen, denn es hat damals häufig Morde gegeben, in dieser Heiligen Nacht.

Und dann macht er die Tür auf nach einer Weile, und da liegt so ein Laib Brot. Der ist aus dieser Halterung, wo er drinnen lag, durchgerutscht, fällt auf die Kante, rollt über die Stufen, ein, zwei, drei, vier runter, überhüpft eine und donnert an die Küchentüre dran. Der Mann war kreidebleich vor Schrecken und hat sich lang nicht rausgetraut. – Aber wie konnte der Laib ausgerechnet da runterfallen? Zufällig...

Anna Gerade in der Mettennacht...

Ich habs gut abgestochen

Anna Wir haben früher auch Hasen gehabt, eine Menge Hasen, bis der Vater gesagt hat, jetzt reichts mir, jetzt haben wir schon mehr Hasen wie Hühner. Die müssen weg.

Die Stallhasen sind viel größer als die wilden Kaninchen. Sie sind auch viel weicher, wenn man sie kocht und brät. Ich weiß noch gut, wie wir die Hasen geschlachtet haben. Wir haben auch Gickerl geschlachtet im Herbst. Was weiblich war, hat laufen bleiben dürfen, und was männlich war, das ist gefüttert und geschlachtet worden. Die Hühner haben wir gefüttert, bis sie Eier gelegt haben, dann sind sie ein ganzes Jahr alt geworden.

Eine Sau ist uns einmal davongelaufen beim Schlachten. Wenn man so ein Kind ist, also da freut man sich richtig, wenn mans sieht. Wie wir die Sau haben schlachten wollen, und uns ist die Sau davongelaufen, das hat uns so gefreut, da haben wir so viel gelacht!

Der Vater hat mit dem Messer schon reingestochen, aber noch nicht richtig. Die Buben haben sie nicht halten können, und die hat sich wieder losgemacht, war nur bei den Füßen zusammengehängt.

Mei, die ist davongelaufen!

Albert Es ist schon vorgekommen, daß Schweine ausgekommen sind beim Schlachten und sind spurlos verschwunden. Weil die in die Jauchgrube reingefallen sind, die nur schwach bedeckt war. Die ist raus, ums Ecke rum und war verschwunden.

Anna Alle haben gesucht, niemand hats gesehen. Dabei ist es in die Odelgrubn reingefallen. Aber so ein Gickerl, wenns auskommt, das findet man schon wieder. Weil das in die Luft fliegt und fällt wieder runter. Dann haben sich immer die Buben hingestürzt und sind mit dem Bauch draufge-

141

legen – wie die ausgeschaut haben … mei, das kannst dir vorstellen! Wenn das schon so geblutet hat – und die haben sich mit dem Bauch draufgelegt und habens zugehalten – das ganze Blut war in der Hose und im Hemd. Geschimpft hat der Vater da nicht – ihm wars ja ausgekommen.

Wie ich geheiratet habe, hab ich alle Schweine selber geschlachtet. Ich hab schon gewußt, wo man einstechen muß. Ich habs gut abgestochen. Man hat da einstechen müssen, wo die Schlagader ist. Dann ist das Blut rausgeschossen. Wers nicht können hat, der hat daneben gestochen, die Sau hat sich immer besser gewehrt und immer lauter geschrien – eine Mordsgaudi!

Wenn die Sau richtig abgestochen war, dann hat man sie ausbluten lassen. Da hat man so einen Tiegel und tut das Blut immerfort umrühren, immerfort umrühren, solang es warm ist. Wenns dann ausgekühlt ist, kann mans Rühren aufhören, denn dann läufts nimmer zusammen. Dann tut mans durch ein Sieb gießen, daß kein gestocktes Blut dabei ist. Man macht Blutwürste oder tut einfach so ein Blut rösten mit Zwiebel und Pfeffer.

Wir haben immer Blutwürste gemacht. Der Vater hat vorher schon Angst gehabt, weil, wenn die Buben soviel Blutwürste gegessen haben, und die Nacht kam, dann sind sie im Bett gelegen, und in der Früh hat er dann gesagt, Nanni, komm schnell, der Bub hat ins Bett geschissen. Und der andere ist daneben gelegen!

Wenns ausgeblutet hat, wirds aufgehängt und dann wirds mit Wasser übergossen. Die Borsten sind alle herunten, und es ist dann auch rasiert worden. Da gibts heut extra lange Messer, die ganz gut schneiden, früher hat man auch die Rasierapparate von den Männern genommen. Immer gegen die Borsten wird rasiert. Dann wird das ganze Schwein wieder abgewaschen, abgeduscht, mit ein paar Eimern Wasser, erst mit warmem, dann mit kaltem Wasser. Dann wirds bei den Hinterfüßen aufgehängt, wenns ganz sauber geputzt ist.

Danach wird die Sau auseinandergeschnitten. Von unten, vom Arsch praktisch, den Bauch runter, bis an den Hals her. Man darf aber nicht dumm schneiden, damit man nicht irgendwie den Darm abschneidet, oder aufschneidet, daß alles durcheinander ist. Jetzt nimmt man die Innereien raus, und alles kommt in einen Kübel rein, oder in eine Wanne.

Dann braucht man ein gutschneidendes Hackl, mit dem kann man nun den Knochen auf dem Rücken in der Mitte auseinanderhauen.

142   Die feineren Därme müssen erst gewaschen werden, danach werden sie in Salzwasser gelegt. Am zweiten Tag, wenn die Sau tot ist, werden die Blutwürste in die Därme eingefüllt. Heutzutage gibts aber auch künstliche Därme. Wir haben auch Kronfleisch gemacht, Drehfleisch haben wir gesagt. Das ist innen an den Rippen dran, das wird rausgezogen. Das kann man einfach abziehen, von den Rippen wegziehen. Das ist ein ganz gutes Fleisch, auch für Wurst. Wenn eine Sau ganz fett ist, wird sie von hinten gehäutet. Da wird die Haut aufgeschnitten, ganz fein, die kann man ganz schön lösen. Wenn ein Mann stark ist, kann er die Haut erst oben lösen, dann da rüberwerfen und zusammenzwicken und wieder weiter runterziehen, daß die ganze Sauhaut runtergezogen ist. Man kann richtiges Leder draus machen. In Pfarrkirchen ist auch so einer, der kann richtiges Leder machen. Aber bei jüngeren Schweinen kann man das nicht machen. Das kann man nur bei einer alten Sau machen, weil die schon eine starke Haut hat. Bei der kann man die Haut innen richtig mit dem Messer abschaben, das Fleisch, was da hängengeblieben ist.

Dann wird die Haut zum Gerber gebracht, und man kann Leder machen lassen. Ich weiß nicht, ob es den Gerber jetzt noch gibt in Pfarrkirchen – wie ich geheiratet habe, hat es ihn noch gegeben.

Wir haben manchmal beim Schulgehen solche sauhäutenen Schuhe gehabt, aber die lassen das Wasser durch. Die sind nicht so stabil wie die aus Rindsleder. Wir haben immer nasse Füße gehabt. Das waren die »Sauhäutenen«. Die sind im Sommer recht hart gewesen, und im Winter haben sie das Wasser durchgelassen. Aber für arme Kinder hat es gerade gelangt, die brauchen nicht so verzogen sein.

Aus einem Teil von dem Schweinefleisch haben wir ein »Surfleisch« gemacht. Das, wo ein bißchen mehr Speck dran war, haben wir eingesurt und es später im Kamin aufgehängt. Sechs Wochen hat es im Surkübel bleiben müssen. In die Sur hat man Zwiebel reingetan und Knofel – Knoblauch, ganz klein geschnitten. Das Fleisch wurde mit Pfeffer und Salz bestreut.

Nach sechs Wochen hat mans in den Kamin reingehängt. Surfleisch wird dann geräuchert. Ungeräuchert haben wir das Fleisch auch als Schweinebraten gemacht.

Da hat mans nur von dem Kübel rausgenommen, in die Reine getan, gesalzen wars eh schon, Zwiebel war auch drin. Da hats nach Zwiebel gerochen, das ganze Haus hat da gerochen nach der Sur, das hat gut gerochen! Das wurde so ein bisserl gepfeffert, und dann hat mans gebraten. Im Rohr.

143

Das Gselchte ist so vier Wochen im Kamin gehängt, da wars ja eigentlich schon ein bißchen vorgebraten, man hats dann nur noch eine, eineinhalb Stunden im Rohr gebraten. In der Stadt sagt man Geräuchertes, bei den Bauern sagt man Gselchts.

Zum Schweinebraten gab es früher Kartoffelsalat. Alte Kartoffel in die Reine reingeschnitten, das haben wir als Kinder gern mögen.

Manchmal haben wir in zwei Öfen gebraten, weil, wenns kalt war, wars dann in der Küche geheizt und in der Stube, wo die Kinder gespielt haben.

So ein Baum, der steht drei Jahre, und dann bringt er schon was

Anna Wie ich hergekommen bin, wie wir geheiratet haben, sind wir so durch den Obstgarten gegangen, und ich hab gesagt, das wird anders! Also, die alten Bäume, wo die Äste schon drei, vier Jahre auf dem Boden liegen, das räume ich weg! Da hab ich rumgeschaut, wo ich denn überall einen neuen hinpflanz.

Die Bäume, die da oben stehen, die hab ich gepflanzt. Wir sind mehr als fünfzig Jahre verheiratet, das sind inzwischen wieder alte Bäume.

Ich hab damals beim Gärtner Apfelbäume gekauft, und jetzt bin ich schon wieder dran, weil ich gesagt hab, die bringen schon nicht mehr viel. Die haben ausgedient, wie ein alter Mensch, der wird auch so und so alt, dann kann er nicht mehr arbeiten. Jetzt pflanz ich nochmal andere ein.

Der Albert hat gesagt, das ist es nicht wert, für was sollen die dableiben nach uns? Das ist mir ganz gleich, hab ich gesagt, aber wenigstens haben *wir* sie noch. So ein Baum, der steht drei Jahre, und dann bringt er schon was.

Früher, wie ich hergekommen bin, haben die lauter Steinobst gehabt. Da hat man überhaupt keine gescheiten Obstbäume gehabt. Wir haben dann einen Birnbaum gepflanzt, der steht noch da oben. Jetzt ist er ganz dürr, der bringt nichts mehr, der muß weg. Kommenden Winter muß er weg, und im Frühjahr steht ein anderer.

Im Herbst, wenn die Blätter alle runtergefallen sind, müssen die Bäume ein bißchen ausgeschnitten werden.

Aus den Äpfeln machen wir Saft, oder wir wecken sie ein. Da haben wir Schwingen drinnen oder Kistchen. Wir tun die Äpfel vorsichtig da rein, damit sie keine Dullen kriegen, nicht verknittert werden. Dann legen wir sie im Haus herinnen aus. Draußen ist die Kammer mit einem Regal, da liegen die Äpfel im Winter drin. In der Speis herunten haben wir das Gleiche, da kann man auch viel Äpfel reinlegen. Heuer sind es gar nicht so viel, die werden heuer gar nicht voll.

Oft sind die Kinder da, die mir helfen. Manchmal sag ich auch, Kinder, wenn ihr wieder heimkommts, dann machen wir Apfelkompott. Die dürfen mitnehmen, soviel sie mögen.

Erst schälen wir die Äpfel, dann kochen wir sie und drücken sie durch. Danach kann man das Kompott einwecken.

146

Aus den Äpfeln kochen wir Saft, oder wir wecken sie ein.

147

Für Apfelkücherl tu ich die Äpfel schön in Scheiben schneiden.

148

Apfelkücherl

Apfelkücherl kann man das ganze Jahr machen. Einfach die Äpfel liegen lassen. Äpfel haben wir genug. Aber die gehen bloß bis zum Frühjahr – März, April. Dann werden sie schon faltig, dann muß man schauen, daß man sie wegbringt.

Für Apfelkücherl tu ich die Äpfel schön in Scheiben schneiden, ungefähr 1 cm dick. Wenn man sie zu dünn schneidet, brechen sie auseinander. Vorher nehme ich noch das Kerngehäuse weg. Dann macht man einen Pfannkuchenteig. Man kann auch Hefeteig nehmen, dann werden sie dikker.

Für Pfannkuchenteig nehme ich Mehl, Eier und Zucker, eine Prise Salz.

Eier sind die Hauptsache. Das verrührt man schön. Der Teig darf nicht zu dünn sein, sonst bleibt er ja nicht an den Apfelscheiben hängen. Die werden in den Teig getaucht und dann ins kochende Fett reingetan.

Das kann alles mögliche Fett sein, Hauptsache, daß es nicht stinkt. Wenn man Schweineschmalz und Butterschmalz mischt, schmeckt nichts vor. Beim Geschmack merkt man das Schweineschmalz nicht raus, und Butterschmalz ist sowieso gut.

Die Kücherl müssen im Fett schwimmen. Wenn man sie reintut, gehen sie vielleicht ein bißchen unter, kommen aber sofort wieder in die Höhe – die schwimmen von selber. Sie bleiben im Fett, bis sie braun sind. Nach zwei, drei Minuten sind sie fertig.

Wenn sie auf der Schmalzseite braun sind, dreht man sie um, nach ein paar Minuten kann man sie raustun.

Am Schluß kommt Zucker und Zimt drauf.

Pfannkuchenteig:
4 Eier
2 Eßl. Zucker
½ Pfund Mehl
1 Prise Salz

Butterschmalz zum Ausbacken
Äpfel
Zucker und Zimt

November

Novemberschnee
tut den Saaten nicht mehr weh

Wenns an Allerheilgen schneit
lege deinen Pelz bereit

Nachtfröste

Anna Im Herbst sind die Nachtfröste gekommen und die Wiesen waren weiß vom Reif. Auf dem schmalen Schulweg durch die Wiesen hat der Reif auf dem Gras geglitzert, und wir Kinder liefen barfuß drüber weg.

Das ging den Hang hinunter, über den Wassergraben und drüben wieder rauf. Wir liefen so schnell wir konnten, bis wir verschnaufen mußten. Die Buben waren besser dran, beim Verschnaufen haben sie auf den Weg gepieselt und sind dann auf dem abgetauten Fleckchen mit den Füßen drauf stehengeblieben. So haben sie sich wieder ein wenig aufgewärmt. Auf der Straße war es dann schon besser, der Sand war nicht so kalt.

Auf dem Heimweg von der Schule haben wir mit den bloßen Füßen das abgefallene Laub bei den zwei großen Mostbirnbäumen durchwühlt. Die Birnen waren im Spätherbst längst abgeerntet und mit Äpfeln vermischt zu Most ausgepreßt worden. Es blieben aber immer welche in den Zweigen hängen, die dann in den kalten Nächten oder beim Sturm herabfielen und im Laub versteckt blieben. Da wurden sie braun, süß und saftig, das war jeden Tag immer was zum Suchen. Ich habe nur selten eine erwischt, ich mußte immer laufen, um schnell heimzukommen zur Arbeit, ich durfte mich nicht aufhalten. Manchmal brachten mir die Brüder welche mit.

Allerheiligen

Anna Ich kann mich noch erinnern, wie wir das erste Mal an Allerheiligen zum Grab der Mutter hingegangen sind. Da haben wir alle am Grab geweint. Der Vater auch.

Die ältesten Buben waren schon im Dienst, und ich mußte zu Haus gleich anschließend was kochen. Ich weiß nicht mehr, was es gab... Ich weiß bloß, daß der Vater gesagt hat, Dirndl, also heut nachmittag kommen wir spät heim, da mußt du am Vormittag schon einen Zopf machen. Das war eine harte Zeit, für uns Kinder auch. Am schlimmsten wars für mich.

152

153

An Allerheiligen ist man schwarz gekleidet. Da ist alles schwarz, außer, es hat jemand kein schwarzes Kleid, da hat er irgendein dunkles an. Aber sonst gehen alle in Schwarz.

Wir gehen erst in die Kirche. Da ist zuerst so ein kleiner Gottesdienst, eine Andacht, und dann geht man aufs Grab. Der Pfarrer geht mit dem Weihwasser durch die Gräberreihen, da sind auch zwei Ministranten dabei. Der eine trägt den Wedler und gibt ihn dem Pfarrer, der andere trägt das Weihwasser. Dann haben sie noch das Gefäß dabei mit Weihrauch und das Meßbuch, das trägt der Ministrant. Sie gehen rundum und tun Weihwasser auf alle Gräber am ganzen Friedhof. So werden die Gräber gesegnet.

Manche sind noch ganz frisch, und andere sind schon länger da. Aber auf keinen Fall wächst da Gras drüber. Also, wenn das wäre, dann müßten die Leute schon weggezogen sein. Sonst sind die Gräber alle schön geschmückt. Wir haben unser Grab auch geschmückt. Da kauft man die schönsten Blumen, die man beim Gärtner kriegt. Außer, man hat selber welche. Das wird dann schön geschmückt und ein jeder schaut die Gräber an. Wenn eins schlechter ist, dann sagt man, die haben sich nicht viel Mühe gegeben damit. Haben sie schon hübsch vergessen, die Alten. Aber wir tuns schon immer schön herrichten.

Vom Sterben

Anna Die Versehgarnitur ist, wenn jemand schwer krank ist, wenn der zum Sterben krank ist. Dann kommt der Pfarrer, und da ist das alles schon vorgerichtet, ein Altar aufgestellt.

Albert Dazu kommt der Hausaltar und diese Garnitur: zwei Kerzenleuchter, ein Kreuz, ein Weihwasserschälchen. Es gehört auch ein weißes, besticktes Leinen dazu.

Anna Wenn der Pfarrer gekommen ist, war das ein Versehgang. Das heißt man so.

Albert Der Sterbende wird mit der Heiligen Kommunion als Wegzehrung ins Jenseits versehen, das ist das Brot des Lebens, das er als letztes bekommt, damit er dann gestärkt und gesättigt den Weg ins Jenseits schafft. Er wird mit etwas versehen, also mit Stärke, Kraft, mit Nahrung. Das muß man verstehen wie eine Art geistiges Brot.

Die Tröstungen der Kirche – das ist eben diese heilige Wegzehrung für einen Sterbenden. Dazu hat jede Braut und jede Frau, die ins Haus hinein kommt, so etwas mitgebracht. Als Töchter oder Mägde haben sie bereits so eine Versehgarnitur gestickt. Mit rotem Faden. Zum Beispiel Jesussymbole oder »Gelobt und gebenedeit sei das heilige Sakrament«. Das wurde gestickt, das war Ehrensache. Die Sterbenden damals waren ja nicht im Krankenhaus, sondern in der Familie.

Anna Heute gibt man sie ins Krankenhaus. Aber da ist es so, daß, wenn einer ganz schlecht beieinander ist, dann der Pfarrer auch kommt, nach der Kirche. Nach dem Gottesdienst geht er zu den Schwerkranken hin und bringt den Kelch mit der Hostie selber mit. Ein Ministrant ist dabei und trägt eine Kerze.

Albert Und einen Weihwasserwedel –

Anna Das haben wir alles daheim selber gehabt.

Dann bin ich trotzdem nicht gestorben

Anna Als ich im Krankenhaus war, hab ich Asthma gehabt. Das ist zum Ersticken. Da muß man schon so beieinander sein, daß die Schwester und auch der Arzt sagt, jetzt ist es bald aus, jetzt packt sies nicht mehr lang.

Und dann sagen natürlich die Klosterfrauen, die christlichen Schwestern, da muß man ihr die Letzte Ölung noch geben. Jetzt ist sie noch bei Bewußtsein, jetzt versteht sie noch alles, jetzt kann sie noch mittun. Dann kommt der Pfarrer mit dem Allerheiligsten, hat einen Ministranten dabei – im Krankenhaus ist natürlich auch die Stationsschwester dabei.

Die richten einen auf, wenn man nicht sitzen kann – man nennt das die Krankensalbung –, dann werden mit einem Wattebauschen die Ohren und der Mund, die Handflächen innen und die Fußsohlen eingeölt, und die Brust auf der Herzseite –

Albert Ich glaube, das sind sieben oder acht Stellen –

Anna Wenn man noch was sagen kann, dann nimmt der Pfarrer die Beichte ab.

Wie ich wieder schlechter dran gewesen bin, hat er die Beichte nicht mehr abgenommen, da hat er nur gebetet und hat die Kommunion gegeben.

Dann bin ich trotzdem nicht gestorben. Die Klosterfrauen waren da und haben gebetet. Die haben gemeint, ich überlebs nicht. Und die vom anderen Zimmer, wo die gewußt haben, daß der Pfarrer kommt und die Klosterfrauen auch kommen, da sind die rübergekommen, da war dann ein ganzer Haufen da. Aus der Kapelle vom Krankenhaus haben sie den Weihrauchkessel mitgebracht. Auf alle Fälle haben sie gesagt, ich werd nimmer. Aber ich bin ja zäh, gell?

Albert Leute, die schon so nah am Tode sind, wenn die nun beichten, haben sie ihren seelischen Druck weg. Und all das kräftigt sie so, daß sie in einer viel ruhigeren Gemütslage sind. Erstaunlich oft erleben sie noch einen neuen, kurzen Aufschwung – das Lebenslichtlein, das flackert zumeist noch einmal auf, bevor der Mensch wirklich stirbt.

Daß die Anna noch einen längeren Aufschwung hätte, das war nicht vorauszusehen. Denn, nachdem sie bewußtlos war, war nicht mehr zu erkennen, ob sie aus dieser Bewußtlosigkeit noch mal erwacht. Aber ich hab am Morgen dieses Tages den Schrei von ihr gehört: Albert! – und bin plötzlich wach geworden. Ich hab den Schrei wirklich gehört. Da war sie bereits bewußtlos, also nicht mehr da. Aber wie kommt das, diese Übertragung? Das war genau zu der Stunde, wo sie auf der Schneide stand...

Anna Ich weiß noch gut, die drei Klosterfrauen, die dabei waren – da hat eine die andere angeschaut, die hat bloß mit den Augen geblinzelt, und ich hab gedacht, so schnell sterb ich nicht!

Die haben mich wirklich ganz gern mögen, dort im Krankenhaus, die haben mich immer besucht. Immer wieder ist eine gekommen, und hat mich bei den Händen genommen – Gehts schon besser? Die haben alles getan, was sie an mir haben tun können. Sie haben mich gern mögen.

Da hat sogar jemand gesagt, ich wär gestorben, gell? Eine Klosterfrau ist reingekommen, hat die Hände zu meinem Bett hingetan und hat gesagt, ja, Frau Wimschneider, Sie leben ja noch! Gott sei Dank! Wenn man selber nichts sagen kann, dann hört man so, was die anderen sagen. Die meinen dann vielleicht, man könnte bewußtlos sein. Die meinen, man hört nichts, dabei hört man alles.

156

Ich weiß noch gut, daß der Arzt gekommen ist, mit noch zwei Ärzten. Er hat die Hände bei mir aufs Bett hingetan, Frau Wimschneider, haben Sie noch Kühe? – Ja. – Weg mit dem Vieh! Sie brauchen kein Vieh. Ich hab auch kein Vieh, hat der Chefarzt gesagt. Ich seh ihn direkt noch stehen.

Buttermachen

Anna Die Butter hab ich selber gemacht. Die Kuh gemolken auch, immer. Vorm Schulgehen habe ich immer schon die Kühe melken müssen.

Wie ich heimgekommen bin, hats geheißen, tummel dich schnell, wir gehen bald in den Stall. Immer so sechs Kühe haben wir gehabt. Die einen waren trächtig, die hab ich nicht melken müssen, aber etwa vier hab ich

schon melken müssen. Ich hab auch morgens das Kalb anhalten müssen, das Kalb rausnehmen müssen, dann hab ich mich erst umziehen können zum Schulgehen. Die Resl hats auch lernen müssen. Weil, wenn eins einmal weg ist oder krank, muß das andere melken können.

Die ältesten drei Brüder haben auch melken können. Nur der Vater nicht, der hats nicht gemacht, der hats nicht können.

Die Milchkannen waren emailliert. Es kann auch so ein Blech sein, was nicht rostet. Oben ist ein Henkel drüber, da hat man die Kanne getragen. Vorn war ein Schnabel dran, daß man schön rausschütten kann, und dann war außen noch ein Henkel dran, daß man sie beim Auswaschen nehmen kann und richtig durchwaschen.

Man hat den Seiher drübergehängt, hat durchgeseiht und hats in die Küche reingetragen, da war die Maschine drin, die Zentrifuge. Die mußte man mit der Hand drehen. Wenns eine gewisse Geschwindigkeit hatte, hat man den Hahn aufgedreht, daß die Milch durchlaufen kann. Man hat so lange umgedreht, bis die ganze Milch durchgelaufen war. Dann hat man den Rahm extra gehabt und die Magermilch. Jetzt macht das die Molkerei.

Wenn der Rahm eine Woche alt war, hat man ihn in ein Butterfäßchen reingetan, hat immer gerührt, dann ist Butter draus geworden.

Die Magermilch ist verfüttert worden, die Buttermilch auch. Dann hat man bloß noch die Butterkugeln gehabt, die hat man in einen Topf reingetan, so einen irdenen Topf. Darin ist die Butter ausgelassen worden. Die Milch, die noch in der Butter war, ist dann am Boden gesessen, und obendrauf war das Schmalz, das Butterschmalz. Am Topf war ein Schnabel dran, da hat man das runtergeschüttet, ganz langsam.

Dann hat man das Fett zum Kochen im irdenen Topf drin gehabt, das Butterschmalz, und hats jeden Tag rausnehmen können.

Wenn wir gebuttert haben, haben wir die frische Butter auf den Teller getan und haben so viel auf die Seite getan, was wir zum Brotaufstreichen brauchen in einer Woche. Das haben wir ungefähr schon gewußt, wie groß der Ballen sein muß.

Beim Auslassen von der Butter ist die Buttermilch nach unten gegangen. Da bleibt dann so ein saures Fett zurück.

Wenn man Strudel gemacht hat, Reinzelten sagen wir, oder Rupfhauben oder Dampfnudeln, hat man von dem Sauren was genommen. Zu solchen Sachen, wo man Milch dazu braucht, kann man das Saure nehmen, das schmeckt ganz gut.

*Vorm Schulegehen hab ich
immer schon die Kühe
melken müssen.*

159

Die frische Butter mit Brot ist gut gewesen. Wir haben manchmal schon nach dem Backen, da ist das Brot noch gar nicht kalt gewesen, einen ganzen Laib Brot bis zum Abend gegessen. Einen ganzen Laib! Immer Butter drauf gestrichen. Da haben wir so eine große Butterkugel gehabt, und ein jedes hat gegessen! Da habe ich dann am Abend nicht kochen brauchen.

Wir haben viel Butterbrot gegessen. Überhaupt, wenn wir neu gebakkenes Brot gehabt haben, dann ist natürlich Butter draufgestrichen worden, weil, das schmeckt ganz gut. Wir haben sogar Butter ohne Brot gegessen.

Sobald man rausgegangen ist und die Buben sind drin gewesen, sind sie hingegangen und haben schnell geschleckt und haben das dann schnell wieder ein bißchen verstrichen, daß man es nicht gemerkt hat. Die hätten eine ganze Kugel Butter auch auf einen Satz gegessen.

Wir haben auch einen Buttermilchkäse gemacht. Da haben wir die Buttermilch ein bißchen warm gemacht, dann ist das Fett oben geschwommen. Das Wasser unten hat man abgeschüttet, und dann Kümmel, Salz und Pfeffer rein – und ein bißchen Sauerrahm, das war ein guter Buttermilchkäse! Der ist nicht direkt fest gewesen, aber man hat ihn streichen können. So ähnlich wie Topfen. Den hat es nur gegeben, wenn man gebuttert hat, wenn halt der Rahmhafen wieder voll war mit Rahm oder mit Buttermilch.

Zum Dreschen haben wir oft einen Buttermilchkäse gemacht. Der ist gerne gegessen worden.

Bei der Buttermilch, oder einer sauren Milch, wenn die Milch noch nicht zu lange gestanden ist, kann man auch einen Quark machen.

Das wird angewärmt am Ofen und dann wird er von selber. Der Topfen setzt sich zusammen, unten ist grünliches Wasser drin. Das Wasser tut man dann abschütten. Wenn es fast ein Quark ist, kann man schütteln, und dann batzt sich das zusammen. Aber es muß saure Milch oder Buttermilch sein. Aus süßer Milch kann man nichts machen. Durch das Anwärmen wird der Topfen.

Manchmal haben wir ein Topfenlaiberl gemacht, so einen Wecken, den man im Rohr gebacken hat. Mit ein bißchen Zucker – weil, süß ist er besser gewesen. Das haben wir Kinder immer recht gern gegessen.

Wenn die Milch schon länger gestanden hat, wenns gestöckelte Milch war, haben wir Herbstmilchsuppe gekocht.

Da muß man zum Grab gehen

Anna Jedes Jahr an Allerheiligen, da kommt alles zusammen. Alle Geschwister, was noch lebt.

Es leben ja schon einige nicht mehr. Der Franz lebt nicht mehr, der Hans
ist im Krieg gefallen, die Resl ist auch schon gestorben, die hat Krebs gehabt
... vier sind schon gestorben. Die anderen kommen alle zum Grab. Da
treffen wir uns wieder. Da kann irgendwas sein an Allerheiligen, aber da
muß man zum Grab gehen.

Da kommt alles zusammen. Alle Geschwister, was noch lebt.

162

Herbstmilchsuppe

Für die Herbstmilchsuppe nehme ich eine gestöckelte Milch. Zuerst erhitze ich etwa einen halben Liter Wasser. Da wird dann die gestöckelte Milch – auch etwa ein halber Liter – reingerührt. Dazu kommen zwei Eßlöffel Mehl, die vorher schon mit der sauren Milch verquirlt worden sind. Man läßt das aufkochen.

Am Schluß kommt saurer Rahm dazu. Wenn viel Rahm drinnen ist, schmeckts besser.

Die Milch gieße ich über ein paar mehlige Kartoffeln. Die sind schon auf dem Teller. Ein bißchen salzen, dann kann mans gleich essen.

½ l gestöckelte Milch
½ l Wasser
etwa 2 Eßl. Mehl
Sauerrahm
Salz
mehlige Kartoffeln

163

Dezember

Dezember ohne Schnee
tut Bäum und Feldern weh

Ists zur Weihnacht hell und lind
kommt zu Ostern Schnee und Wind

Sylvester hell und klar
Glückauf zum Neuen Jahr

Wenn der Nikolaus kommt, ich helf euch nicht

Anna Wenn dann die Zeit war, wo der Nikolaus hat kommen müssen, hat der Vater schon immer gesagt, paßt nur auf, Kinder, wenn der Nikolaus kommt, ich helf euch nicht! Bei mir hat er nie was gesagt, ich bin ja eh brav gewesen.

Aber die größeren drei Buben! Dann hat einer von der Nachbarschaft kommen müssen, da hat der Vater schon geschaut. Zu uns ist immer der Ludwig gekommen, das ist der Sohn von der Meieredermutter. Der hat geschaut, daß er die Buben mal erwischt, dann hat er sie richtig mit seinem Stecken auf den Rücken gehaut. Daß wirklich der Nikolaus gekommen ist! Bis sie dann einmal größer gewesen sind, dann haben sie erkannt, daß das der Ludwig ist.

Die Meieredermutter hat ihm immer was mitgegeben, weil wir arme Kinder gewesen sind, ohne Mutter. Immer hat der Ludwig irgendwas mitgebracht und hats einem jeden gegeben. Einen Riesenrucksack hat er dabei gehabt.

Er hat ewig lang gebraucht im Hausgang – hat gerumpelt und gescheppert. Wir sind in der Stube gesessen, haben gebetet und uns grad gefürchtet. Gefürchtet haben wir uns! Das ist der echte Nikolaus – und alle haben die Schuld auf mich geschoben, *da* bist du Schuld gewesen, und *das* hast du uns nicht gleich geflickt.

Zum Ludwig hat der Vater schon gesagt, du, auf den und den – der hat ja alle von uns Kindern gekannt. Und dann ist oft jemand drangekommen, hauptsächlich der Hans, weil der immer am meisten angestellt hat. Weil der immer frech gewesen ist, und weil er immer zugeschlagen hat, wenn was gewesen ist. Mich hat er am meisten geschlagen. Dann hat der endlich auch mal seinen Segen gekriegt.

O mein Gott, nein, was wir an Geschenken zum Anziehen gekriegt haben! Das haben wir meistens von der Meieredermutter gekriegt, also von dem Nikolaus seiner Mutter.

Die Losnächte

Albert Die Losnächte beginnen in der dunklen Zeit.

Die wichtigste war kurz vor Weihnachten, zwölf Nächte sind es zusammen. Da haben uns die Alten schon immer erzählt von unheimlichen Sachen, was es da alles an Geistern gab. Angeblich ist es so gewesen: Die bösen Geister wanderten in der Welt herum und versuchten, Unheil anzurichten. Papst Leo XIII. hat diese bösen Geister in die Hölle verbannt, aber wenn eine gewisse Zeit abgelaufen sei, kämen die wieder.

Da hat man in der Kirche am Ende jeder Messe ein Gebet gesprochen zum Heiligen Michael, der ist ja der Überwinder des Bösen gewesen. Beim Sturz der Dämonen in die Hölle war Michael der Anführer.

Das hat aber alles aufgehört. Es gibt kein Gebet mehr in der Kirche für die Ernte, es gibt keines mehr für die Dämonen.

Anna An den Losnächten war es Brauch, dem Vieh etwas Geweihtes zum Fressen zu geben. Auf ein Stück Brot wurden geweihte Heublumen gestreut und allen Tieren im Stall wurde ein Stück gegeben. Im Sommer nämlich kam immer ein Franziskanerbruder zum Getreidesammeln zu den Bauern.

Als Gegengabe dafür hatte der ein Säckchen mit geweihten Heublumen bei sich, und er gab, je nachdem, einen Löffel voll her. Die haben wir in einer Büchse aufgehoben, um sie dann am Abend einer solchen Losnacht, in der die bösen Geister mehr Macht hatten, dem Vieh zum Schutz zu geben. Die meisten fraßen das Stück auch gerne, einige weigerten sich. Da hatte man dann Mühe, daß sie es annahmen.

Die Mägde waren im Wald und haben das Reisig zu Haufen stapeln müssen.

168

169

Der Stock macht dreimal warm

Albert Die Hauptarbeit fing mit dem Holz schon im November an, wenn alles Grün von den Wiesen weg war. Dann hat man trocken gefüttert und hatte deshalb mehr Zeit für die Außenarbeit.

Das war der Wald. Erst einmal mußte das Holz für die Feuerung geschlagen werden, dann mußten die Baumstämme, die für Neubauten gebraucht wurden, und die, die zum Verkauf waren, hergerichtet werden. Damals hat man Bäume nur geschlagen, solange Saftruhe war, nie später. Bis Heilig Dreikönig, solange der harte Frost war. Diese Stämme wurden nicht von Schädlingen befallen.

Heute wird nicht darauf geachtet, das Holz wird auch im Sommer geschlagen, drum ist der Borkenkäfer so viel drin. Die Bäume gehen in die Winterruhe, sie ziehen sich zurück. Ihre absolute Ruhe ist im Dezember. Dann ist kein Saft im Holz.

Die Knechte haben das Holz geschlagen. Das war alles Handarbeit. Die Arbeit mußte mit schweren Sägen per Hand gemacht werden. Das Holz wurde mühselig auf Schlitten geladen – damals gabs immer Schnee – und zu den Sägewerken gefahren.

Die Mägde waren im Wald und haben das Reisig zu Haufen stapeln müssen. Die wurden dann auf den Hof gebracht und meist in der Scheune gelagert. Das Reisig haben die Mägde zu Bündeln gebunden. Nach Lichtmeß etwa, schon Mitte Februar, mußte diese Arbeit erledigt sein. Da kamen dann schon die ersten Feldarbeiten. Da wurde der Mist ausgebracht als Dünger, dann hat man den Mist mit dem Rechen zerrieben. Die Mistfladen wurden mit einer Wiesenschleppe, das ist so ein eggenartiges Gerät gewesen, vorgerieben. Oder man hat aus Reisig so eine Schleife gemacht, die war etwa zwei Meter breit, damit hat man den Mist vorgerieben. Mit dem Rechen hat man es dann so zerrieben, daß diese Mistfladen in die Grasnarbe einwachsen. Das Stroh hat sich dann abgesondert, lag obendrauf, das hat man dann wieder zusammengerecht und neu eingestreut, im Frühjahr. So gab es viel Arbeit im Winter.

Alle Woche einmal hat man den Mist ausgebracht auf das Feld, auch auf den Schnee. Wenn dann der Schnee wegging, blieb das liegen.

Die Höfe haben viel Holzverbrauch gehabt, zur Reparatur und so weiter. Das andere wurde zu Kantholz geschnitten. Die Mägde mußten die Äste

171

hacken und zu Bündeln binden. Die wurden zum Anfeuern gebraucht. Und dann kam noch was dazu: Das Holz zur Feuerung wurde in kleine Stücke gesägt, etwa 30, 40 Zentimeter lang. Ab 1936 etwa haben sich bei uns gewisse Modernisierungen durchgesetzt. Da gabs schon Mähmaschinen, Sämaschinen und auch Kreissägen, die das Holzmachen sehr erleichtert haben.

Damals wurden die Holzstrünke noch aus dem Boden rausgeholt. Das war eine langwierige, schwere Arbeit. Die mußten mit Keilen gespalten werden. Das hat man Stockholz genannt. Der Baumstrunk war der Stock. Und der macht dreimal warm: einmal beim Rausbrechen, das zweite Mal beim Zerkleinern und das dritte Mal im Ofen.

Anna Einen Kamin, also offenen Kamin, hat man kaum gehabt. Da ist der Küchenherd gestanden, und von dem ging der Kamin raus und in die Mauer rein, das ist der Rauchabzug gewesen. Sämtliche Öfen waren an den angeschlossen.

Ich kann mich noch erinnern, wie ich ein Kind war: In Großvaters Zimmer war auch so ein kleines Öferl drin. Da hat man drauf kochen können.

In einer anderen Stube war so ein ganz runder Ofen, ein Sesselofen, wo man sich hat reinsetzen können. Da haben wir Kinder immer gestritten, denn der Ofen war abends immer warm, manchmal heiß. Wenn er heiß war, hat niemand gestritten, aber wenn er warm war, da hat einer den anderen rausgezerrt. Einer hat drin sitzen können, aber die Kinder haben sich drum gerauft.

Oft waren die Betten noch nicht gerichtet. Meistens hat das die Mutter gemacht.

Wer ganz zerfroren war, der hat eine Schindel oder einen heißen Kiesel reingekriegt. Der Stein ist eingewickelt worden, das Bett kam drauf. Da hat man sich reinlegen können, die Füße wärmen können oder den Hintern, dann hat man das Bett wieder umgedreht, daß es auf der andern Seite warm wird. So hat man sich ganz schön wärmen können.

Weihnachten

Anna Einen Tag vor Weihnachten ist immer die Meieredermutter gekommen. Die hat immer den ganzen Korb voll gehabt! Ich war meistens im Haus, hab nähen müssen, dann sind die Buben reingelaufen gekommen, Nanni, Nanni, schnell, schau raus, die Meieredermutter kommt mit dem Korb! Die bringt uns bestimmt wieder was!

Da sind die in die Höhe gesprungen und haben die Hände gewetzt – das ist immer eine Freude gewesen!

Für jeden ist was drin gewesen. Wenn sie dann gekommen ist und hat den Korb auf den Tisch gestellt, die zwei Deckel aufgeklappt, da haben wir uns schon gefreut. Die Kleinen sind um den Tisch rumgestanden, nicht gesessen, weil sie noch so klein waren, und jedes wollte gleich reinschauen, was denn da wieder alles drin ist. Sie hat Strümpfe gestrickt, hat Socken gestrickt, hat Plätzchen gebacken. Ein bißchen Spielzeug ist manchmal auch

dabei gewesen. Dann hat sie das alles hingestellt, hat aufgemacht und hat gesagt, so Kinder, jetzt ist Weihnachten.

Da war ein Drall, den hat man ein paarmal aufgezogen, dann hat man zugeschaut, wie der sich gedreht hat. Die größeren Buben haben eine Mundharmonika gekriegt. Mein Gott, was hat die alles – die hat einfach für jeden was mitgebracht!

Das Spielzeug hat man zusammen gehabt, außer, es ist der Betreffende gerade gekommen und hat gesagt, gibs mir her, das gehört mir. Sonst habe ich Strümpfe gekriegt oder eine Schürze. So eine Schürze, die hinten zugegangen ist. Oder ein Kleid von der Meieredermutter, das sie manchmal hat umändern lassen, sie hat ja kein Dirndl nicht gehabt, sie hat nur Buben gehabt.

Die Buben haben ein Hemd gekriegt, Unterhosen oder Hosen, manchmal von ihren Buben, die waren älter als die unsern. O mei, die hat einen ganzen Haufen Zeug dahergebracht, was wir alles haben brauchen können! Wenns auch schon benützt war, aber sie hat es immer so schön wieder hergerichtet gehabt, für den Werktag und für die Schule.

Der Vater hat das alles in Verwahrung genommen. Er hat gesagt, das sperr ich in mein Schlafzimmer ein, da kann keiner nix naschen. Sie hättens schon probiert, ob die Tür aufgeht, aber die ist nicht aufgegangen. Am Heiligen Abend ist dann alles verteilt worden.

Einen Christbaum haben wir immer gehabt. Wir haben ja selber sechs Tagwerk Holz gehabt, und da sind schöne Christbäume dringestanden. Den hat der Vater geschlagen. Eine lange Säge hat er dann dabei gehabt. Geschmückt haben ihn wir Kinder, alle miteinander.

Da ist immer gestritten worden: Du nimmst das Schönere und du nimmst das Einfache, und nimmst einfach das, was schneller geht und reißt mir das andere alles weg! Da sind dann drei, vier gewesen beim Baumputzen. Erst einmal haben wir geteilt, ein jeder gleich. Aber das hat gar nicht lang gedauert, da haben die einen, die besseren, schnell das ihre aufgehängt gehabt, und dann haben sie einfach das von den anderen genommen.

Wie ich noch klein war, hat der Vater Plätzchen gekauft, mit Aufsteckblättern mit Löchern drin, die haben wir dann aufgehängt, die waren recht teuer. Die andern haben immer Stranitzen gesagt. Gib mir mal die Stranitzen her, ich will auch ein paar aufhängen. Ich weiß nicht, wo das Wort herkommt. Damit wir uns nicht so streiten, hat die Meieredermutter immer viele Tüten gemacht, daß ein jedes für sich was aufhängen kann.

Äpfel haben wir selten einmal aufgehängt. Weil der Vater gesagt hat, die machen zu viel Gewicht. Die Äpfel haben wir in Schüsseln getan und in jedem Eck, wenn der Christbaum auf dem Tisch gestanden ist, hingestellt. Von der Meieredermutter haben wir manchmal Nüsse gekriegt, aber selber haben wir keine gehabt.

Ich habe später einmal einen Nußbaum eingepflanzt. Der ist aufgegangen, von selber. Den habe ich gerade hingesteckt, wo ich gesagt habe, da soll er sein, da wäre er schön. Der steht noch. Jetzt ist er schon ziemlich groß. Wie ein großer Birnbaum ist er schon. An der Hoamat steht er. So sag ich immer zum Hof vom Vater.

Schokolade gabs selten. Wenn, dann hat der Vater vier, fünf Teile gemacht aus einer Tafel Schokolade. Und da ist es dann so gewesen, weil das eine Stück vielleicht um ein kleines Eckchen größer war, dann sind sie zum Streiten gekommen und haben sich gerauft. Wegen dem kleinen Bröckchen!

Als die Mutter noch da war, hatten wir Lametta. Das hat die Mutter immer, wenn Weihnachten vorbei war, in die Länge gelegt und dann in eine Tüte reingetan, in der Mitte abgebogen, so hat sie es immer aufgehoben.

Die Buben haben manchmal was geschnitzt und bemalt. Wenn wir es schön gefunden haben, haben wir gesagt, das wäre es wert, daß man es an den Christbaum hängt. Der Vater hat immer gesagt, es ist schad um die Äste, weil es die von dem schweren Glump immer runtergebogen hat.

Am Weihnachtsbaum haben wir dann gebetet. Die Buben haben einmal »Stille Nacht« gesungen. Aber dann hat der eine zum anderen gesagt: Hör doch auf, du kannst ja überhaupt nicht singen!

So ist dann überhaupt nicht mehr gesungen worden. Wir haben ein »Ich glaube an Gott« beten müssen und ein paar Vaterunser für die Verstorbenen. Wir haben es eh schon nicht mehr erwarten können.

Am nächsten Tag hatten wir noch unsere Sachen, die haben wir nicht gleich gegessen. Ein jedes war stolz, daß es die nicht gleich wegfrißt, daß hernach nichts mehr da war. Dann haben wir das versteckt.

Da hat der eine wieder gemeint, da muß mir wer was rausgetan haben. Ich hab doch mehr gehabt, und jetzt hab ich nicht mehr soviel! Ich hab immer abwehren müssen. Geh, du spinnst doch, du hast doch auch nicht mehr gehabt, du hast gestern das deine schon gegessen gehabt. Da haben sie dann gesagt, nein, das ist nicht wahr, das habe ich nicht gegessen!

175

Das ist immer ein Streit gewesen.

Sepp war so ein Gauner, der hat immer den Schnuller gestohlen von den Untersten und vom Ludwig. Einmal haben wir sie auf der Anrichte dort gehabt, da ist so eine kleine Glasschale gewesen, da sind die Schnuller dringelegen. Und der Sepperl hat dann einfach einen genommen, ist fortgegangen damit, hat ihn in den Mund gesteckt und ist lang nicht mehr gekommen. Der hat die ganze Zeit den Schnuller im Mund gehabt! Das war so lustig – ihm hat der halt so gut geschmeckt.

Manchmal hat er ihn auch in Zucker eingetaucht und hat den dann wieder richtig ausgelutscht. Und die kleinsten zwei, die haben dann geschrien und geschrien. Ja, wo ist denn der Schnuller, wer hat denn den wieder verloren, der ist doch dort gewesen, ich weiß es gewiß, daß ich ihn unters Kopfkissen getan habe, da habe ich ihn hingetan! Kein Mensch hat da was gewußt, wo der Schnuller ist. Der war weg!

Bis wir dann einmal draufgekommen sind, dem Sepperl in die Hosentasche zu greifen – da war er drin! Er hat einmal vom Vater so richtig einen auf den Hintern gekriegt, weil er immer den Schnuller gestohlen hat, und der Kleine hat geschrien und geweint, wir haben gar nicht gewußt, wie man ihn beruhigen soll. Mein Gott, wenn so viel Kinder beinander sind, da gibts schon manchmal schwierige Sachen!

Wie ich schon verheiratet war, hab ich zu Weihnachten immer Plätzchen gebacken, drei Tage lang. Meistens am Vormittag den Teig gemacht, am Nachmittag dann ausgerollt und ausgestochen. Ich hab auch Kuchen gebacken, mehrerlei, nicht immer zwei gleiche. Ein jedes hat dann in der Runde so ein Schüsselchen voll gekriegt. Das haben sie gern gegessen. Ich habe alle möglichen Plätzchen gebacken, Anisplätzchen, Zimtplätzchen, Vanillekipferl sowieso, natürlich auch Lebkuchen.

Wie die Alten noch gelebt haben, habe ich ihnen einen Plätzerlteller gemacht. Sie sind ins Bett gegangen und haben gesagt, Anna, gehst mit rauf, trägst du mir meine Plätzchen rauf? Die hab ich dann auf den Tisch gestellt. Ein jeder hat sein Tischchen gehabt, da hab ich die Plätzchen draufgestellt.

Heilig Abend gehen wir alle miteinander in die Kirche

Anna Wir haben immer einen Christbaum und auch einen schönen Christbaumschmuck. Der Christbaum ist aus dem eigenen Wald, aber nur so ein ganz kleiner, den holt man sich einfach. Wenn man auch mal gesehen wird und er ist nicht aus dem eigenen Wald – die andern schneiden sie bei uns ab, und wir schneiden auch wieder bei anderen, das nimmt man nicht so genau.

Die Kinder kommen dann aus München einen Tag vorher. Und dann sagen sie, Muttilein, hast du schon einen Christbaum? – Ja, den holt der Vater. Ohne Christbaum ist nicht Weihnachten. Da muß ein Christbaum her, auch wenn er nicht aus unserem Wald ist.

Voriges Jahr hat einer vom Haus da beim Wald zwei gehabt. Da hat er mich angerufen und hat gesagt, Stoanerin, hast du schon einen Christbaum? Nein, hab ich gesagt, den müssen wir erst holen. Er hat gesagt, wir haben einen über. Den haben wir gekriegt und haben selber keinen holen brauchen.

Heilig Abend gehen wir alle miteinander in die Kirche. Danach tun wir noch ein bißchen was essen, was uns so schmeckt. Das richte ich dann alles schon so, daß ich es bloß warm machen brauche nach der Kirche. Oder wir trinken noch einen Kaffee und essen ein Kletzenbrot dazu.

Dann gehen wir ins Bett.

Kletzenbrot

In der Weihnachtszeit ist immer Kletzenbrot gebacken worden.

Die Wasserbirnen, die Kletzen, die sind saftig, die braucht man nicht zu kochen. Außer, sie sind ganz fest getrocknet, dann muß man sie ein bißchen vorkochen. Danach tut man sie in einen Seiher rein, daß das Wasser abtropft. Die Blüten und den Stengel weg, dann kann man sie ganz dünn schneiden.

Man kann die Kletzen unter den Teig von einem Laib Brot, der schon zum letzten Gang auf dem Brett liegt, druntertun. Man tut den Brotteig auseinander, legt die Kletzen rein, rollt es zusammen, knetet noch ein bißchen, damit die Kletzen mit dem Teig ganz vermischt sind. Da gehören auch ein paar Rosinen rein und getrocknete Zwetschgen, etwas Zucker. Orangeat und Zitronat könnte man auch druntertun.

Früher haben wir Zuckerfeigen druntergetan, ganz fein geschnitten. Wenn Kinder da sind, muß man die so schneiden, daß sies nicht sehen: Die fressen sie einem weg, bis man sie braucht – das war bei uns immer der Fall. Dann Rosinen dazu, die großen.

Das muß man gut kneten. Dann läßt man den Laib noch ein bißchen gehen und tut ihn einschieben.

Albert Das war nicht das Früchtebrot von heute, sondern das waren normal große Brotlaibe. Da hat man immer einige, so zwei, drei mit den andern Broten mitgebacken.

Anna Heute tu ich es mit Hefeteig machen, nicht mit dem normalen Sauerteig. Weil man einen Sauerteig für zwei, drei Brote gar nicht herkriegt. So große Laibe mache ich heute auch nicht mehr, ich mach halt Stollen.

Da war immer Kletzenbrot da. Der Laib Brot war in der Schublade drin, und wenn wir Mittag gegessen haben, haben wir schon gesagt, ein bißchen Kletzenbrot wäre jetzt nicht schlecht.

Da haben wir Kinder zusammen einen ganzen Laib Brot gegessen. An einem Nachmittag einen ganzen Laib Kletzenbrot.

1 Pfund Hefeteig
½ Pfund Kletzen
½ Pfund getrocknete
Zwetschgen
100 g Zuckerfeigen
Rosinen nach Belieben
etwa 100 g Zucker

179

Nachbemerkung

Auf die Frage eines Journalisten, ob sie einmal ein zweites Buch schreiben werde, hat Anna einmal erstaunt geantwortet, sie habe doch ihr Leben schon aufgeschrieben, was sie denn da noch erzählen solle?

Ich war damals froh über Annas Antwort, zeigte sie doch, daß Anna auch jetzt noch genauso aufrichtig und echt ist, wie sie es vor dem großen Erfolg von »Herbstmilch« war.

Wenn das vorliegende Buch keine Fortsetzung von »Herbstmilch« sein kann, was ist es dann? Wie ist es zu diesem Buch gekommen? Dazu muß ich ein wenig ausholen und zurückgehen in das Jahr 1983, als ich das erste Mal nach Pfarrkirchen fuhr, um Anna Wimschneider zu treffen. Ich hatte ein Manuskript von ihr in die Hände bekommen, war begeistert – und wollte die Autorin unbedingt kennenlernen.

Meine Güte, war ich aufgeregt! Ich, ein richtiges Stadt- und Nachkriegskind, noch dazu aus Berlin, wollte diese gestandene niederbayerische Bäuerin, die dem Alter nach meine Mutter sein könnte, besuchen, befragen, kennenlernen...

Verabredet war ich am »Wimmer-Roß« in Pfarrkirchen mit Albert Wimschneider, der mich nach Schwarzenstein lotsen sollte.

Das Eis war sofort gebrochen. Sobald ich die beiden begrüßt hatte, war es, als würden wir uns schon ewig kennen und selten habe ich so viel gelacht wie an diesem Nachmittag zusammen mit Anna und Albert Wimschneider. Es war zu diesem Zeitpunkt noch unklar, ob und wie aus dem Manuskript ein Buch werden sollte, aber eines war mir sofort klar: Diese Anna Wimschneider kann erzählen, und zwar nicht nur schriftlich – so lebendig, so dicht, so auf den Punkt kommend, daß man ihr einfach zuhören muß.

An dieses erste Zusammentreffen dachte ich, als die Idee aufkam, doch ein zweites Buch mit Anna Wimschneider zu machen – und ich dachte auch an die vielen späteren Besuche in Schwarzenstein, wo Anna und Albert leben: Was da alles zu erzählen war und wie ich jedesmal etwas mehr von Anna und Albert kennenlernte. Aber nicht nur über Anna und Albert Wimschneider erfuhr ich mehr; denn wenn sie aus ihrem Leben erzählen, erzählen sie zugleich auch immer vom bäuerlichen Leben, von den Sitten und Gebräuchen, die das Leben der Bauern früher prägten, von der

Bedeutung der kirchlichen Feste – und von den Veränderungen dieses Lebens in der heutigen Zeit.

Die Zuneigung und das Interesse, die Anna bei ihren Auftritten und Lesungen immer wieder erfährt, brachten mich auf die Idee, unsere Gespräche auf Band festzuhalten und für den Druck zu bearbeiten und sie Annas Freunden und Lesern zugänglich zu machen. Fotos aus Annas und Alberts heutigem Leben sollten die Geschichten illustrieren.

So war das Konzept für das vorliegende Buch geboren.

Ich rief die Fotografin Bettina Böhmer an, erklärte ihr das Projekt und bat sie, die Fotos zu machen. Dann packte ich ein Diktiergerät ein und fuhr mit Bettina nach Pfarrkirchen. Aus meinen Fragen mußte ich dann nur noch mein Interesse an Anna und meine natürliche Unwissenheit um das Leben auf dem Land sprechen lassen.

Die Gliederung für das Buch ergab sich ganz selbstverständlich: Im bäuerlichen Leben – und davon handeln die Geschichten – sind die Jahreszeiten die bestimmenden Elemente, die kirchlichen Feiern und Bräuche fügen sich darein. So entschloß ich mich zu einem nach Monaten gegliederten »Jahrbuch«.

Ich führte die Gespräche mit den beiden etwa über ein Jahr, und wir hatten alle vier – auch Bettina war sofort heimisch bei den Wimschneiders – viel Spaß miteinander. Wie früher schon wurde nicht nur viel gelacht, sondern auch viel gegessen. Anna kocht gern, vor allem verwöhnt sie gern ihre Gäste!

Das brachte mich auf die Idee, auch einige von Annas Rezepten aufzunehmen. Es ist eine einfache bäuerliche Küche ohne Raffinesse. Aber sie schmeckt.

Im Verlauf der Gespräche wurde mir klar, daß auch Alberts sachlich-informierende oder witzige Texte einen Platz in diesem Buch bekommen sollten, da sie Annas Geschichten gut ergänzen.

Nach einem Jahr begann ich dann mit der Bearbeitung der inzwischen zu Papier gebrachten Erzählungen. Nach und nach bekamen die Texte ihre jetzige Form, die Fotos wurden dazugeordnet. Ich fügte noch einige Texte ein, die Anna in der Entstehungszeit von »Herbstmilch« geschrieben hatte. Sie bereichern die mündlichen Erzählungen mit anschaulichen Schilderungen bäuerlicher Bräuche.

Durch dieses Nebeneinanderstellen von Schriftlichem und Mündlichem wird deutlich, daß Anna etwas anders schreibt als sie spricht. Der Leser wird zum Beispiel feststellen, daß Anna beim schriftlichen Erinnern hauptsächlich das Imperfekt, bei den mündlichen Erzählungen dagegen fast ausschließlich das Perfekt verwendet. Ich habe dies nicht angeglichen, bei den mündlichen Texten nicht versucht, den Eindruck zu erwecken, es handele sich um Geschriebenes.

Ich habe bei der Bearbeitung nur strukturiert, gekürzt und sachliche Klärungen vorgenommen, ähnlich wie bei »Herbstmilch«.

Nachdem das Buch nun fertig ist, denke ich dankbar an die schöne Zusammenarbeit mit Anna, Albert und mit Bettina Böhmer zurück. Tatsächlich bin ich nicht nur mit Apfelkücherln verwöhnt worden, sondern ich weiß auch viel mehr über das Leben der Bauern früher. Jetzt wird Albert nicht mehr zu Anna sagen können: »Die Katharina hat ja keine Ahnung...«

Ich hoffe, daß der Leser so viel Spaß an diesem Buch hat, wie ich bei den Gesprächen mit Anna und Albert verspürte.

Katharina Meschkowski

183

Anna Wimschneider

Herbstmilch
Lebenserinnerungen einer Bäuerin.
154 Seiten. Geb.
(Auch in der Serie Piper 740 lieferbar)

»Nur auf den ersten Blick scheint Anna Wimschneiders Autobiographie
im aktuellen Heimattrend mitzuschwimmen. Diese Lebenserinnerungen
einer Bäuerin verklären nicht, im Gegenteil. Ihr Fazit: ›Wenn ich noch
einmal zur Welt käme, eine Bäuerin würde ich nicht mehr werden‹, ist
deutlich genug. Empfohlen seien sie darum auch denjenigen, die aus
falschverstandener Romantik das ›einfache Leben‹ auf dem Lande verklären.«
Hessischer Rundfunk

»Anna Wimschneider erzählt von in Mitteleuropa nie geahnter Bedürftig-
keit, von einem Ausgeliefertsein an die Arbeit, das den Leser bewegt und
empört.«
Neue Zürcher Zeitung

»›Herbstmilch‹ ist ein Dokument ganz eigener Art, mit dem Reiz einer
Sittengeschichte fremder Völker: Es liefert Anschauungsmaterial, wie das
Leben in Deutschland vor 50 Jahren noch sein konnte, nämlich wie vor
500 Jahren, mittelalterlich.«
Der Spiegel

»Herbstmilch« auch als illustrierte Ausgabe!
Lebenserinnerungen einer Bäuerin
mit 50 Bildern aus ihrem Leben.
184 Seiten. Lamin. Pappband.

Piper

Fernlehrbrief
Arbeitspsychologie III
Analyse von Arbeitstätigkeiten

Autoren:
Prof. Dr. Eva Bamberg
Prof. Dr. Gisela Mohr
Dr. Christine Busch

Modulverantwortlicher:
Prof. Dr. Frank Vogelgesang

Herausgeber:
PFH Private Hochschule Göttingen
Weender Landstraße 3-7
37073 Göttingen
Tel.: +49 (0)551 54700-0

Verlag:
© 2016 Hogrefe Verlag GmbH & Co. KG
Göttingen • Bern • Wien • Oxford • Boston • Paris • Amsterdam
Prag • Florenz • Kopenhagen • Stockholm • Helsinki • São Paulo
Merkelstraße 3, 37085 Göttingen

Sonderausgabe: Der Fernlehrbrief basiert auf Kapitel 10 bis 13 des Buches „Arbeitspsychologie" von Eva Bamberg, Gisela Mohr und Christine Busch (2012). ISBN 978-3-8017-2165-7

1. Auflage, Göttingen 2014 | PFH.FLB.197.1210-3

Inhaltsverzeichnis

Abbildungsverzeichnis

Tabellenverzeichnis

Einleitung

Der Fernlehrbrief beschäftigt sich mit dem Themenbereich der Arbeitspsychologie, welche in den letzten Jahren immer mehr an Bedeutung
gewonnen hat. Die Arbeitspsychologie muss dabei von der Organisationspsychologie abgegrenzt werden. Während die Organisationspsychologie
Fragen und Themen aus der Perspektive der Organisation und aufgrund
der Auseinandersetzung mit dieser behandelt, befasst sich die Arbeitspsychologie mit Fragen aus der Perspektive des einzelnen Individuums.
Hier stehen Themen im Vordergrund, die sich aus der Auseinandersetzung
des Einzelnen mit seinen Aufgaben ergeben.

Der Lehrbrief gibt einen Überblick über die folgenden Themen: Erwerbslosigkeit, Arbeitsanalyse, Arbeitsgestaltung und demografische Entwicklung. Es wird unter anderem die Analyse und Bewertung von Arbeitstätigkeiten nach definierten Humankriterien und die Arbeitsgestaltung erörtert.

Einordnung des Lehrbriefes im Rahmen des Fernstudiums

„Die Hauptaufgaben arbeitspsychologischer Tätigkeit sind: Analyse, Bewertung und Gestaltung von Arbeitstätigkeiten und Arbeitssystemen nach
definierten Humankriterien" (Ulich, 2005, S. 2).

Besonders interessant an dieser Definition arbeitspsychologischer Tätigkeit ist die Aussage: „nach definierten Humankriterien". Es stellen sich
sofort zwei Fragen: Wer definiert hier, und was bedeutet human? Human
bedeutet zunächst nichts anderes als „menschlich". Im Mittelpunkt arbeitspsychologischen Handelns steht also der Mensch. Das ist nicht
trivial, sondern hat ganz entscheidende Auswirkungen. Es könnten auch
Effizienz, Kosteneinsparungen oder der Gewinn im Mittelpunkt stehen.
Die genannten Aspekte sind dabei aber nicht irrelevant, vielmehr strebt
jeder Betrieb nach Effizienz und Gewinn (es sei denn, es handelt sich
um eine Non-Profit-Organisation). Die Aufgabe der Geschäftsleitung ist
es, für diese wesentlichen Parameter wirtschaftlichen Handelns Sorge
zu tragen. Die Psychologie agiert im Auftrag der Geschäftsleitung, d. h.
auch Arbeitspsychologen sind nicht unabhängig von dieser Aufgabe.
Allerdings ist die Psychologie von der Betriebswirtschaftslehre dadurch zu
unterscheiden, dass der Mensch im Mittelpunkt des Handelns steht und
nicht die betriebswirtschaftlichen Zahlen. Durch Psychologen holen sich
Betriebe einen zusätzlichen Blickwinkel in die Organisation. Auch wenn
es darum geht, dass der arbeitende Mensch einen möglichst optimalen
Beitrag zum Gewinn beisteuern soll, interessiert die Psychologie nicht
primär der Beitrag, sondern der Mensch.

Der Fernlehrbrief gibt einen Überblick über diese psychologische Arbeitsweise in Unternehmen. Zahlreiche Beispiele, Definitionen und Zusammenfassungen sowie Tabellen und Abbildungen strukturieren den Text und erleichtern die Prüfungsvorbereitung.

Aufbau und Konzeption dieses Lehrbriefes

Der dritte Fernlehrbrief widmet sich zuerst dem Thema Erwerbslosigkeit. Das erste Kapitel gibt einen Überblick über zentrale Ergebnisse zu den psychischen Folgen der Erwerbslosigkeit. Daneben werden förderliche und hinderliche Bedingungen für den Wiedereinstieg und die Gestaltung psychologischer Interventionen bei Erwerbslosen erörtert. Im zweiten Kapitel geht es um eine der Hauptaufgaben arbeitspsychologischer Tätigkeit, nämlich um die Analyse und Bewertung von Arbeitstätigkeiten und Arbeitssystemen. Hier stehen folgende Fragen im Vordergrund: Was bedeutet eine Arbeitsanalyse? Welche Verwendungszwecke gibt es? Nach welchen Kriterien können die Verfahren geordnet werden? Daran anschließend wird im dritten Kapitel die Arbeitsgestaltung als eine der zentralen Aufgaben von Arbeitspsychologen behandelt. Mit dem Ziel der Verhältnisprävention verfolgt sie einen bedingungsbezogenen Ansatz. Dabei soll nicht nur primär die Arbeitsaufgabe, sondern auch Umgebungsbedingungen, Arbeitsplatz und -mittel sowie die organisatorischen Randbedingungen gesundheits- und persönlichkeitsförderlich gestaltet werden. Das abschließende Kapitel befasst sich mit dem Thema des demografischen Wandels, da die Alterung der Erwerbsbevölkerung zu den größten Herausforderungen für die Arbeitspsychologie zählt.

Lernziele dieses Lehrbriefes

* Erwerbslosigkeit und psychisches Befinden

* Zentrale Einflüsse auf die Befindlichkeit

* Gegenstand und Ablauf der psychologischen Arbeitsanalyse

* Ansatzpunkte und Strategien der Arbeitsgestaltung

* Wirkungen positiver Arbeitsgestaltung

* Tatsächliche Leistung und Leistungsbereitschaft im Alter

* Erhalt der Leistungsfähigkeit im Alter

Kapitel 1
Erwerbslosigkeit

Gisela Mohr und Rahel Duresso

Inhaltsübersicht

1.1   Einleitung

Dieses Kapitel gibt einen Überblick über zentrale Ergebnisse zu den psychischen Folgen der Erwerbslosigkeit. Daneben werden förderliche und hinderliche Bedingungen für den Wiedereinstieg und die Gestaltung psychologischer Interventionen bei Erwerbslosen erörtert.

Der Begriff „Arbeitslosigkeit" wird im alltäglichen Sprachgebrauch auf den Verlust der Erwerbsarbeit bezogen. Eine Person ohne Erwerbseinkommen ist jedoch nicht zwangsläufig ohne Arbeit! Im ersten Fernlehrbrief wurde verdeutlicht, dass für das Funktionieren unserer Gesellschaft in erheblichem Umfang unbezahlte Arbeit geleistet wird. Deswegen werden wir im Folgenden den Begriff der Erwerbslosigkeit verwenden, jedoch zunächst die offizielle Definition des Begriffs Arbeitslosigkeit (vgl. auch Bundesagentur für Arbeit, 2004) vorstellen.

Das Bewusstsein darüber, dass es neben der bezahlten Arbeit auch noch die unbezahlte Arbeit gibt, ist vor allem wichtig bei der Frage, ob die unbezahlte Arbeit die psychische Funktion der Erwerbsarbeit ersetzen kann. Auch ist daran zu erinnern, dass die unbezahlte Arbeit ungleich verteilt ist, d. h. zum überwiegenden Teil von Frauen geleistet wird. Das wirft die Frage auf, ob es geschlechtsspezifische Unterschiede im Erleben der Erwerbslosigkeit gibt.

Definition
Erwerbslosigkeit

Definition von Arbeitslosen nach dem Sozialgesetzbuch (SGB III, § 16)

Arbeitslose sind Personen, die vorübergehend nicht in einem Beschäftigungsverhältnis stehen, eine versicherungspflichtige Beschäftigung suchen und dabei den Vermittlungsbemühungen der Agentur für Arbeit zur Verfügung stehen und sich bei der Agentur für Arbeit arbeitslos gemeldet haben. Teilnehmer an Maßnahmen der aktiven Arbeitsmarktpolitik gelten als nicht arbeitslos.

Zu den Arbeitslosen im Sinne des Arbeitsförderungsgesetzes (AFG) zählen also z. B. Personen, die
1. arbeitsuchend sind,
2. das Rentenalter noch nicht erreicht haben,
3. vorübergehend nicht in einem Beschäftigungsverhältnis stehen,
4. nur eine geringfügige oder kurzzeitige Beschäftigung ausüben (unter 15 Stunden pro Woche).

Statistik

In der Bundesrepublik gibt es seit vielen Jahren eine Erwerbslosenquote von knapp unter 10 %, mit großen regionalen Unterschieden. Im Dezember 2008 lag die Erwerbslosenquote bei 7,2 % (Statistisches Bundesamt, 2009b). Besonders hoch ist der Anteil der Langzeiterwerbslosen: 40 % aller Erwerbslosen sind langzeiterwerbslos, d. h. mindestens ein Jahr erwerbslos (Bundesagentur für Arbeit, 2007a). Die offiziellen Statistiken enthalten eine starke Unterschätzung der realen Erwerbslosigkeit, da verschiedene erwerbsfähige Personengruppen ohne Erwerbsarbeit nicht in die Statistiken eingehen (z. B. nicht anspruchsberechtigte Frauen, Schulabgängerinnen, solche, die sich in Maßnahmen befinden, nach Erwerbslosigkeit Frühverrentete usw.).

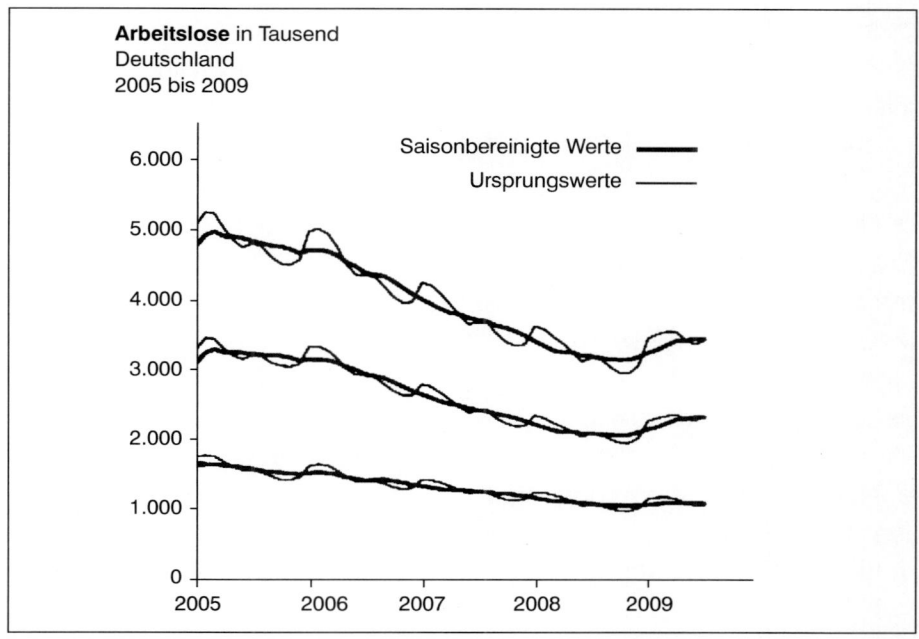

Abbildung 1: Erwerbslosenzahlen in Deutschland von 2005 bis 2009
(Kieselbach, Klink, Scharf & Schulz, 1998)

Aufgabe

Nehmen Sie sich ein Blatt zur Hand und notieren Sie, was Ihrer Meinung nach von den nachfolgend dargestellten Forschungsergebnissen für die Betreuung und Beratung von Erwerbslosen bedeutsam sein könnte. Sie haben die Möglichkeit, diese von Ihnen erstellte Liste mit derjenigen zu vergleichen, die Sie im Kapitel 1.6.2 finden werden. So können Sie Ihr Verständnis des Textes überprüfen.

1.2   Erwerbslosigkeit und psychisches Befinden

Zu Beginn der vermehrt stattfindenden psychologischen Forschung über die Folgen der Erwerbslosigkeit in den 1970er Jahren des vorigen Jahrhunderts blieb zunächst die Frage ungeklärt, ob psychisch labile oder kranke Personen bevorzugt entlassen werden oder ob es die Erwerbslosigkeit ist, die zu psychischen Erkrankungen führt. Diese beiden Sachverhalte werden als Selektions- oder Sozialisationsthese bezeichnet. Werden vor allem bereits erkrankte Personen erwerbslos, so spricht man von Selektion. Werden erwerbslose Personen infolge der Erwerbslosigkeit psychisch und/oder körperlich krank, spricht man von Sozialisation.

Sozialisation
und Selektion

Auf der Grundlage von Metaanalysen kann inzwischen als geklärt gelten, dass sowohl ein Sozialisations- als auch ein Selektionseffekt vorliegen. Jedoch ist der Sozialisationseffekt deutlich größer als der Selektionseffekt (vgl. Paul & Moser, 2001). Der Anteil derjenigen, die als „psychisch beeinträchtigt" eingestuft werden, liegt bei Erwerbslosen bei 37 % und bei Erwerbstätigen bei 23 %. Dieser enorme Unterschied ist nicht durch andere Bedingungen, wie z. B. schlechte Wohnverhältnisse etc., zu erklären, sondern der Erwerbslosigkeit zuzuschreiben. Bei Erwerbslosen, die wieder eine Arbeit gefunden haben, ist eine Verbesserung ihrer psychischen Befindlichkeit festgestellt worden. Dies gilt sowohl für Männer als auch für Frauen (vgl. Mohr, 2010).

Ungeschützte und ungesicherte Beschäftigungsverhältnisse

Es stellt sich die Frage, ob jede Art von Arbeit besser sei als gar keine (Erwerbsarbeit). Die Ergebnisse von Dooley (2003) sprechen dagegen. Er konnte feststellen, dass bei einer Vermittlung in unbefriedigende Beschäftigungsverhältnisse – meist bezeichnet als „underemployment" oder sogenannte „bad jobs" – sich der Gesundheitszustand nicht verbesserte. Mit „bad jobs" sind ungesicherte und ungeschützte Beschäftigungsverhältnisse gemeint, die zudem schlecht gestaltet sind und monotone und repetitive Arbeitsanforderungen aufweisen. Als „underemployment" werden solche Beschäftigungsverhältnisse bezeichnet, die weniger Stunden umfassen als gewünscht und die zumeist nicht existenzsichernd sind.

Während der Erwerbslosigkeit werden erhebliche Unterschiede in der psychischen Verfassung festgestellt. Erklärungen finden wir hierzu in einer Vielzahl von sogenannten moderierenden Variablen oder Zusatzbedingungen. Auf zwei zentrale dieser moderierenden Variablen (Finanzen und soziale Unterstützung) werden wir später noch eingehen.

Folgen der Erwerbslosigkeit

Vorab kann man sagen: Personen, die länger erwerbslos sind, haben höhere Beeinträchtigungswerte als kurzzeitig Erwerbslose, d. h. die Dauer der Erwerbslosigkeit erklärt größtenteils den unterschiedlichen Gesundheitsstatus der Erwerbslosen. Dabei ist allerdings zu beachten, dass nicht die Dauer per se die Erklärungsvariable darstellt, sondern die mit der Dauer einhergehenden Veränderungen der Lebenslage (vgl. Mohr, 2010).

Der am meisten untersuchte Indikator psychosozialer Befindlichkeit ist die Depressivität. Auch Angstreaktionen, psychosomatische Beschwerden und Folgen für das Selbstwertgefühl wurden häufig untersucht. Verschlechterungen der psychischen Gesundheit sind eindeutiger feststellbar als Beeinträchtigungen der körperlichen Gesundheit. Bei baldiger Wiedervermittlung ist nicht auszuschließen, dass die Erwerbslosigkeit für die somatische Befindlichkeit sogar regenerierend wirkt. Ungeklärt ist, ob Erholungseffekte spezifisch für Personengruppen mit zuvor besonders belastenden Arbeitsbedingungen sind. Wichtig sind Befunde von Studien, die über sehr lange Zeiträume durchgeführt wurden. Hammarström und Janlert (2002) haben die Entwicklung von Schulabgängern über 14 Jahre lang weiterverfolgt. Sie konnten feststellen, dass eine frühe Phase der Erwerbslosigkeit einen negativen Effekt auf die Gesundheit noch im späteren Erwachsenenalter hatte.

Zu beachten ist, dass nicht erst mit der Kündigung gesundheitliche Beeinträchtigungen zu erwarten sind, sondern schon in der Phase zuvor, in der Zeit der Arbeitsplatzunsicherheit (Mohr, 2000). In dieser Zeit ist die Stresshormonausschüttung sogar höher als direkt nach der Kündigung. Auswirkungen von Arbeitsplatzunsicherheit zeigen auch jene, die später zu den „survivors" gehören, d. h. die nach einer Belegschaftsreduzierung im Betrieb bleiben (vgl. Mohr, 2010).

Antizipation der Kündigung

Aufgabe

- Wie ist zu erklären, dass es in der Antizipationsphase sogar zu einer höheren Stresshormonausschüttung kommt als direkt nach der Kündigung?
- Wie ist es zu erklären, dass nach sehr langer Erwerbslosigkeit nochmals Verschlechterungen des Befindens auftreten?

Als Erklärung für die höhere Stresshormonausschüttung in der Phase der Arbeitsplatzunsicherheit im Vergleich zu der Zeit nach der Kündigung wird diskutiert, dass nach einer Kündigung klarer ist, was die nächsten notwendigen Schritte sind. Dadurch wird zunächst das Gefühl der Nichtkontrolle oder Handlungsunfähigkeit verringert.

Arbeitsplatzunsicherheit

Bei langandauernder Erwerbslosigkeit scheint es auch nach sehr langer Zeit (3 bis 5 Jahre) nach einer Phase der Stabilisierung zu weiteren Verschlechterungen des psychischen Befindens zu kommen (Strehmel & Mayring, 1986). Da Studien mit einer solch langen Untersuchungszeit natürlich sehr selten sind, kann nicht gesagt werden, wie allgemeingültig diese Aussage ist.

Möglich sind hier zwei empirisch nicht belegte Thesen: (1) Eine sehr späte weitere Verschlechterung des Befindens tritt durch die Einsicht auf, dass die Erwerbslosigkeit als endgültig zu betrachten ist. (2) Mit anhaltender Erwerbslosigkeit verarmen die Betroffenen zunehmend. Dies wird den Betroffenen nach einigen Jahren besonders deutlich, wenn es um Ersatzbeschaffungen von z. B. kaputten Möbeln geht.

Was die Bedeutung des Alters betrifft, so ist die Erwerbslosigkeit bei Jugendlichen ein besonderes Risiko, da ihnen ein Entwicklungsschritt – die Sozialisation durch Arbeit – vorenthalten wird (vgl. Winefield, Tiggemann & Winefield, 1991). Die „jungen Alten" haben ein besonderes Risiko der Langzeiterwerbslosigkeit. Das sind jene zwischen 45 und 55 Jahren, die

Alter

zu jung für die Frühverrentung sind, jedoch von den Arbeitgebern nicht mehr als Leistungsträger (ein-)geschätzt werden.

Status

Die Vermutung, dass Menschen aus statushöheren Berufen von Erwerbslosigkeit mehr beeinträchtigt werden (also: Wer hoch steht, kann tiefer fallen), wird durch die Metaanalyse von Moser und Paul (2001) nicht bestätigt. Bei Erwerbslosen aus statushöheren Berufen ist der Zusammenhang zwischen Arbeitslosigkeit und psychischer Beeinträchtigung geringer.

Geschlecht

Sie werden immer wieder die Aussage finden, dass Frauen von Erwerbslosigkeit weniger betroffen wären als Männer. Diese Sichtweise hat gravierende Folgen, denn die bevorzugte Entlassung von Frauen kann damit als „sozialverträgliche" Personalabbaustrategie legitimiert werden. Die vorliegenden Metaanalysen kommen zu widersprüchlichen Ergebnissen. Während Paul und Moser (2009a) einen größeren Unterschied zwischen der Gesundheit erwerbsloser und erwerbstätiger Männern feststellen als zwischen der Gesundheit erwerbsloser und erwerbstätiger Frauen, berichten Murphy und Athanasou (1999) keinen Geschlechtsunterschied. McKee-Ryan, Song, Wanberg und Kinicki (2005) hingegen konstatieren, dass erwerbslose Männer eine bessere Gesundheit aufweisen als erwerbslose Frauen. Die widersprüchlichen Befunde sind unter anderem darauf zurückzuführen, dass in den Studien unterschiedliche Vergleiche durchgeführt werden. Während in manchen Studien erwerbslose Männer mit erwerbstätigen Männern verglichen werden, werden in anderen erwerbslose Frauen und Männer verglichen, ohne dass dabei kontrolliert wird, ob die Gruppen sich schon vor der Erwerbslosigkeit in ihrem Gesundheitszustand unterschieden haben. Mit dem jetzigen Forschungsstand kann eine bevorzugte Entlassung von Frauen nicht begründet werden. Es besteht im Hinblick auf Geschlechtsunterschiede ein Forschungsdefizit. Dabei ist weniger bedeutsam, bei welcher Gruppe mehr oder weniger gesundheitliche Auswirkungen vorliegen. Für Prävention und Intervention ist die Frage vorrangig, ob es unterschiedliche Bedingungen gibt, die bei erwerbslosen Männern und Frauen für Gesundheit und Krankheit verantwortlich sind.

1.3 Zentrale Einflüsse auf die Befindlichkeit

Im vorigen Kapitel haben Sie gelesen, dass die Ergebnisse zu den psychischen Folgen der Erwerbslosigkeit einheitlich sind, wenn es um die Rückkehr in die bezahlte Arbeit geht, nicht aber, wenn es sich um diejenigen handelt, die erwerbslos bleiben. Dies hat damit zu tun, dass unterschiedliche Zusatzbedingungen oder auch moderierende Variablen (wie z. B. Dauer, Alter, Status, Geschlecht) vorliegen. Auf zwei weitere zentrale Zusatzbedingungen wird im Folgenden eingegangen: die finanzielle Lage und die soziale Unterstützung.

Im Allgemeinen lässt sich sagen: Je schlechter die finanzielle Lage, desto schlechter ist die Befindlichkeit. In manchen Studien zeigt sich der Zusammenhang zu depressiven Reaktionen erst bei schlechter finanzieller Lage (Mohr & Frese, 1978). Ob dieses Ergebnis auf andere psychische Reaktionen und verschiedene Gruppen generalisierbar ist, wurde noch nicht geprüft. Zweifellos ist jedoch die finanzielle Lage eine der wichtigsten Bedingungen.

Finanzielle Lage

Soziale Unterstützung hat vor allem am Anfang der Erwerbslosigkeit einen deutlich positiven Effekt für die psychische Gesundheit (Shams, 1993). Wie auch sonst in der Forschung zur sozialen Unterstützung gibt es geschlechtsspezifische Effekte: Mangelnde soziale Unterstützung durch den Partner hat bei (jüngeren) erwerbslosen Frauen stärkere negative Folgen als bei (jungen) Männern (Walsh & Jackson, 1995). Die emotionale Unterstützung durch andere Erwerbslose wird als hilfreicher erlebt als die von Erwerbstätigen oder Rentnern in der Familie oder unter Freunden (Rife & Belcher, 1993). Aus einer Studie mit älteren Erwerbslosen geht hervor, dass vor allem die emotionale Unterstützung bei der Verarbeitung erfolgloser Bewerbungen als hilfreich erlebt wird. Unerforscht ist, inwieweit bei Erwerbslosen das Geben von sozialer Unterstützung an andere (z. B. Aushilfe bei der Kinderbetreuung, Hilfe bei der Pflege usw.) eine stabilisierende Wirkung hat (vgl. Mohr, 2010).

Soziale Unterstützung

In der Mehrheit der Studien wird von einer Verkleinerung des sozialen Umfeldes berichtet, vor allem des weiteren sozialen Netzes (Jackson, 1988). Das ist insofern problematisch, als dass andere Studien gezeigt haben, dass vor allem ein weites Netz loser Beziehungen („weak ties") wichtig für die Wiedervermittlung ist (Brown, 2000). Eine Reduzierung des sozialen Umfeldes muss jedoch nicht automatisch ein Indikator für eine Abnahme der sozialen Unterstützung sein, da auch wenige Beziehungen viel Unterstützung bieten können. Bei dieser Thematik (wie auch bei Studien über die Veränderung von Freizeitaktivitäten der Erwerbslosen) ist zu beachten, dass die Daten mittels retrospektiver Einschätzungen ermittelt werden, d. h. dass keine Vergleichsdaten aus der Zeit vor dem Arbeitsplatzverlust vorliegen.

Im nächsten Abschnitt wird der Stand der Forschung zu solchen Sachverhalten dargestellt, über die in den Medien häufig im Zusammenhang mit Erwerbslosen berichtet wird.

Aufgabe

Versuchen Sie sich zuvor klar zu machen, welchen Einfluss die Darstellungen in den Medien auf Sie haben könnten, und beantworten Sie vorab die folgenden Fragen:

1. Sind Erwerbslose häufiger drogenabhängig als andere?

2. Welche politischen Haltungen werden bei Erwerbslosen bestärkt?
3. Könnte es sein, dass Erwerbslose eher ausländerfeindlich sind und kriminell werden?
4. Sind Erwerbslose stärker suizidgefährdet?
5. Verschlechtern oder verbessern sich die Beziehungen zum Partner und zu den Kindern, wenn man keine (Erwerbs-)Arbeit mehr hat?

1.4   Spezielle Ergebnisse

Drogenkonsum

Aus einer Vielzahl von Studien ist zu entnehmen, dass die Prävalenz von Alkoholabhängigkeit, der Anteil der Raucher und der Konsumenten von illegalen Drogen oder Medikamenten bei Erwerbslosen deutlich erhöht ist (Henkel, 2008). Auch wurde festgestellt, dass Alkoholerkrankungen bei Erwerbslosen auftreten, die zuvor nicht eine solche Diagnose aufwiesen (ursächlicher Effekt; Catalano, Dooley, Wilson & Hough, 1993). Erwerbslosigkeit verstärkt bereits vorhandenen Alkoholismuskonsum (intensivierender Effekt). Ferner kommt es zu einer Ausweitung der Suchtproblematik, beispielsweise zu Medikamentenkonsum (expandierender Effekt; Henkel, 1985).

Kriminalität

Entgegen diskriminierenden Äußerungen sogar von Politikern und Personen des öffentlichen Lebens ist bisher ein ursächlicher Zusammenhang zwischen Erwerbslosigkeit und Kriminalität oder (rechts-)radikalen politischen Tendenzen nicht festgestellt worden. Es gibt Studien, die zeigen, dass erwerbslose Jugendliche vermehrt in Diebstähle verwickelt werden und Erwerbslose eher radikale politische Orientierungen haben (sowohl rechts- als auch linksradikal). Jedoch scheinen sogenannte Drittvariablen sowohl für die Diebstahldelikte als auch für die Erwerbslosigkeit bedeutsam zu sein, vor allem sozial-emotionale Defizite (vgl. Fergusson, Horwood & Lynskey, 1997). Dazu zählen ein schwieriges soziales Umfeld und schwierige Familienverhältnisse. Bedenken Sie an dieser Stelle, dass die ausländerfeindlichen Äußerungen eines einzelnen Erwerbslosen noch keinen Beleg für einen generellen Zusammenhang darstellen und schon gar nichts über eine Kausalbeziehung aussagen.

Suizid

In der Literatur gibt es trotz umfangreicher Forschung keinen Beleg dafür, dass die Erwerbslosigkeit zu Suizid führt (vgl. Mohr, 2010).

Was die Partnerbeziehung betrifft, so lässt sich aus der (wenigen!) Literatur ableiten, dass offenbar die bereits vorliegende Tendenz in der Beziehung verstärkt wird: Schlechte Beziehungen verschlechtern sich, gute Beziehungen bleiben stabil. Bedingungen für Verschlechterungen sind (vgl. Mohr, 2010):
- Schwierigkeiten beim Rollenwechsel und
- vermehrte häusliche Präsenz der Erwerbslosen.

Dass die Folgen elterlicher Erwerbslosigkeit auf die Beziehung zu den Kindern nicht ausschließlich negativ sein müssen, ist naheliegend. So wird von den Kindern erwerbsloser Väter positiv hervorgehoben, dass der Vater nun mehr Zeit für sie hat (Baarda, De Goede, Frowijn & Postma, 1990). Offenbar hat die Erwerbslosigkeit der Eltern für die Kinder nur dann negative Folgen, wenn bereits eine gefährdende Umwelt besteht, wobei weniger die materiellen Bedingungen relevant sind als negative bzw. unzureichende sozial-emotionale Beziehungen in der Familie. Die Effekte elterlicher Erwerbslosigkeit scheinen für Jungen und Mädchen unterschiedlich zu sein: Bei den Jungen ist elterliche Erwerbslosigkeit ein Prädiktor für ihre spätere Erwerbslosigkeit, bei den Mädchen sind eher sozial-emotionale Defizite in der Familie ein Prädiktor für spätere eigene Erwerbslosigkeit (De Goede, Spruijt, Maas & Duindam, 2000). In der neueren Forschungsliteratur findet man den Begriff der „sozialen Vererbung", weil mehrere Studien gezeigt haben, dass die elterliche Erwerbslosigkeit sich negativ auf die Leistungsmotivation der Kinder bzw. Jugendlichen auswirkt. Auch ist die Wahrscheinlichkeit, selbst erwerbslos zu werden, bei den Kindern der Erwerbslosen höher (vgl. Mohr, 2010).

Familiäre
Beziehungen

1.5 Förderliche und hinderliche Bedingungen für die Wiedervermittlung

In Folgenden wird auf einige Sachverhalte eingegangen, die sich für die Wiedervermittlung als hinderlich oder förderlich erwiesen haben.

Aufgabe

Überlegen Sie, ob die folgenden Sachverhalte förderlich oder hinderlich für die Wiedervermittlung sein könnten: ein intensives Arbeitssuchverhalten, eine hohe Arbeitsorientierung, bestimmte Persönlichkeitseigenschaften, spezielle Ursachenattribuierung und Kontrollkognitionen, geringe finanzielle Mittel, eine hohe Konzessionsbereitschaft, eine längere Dauer der Erwerbslosigkeit?

Es liegt auf der Hand zu vermuten, dass bei stärkerem Arbeitssuchverhalten der Wiedereinstieg eher und häufiger gelingt. Jedoch ist der in einer Metaanalyse ermittelte Zusammenhang zwischen der Intensität des Arbeitssuchverhaltens und der Wiedervermittlung nicht besonders hoch (Kanfer, Wanberg & Kantrowitz, 2001). Für die Wiedervermittlung ist mehr die Qualität als die Quantität der Bewerbung ausschlaggebend.

Arbeitssuch-
verhalten

Die meisten Menschen haben die Vorstellung, dass eine hohe Arbeitsorientierung günstig für die Wiedervermittlung sei. Dahinter steht die implizite Annahme, dass Erwerbslose bei einer hohen Arbeitsorientierung aktiver sind und sich besser in der Bewerbungssituation präsentieren. Die Ergebnisse verschiedener Studien dazu sind allerdings widersprüchlich. Es

Arbeitsorientierung

gibt Hinweise darauf, dass eine nicht zu hohe Arbeitsorientierung mit einer besseren mentalen Gesundheit einhergeht (vgl. Wanberg & Marchese, 1994). Zu vermuten ist, dass bei nicht zu hoher Arbeitsorientierung Misserfolge bei erfolglosen Bewerbungen besser verarbeitet werden.

Persönlichkeits-
merkmale

Es ist naheliegend anzunehmen, dass bestimmte Persönlichkeitsmerkmale für die Wiedervermittlung günstig sind. Hierzu gibt es sehr wenig Forschung. In einer Längsschnittstudie konnte nachgewiesen werden, dass gute kognitive Fähigkeiten und Eigeninitiative die Wiedervermittlungschancen erhöhen (Zempel & Frese, 2000). Es ist anzunehmen, dass kognitive Fähigkeiten und Eigeninitiative keine vollständig stabilen Merkmale darstellen, sondern bei sehr langer Erwerbslosigkeit abnehmen.

Ursachenattribution

In Bezug auf die Ursachenattribution könnte man vermuten, dass eine internale Ursachenattribution hilfreich für die Wiedervermittlung ist, d. h. wenn Erwerbslose den Grund für den Arbeitsplatzverlust bei sich selbst sehen und nicht z. B. in der Gesellschaft. Erst bei einer internalen Ursachenattribuierung machen Bemühungen zur Veränderung der eigenen Person Sinn, z. B. durch den Erwerb weiterer Kompetenzen. Andererseits kann man davon ausgehen, dass externale Ursachenattribuierungen vor Selbstvorwürfen oder Selbstabwertungen schützen können, die wiederum für den Bewerbungsprozess nachteilig wären. Bisher gibt es Hinweise dafür, dass internale Ursachenzuschreibung eine förderliche Bedingung für die Wiedervermittlung ist. Das gilt aber nur dann, wenn die internale Ursachenattribuierung sich auf veränderliche Merkmale der Person bezieht, z. B. Qualifikation statt Alter.

Internale vs.
externale Kontroll-
überzeugung

Höhere internale Kontrollüberzeugungen, d. h. das Gefühl, die Lage selbst beeinflussen zu können, sind erwartungsgemäß auch bei Erwerbslosen mit geringeren Angst- bzw. Depressionswerten verbunden (Cvetanovski & Jex, 1994). Enttäuschte Kontrollhoffnung, d. h. hohe internale Kontrolle zu Beginn der Erwerbslosigkeit mit darauf folgender Langzeiterwerbslosigkeit, ist allerdings depressionsförderlich. Externale Kontrollüberzeugungen nehmen mit der Dauer der Erwerbslosigkeit zu (Baubion-Broye, Megemont & Sellinger, 1989).

Finanzielle
Unterstützung

Die Reduzierung der finanziellen Mittel wird von Amts wegen als Methode zur Aktivierung von Erwerbslosen betrachtet. Dies erscheint naheliegend, da Erwerbslose, die länger finanzielle Unterstützung erhalten, auch länger erwerbslos sind. Allerdings bleibt dabei unberücksichtigt, dass die finanzielle Situation eine der stärksten Prädiktoren bzw. intervenierenden Variablen für psychische Beeinträchtigungen ist (vgl. Mohr, 2010). Eine Reduzierung der finanziellen Mittel geht einher mit der Gefährdung psychischer Ressourcen, die für den Bewerbungsprozess notwendig sind, z. B. Selbstsicherheit.

Über die Konzessionsbereitschaft, d. h. die Bereitschaft, Zugeständnisse an die Arbeitsinhalte, das Gehalt usw. zu machen, ist Folgendes bekannt: Die psychische Befindlichkeit von denjenigen Wiedereingestellten, die eine hohe Konzessionsbereitschaft gezeigt haben, gleicht mehr derjenigen der weiterhin Erwerbslosen, d. h. die übliche Verbesserung der psychischen Gesundheit durch den Wiedereinstieg ist bei ihnen nicht festzustellen (Leana & Feldmann, 1995). Zu vermuten ist, dass Personen mit hoher Konzessionsbereitschaft eher in sogenannten „bad jobs" landen. Hinzu kommt, dass zwei Drittel aller Wiedereingestellten innerhalb von vier Jahren erneut erwerbslos werden (Klein, 1990). Eventuell ist hierfür das Prinzip: „last in – first out" verantwortlich, nach dem Unternehmen vielfach bei Kündigungen verfahren.

Konzessions-
bereitschaft

1.6 Die Rolle der Arbeits- und Organisations-psychologie: Prävention, Beratung, Forschung

Erwerbslosigkeit heißt zunächst nichts anderes, als dass bezahlte Arbeit ungleich verteilt ist. Die Mehrheit hat Arbeit, einige davon sogar mehr, als sie wollen. Andere haben zu wenig oder gar keine bezahlte Arbeit. Grundsätzlich gilt: Erwerbslosigkeit ist kein psychologisches, sondern ein gesellschaftliches Problem. Deshalb sind primär gesellschaftliche Lösungen gefragt. Die heutzutage in den westlichen Industrieländern erreichten Gesetze über maximale Wochenarbeitszeiten sind das Ergebnis von gesellschaftlichen Auseinandersetzungen. Die derzeit geltenden Regelungen können jedoch offenbar eine sinnvolle Verteilung bezahlter Arbeit nicht sicherstellen.

Erwerbslosigkeit
als gesellschaftliches
Problem

Welche Handlungsmöglichkeiten haben Arbeits- und Organisationspsychologinnen beim Thema Erwerbslosigkeit? Unterscheiden wir hierzu zwei Ansatzpunkte:
1. Präventive gesellschaftliche und betriebliche Maßnahmen,
2. Individuums- oder gruppenbezogene korrektive Maßnahmen.

1.6.1 Präventive gesellschaftliche und betriebliche Maßnahmen

Es wird geschätzt, dass die Zahl der jährlichen Überstunden ca. 1 Mio. Vollzeit-Arbeitsplätzen entspricht. Der erste Ansatzpunkt wäre also, bei intelligenten Modellen der Neuverteilung bezahlter und unbezahlter Arbeit mitzuwirken. Dabei gilt es, die Qualität jedweder Form von Arbeit, also auch der ehrenamtlichen Arbeit, einer Qualifizierungsmaßnahme, der Hausarbeit oder eines sogenannten 1-Euro-Jobs (Arbeitsgelegenheit mit Mehraufwandsentschädigung), so zu gestalten, dass die Prinzipien persönlichkeitsförderlicher Arbeitsgestaltung eingehalten werden (vgl.

Neuverteilung
unbezahlter und
bezahlter Arbeit

Kapitel 3). Zuvor wurde schon darauf hingewiesen, dass nicht jede Arbeit für die psychosoziale Gesundheit besser ist als die Erwerbslosigkeit. Andererseits ist auch nicht jede Arbeit allein deswegen, weil sie freiwillig gewählt wird, persönlichkeitsförderlich (vgl. Merkel, 2009, zum Vergleich unterschiedlicher Facetten der Arbeit). Gesellschaftlich unterstützte Modelle wie die generelle Verkürzung der Arbeitszeit, die Einführung von Rotationsmodellen, die Freistellung für Qualifizierung, die Gewährung von Sabbaticals usw. berühren Fragen der Arbeits(zeit)-gestaltung im Betrieb.

Sind Entlassungen unvermeidbar, so stellt sich die Frage, wie dieser Prozess gestaltet werden kann. Die Ausführungen zum Psychologischen Vertrag lassen vermuten, dass eine faire Behandlung unerlässlich ist. Wie aber kann eine faire Behandlung hergestellt werden, wenn Leute entlassen werden? Können Entlassungen fair sein? Wohl kaum. Aber Entlassungen können sehr unterschiedlich gestaltet werden.

Outplacement   Eine Möglichkeit für die Gestaltung von Entlassungen sind sogenannte „Outplacementprogramme". Ursprünglich waren dies Hilfestellungen für Managerinnen. Bei deren Entlassung ist der Betrieb darauf angewiesen, dass diese sich fair behandelt fühlen, denn sie könnten dem Unternehmen mit ihrem betriebsspezifischen Wissen viel Schaden zufügen. Es gibt Betriebe, die solche Programme inzwischen auch für Angestellte und Arbeiterinnen anbieten. Unternehmen sind gut beraten, sich mit solchen Programmen die Loyalität der Verbliebenen (der sog. „survivors"), aber auch der Entlassenen zu sichern: Arbeitsmarktexperten in Schweden haben herausgefunden, dass der Anteil der Erwerbslosen, die beim früheren Arbeitgeber wieder beschäftigt werden – wenn sich die Auftragslage wieder verbessert hat – bei 40 bis 45 % liegt (Goranson & Hagen, 1999). Ein Outplacement beinhaltet, dass diejenigen, die eine Kündigung erhalten, bei der Jobsuche unterstützt werden, und zwar solange sie noch im Betrieb sind. Es soll verhindert werden, dass sie überhaupt erst in den Status eines Erwerbslosen geraten. Ein solches vom Unternehmen gefördertes Outplacementprogramm kann aus regelmäßigen Gruppensitzungen über mehrere Wochen hinweg mit den Betroffenen bestehen, eventuell kombiniert mit Einzelberatung. Die Betroffenen erhalten Hilfe bei der Erstellung eines Profils der eigenen Fähigkeiten, bei der Suche nach geeigneten Stellen, Empfehlungen und Referenzen des bisherigen Arbeitgebers, professionelle Beratung bei der Erstellung der Bewerbungsunterlagen, Coaching für die Vorstellungsgespräche usw. Sie haben vor allem die Möglichkeit, sich während der Arbeitszeit mit solchen Dingen zu befassen, insbesondere Bewerbungsgespräche zu führen und sich damit in der Rolle des Erwerbstätigen woanders vorzustellen (Solomon, 1983). Im Idealfall wird damit vermieden, dass eine Person überhaupt erst erwerbslos wird, weil sie noch vor Ablauf des Vertrags eine Stelle in einem anderen Betrieb findet.

1.6.2 Individuums- oder gruppenbezogene korrektive Maßnahmen

Aus der Zusammenstellung des Forschungsstandes sowie der förderlichen und hinderlichen Bedingungen für die Wiedervermittlung lassen sich allerhand Überlegungen ableiten, was man bei der Gestaltung psychologischer Maßnahmen für Erwerbslose beachten sollte. Eindeutig belegt ist, dass die Erwerbslosigkeit zur Beeinträchtigung der psychischen Gesundheit führt. Bei Erwerbslosen ist also genau diese Ressource bedroht, die sie auf dem Arbeitsmarkt ganz besonders benötigen: psychische Stabilität. Diese Ressource ist einerseits notwendig, um auf dem Arbeitsmarkt zu bestehen, aber auch, um Niederlagen zu verkraften und sich auf neue, in der Regel weniger günstige Lebensbedingungen einzustellen.

Ansetzen an der Ressource: psychische Stabilität

Maßnahmenkriterien

- Arbeitsumverteilung statt Entlassung
- Maßnahmen sollen früh ansetzen (Arbeitsplatzunsicherheit, Erwerbslosigkeit, Langzeiterwerbslosigkeit verhindern)
- Die Reduzierung der finanziellen Mittel ist in der Regel keine sinnvolle Maßnahme, da damit das Risiko psychischer Erkrankungen erhöht wird
- Psychische Labilisierung durch Misserfolge vermeiden (aussichtslose Bewerbungen vermeiden, Qualität statt Quantität der Bewerbungen fördern)
- „Weak ties" erhalten (Teilhabe am sozialen Leben)
- Kontakt zu anderen Erwerbslosen fördern
- Emotionale Unterstützung bieten
- Die Familie einbeziehen (Unterstützung beim Rollenwechsel!)
- Vor Diskriminierung schützen (Erwerbslose müssen sich zu erkennen geben, um von den „weak ties" zu profitieren)
- Mittlere statt hohe Arbeitsorientierung fördern
- Internale Kontrolle fördern, aber keine unrealistischen Kontrollhoffnungen wecken
- Nicht nur externale Ursachenattribuierung fördern (im Sinne einer Depressionstherapie), sondern auch internale Ursachenattribuierung (auf veränderbare Ursachen)
- Auf Qualität der Arbeit achten (Gefahr zu hoher Konzessionsbereitschaft und Abwärtsspirale, „underemployment" und „bad employment" vermeiden)

In den letzten beiden Jahrzehnten wurde national und international eine Vielzahl von Maßnahmen entwickelt. Während von behördlicher Seite überwiegend Modelle von Probe- oder Ersatzarbeit gefördert wurden, haben sich zahlreiche Initiativen entwickelt, bei denen psychologische Betreuung und Beratung im Vordergrund steht. Im Wesentlichen enthalten diese verhaltensbezogene Elemente, z. B. Rollenspiele für eine Bewerbungssituation, kognitive Elemente, wie die Analyse und Veränderung selbstwertschädigender Vorstellungen, und Kompetenzvermittlung, z. B. Verfassen eines Bewerbungsschreibens, Erwerb fehlender Computerkenntnisse usw. In der Bundesrepublik werden diese Programme weitgehend nur für Jugendliche und/oder Langzeiterwerbslose angeboten. Auch ist kein Programm bekannt, das die möglichen massiven Veränderungen im Familiengefüge durch die Erwerbslosigkeit der bisherigen Hauptverdienerin oder des Hauptverdieners in Betracht zieht.

1.6.3   Evaluation von Maßnahmen

Erfolgskriterien
und Erfolgsrate
von Maßnahmen

Bei der Bewertung von Maßnahmen für Erwerbslose stellt sich zunächst die Frage, was das Kriterium für den Erfolg einer Maßnahme ist. Es lassen sich grundsätzlich zwei Kriterien unterscheiden: die Wiedervermittlungsrate und die psychische Befindlichkeit (vgl. Mohr & Otto, 2005a). Die Wiedervermittlungsrate liegt zumeist zwischen ca. 20 und 30 % (Kieselbach et al., 1998). Dabei ist zu berücksichtigen, dass es sich bei den Maßnahmen in der Regel um solche für Schwervermittelbare und/oder Langzeiterwerbslose handelt. Psychische Verbesserungen sind oft nur während der Laufzeit der Maßnahme festzustellen (vgl. Paul & Moser, 2009b). In zwei Langzeitstudien mit Kontrollgruppe zeigten sich nach 2,5 Jahren, dass diejenigen, die an einer Maßnahme teilgenommen haben, geringere Depressionswerte hatten als diejenigen, die keine Maßnahme erhalten hatten (Price, Van Ryan & Vinokur, 1992), und es sehr viel später bei den Teilnehmern noch zu einer Befindlichkeitsverbesserung gekommen ist (Vuori & Silvonen, 2005). Es wird angenommen, dass die Programme vor allem eine Verbesserung der Selbstwirksamkeitserwartung und eine Verbesserung der Bewältigung von Misserfolgen bewirken und damit Verschlechterungen bei sehr langfristiger Erwerbslosigkeit entgegenwirken.

1.7   Offene Forschungsfragen

Sie haben erfahren, dass die Forschung zu Unterschieden zwischen erwerbslosen Frauen und Männern zu sehr widersprüchlichen Ergebnissen kommt. Hier gibt es also ein Forschungsdefizit. Unbekannt ist auch, wieweit die bisherigen Befunde auf bestimmte Gruppen von Erwerbslosen übertragbar sind, z. B. auf Migrantinnen und Behinderte. Die Befunde über die Wirkung der Erwerbslosigkeit der Eltern auf Kinder beruhen auf sehr wenigen Studien. Auch gibt es nur wenige Studien, die sich mit dem Zusammenhang zwischen Erwerbslosigkeit und der Veränderung politischer Haltungen oder abweichenden Verhaltens (z. B. Kriminalität) befassen. Der Einfluss der Erwerbslosigkeit auf die Einstellung zu Ausländerinnen – sowohl bei den Erwerbslosen als auch bei den Erwerbstätigen – ist unzureichend untersucht. Erstaunlich ist, dass wir kaum etwas darüber wissen, wie Erwerbslose ihre Zeit gestalten und ob andere Formen der Arbeit ein Ersatz für die Erwerbsarbeit darstellen können. Eine Studie von Göttling (2006) deutet darauf hin, dass vor allem ehrenamtliche Arbeit zum Sinnerleben beiträgt.

Zusammenfassung

In diesem Kapitel haben wir uns mit der Erwerbslosigkeit beschäftigt. Sie ist eindeutig mit einer Verschlechterung der psychischen Gesundheit verbunden. Beim Wiedereinstieg verbessert sich der Gesundheitszustand, sofern die Erwerbsarbeit existenzsichernd ist und den Kriterien humaner Arbeitsgestaltung zumindest ansatzweise entspricht. Eine schlechte finanzielle Lage und zunehmende Dauer der Erwerbslosigkeit sind besondere Risiken für Erwerbslose. Mehr Aktivitäten bei der Arbeitssuche sind nicht eindeutig mit einer höheren Wiedervermittlungsrate verbunden und können selbstwertschädigend wirken. Daraus ergibt sich für die Intervention: Qualität der Bewerbungen geht vor Quantität. Aus psychologischer Sicht ist nicht nur die Wiedervermittlung als Erfolgskriterium zu werten, sondern auch die psychische Stabilisierung. Für die bisher evaluierten psychologischen Interventionen konnte mehrheitlich eine Verbesserung der psychischen Gesundheit während der Maßnahme nachgewiesen werden. Dieser Effekt ist jedoch nur kurzfristig. Trotzdem sind Teilnehmer solcher Maßnahmen offenbar bei langandauernder weiterer Erwerbslosigkeit stabiler als solche, die nicht an einer solchen Maßnahme teilgenommen haben. Bei der Gestaltung psychologischer Interventionen ist einiges zu beachten, was möglicherweise unerwartet erscheint: Eine zu hohe Arbeitsorientierung, eine ausschließlich externale Ursachenzuschreibung, hohe Kontrollhoffnungen und eine hohe Konzessionsbereitschaft können kontraproduktiv sein. Maßnahmen sollten so früh wie möglich einsetzen und das soziale Umfeld mit einbeziehen.

Weiterführende Literatur

Mohr, G. (2010). Erwerbslosigkeit. In U. Kleinbeck & K.-H. Schmidt (Hrsg.), *Arbeitspsychologie* (Enzyklopädie der Psychologie, Serie Wirtschafts-, Organisations- und Arbeitspsychologie, Bd. 1, S. 471–519). Göttingen: Hogrefe.

Reflexionsaufgaben

1. Geben Sie wieder, was die zentralen Befunde der Erwerbslosigkeitsforschung sind.
2. Was ist bedeutsamer: Die Selektions- oder die Sozialisationswirkung?
3. Gehen Sie auf einige in der Öffentlichkeit verbreitete Meinungen ein, die im Zusammenhang mit Erwerbslosen geäußert werden: Wie ist der Forschungsstand dazu?
4. Was kann man über Geschlechtsunterschiede bezüglich der Wirkung der Erwerbslosigkeit sagen?

Kapitel 2
Arbeitsanalyse

Eva Bamberg und Christine Busch

Inhaltsübersicht

2.1   Einleitung

In diesem Kapitel soll es um eine der Hauptaufgaben arbeitspsychologischer Tätigkeit gehen, nämlich um die Analyse und Bewertung von Arbeitstätigkeiten und Arbeitssystemen. Die psychologische Arbeitsanalyse erfolgt nach definierten Humankriterien. Diese Kriterien sind von großer Bedeutung, denn die Arbeitsanalyse ist eine wesentliche Grundlage zur Erarbeitung von Arbeitsgestaltungsvorschlägen und Personalentwicklungsmaßnahmen, d. h. die Kriterien, die in die Analyse eingehen, werden sich auch in den Gestaltungsvorschlägen und Personalentwicklungsmaßnahmen wiederfinden. Es wird daher auch vom Prinzip der Einheit von Analyse, Bewertung und Gestaltung gesprochen. In Humankriterien fließt das Wissen darüber ein, wie der Mensch wahrnimmt, wie er denkt, handelt, fühlt, sich entwickelt und lernt, seine Gesundheit erhält und verbessert usw. Ulich (2005, S. 149) definiert humane Arbeitstätigkeiten wie folgt:

Humankriterien

Als human werden Arbeitstätigkeiten bezeichnet, die die psychophysische Gesundheit der Arbeitstätigen nicht schädigen, ihr psychosoziales Wohlbefinden nicht – oder allenfalls vorübergehend – beeinträchtigen, ihren Bedürfnissen und Qualifikationen entsprechen, individuelle und/oder kollektive Einflussnahme auf Arbeitsbedingungen und Arbeitssysteme ermöglichen und zur Entwicklung ihrer Persönlichkeit im Sinne der Entfaltung ihrer Potenziale und Förderung ihrer Kompetenzen beizutragen vermögen.

Humankriterien sind immer auch gesellschaftlich ausgehandelt. Ein schönes Beispiel hierfür ist der „Human Potenzial Index" (HPI). Im Rahmen der Initiative „Für eine neue Kultur der Arbeit" des Bundesministeriums für Arbeit und Soziales in Kooperation mit Arbeitgeberverbänden, den Gewerkschaften und der Wissenschaft fanden sich am 26. Juni 2009 Expertinnen aus Wirtschaft, Wissenschaft und Politik in Berlin ein, um ein neues Benchmarking- und Ratinginstrument zu diskutieren, das den Status des Humanpotenzials in einer Organisation erfassen und bewerten kann.

Sie werden in diesem Kapitel erfahren, was Arbeitsanalyse bedeutet, welche Verwendungszwecke es gibt, nach welchen Kriterien Verfahren geordnet werden können, und Sie werden einen Überblick über einige ausgewählte Verfahren erhalten.

Beispiel

Das Café Carpe Diem verliert zunehmend an Kundschaft. Selbst an sonnigen Nachmittagen ist es ziemlich leer im Restaurantgarten. Dem Geschäftsführer liegen zahlreiche Kundenreklamationen über unfreundliche und langsame Bedienung, kaltes Essen und unsaubere Salate vor. Auch die Fluktuation und Arbeitsunfähigkeits-(AU-)Tage der Beschäftigten haben zugenommen, kaum einer von Fabians Kolleginnen bleibt länger als ein halbes Jahr. Ständig ist jemand krank. Fabian berichtet, niedergeschlagen und ausgelaugt zu sein. Er schleppt sich von einer Erkältung zur nächsten. Sie als Psychologin werden beauftragt, die Ursachen zu finden und Lösungsvorschläge zu erarbeiten. Wie gehen Sie vor?

Kommen wir zunächst zu einer Definition der Arbeitsanalyse nach Frei (1981, S. 11).

Definition Arbeitsanalyse

Eine Vielzahl von empirischen Aktivitäten, die in systematischer Form Informationen über die Interaktion von Menschen und Arbeit gewinnen, um daraus Lösungen für interessierende Problemstellungen ableiten zu können.

Die Definition verweist mit der Begrifflichkeit der „empirischen Aktivitäten" zunächst darauf, dass es bei der Arbeitsanalyse immer um einen Vorgang der Datenerhebung geht. Dieser Vorgang sollte in „systematischer Form" gestaltet werden, also nach wissenschaftlichen Kriterien, er sollte nicht dem Zufall oder dem Gutdünken Einzelner überlassen werden. Arbeitsanalyse ist ein theoriegeleiteter Prozess. Erst die wissenschaftliche Fundierung erlaubt die begründete Auswahl des Gegenstands, seiner Merkmale und der Erhebungsmethoden. Die Definition macht zudem deutlich, dass es bei der Arbeitsanalyse um die „Interaktion von Menschen und Arbeit" geht. Psychologische Arbeitsanalysen zielen vorrangig auf die Förderung der Gesundheit und der Persönlichkeit, so dass sie auch nur in solchen Organisationen Sinn machen, in denen diese Ziele verfolgt werden sollen (Dunckel, 1999, S. 10).

Arbeitsanalyse als Vorgang der Datenerhebung

2.2   Verwendungszwecke

Wenn Sie später als Psychologin mit den verschiedenen Themen zu tun haben, die wir bereits in diesem Fernlehrbrief behandelt haben wie z. B. Arbeitssicherheit, dann werden Sie sich mit psychologischen Arbeitsanalysen beschäftigen.

Verwendungszwecke psychologischer Arbeitsanalysen umfassen nach Dunckel (1999, S. 13):
- Veränderung und Projektierung der Arbeitssituation und -organisation (z. B. Arbeits- und Organisationsgestaltung),
- Ermittlung von Qualifikationserfordernissen und -inhalten (z. B. zum Aufbau von Trainings-, Schulungs- und Ausbildungseinheiten; vgl. Kapitel 5 und 6 in Kanning & Staufenbiel, 2012),

- Bestimmung von Eignungsanforderungen (z. B. Anforderungsanalyse für Assessment-Center, Arbeitsplatzbewertung, Personalauswahl und platzierung; vgl. Kapitel 2 bis 5 in Kanning & Staufenbiel, 2012),
- Vergleich von Arbeitstätigkeiten (z. B. zur Klassifikation von Berufen, Berufsberatung, Vergleich von Positionen),
- Technikfolgenabschätzung (z. B. Folgen des Bildschirmeinsatzes oder neuer Produktionstechniken),
- Arbeits- und Gesundheitsschutz (z. B. Unfallverhütung, Vermeidung von berufsbedingten Erkrankungen),
- Gesundheitsförderung.

2.3 Gegenstand und Ablauf der psychologischen Arbeitsanalyse

Je nach zugrunde liegendem Menschenbild und theoretischer Grundlage (z. B. Handlungsregulationstheorie), dem Verwendungszweck (z. B. Unfallanalyse), Tätigkeitsgruppen (z. B. Führungskräfte), Branchen (z. B. Krankenhaus) und Gestaltungsintention ist der Gegenstand und der Ablauf einer psychologischen Arbeitsanalyse verschieden und es sind verschiedene Verfahren angebracht. Kommen wir zunächst zum Gegenstand der psychologischen Arbeitsanalyse.

Kerngegenstand: Arbeitstätigkeit

Der Gegenstand der psychologischen Arbeitsanalyse ist im Kern die Arbeitstätigkeit als psychisch regulierte Tätigkeit mit dem zugrunde liegenden Arbeitsauftrag und den Erfüllungsbedingungen. Sie schließt damit die konkret arbeitenden Individuen mit ein (vgl. Frei, 1981, S. 12). Der Gegenstand der psychologischen Arbeitsanalyse kann noch weiter ausdifferenziert werden:

Arbeitsaufträge

Normen, Werte und Rollen

Das Arbeitshandeln ist abhängig von den **Arbeitsaufträgen**. Dazu gehören sowohl die offiziellen Arbeitsaufgaben als auch die inoffiziellen. **Normen**, **Werte** und **Rollen**, die mit der jeweiligen Tätigkeit verbunden sind, sind wichtige Gegenstände der Arbeitsanalyse. Ein häufiges Problem sind widersprüchliche Rollen. Ein typisches Beispiel ist die Position der Meisterin oder der untersten Vorgesetzten. Sie hat einerseits die Interessen ihrer Vorgesetzten gegenüber den Untergebenen durchzusetzen, aber auch die Interessen der Beschäftigten gegenüber der höheren Leitungsebene zu vertreten, sie hat die sogenannte „Sandwichposition".

Erfüllungs-bedingungen

Arbeitsteilung

Weiterhin sind die **Erfüllungsbedingungen** zu analysieren, wie Umgebungsbedingungen, z. B. Staub, Hitze oder technische Arbeitsgeräte, Software, wie das elektronische Bestellsystem im Café Carpe Diem. Die konkrete Tätigkeit mit ihren gesundheits- und entwicklungsrelevanten Dimensionen ist der Kern der Arbeitsanalyse, z. B. Handlungsspielraum, Zeitdruck, Komplexität. Die **Arbeitsteilung** ist von besonderem Interesse und damit die Erfassung der arbeitsbedingten Kommunikation und Ko-operation. Auch die **Arbeitsabläufe** innerhalb der Organisation müssen bei der Arbeitsanalyse analysiert werden.

Arbeitsabläufe

Weiterhin benötigt man für eine Arbeitsanalyse mehr oder weniger detail-lierte Informationen, die über den konkreten Arbeitsplatz hinausgehen und sich auf die Abteilung oder sogar die gesamte Organisation beziehen. In soziotechnischen Ansätzen wird besonders die Wechselwirkung von sozi-alen und technischen Komponenten von Arbeitssystemen analysiert und die Notwendigkeit betont, diese gemeinsam zu optimieren (vgl. Strohm & Ulich, 1999).

Arbeitssystem

Und schließlich benötigen wir bei einer Arbeitsanalyse Informationen über den **Einfluss externer Systeme auf die Organisation**. Damit sind z. B. Zulieferbetriebe, Kundinnen, der Staat mit Rechtsvorschriften, Ge-werkschaften, Umweltorganisationen gemeint. Darauf legt ebenfalls der soziotechnische Systemansatz besonderen Wert.

Externe Systeme

Kommen wir nun zum Ablauf der Arbeitsanalyse. Der Ablauf einer psy-chologischen Arbeitsanalyse kann verschieden gestaltet sein. Ulich (2005, S. 67) schlägt auf Grundlage verschiedener Autoren (u. a. Frei, 1981) ein dreistufiges Vorgehen für die psychologische Arbeitsanalyse vor, das zunächst eine Analyse der Arbeitsaufträge und Erfüllungsbedingungen vorsieht, gefolgt von einer Analyse der Arbeitstätigkeiten und der erfor-derlichen Regulationsvorgänge. Im dritten Schritt folgt die Analyse der Auswirkungen von Produktionsbedingungen und Arbeitstätigkeiten auf das Befinden und Erleben der Beschäftigten. Damit können gesundheits- und qualifizierungsunterscheidende Variablen identifiziert werden.

Ablauf der
Arbeitsanalyse

Eine soziotechnische Analyse geht vom Gegenstand und Ablauf über die psychologische Arbeitsanalyse hinaus (Ulich, 2005, S. 77).

Soziotechnische
Analyse

Die neun Schritte einer soziotechnischen Analyse

1. Grobanalyse des Produktionssystems und seiner Umwelt
2. Beschreibung des Produktionsprozesses nach Input, Transformation und Output
3. Ermittlung der Hauptschwankungen im Produktionsprozess
4. Analyse des sozialen Systems einschließlich der Bedürfnisse der Mitar-beiter
5. Analyse der Rollenwahrnehmung der Mitarbeiter
6. Instandhaltungssystem
7. Zuliefer- und Abnehmersystem
8. Umweltsystem (Analyse des Einflusses externer Systeme auf das Pro-duktionssystem vgl. Schritte 6 bis 8)
9. Erarbeitung von Gestaltungsvorschlägen

MTO-Analyse

Ein integrativer Ansatz von soziotechnischer Systemanalyse und psychologischer Arbeitsanalyse findet sich in der MTO-Analyse (Strohm & Ulich, 1999). Dabei wird eine Mehrebenenanalyse vorgeschlagen, die von der Analyse auf der Ebene des Unternehmens ausgeht, z.B. zur Personalstruktur mittels Experteninterviews. Weitere Schritte betreffen die Analyse der Auftragsdurchläufe mittels ablauforientierter Betriebsbegehungen, die Analyse der Arbeitssysteme mittels Gruppeninterviews und die der Gruppenarbeit durch Beobachtungsinterviews. Weiterhin enthält die MTO-Analyse die bedingungsbezogene Analyse von Schlüsseltätigkeiten durch Beobachtungen, die personenbezogene Arbeitsanalyse mittels eines Fragebogens und die Analyse der soziotechnischen Geschichte der Organisation anhand einer Dokumentenanalyse.

Kommen wir jedoch zurück zur psychologischen Arbeitsanalyse; das oben genannte dreistufige Vorgehen sollte immer in einen umfangreicheren Prozess eingebunden sein, dessen typischer Ablauf im folgenden Kasten dargestellt ist.

Typischer Ablauf einer Arbeitsanalyse

1. **Orientierungsphase: Auftragsklärung und Geschichte.** Zu Beginn einer psychologischen Arbeitsanalyse steht immer eine Orientierungsphase. Dazu gehören die Auftragsklärung und die Erfassung der Geschichte zur derzeitigen Situation.
2. **Überblicksphase: Überblick über die Organisation, die Arbeitsabläufe und Arbeitstätigkeiten.** Nach der Orientierungsphase sollten Sie eine Begehung anhand eines Screenings, eine unstrukturierte Befragung und eine Dokumentenanalyse (z.B. Organigramme) durchführen. Sie sammeln damit erste Kenntnisse über die Organisation, Arbeitsabläufe und die konkreten Arbeitsbedingungen.
3. **Phase der Hypothesenformulierung.** Sie formulieren erste Hypothesen über Problemkonstellation und Rahmenbedingungen. Eine solche Hypothese könnten z.B. sein: „Partialisierte Aufgaben verhindern die Übernahme von Verantwortung für das Arbeitsergebnis."
4. **Analysephase im engeren Sinne.** Sie entscheiden sich aufgrund der theoretischen Grundlagen und ihrer Hypothesen für ein konkretes Vorgehen, stimmen dieses mit allen Beteiligten, vor allem dem Betriebs- oder Personalrat als Vertreter der Beschäftigten, und der Geschäftsführung, aber auch den betroffenen Führungskräften, ab und führen die Analyse nach dem oben genannten dreistufigen Vorgehen durch.
5. **Rückmeldephase.** Sie melden die Ergebnisse an die Beteiligten, auch an die Beschäftigten selbst, zurück.
6. **Phase der Veränderungsvorschläge.** Sie erarbeiten, möglichst unter Einbeziehung der Beteiligten, Gestaltungsvorschläge und/oder Vorschläge zur Personalentwicklung.

Zwei Prinzipen der Arbeitsanalyse

Zwei Prinzipien sollten Sie bei der psychologischen Arbeitsanalyse leiten:
1. Prinzip: Sie gehen bei der Analyse vom allgemeinen Überblick zur detaillierten Analyse.

2. Prinzip: Sie beziehen die verschiedenen Akteure im Betrieb ein. Das sind vor allem die Geschäftsleitung, die Interessenvertretung, die betroffenen Führungskräfte und die Mitarbeiterinnen.

2.4 Dimensionen zur Klassifizierung von Verfahren

Verfahren der psychologischen Arbeitsanalyse können danach unterteilt werden, welchen theoretischen Hintergrund und welchen Grad der Standardisierung sie aufweisen. Weiterhin können Verfahren danach unterschieden werden, ob sie eine bedingungs- oder eine personenbezogene Perspektive einnehmen und welche Erhebungsmethode verwendet wird, z. B. Selbsteinschätzung mittels Fragebogen (vgl. Dunckel, 1999; Frei, 1981).

2.4.1 Theoretischer Hintergrund

Verfahren können grob nach verhaltensorientierten Verfahren (z. B. Flanagan, 1954), motivationspsychologisch orientierten Verfahren (Hackman & Oldham, 1976), handlungstheoretisch orientierten Verfahren (Volpert, 1987; Richter & Hacker, 1998) und Verfahren auf der Grundlage des soziotechnischen Systemansatzes (Emery & Trist, 1960, 1969) unterschieden werden. Der theoretische Hintergrund bestimmt auch, auf welcher Ebene einer Organisation analysiert wird. So analysieren verhaltensorientierte, motivationspsychologisch und handlungstheoretisch orientierte Verfahren vorrangig auf der Ebene der individuellen Arbeitsaufgabe. Verfahren auf der Grundlage des soziotechnischen Systemansatzes analysieren vorrangig auf der Ebene von Organisationseinheiten und auf der Ebene der Gesamtorganisation.

2.4.2 Grad der Standardisierung

Verfahren lassen sich weiterhin nach dem Grad der Standardisierung unterscheiden: Man kann generell zwischen unstandardisierten, teilstandardisierten und standardisierten Verfahren unterscheiden.

Unstandardisierte Verfahren, wie freie Berichte der Beteiligten oder Dokumentenanalyse, werden vor allem in den Anfangsphasen der Arbeitsanalyse eingesetzt, wenn es darum geht, eine allgemeine Orientierung und einen Überblick zu gewinnen. Sie haben nicht den Anspruch, an den Gütekriterien der klassischen Testtheorie gemessen zu werden.

Unstandardisierte Verfahren

Beispiel

Kommen wir zurück zu dem anfangs beschriebenen Auftrag an Sie im Café Carpe Diem. Sie beobachten, dass Fabian für die Aufnahme von Bestellungen zuständig ist. Sein Kollege bringt die Getränke, eine weitere Kollegin das Essen und ein vierter Kollege ist für das Abräumen zuständig. Ihnen ist sofort klar, dass hier partialisierte Aufgaben vorliegen, die u. a. für die schwierige Situation im Cafe verantwortlich sein können.

Teilstandardisierte Verfahren

Teil- oder halbstandardisierte Verfahren sind beispielsweise leitfadengestützte Interview- oder/und Beobachtungsverfahren. Der Leitfaden oder eine Checkliste führt das Gespräch oder die Beobachtung, ist aber offen für vorab nicht berücksichtigte Inhalte und Dimensionen sowie für die Gesprächsdynamik. Mit halbstandardisierten Verfahren können sehr spezifische Informationen über die Arbeitssituation erhoben werden.

„Critical Incident Technique"

Die „Critical Incident Technique" (Flanagan, 1954) ist eines der bekanntesten teilstandardisierten, verhaltensorientierten Verfahren. Das Verfahren wurde zur Erhebung von Anforderungen komplexer Tätigkeiten entwickelt. Dabei wird zwischen kritischen Ereignissen und erfolgskritischem Verhalten unterschieden. Ein kritisches Ereignis ist eine Situation, in der effektives oder ineffektives Verhalten zum Erfolg bzw. Misserfolg der betroffenen Person beiträgt. Das Verfahren kommt oftmals bei Führungskräften zum Einsatz, z. B. zur Analyse arbeitsbezogener Stresssituationen (Steinmetz, 2006, S. 110).

Beispiel

Ein kritisches Ereignis ist z. B. eine Situation im Café Carpe Diem, in der sich eine Kundin lauthals über ihr Essen beschwert und dabei Fabian beleidigt. Das erfolgreiche Verhalten könnte sich dadurch auszeichnen, dass sich Fabian rasch um ein neues Essen kümmert und der Küche Feedback gibt. Er lässt sich nicht einschüchtern und entschuldigt sich gegenüber der Kundin, grenzt sich aber deutlich von den Beleidigungen ab.

Beobachtungen und **Beobachtungsinterviews** können un-, teil- oder standardisiert durchgeführt werden, je nachdem ob ein Beobachtungsbogen mit vorgegebenen Beobachtungskategorien vorliegt und ob offene Antwortmöglichkeiten gegeben sind.

Bei der psychologischen Arbeitsanalyse sind in der Orientierungs- und Überblicksphase **Experteninterviews** besonders wichtig, die ebenfalls zu den teilstandardisierten Verfahren gehören. Expertinnen sind diejenigen Personen in einer Organisation, die Verantwortung in betrieblichen Entscheidungsprozessen tragen und/oder einen privilegierten Zugang zu Informationen über die betrieblichen Abläufe verfügen. Die Expertin ist ausschließlich hinsichtlich ihrer Funktion in der Organisation, nicht als Gesamtperson von Interesse. So kann die Personalverantwortliche als

Expertin für die Personalentwicklung der Beschäftigten befragt werden (Meuser & Nagel, 1991; Bamberg et al., 2003, S. 86 ff.).

Betriebliche Daten können un-, teil- und standardisiert vorliegen, wie z. B. Unfallstatistiken.

Zu den standardisierten Verfahren gehören Fragebögen und Beobachtungsinterviews mit geschlossenen Antwortkategorien. Sie kommen in der Analysephase im engeren Sinne zum Einsatz. Einen Überblick über Verfahren finden Sie bei Dunckel (1999) und Resch (2003, vgl. Kapitel 2.5). Standardisierte Verfahren müssen die Gütekriterien der klassischen Testtheorie erfüllen: Misst das Instrument das, was es zu messen vorgibt (Validität)? Wie genau misst das Instrument (Reliabilität)? Wie abhängig ist das Instrument von der jeweiligen Untersucherin (Objektivität)?

Standardisierte Verfahren

2.4.3 Bedingungs- vs. personenbezogene Perspektive

Verfahren können danach unterschieden werden, ob eine bedingungs- oder eine personenbezogene Perspektive eingenommen wird (Oesterreich & Volpert, 1987). Bei Verfahren mit bedingungsbezogener Perspektive richtet sich die Aufmerksamkeit auf die Merkmale der Arbeit, die vom jeweiligen Individuum unabhängig sind. Das kann der gegebene Handlungsspielraum oder auch die Komplexität der Aufgabe sein.

Aufgabe

Bitte stellen Sie sich folgende Fragen:
1. Warum ist es sinnvoll, Arbeitshandeln bedingungsbezogen zu untersuchen?
2. Wie ist es überhaupt möglich, von den interindividuellen Unterschieden abzusehen?

Arbeitswissenschaftlerinnen sind sich einig, dass trotz der Relevanz interindividueller Besonderheiten den Handlungsbedingungen große Bedeutung zukommt. In der gesetzlich vorgeschriebenen Gefährdungsanalyse wird dementsprechend eine bedingungsbezogene Analyse gefordert (vgl. § 5 ArbSchG).

Bei bedingungsbezogenen Verfahren wird von „durchschnittlichen", eingearbeiteten, belastbaren und gesunden Arbeitenden ausgegangen, um Aussagen treffen zu können, die von interindividuellen Besonderheiten unabhängig sind.

Verfahren mit personenbezogener Perspektive berücksichtigen dagegen gerade die interindividuellen Besonderheiten bei der Wahrnehmung, Interpretation und Ausführung der Arbeit. Der Hintergrund dafür ist, dass der arbeitende Mensch jeden Arbeitsauftrag wahrnehmen und interpretieren muss (subjektive Redefinition der Aufgabe; Hackman, 1969). Eine Aufgabe ist nicht für jeden die Gleiche. Dies gilt umso mehr, je unklarer der Arbeitsauftrag ist. Je nach Verwendungszweck werden daher bedingungsbezogene Verfahren mit personenbezogenen verbunden, z. B. bei stressbezogenen Arbeitsanalysen.

2.4.4 Erhebungsmethode

Eine weitere Dimension zur Klassifizierung von Verfahren ist die Erhebungsmethode. Verfahren können danach unterschieden werden, ob von den Beschäftigten eine mündliche oder schriftliche Selbsteinschätzung mittels Interview oder Fragebogen verlangt wird, ob Beobachtung(-sinterviews) als Methode der Fremdeinschätzung oder eine beteiligungsorientierte Analyse mittels moderierter Gruppenanalyse durchgeführt werden (vgl. Resch, 2003).

Erhebungsmethoden der Verfahren

- Selbsteinschätzung mittels Fragebogen und Interviews
- Fremdeinschätzung mittels Beobachtung (-sinterviews)
- Beteiligungsorientierte Verfahren mittels moderierter Gruppenanalyse

---

Selbsteinschätzung

Zu den Methoden der Selbsteinschätzung zählen Interviews und Fragebögen. Vorteile dieser Methoden sind, dass die Befragten die Expertinnen für ihre Tätigkeit sind und vieles einschätzen können, was von externen Personen nicht zu beobachten ist. Eine Selbsteinschätzung ermöglicht zudem die Beteiligung der Betroffenen an der Datenerhebung, d. h. einen partizipativen Ansatz, da die Befragten nicht nur mit den Ergebnissen von Analysen konfrontiert werden, sondern mit ihren Angaben an der Datenermittlung beteiligt werden. Aus der Partizipationsforschung ist bekannt, dass Partizipation die spätere Akzeptanz und aktive Unterstützung von Veränderungen positiv beeinflusst. Mittels Fragebögen können zudem sehr ökonomisch viele Personen befragt werden, ohne die Arbeitsabläufe besonders zu stören. Mittels Interviews können qualifizierte Beschäftigte differenzierte Selbsteinschätzungen abgeben. Gerade Fach- und Führungskräfte füllen ungern Fragebögen aus, sind aber für Interviews sehr aufgeschlossen.

Gegen Selbsteinschätzungsdaten wird häufig eingewendet, dass sie doch nicht „objektiv" seien, sondern vielen subjektiven Verzerrungen unterliegen würden. Zum Beispiel werden Fragen oftmals anders interpretiert als vom Untersucher intendiert; Beschäftigte könnten aus Angst vor Benachteiligung die Arbeitsbedingungen beschönigen. Viele Aspekte der Arbeitstätigkeit, v. a. hochautomatisierte Handlungen, können zudem nicht berichtet werden. Je nach Qualifikationsniveau der Befragten bestehen sehr unterschiedliche Lese- und Verbalisierungsfähigkeiten. Gute Fähigkeiten in diesen Bereichen sind eine Voraussetzung, um Fragebögen ausfüllen und Interviewfragen beantworten zu können. Besonders anforderungsreich sind biografische, narrative oder episodische Interviews (Flick, Kardorff, Keupp, von Rosenstiel & Wolff, 1991). Ein gewichtiger Nachteil von Fragebögen ist, dass die Ergebnisse häufig allgemein bleiben und keine konkreten Gestaltungsvorschläge abzuleiten sind.

Zu den Methoden der Fremdeinschätzung gehören Beobachtung(-sinterviews). Beobachtungen beschränken sich auf die sichtbaren Bestandteile einer Handlung. Sie finden im Rahmen von Begehungen statt. Begehungen haben ihre Tradition im klassischen Arbeitsschutz. Dabei besichtigen Expertinnen für Arbeitsschutz die Arbeitsstätte und beurteilen z. B. die Einrichtung der Arbeitsplätze. Die Beobachtungen werden in Protokollen oder Checklisten festgehalten. Es existieren zahlreiche Checklisten zur Gefährdungsanalyse, insbesondere von Berufsgenossenschaften (z. B. Hoffmann, 1998).

Beobachtung

Der Vorteil von Beobachtungen ist, dass die Untersucherin die Arbeitsbedingungen und Erfüllungsbedingungen, z. B. Hitze, selbst erlebt und damit auch Bedingungen erfassen kann, an die sich die Beschäftigten gewöhnt haben und die sie als nicht berichtenswert einschätzen. Weiterhin kann die Untersucherin die von den Beschäftigten nicht berichtbaren Handlungen, z. B. hochautomatisierte Handlungen, erfassen.

Ein gewichtiger Nachteil von Beobachtungen ist, dass immer nur Ausschnitte aus dem Arbeitsalltag beobachtet werden. Vielleicht treten aber bestimmte Anforderungen immer gerade dann auf, wenn nicht beobachtet wird. Eine Beobachtung kann also untypisch sein. Komplexe Tätigkeiten können sehr schlecht beobachtet werden, da Beobachtungen keinen Zugang zu den psychischen Prozessen der menschlichen Handlungsregulation ermöglichen. Letzteres leisten Beobachtungsinterviews, die eine strukturierte Beobachtung des Arbeitsablaufs mit einem darauf bezogenen Interview mit der arbeitenden Person kombinieren. Beobachtungsinterviews ermöglichen neben der Fremdeinschätzung, die Einschätzung und Interpretation der Arbeitsaufgabe durch die Arbeitenden zu erfassen. Der Nachteil von Beobachtungsinterviews ist, dass sie mit drei bis fünf Stunden pro Arbeitsplatz relativ zeitaufwendig sind (Oesterreich & Volpert, 1987).

Beobachtungs-interviews

Beteiligungsorientierte Verfahren basieren auf der Überlegung, dass die Arbeitenden Expertinnen hinsichtlich ihrer Arbeitsbedingungen – einschließlich möglicher Probleme und deren Lösungsmöglichkeiten – sind und dass im Sinne der Organisationsentwicklung und der Partizipationsforschung die Betroffenen frühzeitig beteiligt werden (vgl. Kapitel 3).

Beteiligungs-
orientierte Verfahren

Beteiligungsorientierte Verfahren sind Gruppenprozeduren der kollektiven Arbeitsanalyse und -gestaltung.

Ein typisches Beispiel beteiligungsorientierter Verfahren ist die subjektive Tätigkeitsanalyse (STA) nach Ulich (1980): Die Mitglieder einer Arbeitsgruppe beurteilen die in der Gruppe vorkommenden Teiltätigkeiten nach Humankriterien, wie Entscheidungsmöglichkeiten oder sinnvolle Tätigkeit. Dadurch soll erreicht werden, dass die Problemhaltigkeit der gegebenen Situation erkannt und Qualifizierungs- und Veränderungsbereitschaft entwickelt werden. In weiteren Schritten werden Pläne zur Veränderung der als problemhaltig bewerteten Teiltätigkeiten und der notwendigen bzw. defizitären Qualifikation entwickelt. Nach einem vergleichbaren Prinzip erfolgen auch andere Verfahren, wie die Zukunftswerkstatt (Jungk & Müllert, 1989), die für die Arbeitsanalyse genutzt werden können.

Die Stärke beteiligungsorientierter Verfahren liegt darin, dass Betroffene kollektiv Einfluss auf ihre Arbeitsbedingungen haben und sie damit als mündige Personen angesehen werden. Weitere Vorteile beteiligungsorientierter Verfahren sind, dass nicht nur qualitativ hochwertige und akzeptierte Problemlösungen entstehen können, sondern auch individuelle und kollektive Entwicklungen, z. B. hinsichtlich der Selbstwirksamkeit und Zusammenarbeit möglich sind (Neubert & Tomczyk, 1986). Der gewichtige Vorteil für die Untersucherin ist, dass der Aufwand relativ gering ist im Verhältnis zu den erreichbaren Ergebnissen. Beteiligungsorientierte Verfahren integrieren zudem Analyse und Gestaltung, die zu zeitnahem Handeln auffordern (vgl. Kapitel 3). Dies ist ein nicht zu unterschätzender Vorteil beteiligungsorientierter Verfahren.

Ein Nachteil beteiligungsorientierter Verfahren ist, dass moderierte Gruppenanalysen meist nicht am Arbeitsplatz stattfinden können, so dass die Arbeitsbedingungen und -abläufe bei der Analyse nicht beobachtet und erlebt werden können, eventuell auch den Betroffenen nicht präsent sind. An beteiligungsorientierten Verfahren wird zudem kritisiert, dass die Veränderungsresistenz der Beschäftigten unterschätzt wird. Weiterhin fehle den Beschäftigten arbeitspsychologisches Wissen, z. B. über die Merkmale und die Bedeutung vollständiger Aufgaben, so dass sie eventuell zu Lösungen kommen, von denen Arbeitspsychologinnen sagen würden, dass sie auf Dauer gesundheitsschädlich sind, z. B. bei der Gestaltung von Schichtplänen. Ein Nachteil für den Betrieb ist, dass mehrere Mitarbeiter einer Arbeitsgruppe aus dem betrieblichen Geschehen herausgenommen und damit die betrieblichen Abläufe gestört werden.

Aufgabe

- Wann machen Selbsteinschätzung, wann Fremdeinschätzung, wann beteiligungsorientierte Verfahren Sinn? Bitte entwickeln Sie je ein Fallbeispiel.

> • Kommen wir zu dem zu Beginn dieses Kapitel eingeführten Auftrag an
> Sie im Café Carpe Diem zurück. Sie haben standardisierte Beobach-
> tungsinterviews und Fragebögen eingesetzt und erhalten unterschiedliche
> Ergebnisse – dies ist fast immer der Fall. Was tun Sie?

2.5   Standardisierte Verfahren im Überblick

Im Handbuch psychologischer Arbeitsanalysen, das von Dunckel (1999)
herausgegeben wurde, sind 20 standardisierte, psychologische Verfahren
ausführlich dargestellt (vgl. Tab. 1). Auch bei Ulich (2005, Kapitel 2) sind
eine Reihe von Verfahren dargestellt. Bei Resch (2003) finden Sie eine
Auflistung und Kennzeichnung von über 40 psychologischen Analyse-
verfahren; diese sind sowohl bedingungs- als auch personenbezogen
orientiert und unterschiedlich standardisiert.

Tabelle 1:   Verfahren zur Arbeitsanalyse (nach Dunckel, 1999, S. 24)

Verfahren	Inhalt	Autorinnen
ATAA	Analyse von Tätigkeits-strukturen und prospektive Arbeitsgestaltung bei Auto-matisierung	Wächter, Modrow-Thiel, Roßmann
AVAH	Verfahren zur Analyse von Arbeit im Haushalt	Resch
CNC	CNC-Leitfaden; CNC = Computerized numerical control; eine elektronische Methode zur Steuerung und Regelung von Werkzeugma-schinen bzw. die dafür ein-gesetzten Geräte	Weber
FAA	Fragebogen zur Arbeits-analyse	Frieling
FSD	Fragebogen zur Sicherheits-diagnose	Graf Hoyos, Ruppert
HAA	Heterarchische Aufgaben-analyse	Hamborg, Greif
ISTA	Instrument zur stressbezo-genen Tätigkeitsanalyse	Semmer, Zapf, Dunckel
JDS	Job Diagnostic Survey (deutsche Fassung)	Kleinbeck, Schmidt
KABA	Kontrastive Aufgabenana-lyse bei Büroarbeitstätig-keiten	Dunckel

Tabelle 1:   Verfahren zur Arbeitsanalyse (nach Dunckel, 1999, S. 24) (Fortsetzung)

Verfahren	Inhalt	Autorinnen
KOMPASS	Komplementäre Analyse und Gestaltung von Produktionsaufgaben bei soziotechnischen Systemen	Grote, Weik, Wäfler, Zölch, Ryser
LPI	Leitfaden zur qualitativen Personalplanung bei technisch-organisatorischen Innovationen	Sonntag, Schaper, Benz
MTO	Ganzheitliche Betriebsanalyse unter Berücksichtigung von Mensch, Technik und Organisation	Strohm, Ulich
REBA	Rechnergestütztes Dialogverfahren zur psychologischen Bewertung von Arbeitsinhalten	Puhlandt, Richter, Jordan, Schulze
RHIA	Analyse psychischer Belastungen in der Arbeit	Lüders
SAA/SALSA	Fragebogen zur subjektiven Arbeitsanalyse	Udris, Rimann
SYNBA-GA	Synthetische Beanspruchungs- und Arbeitsanalyse	Wieland-Eckelmann, Saßmannshausen, Rose, Schwarz
TAA-KH	Tätigkeits- und Analyseverfahren für das Krankenhaus	Büssing, Glaser
TAI	Tätigkeitsanalyseinventar	Frieling
TBS	Tätigkeitsbewertungssystem	Pohlandt, Hacker, Richter
VERA	Verfahren zur Ermittlung von Regulationserfordernissen	Oesterreich

Auf zwei sehr bekannte, standardisierte Verfahren und ihre Items gehen wir im Folgenden beispielhaft kurz ein.

JDS   Das international wohl bekannteste Verfahren zur Erfassung des subjektiven Erlebens der Arbeitssituation ist der Job Diagnostic Survey (JDS) von Hackman und Oldham (1975; dt. Fassung von Schmidt & Kleinbeck, 1999). Theoretischer Hintergrund ist das Job Characteristics Model (Hackman & Oldham, 1976, 1980), das die Auswirkungen von Aufgaben- und Tätigkeitsmerkmalen sowie psychologischen Erlebniszuständen auf arbeitsrelevante Merkmale, wie Motivation, Qualität der Arbeitsleistung,

Arbeitszufriedenheit und Abwesenheit sowie Fluktuation, berücksichtigt (vgl. Abb. 2). Im JDS werden diese Variablen erfasst; die Aufgaben- und Tätigkeitsmerkmale können in ihrem motivationalen Anregungsgehalt diagnostiziert werden. In Abbildung 2 sehen Sie die Beziehungen zwischen Aufgabenmerkmalen und Auswirkungen der Arbeit nach diesem Modell.

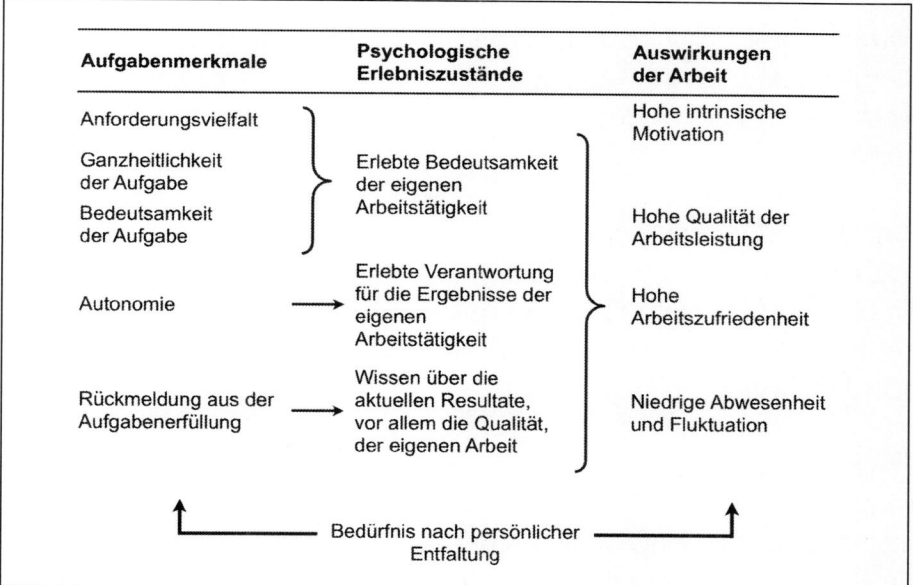

Abbildung 2: Beziehungen zwischen Aufgabenmerkmalen und Auswirkungen der Arbeit nach dem „Job Characteristics Model" (vgl. Ulich, 2005, S. 108, nach Hackman & Oldham, 1976)

Tabelle 2 enthält zwei Itembeispiele aus dem bedingungsbezogenen Instrument zur stressbezogenen Tätigkeitsanalyse (ISTA; Semmer, Zapf & Dunckel, 1998, 1999), einem handlungs- und stresstheoretisch orientierten Verfahren, das sowohl als Fragebogen als auch als Beobachtungsinterview vorliegt. Es umfasst 19 Skalen.

ISTA

Tabelle 2: Itembeispiele aus dem Instrument zur stressbezogenen Tätigkeitsanalyse (Semmer, Zapf & Dunckel, 1998)

Itembeispiel	fünfstufige Antwortskala
„Können Sie selbst bestimmen, auf welche Art und Weise Sie Ihre Arbeit erledigen?"	von „sehr wenig" bis „sehr viel"
„Kollegin A bearbeitet Aufgaben, bei der sie zuerst genau planen muss, um die Aufgaben ausführen zu können. Kollegin B bearbeitet Aufgaben, bei denen keine Planung erforderlich ist. Welcher der zwei Arbeitsplätze ist Ihrem Arbeitsplatz am ähnlichsten?"	von „genau wie der von A" über „ähnlich wie der von A bzw. B" und „zwischen A und B" bis „genau wie der von B"

2.6 Entwicklungsbedarfe

Zahlreiche validierte Verfahren liegen inzwischen vor. Dennoch gibt es noch Entwicklungsbedarfe und kontroverse Diskussionen. So fehlen Verfahren zur Erfassung komplexer, geistiger Tätigkeiten, wie Tätigkeiten in der Forschung und Entwicklung oder Tätigkeiten auf Führungsebene. Hier stellen sich grundlegende Probleme, wie die Frage der Abgrenzung einzelner Arbeitsaufgaben. Diskutiert wird, ob bei diesen Tätigkeiten von (vorgegebenen) Arbeitsaufgaben ausgegangen werden kann oder ob nicht der Prozess der Redefinition der Aufgabe mehr in den Vordergrund rücken muss.

Ebenso sind für den Bereich der expandierenden Dienstleistungsarbeit noch wenige Verfahren entwickelt. Ausnahmen sind etwa die Frankfurt Emotion Work Scales (FEWS; Zapf et al., 1999). Hier geht es um Aspekte der Emotionsregulation bei den Beschäftigten und bei ihren Kundinnen oder Patientinnen.

Entwicklungsbedarfe gibt es weiterhin für die unbezahlte Arbeit, da die Forschungsschwerpunkte der Arbeitspsychologie auf der Erwerbsarbeit liegen. Es gibt bislang wenige Arbeiten, die sich mit der Erfassung von Hausarbeit und ehrenamtlicher Arbeit befassen. Beispielsweise wissen wir wenig darüber, was die ehrenamtliche Arbeit in ihren psychologischen Dimensionen von der Erwerbsarbeit unterscheidet und welche Bedeutung diese Unterschiede für die Betroffenen haben.

Psychologische Arbeitsanalyseverfahren sind aufwendig, daher stellt sich in der betrieblichen Praxis oftmals die Frage, ob sich der Aufwand lohnt. Sie als Psychologin sollten argumentieren können, dass nur mittels psychologischer Arbeitsanalyseverfahren gültige und zuverlässige Aussagen über die Arbeitssituation und das subjektive Erleben der Arbeit möglich sind. Erst deren Ergebnisse erlauben angemessene persönlichkeits- und gesundheitsförderliche Arbeitsgestaltungsvorschläge und Personalentwicklungsmaßnahmen abzuleiten.

Zusammenfassung

In diesem Kapitel haben wir die Analyse und Bewertung von Arbeitstätigkeiten (und Arbeitssystemen) nach definierten Humankriterien behandelt. Eine Arbeitsanalyse ist eine systematische Erhebung von Informationen über die Interaktion von Menschen und Arbeit, um Problemlösungen herbeizuführen. Sie dient vorrangig der persönlichkeits- und gesundheitsförderlichen Arbeitsgestaltung. Der Gegenstand der Arbeitsanalyse ist im Kern die Arbeitstätigkeit. Der Ablauf erfolgt stets vom allgemeinen Überblick zur detaillierten Analyse, Rückmeldung und Erarbeitung von Gestaltungsvorschlägen. Die Verfahren der psychologischen Arbeitsanalyse können danach unterteilt werden, welchen theoretischen Hintergrund und welchen Grad der Standardisierung sie haben, ob sie bedingungs- oder personenbezogen ausgerichtet sind, und sie können anhand ihrer Erhebungsmethoden klassifiziert werden. Bei den Erhebungsmethoden werden Selbsteinschätzungsverfahren mittels Fragebogen und Interviews, Fremdeinschätzung mittels Beobachtung(sinterviews) und beteiligungsorientierte Verfahren mittels Gruppenanalyse unterschieden. Von den zahlreichen Verfahren wurden der JDS und der ISTA anhand von Beispielitems dargestellt. Entwicklungsarbeit besteht u. a. für komplexe geistige Tätigkeiten, für den Dienstleistungsbereich und die unbezahlte Arbeit.

Dunckel, H. (Hrsg.) (1999). *Handbuch psychologischer Arbeitsanalyseverfahren.* Zürich: vdf Hochschulverlag.

Resch, M. (2003). Analyse psychischer Belastungen. *Verfahren und ihre Anwendung im Arbeits- und Gesundheitsschutz.* Bern: Huber.

Ulich, E. (2005). *Arbeitspsychologie* (6., überarbeitete und erweiterte Auflage). Zürich: vdf Hochschulverlag..

Weiterführende Literatur

Reflexionsaufgaben

1. Auf welchen Gegenstand beziehen sich Arbeitsanalyseverfahren?
2. Welche Phasen der Arbeitsanalyse lassen sich unterscheiden?
3. Wodurch unterscheidet sich ein personenbezogenes von einem bedingungsbezogenen Verfahren?
4. Wann würden Sie ein standardisiertes, wann ein unstandardisiertes Verfahren anwenden?
5. Was charakterisiert beteiligungsorientierte Verfahren?

Kapitel 3
Arbeitsgestaltung

Annekatrin Hoppe und Gisela Mohr

Inhaltsübersicht

3.1   Einleitung

Im letzten Kapitel haben wir uns mit der Analyse von Arbeit beschäftigt. Arbeitsanalysen sind kein Selbstzweck, sondern stellen die Grundlage für gezielte Interventionen dar. Wenn über eine Arbeitsanalyse Änderungsbedarf festgestellt wird, stellt sich die Frage: Welche Arbeitsbedingungen können wie verändert werden?

Definition Arbeitsgestaltung

Die Arbeitsgestaltung zählt zu den zentralen Aufgaben von Arbeitspsychologinnen. Ulich (2005) sieht die Hauptaufgabe arbeitspsychologischer Tätigkeit in der Analyse, Bewertung und Gestaltung von Arbeitstätigkeiten nach definierten Humankriterien. Diese Definition ist bereits im ersten Kapitel dieses Fernlehrbriefes erschienen, denn es ist eine Definition der Arbeitspsychologie insgesamt. An dieser Stelle stellt sie nochmals die Zentralität der Arbeitsgestaltung im arbeitspsychologischen Handeln heraus.

Verhältnis- und Verhaltensprävention

Im Kapitel zur Arbeitsanalyse haben wir zwischen bedingungs- und personenbezogenen Arbeitsanalysen unterschieden. Die Arbeitsgestaltung hat einen bedingungsbezogenen Ansatz, wenn sie bei den Umgebungsbedingungen, dem Arbeitsplatz und den Arbeitsmitteln, der Arbeitsaufgabe sowie den organisatorischen Rahmenbedingungen ansetzt (vgl. Kapitel 3.2). Man spricht hier von der **Verhältnisprävention**, die darauf abzielt, die Arbeitssituation insgesamt zu verändern. Sie ist von der **Verhaltensprävention** abzugrenzen, die das Verhalten der Arbeitnehmerinnen, beispielsweise durch die Verbesserung der Stressbewältigung, verändern will (Mohr & Semmer, 2002). Ulich (2005) unterstreicht, dass Organisationen grundsätzlich darum bemüht sein sollten, Verhältnisse zu schaffen, die das Befinden nicht beeinträchtigen und die Gesundheit fördern. Auch das deutsche Arbeitsschutzgesetz von 1996 räumt der Verhältnisprävention Priorität ein (Bundesministerium für Arbeit und Soziales, 1996). Dennoch wird in der Praxis oftmals beim Verhalten der Arbeitnehmerinnen angesetzt (vgl. Bamberg & Busch, 2006). In diesem Kapitel wird aufgezeigt, dass im Idealfall beide Ansätze ineinandergreifen.

In den letzten Jahrzehnten haben zwei theoretische Rahmenmodelle die Forschung und Praxis im Bereich der Arbeitsgestaltung dominiert: der soziotechnische Systemansatz (Emery & Trist, 1960, 1969) und das Job Characteristics Model (Hackman & Oldham, 1976, 1980). Im deutschsprachigen Raum hatte darüber hinaus die Handlungsregulationstheorie einen wesentlichen Einfluss (Hacker, 2005). Alle Ansätze räumen Handlungs- und Entscheidungsspielräumen bei der Arbeit eine hohe Priorität ein und betrachten diese als unabdinglich für die Motivation von Beschäftigten und für eine gesundheitsförderliche Arbeitsgestaltung.

Theoretische Rahmenmodelle

Der soziotechnische Systemansatz geht davon aus, dass ein technisches Teilsystem, seine Arbeitsmittel und Umgebungsbedingungen und ein soziales Teilsystem (der Mensch) mit seinen individuellen Fähigkeiten zusammenwirken. Beide Systeme werden durch die Arbeitsaufgabe miteinander verbunden (Emery & Trist, 1960, 1969). Der soziotechnische Systemansatz betont die Notwendigkeit, eine Aufgabe ganzheitlich unter Berücksichtigung beider Systeme zu gestalten (Morrison, 2005; vgl. Kapitel 2).

Das Job Characteristics Model zeigt auf, welche Kernmerkmale der Arbeit – Anforderungsvielfalt, Ganzheitlichkeit, Bedeutsamkeit der Aufgabe, Autonomie und Rückmeldung aus der Aufgabenerfüllung – mit der Zufriedenheit und der Motivation der Arbeitenden, aber auch mit ihrer Effektivität in Zusammenhang gebracht werden können (Hackman & Oldham, 1976, 1980; vgl. auch Job Diagnostic Survey in Kapitel 2).

Schließlich geht die Handlungsregulationstheorie davon aus, dass sich die Persönlichkeit des Menschen über das Handeln entwickelt, indem der Mensch sequenziell und hierarchisch vollständige Aufgaben bewältigt (Hacker, 2005, vgl. Kapitel 3). Daraus lassen sich Ansatzpunkte und Kriterien für die Arbeitsgestaltung ableiten, die im Folgenden diskutiert werden. Die drei theoretischen Ansätze werden im Verlauf des Kapitels wieder aufgegriffen.

3.2 Ansatzpunkte der Arbeitsgestaltung

Arbeitsgestaltung kann sich auf vier unterschiedliche Bereiche beziehen: Auf die Umgebungsbedingungen, auf Arbeitsplatz und Arbeitsmittel, auf die Arbeitsaufgabe und auf die organisatorischen Rahmenbedingungen.

3.2.1 Umgebungsbedingungen

Zu den Umgebungsbedingungen zählen Lärm, Hitze, räumliche Bedingungen oder die Beleuchtung. Je nach Ausprägung können Umgebungsbedingungen massive Stressoren darstellen (z. B. Lärmbelastung für Arbeiterinnen im Straßenbau oder Belastung durch extreme Hitze für die Köchin eines Restaurants). Die Gestaltung der Umgebungsbedingungen erfolgt in der Praxis meist ausschließlich nach biologisch-medizinischen Kriterien und wird meist von Nachbardisziplinen der Arbeitspsychologie, z. B. der Ergonomie oder Arbeitsmedizin, verfolgt. Arbeitspsychologische Erkenntnisse werden oftmals leider nicht berücksichtigt.

3.2.2 Arbeitsplatz und -mittel

Die Gestaltung eines Arbeitsplatzes umfasst auch die Frage der Arbeitsmittel. Dabei handelt es sich z. B. um Technikgestaltung (Lässt sich eine

Maschine leicht bedienen? Ist die Höhe des Bildschirms am Computerarbeitsplatz richtig eingestellt, um Nackenbeschwerden zu verhindern?).
Somit spielt die Gestaltung der **Schnittstelle Technik und Mensch** eine
Rolle, die Kern des soziotechnischen Systemansatzes ist. Auch bei der
Gestaltung der Arbeitsmittel wird häufig mit Experten aus Nachbardisziplinen kooperiert, die Wissen über Gestaltung der Technik oder körperliche
Gesundheitsbelastungen mitbringen. Wird ein Computerarbeitsplatz dem
menschlichen Körper angepasst, indem ein Ergonom die Tischhöhe an-
passt und den Bildschirm ausrichtet, so sprechen wir von ergonomischer
Arbeitsgestaltung. Dies wird noch nicht als psychologische Arbeitsgestaltung im engeren Sinne betrachtet, da der Gesamtvorgang der Regulation
bei der Aufgabenbewältigung nicht beachtet wird. Allerdings werden
zunehmend Erkenntnisse der psychologischen Grundlagenforschung
umgesetzt. Beispielsweise spielen bei der Gestaltung von Computer-
software Ergebnisse der Forschung über Prozesse der Wahrnehmung
oder Gedächtnisfunktionen eine Rolle. Im Fokus der psychologischen
Arbeitsgestaltung im engeren Sinne steht jedoch die Gestaltung der
Arbeitsaufgabe.

3.2.3   Arbeitsaufgabe

Für die handlungsorientierten Arbeitspsychologinnen (vgl. Hacker, 2005)
ist die Arbeitsaufgabe der Ausgangspunkt psychologischer Tätigkeitsbe-
trachtung. Es wird vom Primat der Arbeitsaufgabe ausgegangen. Dabei
wird der Gesamtvorgang der Regulation bei der Aufgabenbewältigung
betrachtet. Auch der soziotechnische Systemansatz sieht die Aufgabe
als Schnittpunkt zwischen der Organisation und den Arbeitenden. Sie ist
die Grundlage der Arbeitsteilung zwischen Mensch und Maschine. In der
Gestaltung der Arbeitsaufgabe geht es daher um das optimale Verhältnis
von Regulationsmöglichkeiten und -anforderungen, die der Arbeiterin bei
der Ausführung ihrer Tätigkeit zur Verfügung stehen.

Aufgabe

Welche Gestaltungsprinzipien ergeben sich aus der Handlungsregulationstheorie?

3.2.4   Organisatorische Rahmenbedingungen

Zu den organisatorischen Rahmenbedingungen gehören unter anderem
die Arbeitszeit, Pausen bei der Arbeit, Entlohnung und soziale Beziehungen im Arbeitsumfeld. Wenn beispielsweise bei der Gestaltung einer Aufgabe Gruppenarbeit als Merkmal der Arbeitsaufgabe eingeführt wird, dann
werden dadurch auch die organisatorischen Rahmenbedingungen neu
gestaltet, da sich durch die Gruppenarbeit die Bedingungen für soziale

Interaktionen verändern. Auf die wichtige Funktion sozialer Interaktionen zwischen Kolleginnen sowie zwischen Führungskraft und Mitarbeiterin wurde bereits in Fernlehrbrief „Arbeits- und Organisationspsychologie II" eingegangen. Kanning und Staufenbiel (2012) betrachten in ihrem Lehrbuch zur Organisationspsychologie die Themen Führung (Kapitel 1) und Konflikte in Teams (Kapitel 2) näher.

3.3   Strategien der Arbeitsgestaltung

Der Begriff Arbeitsgestaltung legt nahe, dass Arbeitspsychologinnen von Anfang an in die Gestaltung der Arbeitsbedingungen involviert werden. In der Realität bekommen sie diese Aufgabe meistens erst übertragen, wenn die Arbeit und die Arbeitsumgebung bereits von Ingenieurinnen, Informatikerinnen oder Betriebswirtinnen gestaltet wurden, wenn also Maschinen bereits installiert oder Computerarbeitsplätze eingerichtet sind. In einem solchen Fall sprechen wir von der korrektiven Arbeitsgestaltung, bei der Arbeitsbedingungen nachträglich korrigiert werden. Beispielsweise wird nachträglich eine Vorrichtung an den Maschinen montiert, um das Verletzungsrisiko zu reduzieren (Ulich, 2005).

Korrektive Arbeitsgestaltung

Im Idealfall sind Arbeitspsychologinnen jedoch bei der Planung und beim Entwurf von Arbeitstätigkeiten und -abläufen dabei, um mögliche Folgeschäden zu antizipieren und diese bei der Gestaltung der Aufgabe oder den Umgebungsbedingungen zu berücksichtigen. Wenn dies der Fall ist, sprechen wir von präventiver Arbeitsgestaltung, bei der bereits bei der Entwicklung von Maschinen ein Sicherheitssystem eingebaut wird, das Unfälle vermeidet. Nicht umsonst gibt es an manchen technischen Hochschulen Studiengänge, in denen Ingenieurinnen beim Entwurf von Maschinen oder Informatikerinnen bei der Softwaregestaltung mit psychologischen Fachbereichen kooperieren. Die präventive Arbeitsgestaltung fokussiert vor allem auf den Gesundheitsschutz und die Prävention von Gesundheitsrisiken (Ulich, 2005).

Präventive Arbeitsgestaltung

Bei der differenziellen Arbeitsgestaltung werden den Beschäftigten jeweils für sie spezifische Aufgabenerfüllungsmöglichkeiten angeboten. Die Arbeitsanforderungen sind so zu gestalten, dass sie den persönlichen (differenziellen) Besonderheiten gerecht werden. Durch differenzielle Arbeitsgestaltung werden interindividuelle Unterschiede berücksichtigt. Ein Beispiel ist die Sprachausgabe am Computer für Sehbehinderte.

Differenzielle Arbeitsgestaltung

Bei der prospektiven Arbeitsgestaltung wird die Arbeitsaufgabe in der Planungsphase so konzipiert, dass man eine Anpassung an die Fähigkeiten der Beschäftigten berücksichtigt. Das heißt, eine Person soll nicht auf einer Entwicklungsstufe bleiben, die sie bei Eintritt in den Beruf erreicht hat, sondern sich durch die Arbeitstätigkeit weiterentwickeln kön-

Prospektive Arbeitsgestaltung

nen. Die Forderung nach persönlichkeitsförderlicher Arbeit, wie sie die Handlungsregulationstheorie vorschreibt, oder die Anwendung von neu erlerntem Wissen, wie im Job Characteristics Model angestrebt, liegen hier zugrunde. Ein Softwareprogramm, bei dem sich die Hilfsmenüs nach der Einarbeitung entfernen lassen oder wiederkehrende Befehlsabfolgen durch ein „Shortcut" ersetzt werden können, eröffnet der Benutzerin Lernmöglichkeiten. Eine so gestaltete Arbeitsanforderung lässt zu, dass eine Person sich nicht langweilt, wenn sie die Anfangsaufgabe beherrscht, sondern sich zu neuen Schwierigkeitsgraden hin entwickeln kann. Von den Motivationstheorien wie der Zielsetzungstheorie wissen wir, dass vor allem Aufgaben, die hohe – jedoch nicht zu hohe – Anforderungen stellen, motivierend sind (vgl. das Kapitel 7 zur „Motivation" in Kanning & Staufenbiel, 2012). Eine prospektive Arbeitsgestaltung stellt sicher, dass dies über das Arbeitsleben hinweg geschieht und Arbeit somit die Persönlichkeitsentwicklung fördert. Generell schließen sich die verschiedenen Strategien der Arbeitsgestaltung nicht aus, sondern sollten vielmehr in Kombination angewandt werden.

Strategien der Arbeitsgestaltung (in Anlehnung an Ulich, 2005)

- **Korrektiv:** Korrektur erkannter Mängel
- **Präventiv:** vorwegnehmende Vermeidung gesundheitlicher Schädigungen oder Beeinträchtigungen
- **Differenziell:** Berücksichtigung interindividueller Unterschiede
- **Prospektiv:** Schaffung von Möglichkeiten der Persönlichkeitsentwicklung

---

3.4   Kriterien humaner Arbeitsgestaltung

Bereits im vorherigen Kapitel zur Arbeitsanalyse wurde die Bedeutung der Humankriterien bei der Analyse der Arbeitsbedingungen hervorgehoben. Worauf sollten Sie als Psychologin achten, wenn Sie die Arbeit in einem Betrieb nach den Kriterien menschengerechter Arbeit gestalten?

Menschengerechte
Arbeit

Hacker und Richter (1980) haben folgende Bewertungskriterien für eine humane Arbeitsgestaltung aufgestellt:

1. **Ausführbarkeit**: Arbeit ist zuverlässig, forderungsgerecht und langfristig ausführbar, einschlägige Normwerte werden eingehalten (z. B.: maximales Gewicht einer zu hebenden Last),
2. **Schädigungslosigkeit**: Arbeit ist dauerhaft ohne Schäden ausführbar (z. B.: MAK-Werte, d. h. die maximal zulässige Arbeitsplatzkonzentration, oder BAT-Werte, Biologische Arbeitsstofftoleranzwerte, werden nicht überschritten),
3. **Beeinträchtigungsfreiheit**: Arbeit ist ohne psychische und somatische Beeinträchtigungen ausführbar,
4. **Persönlichkeitsförderlichkeit**: Arbeit fördert die Entwicklung von Fähigkeiten.

Nach diesem Modell soll Arbeit ausführbar sein, sie soll ohne gesundheitliche Schädigung erledigt werden können und das psychische und physische Befinden der Arbeiter nicht beeinträchtigen (präventive Arbeitsgestaltung). Eine humane Arbeitsgestaltung geht jedoch über diese drei Kriterien hinaus. Sie soll zusätzlich persönlichkeitsförderlich sein, d. h. die Arbeit soll die Fähigkeiten und das Wissen der Arbeitenden fördern und weiter entwickeln (prospektive Arbeitsgestaltung). Dies ist sicherlich das anspruchsvollste Kriterium der humanen Arbeitsgestaltung, das in der Praxis oftmals nicht realisiert wird. Es ist jedoch die Aufgabe der Psychologin, die Persönlichkeitsförderlichkeit in die Gestaltung von Arbeitstätigkeiten zu integrieren, um im Sinne der prospektiven Arbeitsgestaltung sowohl eine Weiterentwicklung individueller Fähigkeiten als auch eine gesundheitsförderliche Arbeit zu gewährleisten. Das Modell regt dazu an, bei der Arbeitsgestaltung sicherzustellen, dass die Bedingungen der unteren Ebenen, wie der Ausführbarkeit und der Schädigungslosigkeit, gewährleistet sind. Das heißt allerdings keineswegs, dass Sie sich nicht um eine persönlichkeitsförderliche Gestaltung bemühen können, solange die Umgebungsbedingungen noch nicht optimal gestaltet sind. Das folgende Beispiel zeigt einen Versuch, in der Automobilproduktion die Arbeit lernförderlich zu gestalten.

Persönlichkeitsförderliche Aufgaben

Beispiel: Modellprojekt Auto 5000

In einem Modellprojekt im Jahr 2002 führte Volkswagen für die Produktion des Mini-Van Touran bei der Fabrikgestaltung eine neue Organisation der Arbeitsprozesse mit einem hohen Anteil an eigenverantwortlicher Arbeit ein. Neben arbeitsmarktpolitischen Zielen sollte das Projekt folgende Ziele der Arbeitsgestaltung erfüllen: abwechslungsreiche und ganzheitliche Aufgaben durch Aufgabenerweiterung, die Einführung von Gruppenarbeit mit erweiterten Handlungs- und Entscheidungsspielräumen und ein lernförderliches Qualifizierungsprogramm. Die Evaluation nach dem ersten Jahr zeigte, dass die Produktion weiterhin vornehmlich durch Fließbandfertigung mit kurzen Taktzeiten und Arbeitszyklen erfolgte. Allerdings bestanden durch Pufferzeiten Möglichkeiten zur Fehlerbeseitigung. In den Teams rotierten die Arbeiterinnen zwischen Arbeitsplätzen und erhielten zum Teil weitere Verantwortlichkeiten durch Wartungs- und Instandhaltungsaufgaben. Die Teams waren weitgehend selbst organisiert mit Teammeetings für Informationsaustausch, gemeinsame Problemlösung und Arbeitseinsatzplanung. Parallel zur Arbeit fand ein wöchentliches Qualifizierungsprogramm statt. Die Betriebsingenieurinnen der ersten Führungsebene erhielten ebenfalls erweiterte Aufgaben. Sie übernahmen Verantwortung in der Personalentwicklung, der technischen Planung und Budgeteinhaltung. Die Mitbestimmungsmöglichkeiten blieben insgesamt jedoch begrenzt. Die organisatorischen Rahmenbedingungen beinhalteten gesonderte Lohn- und Arbeitszeitverträge (Schumann, Kuhlmann, Sanders & Sperling, 2005).

3.5   Konzepte der Aufgabenerweiterung

Im Modellprojekt Auto 5000 wurden einige Konzepte der Aufgabenerweiterung umgesetzt, die wir nun genauer betrachten. Im Taylorismus wurde die Teilung einer Aufgabe in ihre kleinsten Bestandteile zum Ziel der Arbeitsgestaltung erhoben. Damit sollte erreicht werden, dass die Arbeitnehmerinnen möglichst wenig qualifiziert werden mussten und eine Aufgabe bereits nach kurzer Einweisung übernehmen konnten. Die Idee des Taylorismus findet sich heute in der Fließbandfertigung wieder. In den 1960er Jahren gewannen Konzepte der Aufgabenerweiterung an Bedeutung, die der Taylorisierung entgegenwirken sollten (vgl. Ulich, 2005). Es handelt sich dabei um:

- Job rotation,
- Job enlargement,
- Job enrichment und
- teilautonome Arbeitsgruppen.

Job rotation

Job rotation ist ein geplanter Arbeitsplatzwechsel. Dabei rotieren Mitarbeiterinnen nach eigener Initiative oder nach einem festgelegten System zwischen Arbeitsplätzen, die aus jeweils einer Teiltätigkeit bestehen. Beispielsweise wechseln sich die Arbeiterinnen im Lager zwischen der Verpackung der Kosmetikprodukte in Halle A und der Verpackung der Waschlotionen in Halle B ab. Auch die Arbeiterinnen im Modellprojekt Auto 5000 rotierten zwischen zwei Arbeitsplätzen. Die Vorteile der „Job rotation" bestehen in einer Verminderung von Monotonie und einseitiger Belastung bei den Arbeitenden und einer größeren Flexibilität beim Arbeitseinsatz. Sinnvoll ist dieser Ansatz jedoch nur, wenn die Tätigkeiten so verschieden sind, dass grundlegend verschiedene Muskelgruppen beansprucht werden oder Monotonie tatsächlich reduziert wird. Letztlich werden in einem Rotationsprinzip weiterhin partialisierte Tätigkeiten ausgeführt.

Job enlargement

Job enlargement bedeutet die Erweiterung der Tätigkeit auf horizontaler Ebene. Das heißt, es kommen weitere Aufgaben des gleichen Anspruchsniveaus hinzu, so dass ein Arbeitsplatz aus mehreren Teiltätigkeiten besteht. Es können beispielsweise zwei oder mehr partialisierte Jobs wieder zusammengeführt werden, um einseitiger körperlicher Beanspruchung und Monotonie durch Abwechslung entgegenzuwirken. Mit Job enlargement können positive Effekte erzielt werden: Eine der bekanntesten Studien wurde 1944 bei IBM durchgeführt, bei der der Job der Maschinenbedienerin um die Aufgabe der Vorbereitung und der Qualitätskontrolle erweitert wurde. Die Arbeiterin bediente somit nicht nur die Maschine, sondern bereitete diese für die Produktion vor und überprüfte die Qualität des Produkts auf Fehler. Job enlargement führte hier zur Reduktion von Ausschuss und der Maschinenleerlaufzeit sowie zu einer erheblichen Reduzierung der Wartungszeiten für die Maschinen (Parker & Wall, 1998). Auch in dem Modellprojekt Auto 5000 fand Job enlargement statt, indem Arbeiterinnen Wartungs- und Instandhaltungsaufgaben erhielten.

Beispiel

Fabian war bisher für die Aufnahme von Bestellungen zuständig. Seine Kollegin brachte die Getränke, eine weitere Kollegin das Essen und ein vierter Kollege war für das Abräumen zuständig. Ihnen als Psychologin ist klar, dass diese partialisierten Aufgaben nicht persönlichkeitsförderlich sind. Sie vermuten auch, dass vollständigere Aufgaben die Fehlerquote verringern würden, da Ihnen aus der Handlungsregulationstheorie bekannt ist, dass bei vollständigen Aufgaben die eigenen Handlungen kontrolliert werden. Wie könnten Sie das Aufgabenspektrum von Fabian nach den Konzepten der Job rotation und des Job enlargements verändern, um sequenziell vollständigere Aufgaben zu schaffen?

Job rotation und Job enlargement sind als frühe Ansätze der Arbeitsgestaltung hoch zu werten, beinhalten allerdings keine wesentlichen Anforderungserhöhungen, da die zusätzlich übernommenen Arbeiten sich auf der gleichen Regulationsebene befinden. Auch das Job Characteristics Model fordert Anforderungsvielfalt auf unterschiedlichen Ebenen zur Erhöhung der Arbeitszufriedenheit. Job-Rotation- und Job-Enlargement-Ansätze sind somit allenfalls geeignet, um Monotonie und einseitige körperliche Belastungen zu vermindern – als korrektive Strategie der Arbeitsgestaltung!

Job enrichment und teilautonome Arbeitsgruppen sind auch mit einer Erweiterung der psychischen Anforderungen und des Handlungsspielraums verbunden. Job enrichment kann auf zweierlei Art stattfinden: Einerseits über die Erweiterung der Verantwortung und Entscheidungsfreiheit, die vorher Aufgabe der Vorgesetzten war. Andererseits, indem andere Aufgaben mit mehr Anforderungen übertragen werden, so dass vielseitige Fähigkeiten verwendet werden müssen.

Job enrichment

Aufgabe

Im Modellprojekt Auto 5000 fand Job enrichment u. a. durch die Ermöglichung gemeinsamer Problemlösung im Team statt. Überlegen Sie sich: Wie könnte Job enrichment für Fabian im Café Carpe Diem aussehen?

Teilautonome Arbeitsgruppe

Beim Konzept der teilautonomen Arbeitsgruppe geht es um die Gestaltung vollständiger Aufgaben für eine Arbeitsgruppe. Die theoretische Grundlage hierfür wird nachfolgend erklärt. Im Abschnitt 3.7 finden Sie die Einordnung der teilautonomen Arbeitsgruppe in verschiedene Konzepte betrieblicher Gruppenarbeit.

3.6 Ziel der Arbeitsgestaltung – eine vollständige Aufgabe

Das Ziel heutiger Arbeitsgestaltung ist es, eine möglichst vollständige Arbeitsaufgabe zu vergeben. Im Idealfall weist sie sowohl sequenzielle als auch hierarchische Vollständigkeit auf. Eine Handlung ist sequenziell vollständig, wenn in ihr der gesamte Handlungszyklus abgedeckt ist, d. h. es kommt sowohl zu Zielbildungs-, Planungs- und Ausführungsprozessen als auch zu Kontrollprozessen. Eine Handlung ist hierarchisch vollständig, wenn die verschiedenen Regulationsebenen zum Einsatz kommen, d. h. nicht nur die sensumotorische Regulationsebene, sondern auch höhere Ebenen, wie die intellektuelle Regulationsebene. Bei hierarchisch unvollständigen Aufgaben fehlen entweder die Möglichkeiten für eigene Zielsetzung, eigenes Entscheiden, die Entwicklung individueller Arbeitsweisen oder die Gelegenheit zur Rückmeldung. Dahingegen kann bei einer hierarchisch vollständigen Aufgabe eine Arbeiterin die Teilschritte planen, die für die Ausführung einer Aufgabe notwendig sind. Mit zunehmender Komplexität steigt die Notwendigkeit von Planungs- und Kontrollprozessen und die geistigen Anforderungen der Tätigkeit steigen – Lernmöglichkeiten nehmen zu. Im Modellprojekt Auto 5000 war durch die fließbandgebundene Fertigung die Entwicklung individueller Arbeitsweisen und Entscheidung über alternative Arten der Aufgabenerfüllung behindert. Damit waren hierarchisch vollständige Aufgaben nicht gegeben. Dass vollständige Handlungen die Arbeitszufriedenheit von Beschäftigten erhöhen und die Qualität der Arbeit verbessern können, zeigt uns folgendes Beispiel aus der Krankenpflege.

Vollständige Aufgaben in der Krankenpflege

Beispiel

Die Arbeitsteilung auf einer Krankenhausstation orientiert sich in der Regel an der funktionsbezogenen Arbeitsteilung. Dies zeigt sich darin, dass einzelne Tätigkeiten an jeder Patientin nacheinander ausgeführt werden – ein Rundgang zum Bettenmachen, einer zur Medikamentengabe usw. Dabei ist jede Krankenschwester für eine bestimmte Teiltätigkeit zuständig. In einer quasi-experimentellen Studie mit 17 Stationen in drei Krankenhäusern wurde auf vier Stationen die Bereichspflege im Sinne der ganzheitlichen Pflege mit vollständigen Aufgaben eingeführt. Damit war jede Pflegekraft für einen räumlich festgelegten Bereich mit einer bestimmten Anzahl von Patientinnen für die gesamte pflegerische Versorgung und Betreuung zuständig. Die Pflegekräfte dieser vier Stationen (n = 32) berichteten, dass sie mehr Informationen zu den sozialen und medizinischen Hintergründen der Patientinnen hatten als die Pflegekräfte auf Stationen mit Funktionspflege (n = 75). Sie erkannten Bedürfnisse der Patienten und konnten Vertrauen und Akzeptanz aufbauen. Die Qualität der Pflege verbesserte sich. Die Pflegekräfte berichteten verbesserte Arbeitszufriedenheit und einen Rückgang arbeitsbezogener Stressoren wie Zeitdruck. Gleichzeitig nahmen jedoch emotionale Anforderungen zu, möglicherweise durch die engere Bindung zu den Patienten (Büssing & Glaser, 1999).

3.7 Gruppenarbeit

Es gibt verschiedene Formen der Gruppenarbeit. Antoni (2004) klassifiziert Gruppenarbeit danach, ob die Arbeitsgruppe temporär besteht oder dauerhaft in die Organisationsstruktur integriert ist. Er unterscheidet Projektgruppen, Qualitätszirkel, Fertigungsteams und teilautonome Arbeitsgruppen.

3.7.1 Projektgruppen

Bei Projektgruppen handelt es sich um temporäre Gruppen aus Experten verschiedener Arbeitsbereiche, die einmalig einen vom Management vorgegebenen, komplexen Arbeitsauftrag bearbeiten. Die Merkmale des Projekts sind einmalige Rahmenbedingungen, eine Zielvorgabe, zeitliche, finanzielle und personelle Begrenzungen. Die Projektgruppe lässt sich von anderen Vorhaben abgrenzen und kann parallel zur laufenden Arbeit stattfinden.

Temporäre Formen der Gruppenarbeit

Beispiel

Im Café Carpe Diem initiierte das Management eine Projektgruppe, um das Abendmenü besser auf die Kunden abzustimmen. Es überträgt dabei der Küchenchefin, dem Sommelier und Fabian die Aufgabe, ein Menü mit weniger, dafür aber ausgewählteren Gerichten zu erstellen, die Elemente der Nouvelle Cuisine aufgreifen.

3.7.2 Qualitätszirkel

Qualitätszirkel sind kleine moderierte Gruppen mit Beschäftigten unterschiedlicher Bereiche der unteren Hierarchieebene, die sich regelmäßig und auf freiwilliger Grundlage treffen, zumeist auch nur für einen begrenzten Zeitraum. In den Qualitätszirkeln werden Probleme aus dem eigenen Arbeitsbereich bearbeitet mit dem Ziel, die Arbeitsqualität zu verbessern. Dies kann die Identifikation und Analyse bestehender Probleme umfassen, die Entwicklung von Lösungsvorschlägen und die Erfolgskontrolle.

3.7.3 Fertigungsteams

In Fertigungsteams ist die Arbeit nach tayloristischen Prinzipien, wie kurzen Arbeitszyklen und partialisierten Aufgaben, standardisiert. Sie stellen eine dauerhaft integrierte Form der Gruppenarbeit dar. Durch Job rotation können die einzelnen Arbeiterinnen verschiedene Teiltätigkeiten ausführen. Die Aufgaben bleiben jedoch sequenziell und hierarchisch unvollständig. Die Koordination erfolgt über die Meister. Diese Art der Arbeitsorganisation

Toyotismus

wird auch als Toyotismus bezeichnet, da sie für das Konzept der japanischen Arbeitsgruppen bei Toyota typisch ist.

3.7.4   Teilautonome Arbeitsgruppen

Weber (1997, S. 48) definiert teilautonome Gruppenarbeit als ein Prinzip der gemeinsamen Arbeitsorganisation, bei dem mehrere Arbeitende in einer räumlich und organisatorisch abgegrenzten Produktionseinheit eine gemeinsame Aufgabe ausführen. Diese Aufgabe dient der Herstellung eines gemeinsamen (Teil-)Produkts und lässt sich in Teilaufgaben unterteilen, die in gemeinsamer Verantwortung dauerhaft übertragen werden.

Beispiel

Bei Fabian im Café Carpe Diem liegt, obwohl er mit seinen Kolleginnen interagiert, keine teilautonome Gruppenarbeit vor. Es wird kein gemeinsam gesetztes Ziel verfolgt und es wird auch nicht unmittelbar zusammen gearbeitet, sondern es werden partialisierte Aufgaben ausgeführt.

Teilautonome Gruppenarbeit und vollständige Aufgabe

Erst in teilautonomer Gruppenarbeit werden vollständige Aufgaben ausgeführt. Die Arbeitenden organisieren ihre Arbeit selbst in einer abgegrenzten Produktionseinheit. Die gemeinsame Aufgabe, z. B. die Herstellung der Innenausstattung eines Sportwagens, wird in mehrere Teilaufgaben unterteilt. Die Arbeitsgruppe bestimmt gemeinsam über die Koordination der Arbeitsabläufe sowie ihre Rollen, Funktions- und Ressourcenverteilung innerhalb ihrer Produktionseinheit. Neben Ausführungstätigkeiten werden an die Arbeiterinnen auch Planungs-, Instandhaltungs- sowie Kontrollaufgaben übertragen. Im Idealfall kann in teilautonomen Arbeitsgruppen jedes Mitglied mehrere strukturell verschiedenartige Teilaufgaben ausführen (Weber, 1997). In der Automobilproduktion findet sich teilautonome Gruppenarbeit häufig in Montageinseln, bei denen alle Maschinen und Arbeiterinnen räumlich zusammengeführt werden. Im Modellprojekt Auto 5000 war ein grundsätzlicher Anspruch der teilautonomen Gruppenarbeit, die Entscheidung über die Art der Aufgabenerfüllung, nicht erfüllt. Damit wurde das Modell der teilautonomen Gruppenarbeit nicht realisiert.

Diese verschiedenen Formen der Gruppenarbeit machen deutlich: Gruppenarbeit ist nicht gleich Gruppenarbeit. Es ist stets zu prüfen, um welche Variante der Gruppenarbeit es sich jeweils handelt. Nach Weber (1997) enthalten nur teilautonome Arbeitsgruppen vollständige Arbeitsaufgaben.

3.8   Wirkungen positiver Arbeitsgestaltung

Positive Wirkungen vollständiger Arbeit

Eine vollständige Arbeitsaufgabe wirkt sich positiv auf die Qualität der Arbeit, auf die Persönlichkeitsentwicklung und die Gesundheit der Mitarbeiterinnen aus. Abbildung 3 macht deutlich, dass eine partialisierte Aufgabe, die ausschließlich aus dem Bearbeiten, also der Ausführung, einer Tätigkeit besteht, mit hohen Arbeitsunfähigkeitstagen einhergeht (Hacker, 2005). Die Arbeitsunfähigkeitstage sinken gravierend, wenn eine weitere Tätigkeit mit verschiedenen Anforderungen ausgeführt wird.

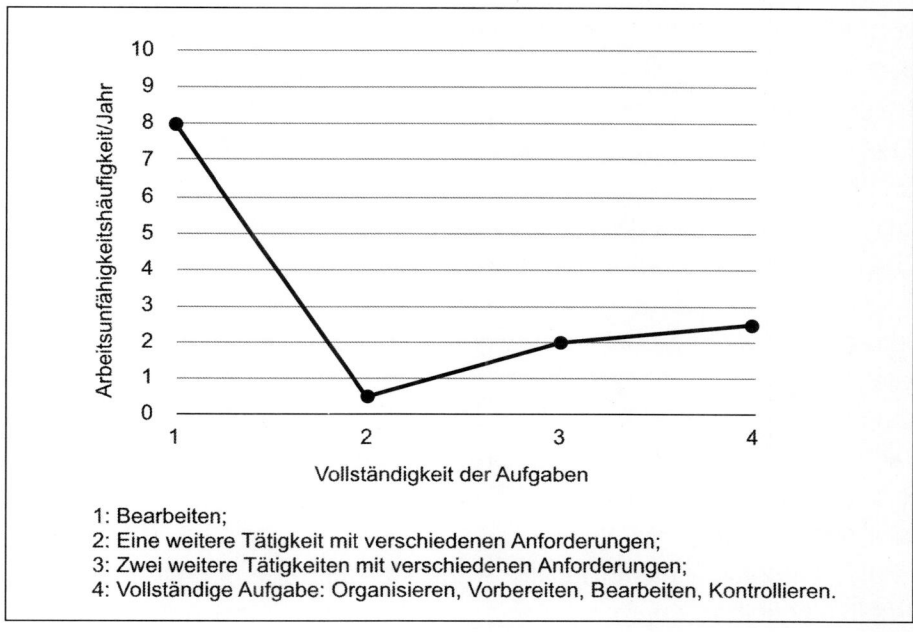

1: Bearbeiten;
2: Eine weitere Tätigkeit mit verschiedenen Anforderungen;
3: Zwei weitere Tätigkeiten mit verschiedenen Anforderungen;
4: Vollständige Aufgabe: Organisieren, Vorbereiten, Bearbeiten, Kontrollieren.

Abbildung 3: Zusammenhang zwischen Vollständigkeit der Aufgaben und Arbeitsunfähigkeit (vgl. Hacker, 2005, S. 805)

Studien mit Produktionsarbeiterinnen zeigen, dass vollständige Aufgaben im Vergleich zu partialisierten mit höherer Arbeitszufriedenheit und mehr Leistung einhergehen. Bei vollständigen Aufgaben besteht die Möglichkeit, Fähigkeiten anzuwenden und weiterzuentwickeln, weil die Aufgaben Rückmeldungen über das Arbeitsergebnis enthalten. Damit besteht die Möglichkeit der Persönlichkeitsentwicklung. Gleichzeitig können die Arbeiterinnen besser auf Fehler reagieren und technische Probleme im Produktionsprozess eher antizipieren. Dies führt zu einer qualitativ besseren und höheren Produktivität für das Unternehmen bei gleichzeitig höherer Arbeitszufriedenheit bei den Arbeiterinnen (vgl. Morrison, Cordery, Girardi & Payne, 2005).

Gruppenarbeit ermöglicht im günstigen Fall die Bewältigung vollständiger Aufgaben und kann dementsprechend zum einen die Produktivität und Qualität der Arbeit verbessern, zum anderen Persönlichkeits- und Gesundheitsförderung realisieren. Mehrere Studien aus der Pflege zeigen, dass Gruppenarbeit das Wissen über Patienten fördert, Entscheidungsprozesse unterstützt und Fehler reduziert (Borrill, West, Shapiro & Rees, 2000; West & Borrill, 2006). Beeindruckend sind die Ergebnisse einer Studie von West und Kollegen (West, Dawson, Guthrie, Borrill & Carter, 2006). Sie untersuchten den Einfluss von Gruppenarbeit als Element eines

Positive Wirkungen von Gruppenarbeit

guten Human Resource Management auf die Qualität der Pflege in britischen Krankenhäusern. Die Ergebnisse zeigen, dass die Mortalitätsrate der Patienten mit der zunehmenden Einführung von Gruppenarbeit sinkt.

Zu teilautonomen Arbeitsgruppen gibt es eine Reihe von Evaluationsstudien, die überwiegend in den 1980er und 1990er Jahren durchgeführt wurden. In einer Studie aus dem Jahr 2003 evaluierten Krause und Dunckel die Einführung teilautonomer Gruppenarbeit in 33 Teams bei der Straßen- und Gehwegreinigung einer deutschen Großstadt. Sie fanden, dass sich die Leistung und Arbeitszufriedenheit der Beschäftigten nach Einführung der teilautonomen Gruppenarbeit erhöhte. Darüber hinaus stieg die Zufriedenheit der Kunden mit der Sauberkeit, was als Merkmal der Qualitätsverbesserung gewertet werden kann (Krause & Dunckel, 2003).

Evaluationsstudien zu teilautonomen Arbeitsgruppen

Betrachtet man insgesamt die Evaluationsstudien und Metaanalysen zu teilautonomer Gruppenarbeit, so sind die Ergebnisse zu den Wirkungen eher inkonsistent. Dies ist vor allem auf die schwer kontrollierbaren Rahmenbedingungen zurückzuführen (Bamberg & Busch, 2006). Am ehesten wurden noch positive Effekte zur Produktivitätssteigerung und zur Arbeitszufriedenheit gefunden (Nerdinger et al., 2008). Gruppenarbeit ist persönlichkeitsförderlich, wenn eine Gruppenarbeiterin in ihrer Arbeitstätigkeit in einem ausgewogenen Verhältnis von Anforderungen und Fähigkeiten auf lange Sicht arbeiten kann.

Zusammenfassung

Wir haben in diesem Kapitel die Arbeitsgestaltung als eine der zentralen Aufgaben von Arbeitspsychologinnen behandelt. Mit dem Ziel der Verhältnisprävention verfolgt sie einen bedingungsbezogenen Ansatz. Dabei soll primär die Arbeitsaufgabe, aber auch Umgebungsbedingungen, Arbeitsplatz und -mittel sowie die organisatorischen Randbedingungen gesundheits- und persönlichkeitsförderlich gestaltet werden. Im Zentrum psychologischer Arbeitsgestaltung steht immer die Arbeitsaufgabe. Eine humane Arbeitsgestaltung verhindert mit korrektiven und präventiven Strategien nicht nur gesundheitliche Schäden und Befindensbeeinträchtigungen, sie sollte vielmehr im Sinne der prospektiven Arbeitsgestaltung persönlichkeitsförderlich sein. Eine Erweiterung der Arbeitsaufgabe durch sequenziell und hierarchisch vollständige Aufgaben gewährleistet dieses Ziel. Sie wird durch Job rotation, Job enlargement und Job enrichment angestrebt. Doch erst bei teilautonomer Gruppenarbeit, bei der die Arbeitsgruppe ein gemeinsames Ziel verfolgt und über die Koordination der Arbeitsabläufe, Funktions- und Ressourcenverteilung entscheidet, werden vollständige Aufgaben auch tatsächlich ausgeführt. Eine Arbeitsgestaltung nach diesen Kriterien kann dazu beitragen, die Qualität der Arbeit und die Produktivität zu erhöhen sowie die Gesundheit und Arbeitszufriedenheit der Mitarbeiterinnen zu fördern.

Antoni, C. H. (2004). Gruppen- und Teamarbeit in der Industrie: Erfahrungen und Konsequenzen für die Gestaltung. In C. O. Velmertig, K. Schattenhofer & C. Schrapper (Hrsg.), *Teamarbeit: Konzepte und Erfahrungen – eine gruppendynamische Zwischenbilanz* (S. 45–58). Weinheim: Juventa.

Ulich, E. (2005). *Arbeitspsychologie* (6. überarbeitete u. erweiterte Aufl.). Zürich: vdf Hochschulverlag.

Ulich, E. (2010). Aufgabengestaltung. In U. Kleinbeck & K. H. Schmidt (Hrsg.), *Arbeitspsychologie* (Enzyklopädie der Psychologie, Serie Wirtschafts-, Organisations- und Arbeitspsychologie, Bd. 1, S. 581–622). Göttingen: Hogrefe.

Weiterführende Literatur

Reflexionsaufgaben

1. Was bedeutet Verhältnisprävention?
2. Was zeichnet psychologische Arbeitsgestaltung aus?
3. Welche Strategien der Arbeitsgestaltung sind Ihnen bekannt?
4. Warum werden mit Job rotation und Job enlargement noch keine vollständigen Aufgaben gestaltet?

Kapitel 4
Demografische Entwicklung, Arbeit und Alter

Kathleen Otto und Gisela Mohr

Inhaltsübersicht

4.1   Einleitung

Nachdem Sie nunmehr ein breitgefächertes Wissen über zentrale Fragestellungen der Arbeitspsychologie ausgehend von der historischen Entwicklung der Arbeit über deren Wirkungen bis hin zu Möglichkeiten ihrer Gestaltung erworben haben, sollen diese Kenntnisse auf eine besondere Gruppe am Arbeitsmarkt, nämlich die der älteren Beschäftigten, angewendet werden.

Ältere Beschäftigte

Aufgabe

Bitte versuchen Sie sich zunächst erst einmal die folgende Frage selbst zu beantworten: Ab wann sind Sie zu alt, um der Tätigkeit einer Psychologin nachzugehen?

Gegenwärtig beschäftigen mehr als 40 % aller Unternehmen keine Personen über 50 Jahre (vgl. Brussig, 2005). Die Anzahl der verfügbaren Arbeitskräfte im Alter von 55 Jahren und mehr wird jedoch in Deutschland in den nächsten Jahren stark ansteigen. Gegenwärtig ergibt sich folgendes Bild bezogen auf die Bevölkerungszusammensetzung: 36,3 % der Bevölkerung in Deutschland sind zwischen 25 und 49 Jahre, 18,4 % zwischen 50 und 64 Jahre und 19,8 % über 65 Jahre alt (Eurostat, 2010). Aktuelle Prognosen lassen erwarten, dass die Zahl der 55- bis 64-Jährigen bis zum Jahr 2020 in Deutschland um rund 40 % zunehmen wird (Bellmann, Kistler & Wahse, 2007).

Bevölkerungs-
zusammensetzung

Drei Faktoren kommt dabei eine zentrale Rolle zu: anhaltend niedrige Geburtenrate, eine hohe Lebenserwartung und alternde geburtenstarke Jahrgänge. Die klassische Alterspyramide verändert sich zu einer Kegelstruktur (vgl. Abb. 4).

Die bereits jetzt begonnene Verschiebung der Alterspyramide wird sich in den nächsten Jahren weiter verstärken. Im Jahr 2050 wird gar jede dritte Person 60 Jahre oder älter sein (Promberger & Wübbeke, 2006).

Während des Europäischen Rates 2001 in Stockholm wurde als Ziel eine Beschäftigungsquote für ältere Beschäftigte (55 bis 64 Jahre) von 50 % bis zum Jahr 2010 festgelegt. Maßnahmen sollten auf geeignete finanzielle Anreize für ein längeres Erwerbs eben, Strategien für lebenslanges Lernen und bessere Arbeitsqualität abzielen (vgl. Eurostat, 2010).

Beschäftigungs-
quote älterer
Beschäftigter

Die tatsächliche Beschäftigungsquote älterer Personen (55 bis 64 Jahre) belief sich 2007 in der EU auf 44,7 %, was eine erhebliche Verbesserung der entsprechenden Quote von 2001 (37,7 %) darstellt. Auch für Deutschland gab es einen Zuwachs von 38,9 % im Jahr 2002 auf 51,5 % im Jahr 2007. Während jedoch die Beschäftigungsquote für Deutschland über

dem Wert der EU liegt, gilt dies leider auch für die Erwerbslosenquote
(Arlt, Dietz & Walwei, 2009). Das heißt, wir haben nicht nur mehr ältere
Personen in Beschäftigung, sondern auch mehr ältere Erwerbslose (vgl.
Kapitel 1).

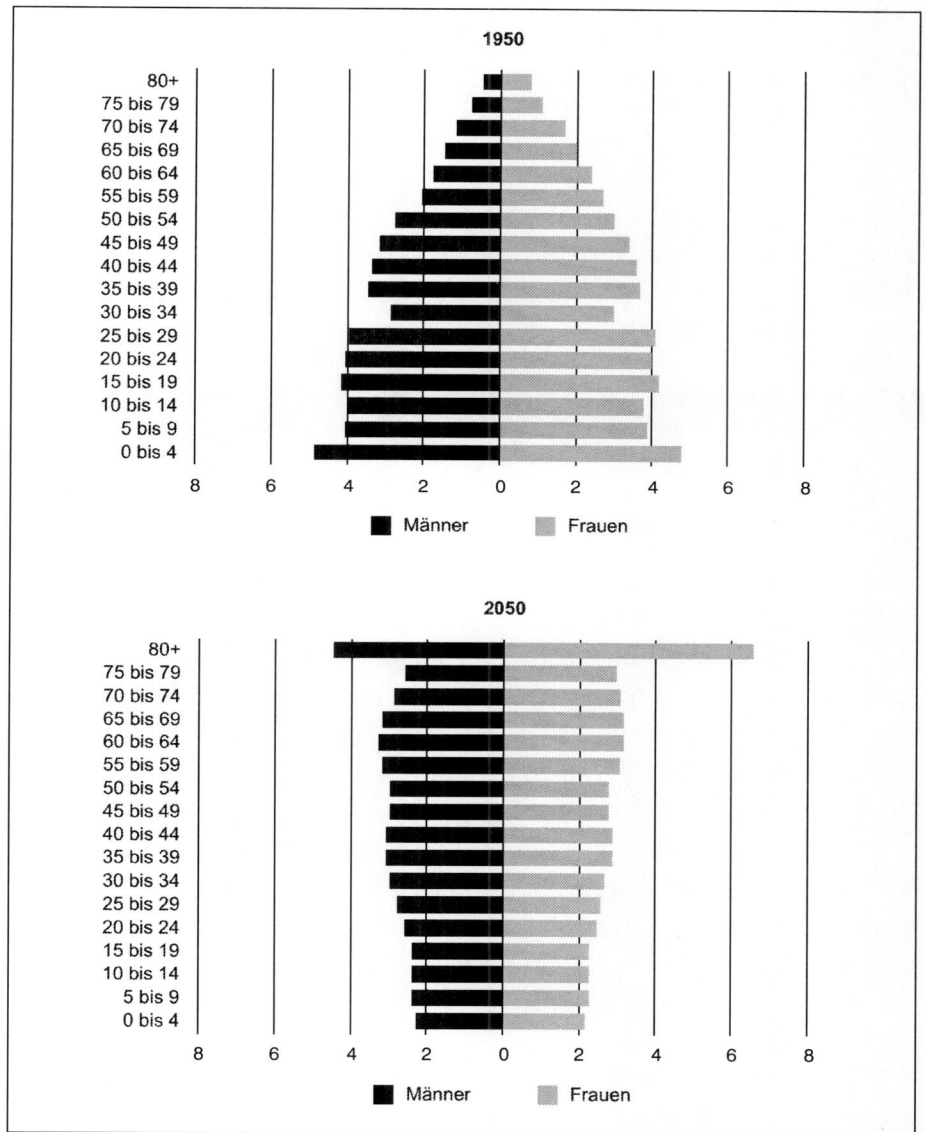

Abbildung 4: Erwartete Verschiebung der Alterspyramide in der EU, angegeben in Prozent der
Gesamtbevölkerung (Eurostat, 2010, S. 167)

Abschließend lässt sich feststellen, dass das künftige Arbeitskräfteange-
bot immer geringer und die Arbeitskräfte zugleich immer älter werden.
Dies gilt auch dann, wenn von einem jährlichen Nettozuzug von insgesamt
100 000 Ausländerinnen (gesamte Bevölkerung, nicht nur Arbeitskräfte)
ausgegangen wird (Fuchs, Hummel & Zika, 2009). Was bedeuten diese
Veränderungen nun für die Zukunft der Arbeit? Um die besondere Bedeutung des Alters für das Erwerbsleben soll es in den nächsten Abschnitten
dieses Kapitels gehen.

4.2 Ältere Beschäftigte

Beispiel

Fabian ist sich im Klaren darüber, dass der Job als Kellner für ihn kein Job auf Dauer sein kann. Er plagt sich mit dem Gedanken einer weiteren Qualifizierung und liebäugelt mit einer Ausbildung zum Physiotherapeuten. Aber auch mit „Physiotherapie" verbindet er nur junge Menschen. Ist das eine Tätigkeit, die er bis 60 oder 65 machen kann?

Folgt man den Ergebnissen einer repräsentativen deutschlandweiten Befragung an 5500 Erwerbstätigen, so glauben nur 59 %, dass sie ihre Tätigkeit bis ins Renteneintrittsalter ausüben können (vgl. Ebert, Kistler & Staudinger, 2007).

Aufgabe

Kennen Sie eine ältere Physiotherapeutin oder einen älteren Kellner? Was glauben Sie, wie lange man diese beiden Berufe ausüben kann? Und ab wann betrachten Sie sich eigentlich als „ältere" Arbeitnehmerin?

In den Statistiken des Instituts für Arbeitsmarkt- und Berufsforschung (IAB) werden von wissenschaftlicher Seite aus Personen zumeist dann als ältere Beschäftigte geführt, wenn sie ein Alter von 55 Jahren überschritten haben (Bellmann et al., 2007; Ebert et al., 2007; Eichhorst & Sproß, 2005). Im Gegensatz dazu gelten bei der Bundesanstalt für Arbeit oft schon Menschen ab 45 Jahre als „ältere Arbeitnehmerinnen", da sie in der Praxis bereits schwer vermittelbar sind. Auch einschlägige wissenschaftliche Arbeiten sprechen ab einem Alter von 45 oder gar 40 Jahren von älteren Arbeitspersonen (Frieling, Buch & Weichel, 2008; Warr, 2000).

Von rechtlicher Seite her ist es sinnvoll, das offizielle Renteneintrittsalter zu berücksichtigen. In Deutschland wurde und wird das Renteneintrittsalter schrittweise von 65 auf 67 Jahre erhöht; der Geburtsjahrgang 1964 wird als Erster von der vollen Anhebung betroffen sein (vgl. Hirschenauer, 2007). Die Abschaffung diverser Vorruhestandsinstrumente, die Beschränkung von Möglichkeiten des vorgezogenen Rentenzugangs und die künftig geringer ausfallenden Renten werden vermutlich in Zukunft zu einer Steigerung der Arbeitsnachfrage führen (vgl. Bellmann et al., 2007). Der Anstieg des durchschnittlichen Erwerbsaustrittsalters in Deutschland von 60,6 Jahren (2001) auf 62,0 Jahre (2007) kann bereits als Hinweis für eine stärkere Teilhabe Älterer am Erwerbsleben gewertet haben (Arlt et al., 2009). Auf der anderen Seite zeigt dieser Befund auch, dass – obwohl das offizielle Renteneintrittsalter bisher bei 65 Jahren lag – ein Großteil der älteren Arbeitnehmerinnen aufgrund z. B. fehlender Arbeitsfähigkeit

Erwerbs-austrittsalter

bereits vorfristig berentet wurden. Dies führt unmittelbar zu der Frage, ob es notwendig ist, für ältere Menschen im Betrieb besondere Bedingungen zu schaffen.

4.3   Leistungsfähigkeit im Alter

Obwohl viele Beispiele aus der Geschichte darauf hindeuten, dass ältere Personen imstande sind, „Höchstleistungen" zu vollbringen – so übernahm Michelangelo mit 71 Jahren die Bauleitung des Petersdoms und Goethe beendete den „Faust II" mit 81 Jahren –, kann man davon ausgehen, dass gesellschaftlich die Vorstellung herrscht, ältere Menschen seien weniger leistungsfähig.

In Übereinstimmung mit dieser Sichtweise legen klassische Defizitmodelle des Alterns einen unumgänglichen Abbauprozess der wichtigsten Funktionen (z. B. physiologische und kognitive Voraussetzungen wie Muskelkraft und Intelligenz) nahe. Ältere Personen weisen höhere Krankenstände auf, obwohl sie nicht häufiger arbeitsunfähig sind als jüngere Erwerbstätige. Sie sind jedoch häufiger von langwierigen oder Mehrfacherkrankungen betroffen, was zu längeren Fehlzeiten führt (vgl. Abb. 5).

Defizitmodelle des Alterns

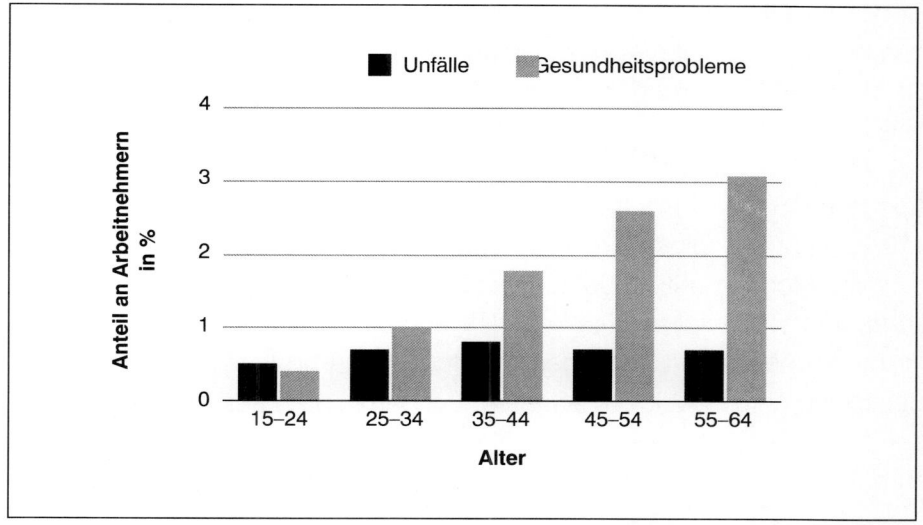

Abbildung 5: Fehlzeiten von Beschäftigten von mehr als einem Monat aufgrund von Unfällen bzw. arbeitsbezogenen Gesundheitsproblemen innerhalb der letzten 12 Monate in der EU, nach Altersgruppen (De Norre, 2009)

Das Allgemeine Gleichbehandlungsgesetz (AGG, gültig seit 2006) verbietet die Benachteiligung im Arbeitsleben aufgrund bestimmter Merkmale wie Alter, Geschlecht oder ethnischer Herkunft (vgl. Kluge, Fröhlich & Krings, 2008). Dennoch kann sich nur etwas mehr als die Hälfte der Unternehmen vorstellen, Beschäftigte mit einem Alter von 50 Jahren oder älter einzustellen (Brussig, 2005).

Allgemeines Gleichbehandlungsgesetz

Altersstereotype
und Alters-
diskriminierung

Repräsentative europaweite Umfragen ergaben, dass sich Personen stärker durch ihr Alter als durch ihr Geschlecht oder ihre ethnische Herkunft diskriminiert fühlen (vgl. Kluge et al., 2008). Befragungen mit Führungskräften deuten darauf hin, dass zum Teil erhebliche Vorurteile gegenüber älteren Arbeitnehmerinnen existieren. Dabei verbinden Spitzenmanagerinnen vor allem fehlende Innovationskraft ihres Unternehmens mit einer alternden Belegschaft. Überzeugungen, dass ältere Beschäftigte weniger motiviert oder leistungsfähig sind, weniger bereit sind, sich (weiter) zu qualifizieren, und zudem häufiger krank sind, sind Teil bekannter Altersstereotype (Kluge et al., 2008). Nachfolgend wollen wir uns deshalb zuerst die physiologischen und dann die kognitiven Leistungsvoraussetzungen Älterer verdeutlichen.

Wichtige physiologische Leistungsvoraussetzungen

- Reaktionsgeschwindigkeit (z. B. einem gefährlichen Gegenstand schnell auszuweichen)
- Wahrnehmungsfähigkeit (z. B. Hören und Sehen von Gefahrensignalen)
- Kraft und Ausdauer (z. B. Heben von Lasten)
- Gleichgewichtssinn (z. B. auf eine Leiter steigen)
- Beweglichkeit (z. B. Über-Kopf-Arbeit)

Abbau-
erscheinungen

Generell kann man sagen, dass der alternde Mensch Abbauerscheinungen hinsichtlich einiger physiologischer Prozesse zeigt, die größtenteils ab ca. 40 Jahren einsetzen (vgl. Kilbom & Torgen, 2001): Am stärksten tritt dabei ein Abbau bei der Reaktionsgeschwindigkeit auf.

Auch die Sauerstoffaufnahmefähigkeit nimmt kontinuierlich um ca. 1 % im Jahr ab. Dieser Prozess beginnt etwa ab dem 30. Lebensjahr, d. h. ein Mensch mit 60 Jahren hat eine um ca. 30 % geringere Sauerstoffaufnahmefähigkeit. Diese bildet jedoch die wesentliche Grundlage für die körperlichen Leistungen wie das Heben und Tragen von Lasten. Bei schweren körperlichen Arbeiten, bei denen man auf volle Sauerstoffaufnahmefähigkeit angewiesen ist, kommt es dann bei älteren Menschen zu frühzeitigen Ermüdungserscheinungen (Kilbom & Torgen, 2001).

Hinsichtlich der Muskelstärke ist der Abfall im Alter so gering, dass die Muskelkraft immer noch über dem liegt, was bei körperlicher Arbeit heutzutage normalerweise notwendig ist. Überraschenderweise wird die Muskelkraft bei Personen, die mehr körperliche Arbeit zu verrichten haben, im Alter schneller abgebaut als bei solchen, die leichtere Arbeit ausgeführt haben. Dies wird dadurch erklärt, dass es bei Menschen mit schwerer körperlicher Arbeit auch öfter zu Verletzungen feiner Muskelfasern kommt oder durch lange einseitige Beanspruchungen Verschleißerscheinungen auftreten (Aronsson & Kilbom, 2001).

Manche Funktionsverschlechterungen sind durch technische Hilfsmittel gut kompensierbar, z. B. die zunehmende Sehschwäche durch eine Brille. Einigen Funktionsverlusten kann mit Training entgegengewirkt werden, so nimmt beispielsweise der Gleichgewichtssinn ab 50 Jahren ab, lässt sich aber gut trainieren. Zudem erreichen bestimmte Funktionen eine für den Vollzug der meisten Arbeitstätigkeiten bedeutsame Einschränkung erst im höheren Alter, so z. B. die Hörfunktion mit 70 bis 75 Jahren, sofern keine Hörschädigung durch Lärm am Arbeitsplatz vorliegt.

Zusammenfassend lässt sich also feststellen, dass unter der Voraussetzung eines „normalen" Alterungsprozesses (ohne Erkrankung, Unfall oder Verletzung) sämtliche physiologische Abbauprozesse bis zum Alter von 60 Jahren so gering sind, dass sie für die meisten heutigen Tätigkeiten vollständig unbeachtlich sind.

Neben den physiologischen Voraussetzungen sind für die Aufgabenerfüllung natürlich auch kognitive Funktionen wichtig. Bei den kognitiven Funktionen wird zwischen fluider und kristalliner Intelligenz unterschieden. Zur fluiden Intelligenz gehören beispielsweise die Gedächtnisleistung, die geistige Kapazität und die Auffassungsgabe. Die kristalline Intelligenz umfasst sowohl explizites Wissen (wie z. B. Faktenwissen) als auch implizit Gelerntes (wie bestimmte Verhaltensweisen).

Eine besonders wichtige kognitive Funktion ist die Gedächtnisleistung. Die Forschungsliteratur zeigt, dass bestimmte kognitive Funktionen im Alter eingeschränkt sind (Martin, Zehnder & Zimprich, 2008). Allerdings betrifft dies lediglich die Merkfähigkeit (wo es z. B. im episodischen Gedächtnis um die Erinnerung an kürzlich geschehene autobiografische Ereignisse geht) und das Auffinden von Informationen sowie die Geschwindigkeit der Informationsverarbeitung.

Den Einbußen in der fluiden Intelligenz mit zunehmendem Alter steht ein Gewinn an Wissen und Erfahrung bzw. kristalliner Intelligenz im Alter gegenüber (Schabracq & Winnubst, 1996). Dadurch, dass ältere Menschen mehr Erfahrungen im Sinne von bereichsspezifischen kognitiven operativen Abbildsystemen entwickelt haben, können sie in diesen Bereichen den Jüngeren in der Leistung überlegen sein. Dies gilt natürlich vor allem, wenn sie in solchen Bereichen tätig sind, wo Erfahrungen abgefragt werden. Allerdings gibt es in der Gruppe der älteren Beschäftigten so viel Varianz, dass manche Ältere eine bessere fluide Intelligenz aufweisen als Junge (Martin et al., 2008). Dies wird durch die starke Abhängigkeit der Intelligenzentwicklung von Bildungsstand, (außer-)beruflichen Lernanforderungen und spezifischen Lernaktivitäten erklärt, so dass bei älteren Personen mit sehr unterschiedlichen Verläufen der kognitiven Leistungsfähigkeit zu rechnen ist.

Kompensierbarkeit der Funktionsverschlechterungen

Fluide und kristalline Intelligenz

Gedächtnisleistung

Training kognitiver
Funktionen

Darüber hinaus konnte man in Trainingsstudien nachweisen, dass schon wenige Sitzungen (ca. fünf) eine deutliche Verbesserung der fluiden Intelligenz, wie der Denk- und Problemlösefähigkeit, älterer Menschen erbringen. Das weist also darauf hin, dass die intellektuelle Leistungsfähigkeit auch vom Training durch Anforderungen abhängig ist (vgl. Bergmann, 2001). In der Gerontologie spricht man hier von der „Plastizität". Damit ist gemeint, dass ältere Menschen beträchtliche kognitive Reserven haben, die aktivierbar sind, und es so bei gesunden Menschen auch noch im Alter möglich ist, bedeutsame Lernfortschritte zu erreichen.

Vergleichbar zu den Befunden der physischen Leistungsvoraussetzungen gilt demnach auch hier, dass bei einem „normalen" Alterungsprozess der Funktionsverlust bis zu einem Alter von ca. 60 bis 65 Jahren nicht bedeutsam für die Erfüllung der Arbeitsaufgaben ist.

4.4   Tatsächliche Leistung und Leistungsbereitschaft im Alter

Das SOC-Modell

Die entwicklungspsychologische Altersforschung geht heute von einem kompensationsbezogenen Altersmodell aus, nach dem Selektion, Optimierung und Kompensation („compensation"; SOC-Modell) als Grundprozesse der Erhaltung von Handlungskompetenz und Lebensqualität auch bei Funktionsverlusten und Einschränkungen dienen. Baltes und Baltes (1989) beschreiben in ihrem Modell, dass Personen, welche die Strategien der Selektion, Optimierung und Kompensation anwenden, erfolgreicher altern und ihre subjektive Lebenszufriedenheit steigern können. So können ältere Beschäftigte mögliche Defizite in ihrer Leistungsfähigkeit oft durch Routine und Erfahrung kompensieren. Im Sinne der Optimierung sollten sie die Anzahl ihrer beruflichen Ziele bzw. Aufgaben reduzieren („restriction") und insbesondere solche Ziele verfolgen, die einander ähnlich sind („focusing"; vgl. Grube & Hertel, 2008). Räumt man einen gewissen Spielraum bei der Wahl der Aufgaben ein, kann zudem durch Selektion und Aufgabenanpassung altersbedingten Veränderungen Rechnung getragen werden. Vor dem Hintergrund dieses Ansatzes ist es interessant, sich die tatsächliche Leistung(-sbereitschaft) älterer Personen anzuschauen und Hinweise für den Erhalt der Leistungsfähigkeit abzuleiten.

Eine zentrale Frage ist, wie ältere Menschen mit der beständigen immer schnelleren Veränderung in der heutigen Arbeitswelt umgehen. Das Wegfallen von Arbeitsplätzen mit Vollzeitbeschäftigung im einmal erlernten Beruf und damit ein ständiger Zwang zu beruflichem Neulernen verlangen von den Beschäftigten ein hohes Maß an Anpassungsbereitschaft (vgl. Mohr & Otto, 2005b). Ständige Lernanforderungen werden nicht von allen Beschäftigten gleich gut bewältigt werden und stellen möglicherweise insbesondere für ältere Arbeitnehmerinnen eine besondere Herausforderung dar.

Anpassungs-
bereitschaft

Als ein Aspekt der Leistungsbereitschaft wird in den letzten Jahren häufig das Konzept der Initiative untersucht (vgl. Warr & Fay, 2001). Darunter versteht man eigenständige Aktivitäten, die zur Erreichung weiterführender Ziele in der Arbeitstätigkeit unternommen werden, ohne dass es von anderer Seite verlangt wird. Festgestellt werden konnte, dass ältere Arbeitnehmerinnen in Bezug auf Weiterbildungsinteressen in der Tat weniger Initiative zeigen und insgesamt seltener an Weiterbildungen teilnehmen (Ebert et al., 2007); während fast ein Drittel (31 %) der 35- bis 49-Jährigen sich weiterbildet, trifft dies nur auf weniger als ein Fünftel (17 %) der Gruppe der 50- bis 65-Jährigen zu. Dieser Unterschied mag darauf zurückzuführen sein, dass Ältere andere Weiterbildungsinhalte als Jüngere bevorzugen: Sie widmen sich eher Themen, die mehr an der Persönlichkeitsentwicklung als an unmittelbarer fachlicher Verwertung orientiert sind (Husemann, 2002). Insofern müssen Weiterbildungsangebote künftig stärker auf die Interessen der Älteren ausgerichtet werden.

Initiative und Weiterbildung

Wie sieht es nun mit der Leistung der Älteren im Vergleich zu den Jüngeren aus? Korrelationen zwischen Alter und Arbeitsleistung reichen von –.44 bis .66 (Warr, 2000). Metaanalytische Befunde zur prognostischen Validität von Verfahren der Personalauswahl für die Leistung von Beschäftigten sprechen dafür, dass es keinen globalen Zusammenhang von Alter und Leistung gibt (Schmidt & Hunter, 2000).

Alter und Leistung: kein eindeutiger Zusammenhang

Jedoch scheinen die ermittelten Zusammenhänge von der Art der Leistungsmessung abzuhängen. Bei der Heranziehung objektiver Kriterien (Stückzahlen, Anzahl angemeldeter Patente bzw. erstellter Publikationen) ergeben sich andere Korrelationen als bei der der Berücksichtigung subjektiver Einschätzungen. So zeigen die Ergebnisse einer Metanalyse einerseits, dass individuelle Produktivitätszahlen mit zunehmendem Alter ansteigen (Waldman & Avolio, 1986), aber andererseits, dass die Leistungseinschätzungen der Mitarbeiterinnen durch ihre Führungskräfte (also die Beurteilung durch andere) mit steigendem Alter schlechter werden.

Wenn man sich mit der Leistungsfähigkeit älterer Menschen befasst, so ist also die Frage zentral, was überhaupt ein sinnvolles Leistungskriterium sein könnte. Betriebe als wirtschaftliche Organisationen greifen zu Kosten-Nutzen-Analysen, bei denen der finanzielle Aufwand für eine Person ins Verhältnis gesetzt wird zu irgendeinem „Output". Da Ältere in der Regel erheblich mehr verdienen, schneiden sie bei solchen Vorgehensweisen natürlich selbst dann schlechter ab, wenn sie einen höheren „Output" erbringen als die Jungen.

Sinnvolle Kriterien zur Leistungsmessung

Auch die Art der Aufgabe ist von Bedeutung. Wie bereits dargestellt, nehmen vor allem die Reaktionszeit und Funktionen des Kurzzeitgedächtnisses im Alter deutlich ab. Entsprechend kommt es bei Aufgaben unter Zeitdruck zu deutlich mehr Fehlern, mehr Stresserleben und geringerer

Leistung (vgl. Boerlijst, Munnichs & Van der Heijden, 1998). Fällt jedoch die Zeitdruck-Komponente weg, dann sind bei vielen Aufgaben keine Leistungsunterschiede zwischen Älteren und Jüngeren festzustellen.

Basale Fähigkeiten vs. Erfahrung

Wenn eine Aufgabe vor allem mit dem Einsatz basaler Fähigkeiten erfüllt werden kann, haben Jüngere einen Leistungsvorteil. Basale Fähigkeiten („basic capabilities") werden definiert als die eher an den Organismus gebundenen Fähigkeiten wie z. B. schnelle Reaktion, Wahrnehmung oder Kondition (d. h. jene mit physiologischen Leistungsvoraussetzungen). Jüngere sind in der Regel in der Lage, eine höhere Arbeitsgeschwindigkeit über den Tag zu halten (Kondition als basale Fähigkeit). Ältere zeigen bessere Leistungen bei Aufgaben, bei denen wissensbasierte Urteile ohne Zeitdruck gefordert sind (also Erfahrung eine Rolle spielt) und ein normales Maß an basalen Fähigkeiten ausreicht (vgl. Lehr, 2007). Dies lässt sich auch am Beispiel von Fabian verdeutlichen.

Beispiel

Für den Traumberuf von Fabian, Physiotherapeut, könnte man annehmen, dass jüngere unerfahrene Personen mit viel Körperkraft (basale Fähigkeit) arbeiten. Ältere hingegen haben Techniken entwickelt, therapeutische Effekte auch ohne viel Krafteinsatz zu erreichen (Erfahrung), z. B. durch geschickten Einsatz des eigenen Körpergewichtes.

Der Zusammenhang zwischen Alter und Leistung ist also davon abhängig, ob eine Aufgabe mehr „basale Fähigkeiten" oder mehr Erfahrung abfordert bzw. ob Erfahrungen zum Ausgleich basaler Fähigkeiten eingesetzt werden können.

Antidiskriminierungsgesetze

Ein folgerichtiger Meilenstein in der Bewertung der Leistungsfähigkeit älterer Personen ist der sogenannte „Age Discrimination in Employment Act", der seit 1967 in den USA besteht. Nach diesem Gesetz dürfen in den Vereinigten Staaten Personen über 40 Jahren weder bei der Einstellung noch bei der Beförderung, Personalentwicklung und Entlassung wegen ihres Alters gegenüber jüngeren Personen benachteiligt werden. Zunächst erlaubte dieses Gesetz noch bestimmte Ausnahmen für Berufe, in denen es besonders auf Fitness oder Reaktionsgeschwindigkeit ankam wie z. B. bei Piloten. Studien zur Prüfung der Rechtmäßigkeit dieser Ausnahmen fanden, dass ältere im Vergleich zu jüngeren Piloten weniger Unfälle hatten (vgl. Hansson, De Koekkoek, Neece & Patterson, 1997). Eine generelle frühere Verrentung unabhängig vom jeweiligen Gesundheitszustand wurde nach diesen Erkenntnissen als Diskriminierung eingestuft und die zwangsweise Frühverrentung auch für Piloten aufgehoben. Allerdings besteht die Auflage, dass Piloten verpflichtet sind, sich regelmäßig einem Gesundheitscheck zu unterziehen. Damit werden diejenigen mit leistungsrelevanten gesundheitlichen Einschränkungen frühzeitig identifiziert. Gesetze gegen Diskriminierung sind deswegen notwendig, weil es ganz offensichtlich einen Altersbias gibt: Tendenziell besteht vor allem bei Jüngeren die Vorstellung, dass jüngere Menschen leistungsfähiger sind, wohingegen Ältere die Leistungen von Jungen und Alten gleichwertiger einschätzen (vgl. Hansson et al., 1997).

Um Altersdiskriminierung zu begegnen, muss gezieltes „Diversity Management" betrieben werden, d. h. die Arbeitsaufgaben sollten so gestaltet werden, dass sie eine Kooperation von Alt und Jung verlangen (Erfahrung vs. Innovationsfähigkeit). So hat sich gezeigt, dass bei der Bearbeitung komplexer Aufgaben langfristig positive Effekte von altersheterogenen Teams auf die Leistung zu finden sind, wohingegen bei der Bearbeitung von Routineaufgaben mit zunehmender Altersheterogenität Gesundheitsbeschwerden ansteigen (Wegge, Roth, Neubach, Schmidt & Kanfer, 2008). Das Potenzial altersgemischter Teams spiegelt sich in Personalmaßnahmen wie „Tandembildung" (eine jüngere und eine ältere Beschäftigte kooperieren in einem gemeinsam Projekt) oder „Mentoring" (eine erfahrene Person gibt ihr Wissen an eine noch unerfahrene Nachwuchskraft weiter; vgl. Kapitel 6 in Kanning & Staufenbiel, 2012) wider (Frai & Thiehoff, 2007). Die Vorteile altersheterogener Gruppen (z. B. größeres Innovationspotenzial) müssen jedoch den potenziellen Nachteilen (z. B. Zunahme von Konflikten) gegenübergestellt werden. Die Zunahme von Konflikten in gemischten Teams kann als Hinweis darauf gewertet werden, dass der Abbau von Vorurteilen und die Förderung von sozialer Kompetenz für junge und alte Beschäftigte fundamental für erfolgreiches Diversity Management sind. Insofern überrascht es nicht, dass erste qualitative Vergleichsarbeiten zu den Effekten von altersgemischten Teams (noch) eher für deren Nachteile sprechen (Wegge, Roth & Schmidt, 2008).

Diversity Management

4.5   Methodenfallen

Bei der Auseinandersetzung mit Forschungsergebnissen zur Leistungsfähigkeit von älteren Menschen sollten Sie sich über die folgenden drei Methodenprobleme im Klaren sein.

Selektionsfalle. In einer Studie an Beschäftigten im öffentlichen Dienst wurde kein bedeutsames schlechteres Abschneiden der Älteren festgestellt (Gelderblon & De Koning, 1992, zitiert nach Boerlijst et al., 1998). Interessant ist allerdings ein kleiner unerwarteter Effekt: In der mittleren Altersgruppe zwischen 45 und 54 Jahren gab es häufiger negative Leistungseinschätzungen als in der Altersgruppe ab 54 Jahre. Erklärt wird dies damit, dass die Arbeitnehmerinnen ab 54 Jahren schon eine selektierte Stichprobe darstellen, d. h. die Leistungsgeminderten bereits in (Früh-) Rente gegangen sind, wohingegen in der Gruppe der Jüngeren noch diejenigen mit Leistungsbeeinträchtigungen enthalten sind.

Ältere als selektierte Stichprobe

Generalisierungs-
falle

Generalisierungsfalle. Will man zu Aussagen über die Leistungsfähigkeit älterer Menschen kommen, dann steht man vor einem zentralen Problem: In unsere Forschung beziehen wir Personen ein, die heute zu den Alten gehören. Ziel ist es aber, Wissen über die Leistungsfähigkeit der zukünftigen Alten zu bekommen. Vielleicht werden alte Menschen in den Jahren 2030 oder 2040 einen weit geringeren Verlust an basalen Fähigkeiten wegen von Geburt an besserer Ernährung haben. Es wäre aber auch möglich, dass neue Umweltgifte dazu führen, dass sich der Beginn der Altersdemenz – heute meist jenseits der 70 – um 10 Jahre nach vorne verschiebt.

Kriterienfalle. Ganz entscheidend ist natürlich auch, wie Leistung gemessen wird. Weiter oben sind wir schon auf die einseitige Betrachtung einer rein ökonomischen Sichtweise eingegangen, bei der lediglich der Output ins Verhältnis zu den Kosten einer älteren Beschäftigten gesetzt wird. Ein weiteres Beispiel soll dieses Problem verdeutlichen (vgl. Hansson et al., 1997).

Problem der
Leistungserfassung

Beispiel

Vergleicht man die Leistungen von Älteren und Jüngeren beim Schreiben von Briefen anhand der Anschlagszahl pro Minute, dann schneiden die Jüngeren besser ab. Dennoch erbringen die Älteren bessere Schreibleistungen auf längere Sicht, wenn nicht die Anschläge pro Minute gemessen werden. Wie ist das zu erklären?

Es wird davon ausgegangen, dass Ältere durch das Erfassen von größeren Sinnzusammenhängen (basierend auf Erfahrungswissen zu Inhalten und Grammatikstrukturen) weniger Fehler machen und Zeit sparen, weil z. B. ein Brief nicht mehrfach überarbeitet werden muss.

4.6   Erhalt der Leistungsfähigkeit im Alter

Abschließend stellt sich die Frage, wie die Leistungsfähigkeit im Alter erhalten werden kann. Das ist nun eigentlich ganz einfach zu beantworten: Indem Ältere vorzugsweise an Arbeitsplätzen tätig sind, bei denen Erfahrung eine Rolle spielt. Wenn eine Person beispielsweise an einer Bohr- und Fräsmaschine arbeitet und auch selbst zuständig ist für die Behebung von Störungen, dann kann sie ihr Wissen über die Bedeutung von Störgeräuschen anwenden und die Maschine so warten, dass sie weniger störanfällig ist. Dazu muss sie allerdings auch die Befugnis und die Mittel (Maschinenstillstandzeit, technische Mittel, Zusatzqualifikationen) bekommen, um die Maschine selbst warten zu können.

Wir kommen nun also zum zentralen Thema der Arbeitsgestaltung (vgl. Tab. 2): Generell gilt, Arbeit ist so zu gestalten, dass die Fähigkeiten der Beschäftigten genutzt und erweitert werden und Schädigungen vermieden werden. Erhalt der Leistungsfähigkeit im Alter ist demzufolge keine Frage des Umgangs mit den Alten, sondern eigentlich eine Frage der menschengerechten Arbeitsgestaltung vom Beginn der Berufslaufbahn an (vgl. Kapitel 3). Die Ermöglichung von Autonomie und Handlungsspielräumen während der Arbeit entspricht besonders den Bedürfnissen älterer Beschäftigter, die dadurch zum einen in ihrer Expertise gewürdigt werden und gleichzeitig die Chance erhalten, mögliche altersbedingte Veränderungen ihrer Leistungsfähigkeit zu kompensieren (Grube & Hertel, 2008). Neue Studien belegen zudem, dass bei einer entwicklungsförderlichen Gestaltung von Arbeit ältere Mitarbeiterinnen ein vergleichbares Niveau der Innovations- und Anpassungsfähigkeit erreichen wie ihre jüngeren Kolleginnen (Stegmaier, Noeffer & Sonntag, 2008).

Arbeitsgestaltung für ältere Beschäftigte

Tabelle 2: Hinweise zur Arbeitsgestaltung für Ältere (nach Richter, Schmidt-Lerm & Krenkel, 1996)

Arbeitsgestaltungs- maßnahme	Beispiele
Arbeitstätigkeiten so gestalten, dass sie für alle Altersstufen zumutbar sind	• Tätigkeitsspielräume gestalten • planende, disponierende Aktivitäten übertragen • inhaltliche Flexibilität sichern • soziale Integration
Flexiblere Arbeitszeit- strukturen	• häufigere, individuell nutzbare Kurzpausen • Arbeitszeitverkürzungen • flexiblere Ruhestandsregelungen • Teilzeitarbeitsverhältnisse
Kontraindizierte Arbeits- bedingungen für ältere Arbeitnehmer	• Arbeit unter Zeitdruck • Zwang zu hoher Bewegungsgeschwindigkeit • Steuer- und Kontrollaufgaben mit hohen Vigilanzanforderungen • Mehrschichtarbeit • hohe Akkommodationsanforderungen an die visuelle Wahrnehmung

Aufgelistet werden in Tabelle 2 auch Aspekte, die speziell für die Arbeitssituation von Älteren zu beachten sind. Auf jeden Fall verlangt Arbeit für ältere Menschen nach dem Abbau von Zeitdruck und der Verringerung rein körperlicher (Dauer-)Belastung. Das Thema Arbeitszeit- und Pausengestaltung wird hier also relevant. Mit zunehmendem Alter scheinen sich die Schäden durch Schichtarbeit zu akkumulieren, insbesondere was Nachtschichten betrifft. Es gilt auch zu berücksichtigen, dass Ältere einen größeren Erholungsbedarf als jüngere Personen haben (Knauth, Karl & Elmerich, 2008). Da der Erholungswert von Pausen zu Pausenbeginn am größten ist, sollten für Ältere häufiger Kurzpausen ermöglicht werden.

Da wie bereits dargestellt mit dem Alter die interindividuelle Streuung der Arbeitsfähigkeit zunimmt, ist eine pauschale Verkürzung der Arbeitsdauer für alle Älteren als nicht zielführend anzusehen (Knauth et al., 2008). Es sollte für jeden Einzelfall geprüft werden, ob die Arbeitstätigkeit z. B. wegen gesundheitlicher Einschränkungen nur noch mit Verkürzung der täglichen Arbeitszeit (Teilzeit) oder überhaupt nicht mehr zumutbar ist.

4.7 Übergang in den Ruhestand

Optimaler Übergang in den Ruhestand

Der Übergang in den Ruhestand bedeutet eine grundsätzliche Veränderung der Lebensführung: Die Strukturierung des Tages durch die Erwerbsarbeit fällt weg, alte Rollenbilder müssen aufgegeben werden; daneben reduziert sich das Einkommen um ca. ein Viertel (Schmook, 2006). Für die Arbeitspsychologie stellt sich bei dieser Thematik die Frage, inwieweit es Bedingungen gibt, diesen Übergang optimal zu gestalten. Allgemein kommt die Forschung zu dem Ergebnis, dass diejenigen mit dem Ruhestand zufriedener sind und eine bessere Befindlichkeit aufweisen, die sich längere Zeit auf den Ruhestand vorbereiten, das heißt Pläne für die Zukunft entwickeln konnten (Hansson et al., 1997). Erklärt wird dies damit, dass die Planungsphase zielgerichtetes Handeln ermöglicht.

Ungünstige Bedingungen für den Übergang in den Ruhestand

- Übergang in den Ruhestand aus der Erwerbslosigkeit
- Zwang zum Austritt (Zwangs-Frühverrentung)
- Hohe Bindung an die Arbeit, protestantische Arbeitsethik, hohe Zentralität der Erwerbsarbeit, eingeschränktes (Sozial-)Leben
- Eintritt in den Ruhestand aus einer gering qualifizierten Position (schlechtere finanzielle Lage, geringere Aktivitätenvielfalt und Bewältigungskompetenz; vgl. Lang von Wins, Mohr & Rosenstiel, 2004)

Unerwarteterweise zeigte sich aber, dass das Ausmaß der Komplexität bzw. des Anregungsgehalts der früheren Erwerbsarbeit zur Erklärung des Ausmaßes an Aktivitäten im späteren Rentenalter nicht mehr bedeutsam ist. Vielmehr ist es dann nur noch der erlebte und ärztlich eingeschätzte Gesundheitszustand (Richter et al., 1996; Schmook, 2006).

Menschengerechte Arbeitsgestaltung

Was folgt aus den Ergebnissen zur Forschung zum Übergang in den Ruhestand für die Arbeitspsychologie? Da offenbar Gesundheit die zentrale

Variable ist, lässt sich die Anforderung ableiten, Arbeit so zu gestalten, dass sie gesund erhält. Dies führt erneut zum Thema Arbeitsgestaltung bzw. betriebliche Gesundheitsförderung und zwar nicht nur für alte Menschen, sondern für eine menschengerechte Arbeitsgestaltung von Anfang an. Auch gilt es den Beschäftigten Selbstbestimmung einzuräumen über den Zeitpunkt des Eintritts in den Ruhestand.

Zusammenfassung

In diesem letzten Kapitel haben wir uns mit der Herausforderung des demografischen Wandels beschäftigt. Die Alterung der Erwerbsbevölkerung zählt zu den größten Herausforderungen für die Arbeitspsychologie in der kommenden Zeit. Obwohl die Anzahl an Menschen im erwerbsfähigen Alter immer weiter abnimmt und die erwerbsfähigen Personen immer älter werden, sind bisher nur wenige Unternehmen bereit, ältere Personen einzustellen und diese zu beschäftigen. Um Altersstereotype abzubauen und Altersdiskriminierung entgegenzuwirken, wurde das allgemeine Gleichbehandlungsgesetz eingeführt.

Empirische Erkenntnisse sprechen dafür, dass ältere Arbeitnehmerinnen die physiologischen und kognitiven Leistungsvoraussetzungen für die überwiegende Anzahl der heutigen Berufstätigkeiten erfüllen. Jedoch lässt sich eine starke individuelle Varianz bezüglich der Leistungsfähigkeit Älterer erkennen. Auch bezogen auf die motivationale Leistungsbereitschaft und die tatsächlich gezeigte Leistung existieren keine bedeutsamen Unterschiede zwischen Alt und Jung, wenn ältere Arbeitnehmerinnen ihr Erfahrungswissen bei der Ausübung der Tätigkeit nutzen können. Zum Erhalt der Leistungsfähigkeit im Alter sollten die Gestaltungsmerkmale humaner Arbeit berücksichtigt werden. Gesundheitsförderung am Arbeitsplatz ist aus arbeitspsychologischer Sicht auch deshalb relevant, weil die Gesundheit als wichtigste Ressource im Rentenalter gilt.

Weiterführende Literatur

Aronsson, G. & Kilbom, A. (2001). Arbeit über 45: *Historische, psychologische und physiologische Perspektiven älterer Menschen im Berufsleben* (Schriftenreihe der Bundesanstalt für Arbeitsschutz und Arbeitsmedizin, Ü 13). Bremerhaven: Wirtschaftsverlag NW.

Grube, A. & Hertel, G. (2008). Altersbedingte Unterschiede in Arbeitsmotivation, Arbeitszufriedenheit und emotionalem Erleben während der Arbeit. *Wirtschaftspsychologie*, 10, 18–29.

Martin, M., Zehnder, F. & Zimprich, D. (2008). Kognitive Entwicklung im mittleren Lebensalter. *Wirtschaftspsychologie*, 10, 6–17.

Reflexionsaufgaben

1. Welche physiologischen Leistungsvoraussetzungen nehmen mit dem Alter ab? Sind diese Verminderungen durch Training kompensierbar?
2. Welche kognitiven Leistungsvoraussetzungen nehmen mit dem Alter ab, welche nehmen zu?
3. Was ist über den Zusammenhang von Alter und Leistung bekannt?
4. Sie sollen eine Untersuchung machen, bei der die Leistungen von jungen und alten Beschäftigten verglichen werden. Worauf achten Sie?

Ausblick

In den vorangegangenen Fernlehrbriefen haben Sie den Themenbereich Arbeitspsychologie kennengelernt. Die Arbeitspsychologie befasst sich mit Fragen aus der Perspektive des einzelnen Individuums und beschäftigt sich mit Themen, die sich aus der Auseinandersetzung des Einzelnen mit seinen Aufgaben ergeben. Der erste Fernlehrbrief behandelte die Grundlagen. Zuerst wurde die Herkunft und die Entwicklung des Begriffes Arbeit erläutert. Danach wurden klassische Konzepte zur Berufswahl sowie Prozesse und Einflussfaktoren, die bei der Berufswahl eine zentrale Rolle spielen, betrachtet. Der zweite Fernlehrbrief widmete sich zunächst dem Thema Arbeitssicherheit, also dem Teilbereich der Arbeitspsychologie, der sich mit betrieblichen Unfallrisiken, mit und Sicherheitsmaßnahmen beschäftigt. Des Weiteren wurde auf Emotionen bei der Arbeit, Work-Life-Balance sowie auf flexible Arbeitsmodelle eingegangen. Der letzte Lehrbrief gab einen Überblick über die folgenden Themen: Erwerbslosigkeit, Arbeitsanalyse, Arbeitsgestaltung und demografische Entwicklung.

Anhang

Literatur

Antoni, C. H. (2004). Gruppen- und Teamarbeit in der Industrie: Erfahrungen und Konsequenzen für die Gestaltung. In C. O. Velmertig, K. Schattenhofer & C. Schrapper (Hrsg.), *Teamarbeit: Konzepte und Erfahrungen – eine gruppendynamische Zwischenbilanz* (S. 45–58). Weinheim: Juventa.

Arlt, A., Dietz, M. & Walwei, U. (2009). *Besserung für Ältere am Arbeitsmarkt: Nicht alles ist Konjunktur* (IAB-Kurzbericht Nr. 16). Nürnberg: Bundesanstalt für Arbeit.

Aronsson, G. & Kilbom, A. (2001). *Arbeit über 45: Historische, psychologische und physiologische Perspektiven älterer Menschen im Berufsleben* (Schriftenreihe der Bundesanstalt für Arbeitsschutz und Arbeitsmedizin, Ü 13). Bremerhaven: Wirtschaftsverlag NW.

Baarda, D. B., De Goede, M. P. M., Frowijn, A. P. M. & Postma, M. E. (1990). Der Einfluss von Arbeitslosigkeit auf Kinder. In H. Schneider, A. Wacker & P. Wetzels (Hrsg.), *Familienleben in der Arbeitslosigkeit* (S. 55–87). Heidelberg: Asanger.

Baltes, P. B. & Baltes, M. M. (1989). Optimierung durch Selektion und Kompensation. Ein psychologisches Modell erfolgreichen Alterns. *Zeitschrift für Pädagogik, 35,* 85– 105.

Bamberg, E. & Busch, C. (2006). Stressbezogene Interventionen in der Arbeitswelt. *Zeitschrift für Arbeits- und Organisationspsychologie, 50* (4), 215–226.

Bamberg, E., Busch, C. & Ducki, A. (2003). *Stress und Ressourcenmanagement. Strategien und Methoden für die neue Arbeitswelt.* Bern: Huber.

Baubion-Broye, A., Megemont, J.-L. & Sellinger, M. (1989). Evolution des sentiments de contrôle et de la réceptivité à l'information au cours du chômage. *Applied Psychology: An International Review, 38,* 265–275.

Bellmann, L., Kistler, E. & Wahse, J. (2007). *Demographischer Wandel: Betriebe müssen sich auf alternde Belegschaften einstellen* (IAB-Kurzbericht Nr. 21). Nürnberg: Bundesanstalt für Arbeit.

Bergmann, B. (2001). Innovationsfähigkeit älterer Arbeitnehmer. In Arbeitsgemeinschaft Betriebliche Weiterbildungsforschung e. V. (Hrsg.), *Kompetenzentwicklung 2001. Tätigsein – Lernen – Innovation* (S. 13–52). Berlin: Waxmann.

Boerlijst, J. G., Munnichs, J. A. M. & van der Heijden, B. I. J. M. (1998). The „older worker" in the organization. In P. J. D. Drenth, H. Thierry & C. J. de Wolff (Eds.), *Handbook of work and organizational psychology, Vol. 2: Work psychology* (pp. 183–214). Hove: Psychology Press.

Borrill, C., West, M. A., Shapiro, D. & Rees, A. (2000). Team working and effectiveness in healthcare. *British Journal of Healthcare, 6,* 364–371.

Brown, D. W. (2000). Job searching in a labyrinth of opportunity: The strategies, the contacts, the outcomes. *Journal of Social Behavior and Personality, 15,* 227–242.

Brussig, M. (2005). *Die „Nachfrageseite des Arbeitsmarktes": Betriebe und die Beschäftigung Älterer im Lichte des IAB-Betriebspanels 2002* (Alltagsübergangs-Report 2005-2). Verfügbar unter http://213.241.152.197/externe/2005/k050303f02.pdf [11.5.2010].

Bundesagentur für Arbeit (2004). *Begriff der Arbeitslosigkeit in der Statistik unter SGB II und SGB III.* Verfügbar unter: http://statistik.arbeitsagentur.de/Statischer-Content/Grundlagen/Statistik-SGBII-SGBIII/Generische-Publikationen/Arbeitslosenbegriff-unter-SGBII-und-SGBIII.pdf

Bundesagentur für Arbeit (2007a). *Arbeitsmarkt 2007.* Verfügbar unter: http://statistik.arbeitsagentur.de/Statischer-Content/Arbeitsmarktberichte/Jahresbericht-Arbeitsmarkt-Deutschland/Generische-Publikationen/Arbeitsmarkt-2007.pdf

Bundesministerium für Arbeit und Soziales (1996). *Gesetz über die Durchführung von Maßnahmen des Arbeitsschutzes zur Verbesserung der Sicherheit und des Gesundheitsschutzes der Beschäftigten bei der Arbeit.* Verfügbar unter http://www.bmas.de/portal/10848/arbschg.html [13.11.2009].

Büssing, A. & Glaser, J. (1999). Work stressors in nursing in the course of redesign: Implications for burnout and interactional stress. *European Journal of Work and Organizational Psychology, 8* (3), 401–426.

Catalano, R., Dooley, D., Wilson, G. & Hough, R. (1993). Job loss and alcohol abuse: A test using data from the epidemiologic catchment area project. *Journal of Health and Social Behavior, 34,* 215–225.

Cvetanovski, J. & Jex, S. M. (1994). Locus of control of unemployed people and its relationship to psychological and physical well-being. *Work and Stress, 8,* 60–67.

De Goede, M., Spruijt, E., Maas, C. & Duindam, V. (2000). Family problems and youth unemployment. *Adolescence, 35,* 587–601.

De Norre (2009). *8.6 % of workers in the EU experienced work-related health problems* (Statistics in focus No. 63). Luxemburg: Eurostat. Verfügbar unter http://epp.eurostat.ec.europa.eu/cache/ITY_OFFPUB/KS-SF-09-063/EN/KS-SF-09-063-EN.PDF [20.8. 2009]

Dooley, D. (2003). Unemployment, underemployment, and mental health: Conceptualizing employment status as a continuum. *American Journal of Community Psychology, 32,* 9–20.

Dunckel, H. (Hrsg.). (1999). *Handbuch psychologischer Arbeitsanalyseverfahren.* Zürich: vdf Hochschulverlag.

Ebert, A., Kistler, E. & Staudinger, T. (2007). Rente mit 67 – Probleme am Arbeitsmarkt. *Aus Politik und Zeitgeschichte, 4–5,* 25–31.

Eichhorst, W. & Sproß, C. (2005). *Arbeitsmarktpolitik für Ältere: Die Weichen führen noch nicht in die gewünschte Richtung* (IAB-Kurzbericht Nr. 16). Nürnberg: Bundesanstalt für Arbeit.

Emery, F. E. & Trist, E. L. (1960). Sociotechnical systems. In C. W. Churchman & M. Verhulst (Eds.), *Management, Science, Models and Techniques 2* (pp. 83–97). Oxford: Pergamon Press.

Emery, F. E. & Trist, E. L. (1969). Sociotechnical systems. In F. E. Emery (Ed.), *Systems thinking* (pp. 281–296). London: Penguin Books.

Eurostat (2010). *Europa in Zahlen. Eurostat Jahrbuch 2010.* Verfügbar unter: http://epp.eurostat.ec.europa.eu/cache/ITY_OFFPUB/KS-CD-10-220/DE/KS-CD-10-220-DE.PDF

Fergusson, D. M., Horwood, L. J. & Lynskey, M. T. (1997). The effects of unemployment on psychiatric illness during young adulthood. *Psychological Medicine, 27,* 371–381.

Flanagan, J. C. (1954). The critical incident technique. *Psychological Bulletin, 51* (4), 327–358.

Flick, U., Kardorff, E. von, Keupp, H., Rosenstiel, L. von & Wolff, S. (Hrsg.). (1991). *Handbuch qualitative Sozialforschung.* München: Psychologie Verlags Union.

Frai, P. & Thiehoff, R. (2007). Demographie-Werkstatt Deutschland: Vom Krisen- zum Chancenmanagement. *Aus Politik und Zeitgeschichte, 4–5,* 32–38.

Frei, F. (1981). Psychologische Arbeitsanalyse – eine Einführung zum Thema. In F. Frei & E. Ulich (Hrsg.), *Beiträge zur psychologischen Arbeitsanalyse* (Schriften zur Arbeitspsychologie, Bd. 31, S. 11–36). Bern: Huber.

Frieling, E., Buch, M. & Weichel, J. (2008). Ältere Beschäftigte in gewerblich-industriellen Tätigkeiten – ausgewählte Ergebnisse und Handlungsfelder am Beispiel der Montage. *Wirtschaftspsychologie, 10,* 120–128.

Fuchs, J., Hummel, M. & Zika, G. (2009). *Beschäftigung und Erwerbspersonenpotenzial in der langen Frist: Demografie prägt den ostdeutschen Arbeitsmarkt* (IAB-Kurzbericht Nr. 21). Nürnberg: Bundesanstalt für Arbeit.

Gelderblom, A. & De Koning, J. (1992). *Leeftijd en functioneren: Een aanzet voor een beleid bij de rijksoverheid* [Age and functioning: A start on policy within the government]. Rotterdam: Nehterlands Economic Institute (NEI).

Goranson, U. & Hagen, H.-O. (1999). *Niedrige Erwerbslosigkeit durch Wiedereinstellungen. Europäisches Beschäftigungsobservatorium.* Verfügbar unter http://eu-employment-observatory.net/ersep/imi66_d/00120009.asp [9.3.2010].

Göttling, S. (2006). *Am Rande der Arbeitsgesellschaft – Psychologische Analyse der Arbeit langzeiterwerbsloser Menschen.* Unveröffentlichte Dissertation, Universität Leipzig.

Grube, A. & Hertel, G. (2008). Altersbedingte Unterschiede in Arbeitsmotivation, Arbeitszufriedenheit und emotionalem Erleben während der Arbeit. *Wirtschaftspsychologie, 10,* 18–29.

Hacker, W. (2005). *Allgemeine Arbeitspsychologie: Psychische Regulation von Wissens-, Denk- und körperlicher Arbeit* (2. Aufl.). Bern: Huber.

Hacker, W. & Richter, P. (1980). *Psychische Fehlbeanspruchung, psychische Ermüdung, Monotonie, Sättigung und Stress.* Bern: Huber.

Hackman, J. R. (1969). Toward understanding the role of tasks in behavior research. *Acta Psychologica, 31,* 97–128.

Hackman, J. R. & Oldham, G. R. (1975). Development of the Job Diagnostic Survey. *Journal of Applied Psychology, 60,* 159–170.

Hackman, J. R. & Oldham, G. R. (1976). Motivation through the design of work: Test of a theory. *Organizational Behaviour and Human Performance, 16,* 250–279.

Hackman, J. R. & Oldham, G. R. (1980). *Work redesign.* Reading, MA: Addison-Wesley.

Hammarström, U. & Janlert, U. (2002). Early unemployment can contribute to adult health problems: Result form a longitudinal study of school leavers. *Journal of Epidemiology and Community Health, 56,* 624–630.

Hansson, R. O., De Koekkoek, P. D., Neece, W. M. & Patterson, D. W. (1997). Successful aging at work: Annual Review, 1992–1996: The older worker and transitions to retirement. *Journal of Vocational Behavior, 51,* 202–233.

Henkel, D. (1985). Arbeitslosigkeit als Risikofaktor für Alkoholgefährdung und Hindernis für Rehabilitationsprozesse. In T. Kieselbach & A. Wacker (Hrsg.), *Individuelle und gesellschaftliche Kosten der Massenarbeitslosigkeit* (S. 66–90). Weinheim: Beltz.

Henkel, D. (2008). Stand der internationalen Forschung zur Prävalenz von Substanzproblemen bei Arbeitslosen und Arbeitslosigkeit als Risikofaktor für die Entwicklung von Substanzproblemen: Alkohol, Tabak, Medikamente, Drogen. In D. Henkel & U. Zemlin (Hrsg.), *Arbeitslosigkeit und Sucht. Ein Handbuch für Wissenschaft und Praxis* (S. 10–69). Frankfurt am Main: Fachhochschulverlag.

Hirschenauer, F. (2007). *Regionale Arbeitsmarktlage der Älteren: Arbeiten bis 65 – längst noch nicht die Regel* (IAB-Kurzbericht Nr. 25). Nürnberg: Bundesanstalt für Arbeit.

Hoffmann, B. (1998). Unterstützung der Betriebe bei der Gefährdungsbeurteilung. *Die BG, 9,* 1–8.

Husemann, R. (2002). Ältere Arbeitnehmer, Verlängerung der Lebensarbeitszeit und berufliche Weiterbildung. *WSI-Mitteilungen, 55,* 32–37.

Jackson, P. R. (1988). Personal networks, support mobilization and unemployment. *Psychological Medicine, 18,* 397–404.

Jungk, R. & Müllert, N. R. (1989). *Zukunftswerkstätten. Mit Phantasie gegen Routine und Resignation.* München: Heyne.

Kanfer, R., Wanberg, C. R. & Kantrowitz, T. M. (2001). Job search and employment: A personality-motivational analysis and meta-analytic review. *Journal of Applied Psychology, 86,* 837–855.

Kanning, U. P. & Staufenbiel, T. (2012). *Organisationspsychologie.* Göttingen: Hogrefe.

Kieselbach, T., Klink, F., Scharf, G. & Schulz, S.-O. (1998). *„Ich wär' ja sonst nie mehr an Arbeit rangekommen!" Evaluation einer Reintegrationsmaßnahme für Langzeitarbeitslose.* Weinheim: Deutscher Studien Verlag.

Kilbom, A. & Torgen, M. (2001). Körperliche Leistung und Gesundheit von älteren Menschen im Berufsleben. In G. Aronsson & A. Kilbom (Hrsg.), *Arbeit über 45 – Historische, psychologische und physiologische Perspektiven älterer Menschen im Berufsleben* (S. 92–116). Bremerhaven: Wirtschaftsverlag.

Klein, T. (1990). Arbeitslosigkeit und Wiederbeschäftigung im Erwerbsverlauf. Theorieansätze und theoretische Befunde. *Kölner Zeitschrift für Soziologie und Sozialpsychologie, 42,* 688–705.

Kluge, A., Fröhlich, O. & Krings, F. (2008). Altersdiskriminierung und das AGG. *Wirtschaftspsychologie, 10,* 129–139.

Knauth, P., Karl, D. & Elmerich, K. (2008). Lebensarbeitszeitmodelle. *Wirtschaftspsychologie, 10,* 44–61.

Krause, A. & Dunckel, H. (2003). Arbeitsgestaltung und Kundenzufriedenheit: Auswirkung der Einführung teilautonomer Gruppenarbeit auf die Kundenzufriedenheit unter Berücksichtigung der Mitarbeiterzufriedenheit und Arbeitsleistung. *Zeitschrift für Arbeits- und Organisationspsychologie, 47* (4), 182–193.

Lang von Wins, T., Mohr, G. & Rosenstiel, L. von (2004). Kritische Laufbahnübergänge: Erwerbslosigkeit, Wiedereingliederung und Eintritt in den Ruhestand. In H. Schuler (Hrsg.), *Organisationspsychologie – Grundlagen der Personalpsychologie* (Enzyklopädie der Psychologie, Serie Wirtschafts-, Organisations- und Arbeitspsychologie, Bd. 3, S. 1113–1189). Göttingen: Hogrefe.

Leana, C. R. & Feldmann, D. C. (1995). Finding new jobs after a plant closing: Antecedents and outcomes of the occurrence and quality of reemployment. *Human Relations, 48,* 1381–1401.

Lehr, U. (2007). *Psychologie des Alterns.* Wiebelsheim: Quelle & Meyer.

Marbe, K. (1926). *Praktische Psychologie der Unfälle und Betriebsschäden.* Berlin: Oldenbourg.

Martin, M., Zehnder, F. & Zimprich, D. (2008). Kognitive Entwicklung im mittleren Lebensalter. *Wirtschaftspsychologie, 10,* 6–17.

McKee-Ryan, F., Song, Z., Wanberg, C. & Kinicki, A. (2005). Psychological and physical well-being during unemployment: A meta-analytic study. *Journal of Applied Psychology, 90,* 53–76.

Merkel, D. (2009). *Erwerbslose: Gesund durch Arbeit? Psychologische Analyse des Zusammenwirkens verschiedener Facetten von Arbeit bei Langzeiterwerbslosen.* Unveröffentlichte Diplomarbeit, Universität Leipzig.

Meuser, M. & Nagel, U. (1991). Expertinneninterviews: vielfach erprobt, wenig bedacht. Ein Beitrag zur qualitativen Methodendiskussion. In D. Garz & K. Krainer (Hrsg.), *Qualitativ-empirische Sozialforschung. Konzepte, Methoden, Analysen* (S. 441–471). Opladen: Westdeutscher Verlag.

Mohr, G. (2000). The changing significance of different stressors after the announcement of bankruptcy. A longitudinal investigation with special emphasis on job insecurity. *Journal of Organizational Behavior, 21,* 337–359.

Mohr, G. (2010). Erwerbslosigkeit. In U. Kleinbeck & K.-H. Schmidt (Hrsg.), *Arbeitspsychologie* (Enzyklopädie der Psychologie, Serie Wirtschafts-, Organisations- und Arbeitspsychologie, Bd. 1, S. 471–519). Göttingen: Hogrefe.

Mohr, G. & Frese, M. (1978). Arbeitslosigkeit und Depression. Zur Langzeitarbeitslosigkeit älterer Arbeiter. In A. Wacker (Hrsg.), *Vom Schock zum Fatalismus* (S.179–193). Frankfurt: Campus.

Mohr, G. & Otto, K. (2005a). Langzeiterwerbslosigkeit: Welche Interventionen machen aus psychologischer Sicht Sinn? *Zeitschrift für Psychotraumatologie und Psychologische Medizin, 3,* 45–63.

Mohr, G. & Otto, K. (2005b). Schöne, neue Arbeitswelt: Risiken und Nebenwirkungen. *Report Psychologie, 6,* 260–267.

Mohr, G. & Semmer, N. K. (2002). Arbeit und Gesundheit: Kontroverse zu Person und Situation. *Psychologische Rundschau, 53* (2), 77–84.

Morrison, D. (2005). Work design theory: A review and critique with implications for human resource development. *Human Resource Development Quarterly, 16* (1), 85–109.

Morrison, D., Cordery, J., Girardi, A. & Payne, R. (2005). Job design, opportunities for skill utilization, and intrinsic job satisfaction. *European Journal of Work and Organizational Psychology, 14* (1), 59–79.

Moser, K. & Paul, K. (2001). Arbeitslosigkeit und seelische Gesundheit. *Verhaltenstherapie und psychosoziale Praxis, 33,* 431–442.

Murphy, C. M. & Athanasou, J. A. (1999). The effect of unemployment on mental health. *Journal of Occupational and Organizational Psychology, 72,* 83–99.

Nerdinger, F. W., Blickle, G. & Schaper, N. (2008). *Arbeits- und Organisationspsychologie.* Heidelberg: Springer.

Neubert, J. & Tomczyk, R. (1986). *Gruppenverfahren der Arbeitsanalyse und Arbeitsgestaltung. Spezielle Arbeits- und Ingenieurpsychologie in Einzeldarstellungen.* Berlin: Springer.

Oesterreich, R. & Volpert, W. (1987). Handlungstheoretisch orientierte Arbeitsanalyse. In U. Kleinbeck & J. Rutenfranz (Hrsg.), *Arbeitspsychologie* (Enzyklopädie der Psychologie, Serie Wirtschafts-, Organisations- und Arbeitspsychologie, Bd. 1, S. 43–73). Göttingen: Hogrefe.

Parker, S. & Wall, T. (1998). *Job and work design: Organizing work to promote wellbeing and effectiveness.* Thousand Oaks, CA: Sage.

Paul, K. & Moser, K. (2001). Negatives psychisches Befinden als Wirkung und als Ursachen von Arbeitslosigkeit: Ergebnisse einer Metaanalyse. In J. Zempel, J. Bacher & K. Moser (Hrsg.), *Erwerbslosigkeit, Ursachen, Auswirkungen und Interventionen* (S. 83–110). Opladen: Leske + Buderich.

Paul, K. & Moser, K. (2009a). Metaanalytische Moderatoranalysen zu den psychischen Auswirkungen der Arbeitslosigkeit – Ein Überblick. In A. Hollederer (Hrsg.), *Gesundheit von Arbeitslosen fördern. Ein Handbuch für Wissenschaft und Praxis* (S. 39–61). Frankfurt am Main: Fachhochschulverlag.

Paul, K. & Moser, K. (2009b). Wie wirken sich Interventionsmaßnahmen auf die psychische Gesundheit Arbeitsloser aus, wenn die Stellensuche erfolglos bleibt? – Erste Befunde einer Metaanalyse. In A. Hollederer (Hrsg.), *Gesundheit von Arbeitslosen fördern. Ein Handbuch für Wissenschaft und Praxis* (S.124–134). Frankfurt am Main: Fachhochschulverlag.

Price, R. H., van Ryan, M. & Vinokur, A. D. (1992). Impact of a preventive job search intervention on the likelihood of depression among the unemployed. *Journal of Health and Social Behavior, 33,* 158–167.

Promberger, M. & Wübbeke, C. (2006). *Anhebung der Rentenaltersgrenze: Pro und Contra Rente mit 67* (IAB-Kurzbericht Nr. 8). Nürnberg: Bundesanstalt für Arbeit.

Reason, J. (1990). *Human error.* New York: Cambridge University Press.

Resch, M. (2003). *Analyse psychischer Belastungen. Verfahren und ihre Anwendung im Arbeits- und Gesundheitsschutz.* Bern: Huber.

Richter, P. & Hacker, W. (1998). *Belastung und Beanspruchung. Stress, Ermüdung und Burnout im Arbeitsleben.* Heidelberg: Asanger.

Richter, P., Schmidt-Lerm, S. & Krenkel, C. (1996). Altern, Berufsbiographie und Arbeitsinhalt. In W. Hacker (Hrsg.), *Erwerbsarbeit der Zukunft – auch für Ältere?* (S. 161–174). Zürich: vdf Hochschulverlag.

Rife, J. C. & Belcher, J. R. (1993). Social support and job search intensity among older unemployed workers: Implications for employment counselors. *Journal of Employment Counseling, 30,* 98–107.

Schabracq, M. J. & Winnubst, J. A. M. (1996). Senior employees. In M. J. Schabracq, J. A. M. Winnubst & C. L. Cooper (Eds.), *Handbook of work and health psychology* (pp. 275–294). London: Wiley.

Schmidt, F. L. & Hunter, J. E. (2000). Messbare Personenmerkmale: Stabilität, Variabilität und Validität zur Vorhersage zukünftiger Berufsleistung und berufsbezogenen Lernens. In M. Kleinmann & B. Strauß (Hrsg.), *Potentialfeststellung und Personalentwicklung* (S.15–43). Göttingen: Hogrefe.

Schmidt, K.-H. & Kleinbeck, U. (1999). Job Diagnostic Survey (JDS – deutsche Fassung). In H. Dunckel (Hrsg.), *Handbuch psychologischer Arbeitsanalyseverfahren* (S. 205–230). Zürich: vdf Hochschulverlag.

Schmook, R. (2006). Ausgliederung aus dem Berufsleben. In H. Schuler (Hrsg.), *Lehrbuch der Personalpsychologie* (S. 729–759). Göttingen: Hogrefe.

Schumann, M., Kuhlmann, M., Sanders, F. & Sperling, H. J. (2005). Anti-tayloristisches Fabrikmodell – Auto 5000 bei Volkswagen. *WSI-Mitteilungen, 1,* 10.

Semmer, N. K., Zapf, D. & Dunckel, H. (1998). *Instrument zur Stressbezogenen Arbeitsanalyse ISTA Version 6.0.* Bern: Psychologisches Institut Bern.

Semmer, N. K., Zapf, D. & Dunckel, H. (1999). Instrument zur Stressbezogenen Tätigkeitsanalyse (ISTA). In H. Dunckel (Hrsg.), *Handbuch psychologischer Arbeitsanalyseverfahren* (S.179–204). Zürich: vdf Hochschulverlag.

Shams, M. (1993). Social support and psychological well-being among unemployed British Asian men. *Social Behavior and Personality, 21,* 175–186.

Solomon, L. J. (1983). Considerations in laying off employees: A programm description. *Journal of Organizational Behavior, 5,* 53–62.

Statistisches Bundesamt (2007a). *Stellung im Erwerbsleben, Erwerbspersonen mit und ohne Migrationshintergrund. Mikrozensus 2007.* Verfügbar unter https://www-genesis.destatis.de/genesis/online [7.1.2010].

Statistisches Bundesamt (2009b). *Erwerbslosigkeit im internationalen Vergleich.* Verfügbar unter http://www.destatis.de/jetspeed/portal/cms/Sites/destatis/Internet/DE/Content/Publikationen/STATmagazin/Arbeitsmarkt/2009__03/2009__03PDF,property =file.pdf [14.12.2009].

Stegmaier, R., Noeffer, K. & Sonntag, K.-H. (2008). Innovations- und Anpassungsfähigkeit von Mitarbeitern: Altersneutrale und altersdifferenzierte Effekte der Arbeitsgestaltung und Personalentwicklung. *Wirtschaftspsychologie, 10,* 72–82.

Steinmetz, B. (2006). *Stressmanagement für Führungskräfte. Entwicklung und Evaluation einer Intervention.* Hamburg: Kovac.

Strauss, A., Fagerhaugh, S., Suczek, B. & Wiener, C. (1980). Gefühlsarbeit: Ein Beitrag zur Arbeits- und Berufssoziologie. *Kölner Zeitschrift für Soziologie und Sozialpsychologie, 32* (4), 629–651.

Strehmel, P. & Mayring, P. (1986). *Arbeitslosigkeit: Belastungen und kognitive Verarbeitung* (Augsburger Berichte zur Entwicklungspsychologie und Pädagogischen Psychologie Nr. 2). Augsburg: Universität.

Strohm, O. & Ulich, E. (1999). Ganzheitliche Betriebsanalyse unter Berücksichtigung von Mensch, Technik, Organisation (MTO-Analyse). In H. Dunckel (Hrsg.), *Handbuch psychologischer Arbeitsanalyseverfahren* (S.319–340). Zürich: vdf Hochschulverlag.

Ulich, E. (1980). Subjektive Tätigkeitsanalyse als Voraussetzung autonomieorientierter Arbeitsgestaltung. In F. Frei und E. Ulich (Hrsg.), *Schriften zur Arbeitspsychologie: Beiträge zur psychologischen Arbeitsanalyse* (Bd. 31, S. 327–347). Bern: Huber.

Ulich, E. (2005). *Arbeitspsychologie* (6. Aufl.). Stuttgart: Schäffer-Poeschel.

Ulich, E. (2010). Aufgabengestaltung. In U. Kleinbeck & K.-H. Schmidt (Hrsg.), *Arbeitspsychologie* (Enzyklopädie der Psychologie, Serie Wirtschafts-, Organisations- und Arbeitspsychologie, Bd. 1, S. 581–622). Göttingen: Hogrefe.

Volpert, W. (1987). Psychische Regulation von Arbeitstätigkeiten. In U. Kleinbeck & J. Rutenfranz (Hrsg.), *Arbeitspsychologie* (Enzyklopädie der Psychologie, Serie Wirtschafts-, Organisations- und Arbeitspsychologie, Bd. 1, S. 1–42). Göttingen: Hogrefe.

Vuori, J. & Silvonen, J. (2005). The benefits of a preventive job search program on reemployment and mental health at two years follow-up. *Journal of Occupational and Organizational Psychology, 78,* 43–52.

Waldman, D. A. & Avolio, B. J. (1986). A metaanalysis of age differences in job performance. *Journal of Applied Psychology, 71,* 33–38.

Walsh, S. & Jackson, P. R. (1995). Partner support and gender: Contexts for coping with job loss. *Journal of Occupational and Organizational Psychology, 68,* 253–268.

Wanberg, C. R. & Marchese, M. C. (1994). Heterogenity in the unemployment experience: A cluster analytic investigation. *Journal of Applied Social Psychology, 24,* 473–488.

Warr, P. (2000). Job performance and the ageing workforce. In N. Chmiel (Ed.), *Introduction to work and organizational psychology – an European perspective* (pp. 407–423). Malden, MA: Blackwell.

Warr, P. & Fay, D. (2001). Short report: Age and personal initiative at work. *European Journal of Work and Organizational Psychology, 10,* 343–353.

Weber, W. (1997). *Analyse von Gruppenarbeit – Kollektive Handlungsregulation in soziotechnischen Systemen.* Bern: Huber.

Wegge, J., Roth, C., Neubach, B., Schmidt, K.-H. & Kanfer, R. (2008). Age and Gender diversity as determinants of performance and health in a public organization: The role of task complexity and group size. *Journal of Applied Psychology, 93,* 1301–1313.

Wegge, J., Roth, C. & Schmidt, K.-H. (2008). Eine aktuelle Bilanz der Vor- und Nachteile altersgemischter Teamarbeit. *Wirtschaftspsychologie, 10,* 30–43.

West, M. A., Dawson, J. F., Guthrie, J. P., Borrill, C. & Carter, M. (2006). Reducing patient mortality in hospitals: The role of human resource management. *Journal of Organizational Behavior, 27,* 983–1002.

West, M. & Borrill, C. S. (2006). The influence of team working. In J. Cox, J. King, A. Hutchinson & A. P. McAvoy (Eds.), *Understanding doctor's performance* (pp.106–122). Oxford: Radcliffe.

Winefield, A. H., Tiggermann, M. & Winefield, H. R. (1991). The psychological impact of unemployment and unsatisfactory employment in young men and women: Longitudinal and cross-sectional data. *British Journal of Psychology, 82,* 473–486.

Zapf, D., Frese, M. & Brodbeck, F. C. (1999). Fehler und Fehlermanagement. In C. Graf Hoyos & F. Frey (Hrsg.), *Arbeits- und Organisationspsychologie. Ein Lehrbuch* (S. 398–411). Weinheim: Psychologische Verlags Union.

Zempel, J. & Frese, M. (2000). Prädiktoren der Erwerbslosigkeit und Wiederbeschäftigung. *Verhaltenstherapie & Psychosoziale Praxis, 32,* 379–390.

Glossar

Aktiver Fehler

Aktive Fehler werden von Operateuren an der Mensch-Maschine-Schnittstelle begangen und haben eine unfallauslösende Wirkung. Da sie räumlich und zeitlich begrenzt sind, sind aktive Fehler leichter zu identifizieren als latente Fehler.

Basale Fähigkeiten

Basale Fähigkeiten (basic capabilities) sind die an den Organismus gebundenen Fähigkeiten wie z. B. schnelle Reaktion, Wahrnehmung oder Kondition.

Career education

Career education beschreibt laufbahnbezogene Interventionen, welche die Vermittlung von Kenntnissen über die Arbeitswelt, Kenntnissen über die eigene Person sowie Kenntnissen und Kompetenzen bezüglich laufbahnbezogenem Verhalten (z. B. Bewerbung) zum Gegenstand haben.

Circadian-Rhythmus

Der Circadian-Rhythmus (circa-diem: ungefähr ein Tag) bezeichnet die endogenen (inneren) zyklisch ablaufenden Prozesse, wie etwa die Ausschüttung bestimmter Hormone, die Körpertemperatur und damit verknüpfte Zustände der Wachheit und Leistungsfähigkeit.

Complex Man

„Complex Man" umfasst die Sichtweise auf den Menschen als von vielfältigen und individuellen Bedürfnissen bestimmt. Als Konsequenz daraus ergibt sich beispielsweise die Notwendigkeit einer flexiblen Arbeitsgestaltung, die auf unterschiedliche Bedürfnisse abgestimmt werden kann.

Critical Incident Technique

Die „Critical Incident Technique" (Flanagan, 1954) ist eines der bekanntesten teilstandardisierten, verhaltensorientierten Verfahren. Das Verfahren wurde zur Erhebung von Anforderungen komplexer Tätigkeiten entwickelt. Dabei wird zwischen kritischen Ereignissen und erfolgskritischem Verhalten unterschieden. Ein kritisches Ereignis ist eine Situation, in der effektives oder ineffektives Verhalten zum Erfolg bzw. Misserfolg der betroffenen Person beiträgt.

Crossover-Effekt

Von Crossover-Effekten wird gesprochen, wenn es zu positiven oder negativen Übertragungseffekten kommt. So kann der berufliche Stress einer Person zu einem erhöhten häuslichen Stresserleben der Partnerin führen.

Defizitmodell

Defizitmodelle des Alterns gehen von einem unumgänglichen Abbauprozess der wichtigsten Funktionen aus. Zu diesen Funktionen gehören physiologische Voraussetzungen wie Muskelkraft und kognitive Voraussetzungen wie Intelligenz.

Display Rules

Display rules bezeichnen die von betrieblicher Seite definierten und geforderten Normen und Standards von Verhalten, die anzeigen, welche Gefühle in welcher Situation als angemessen gelten.

Drittvariable	Bei einer Drittvariable handelt es sich um eine Variable, die einen Einfluss auf die Höhe des Zusammenhanges zwischen zwei anderen Variablen ausübt.
Dual Career Couples	Als „Doppelkarrierepaare" werden Paare bezeichnet, bei denen beide Partner eine hohe Qualifikation und Berufsorientierung besitzen sowie eine eigenständige Berufslaufbahn verfolgen.
Economic Man	„Economic Man" umfasst die Sichtweise auf den Menschen als stets rational handelnd und überwiegend durch materielle Anreize motiviert. Dieses Menschenbild war prägend für den Ansatz der wissenschaftlichen Betriebsführung nach Taylor.
Emotional work	Emotional work bezeichnet die Auseinandersetzung und Regulation der eigenen Gefühle in Kundeninteraktionen. Strauss et al. (1980) unterscheiden diese Art der Gefühlsarbeit von sentimental work, das sich auf die Beeinflussung der Gefühle anderer bezieht.
Erwerbsarbeit	Erwerbsarbeit ist bezahlte Tätigkeit mit dem Ziel, den Lebensunterhalt zu finanzieren.
Erwerbslosenquote	Erwerbslosenquote ist ein synonymer Begriff für Arbeitslosenquote. Sie wird ermittelt aus dem Anteil der Erwerbslosen an der Gesamtzahl der zivilen erwerbsfähigen abhängigen Erwerbspersonen. In den Publikationen der Bundesanstalt für Arbeit und des Statistischen Bundesamts werden zwei Berechnungsmodi angegeben, die sich jeweils durch die Definition der Erwerbstätigen unterscheiden. Eine Quote bezieht sich auf alle zivilen Erwerbspersonen (abhängig Beschäftigte, Selbstständige und mithelfende Familienangehörige). Eine weitere Quote bezieht sich nur auf die abhängig und zivil Beschäftigten (sozialversicherungspflichtig Beschäftigte, geringfügig Beschäftigte, Beamtinnen).
Erwerbslosigkeit	Erwerbslosigkeit ist ein Synonym für Arbeitslosigkeit. Definition von Arbeitslosen nach dem Sozialgesetzbuch (SGB III, § 16): Arbeitslose sind Personen, die vorübergehend nicht in einem Beschäftigungsverhältnis stehen, eine versicherungspflichtige Beschäftigung suchen und dabei den Vermittlungsbemühungen der Agentur für Arbeit zur Verfügung stehen und sich bei der Agentur für Arbeit arbeitslos gemeldet haben. Teilnehmer an Maßnahmen der aktiven Arbeitsmarktpolitik gelten als nicht arbeitslos.
Freizeit	Freizeit ist jene Zeit, über die ohne Sachzwang individuell disponiert und nach persönlichen Wünschen verfügt werden kann. Diese ist abzugrenzen von der arbeitsgebundenen Freizeit, die sich auf Pausen, Wege- und Bereitschaftszeiten bezieht, und vom Konzept der Sozialzeit, das die Partizipation an der Erstellung gesellschaftlicher Strukturen beschreibt und weder eindeutig der Erwerbsarbeit noch der Freizeit zuzuordnen ist.
Generic Error Modeling System	Das „Generic Error Modeling System" ist ein kognitives Modell zu Fehlerprozessen nach Reason (1990), in dem drei Ebenen („levels") der Handlungssteuerung und damit auch der Fehlergenese unterschieden werden: die fertigkeitsbasierte („skill-based") Ebene, auf der Ausrutscher oder Versehen („slips") angesiedelt sind, die regelbasierte („rule-based") Ebene,

auf der es zu Erkennens- oder Verwechslungsfehlern kommen kann, und die wissensbasierte („knowledge-based") Ebene, wo Denk- oder Urteilsfehler auftreten.

Geschlechts spezifische Arbeitsteilung
Geschlechtsspezifische Arbeitsteilung ist die Aufteilung des Arbeitsmarktes nach Geschlechtern. Dabei kann sowohl eine vertikale Segregation, d. h. ein deutlich geringerer Anteil von Frauen in (höheren) Führungspositionen, als auch eine horizontale Segregation beobachtet werden: Frauen und Männer arbeiten in unterschiedlichen Berufsfeldern („Frauen- und Männerberufe") bzw. bekommen auch auf derselben Hierarchieebene und in ähnlichen Tätigkeitsfeldern häufig unterschiedliche Aufgaben zugewiesen.

Handlung
Handlung ist eine zeitlich in sich geschlossene, auf ein Ziel gerichtete sowie inhaltlich und zeitlich gegliederte Einheit der Tätigkeit. Die Abgrenzung von Handlungen erfolgt durch das bewusste Ziel.

Handlungszyklus
Handlungszyklus ist die Abfolge der vier Handlungsphasen Zielbildung, Planung, Ausführung und Kontrolle. Nach der Handlungsregulationstheorie muss eine sequenziell vollständige Aufgabe die Bewältigung des gesamten Handlungszyklus erfordern.

Job enlargement
„Job enlargement" bedeutet die Erweiterung der Tätigkeit auf horizontaler Ebene. Zur ausgeführten Tätigkeit kommen weitere Aufgaben des gleichen Anspruchsniveaus hinzu. Ein Arbeitsplatz besteht somit aus mehreren Teiltätigkeiten.

Job enrichment
„Job enrichment" bedeutet die Erweiterung des Aufgabenspektrums durch Übertragung von Aufgaben mit mehr Anforderungen sowie Erhöhung der Verantwortung und Entscheidungsfreiheit der Beschäftigten. Aufgabenerweiterung findet auf hierarchischer Ebene statt.

Job rotation
„Job rotation" bedeutet das Prinzip des geplanten Arbeitsplatzwechsels. Mitarbeiterinnen rotieren Arbeitsplätze, die aus jeweils einer Teiltätigkeit der gleichen Anforderungsebene bestehen.

Langzeitarbeitslosigkeit
Zu den Langzeitarbeitslosen werden diejenigen gezählt, die bereits 12 Monate oder länger arbeitslos sind.

Latente Fehler
Latente Fehler sind Mängel im System wie etwa schlechtes Design, ungenügende Wartung, ungünstige oder unzureichende Personalausstattung. Die Beurteilung latenter Fehler erweist sich als schwierig, da sie zeitlich und räumlich oft weit entfernt von einem konkreten Unfallereignis liegen.

Moderatorvariable
Eine Moderatorvariable verändert die Stärke des Zusammenhangs zwischen zwei Variablen. Zur Prüfung von Moderationseffekten wird ein Interaktionsterm aus der unabhängigen Variable und der Moderatorvariable zusätzlich zu den Einzelvariablen in eine Regressionsanalyse eingeführt.

MTO-Analyse
Die MTO-Analyse ist ein Verfahren zur Mehrebenenanalyse. Sie verfolgt einen integrativen Ansatz von soziotechnischer Systemanalyse und psychologischer Arbeitsanalyse (Strohm & Ulich, 1999).

New career	Ansätze der „new career" greifen Veränderungen in der aktuellen flexibilisierten Arbeitswelt auf und berücksichtigen, dass sich berufliche Laufbahnen zunehmend außerhalb des organisationalen Rahmens entwickeln. Ein zentrales Element der Ansätze zur „new career" ist die Verschiebung der Verantwortung für die berufliche Laufbahn von der Organisation auf die Person.
Objektpsychotechnik	Die Objektpsychotechnik ist eine Richtung der Psychotechnik, die sich mit der Anpassung der Arbeitsmittel und Arbeitsbedingungen an den Menschen beschäftigt.
Partialisierung	Partialisierung von Handlungen bedeutet, dass Handelnde von einzelnen Regulationsebenen abgeschnitten sind. Je nachdem, welche Regulationsebene dies betrifft, ist die Partialisierung mehr oder weniger ausgeprägt. Eine partialisierte Handlung ist gleichzeitig auch eine unvollständige Handlung. Je mehr Regulationsebenen beim Handeln angesprochen werden, desto weniger partialisiert und desto vollständiger ist die Handlung und desto mehr Möglichkeiten bietet sie zur Erweiterung individueller Kompetenzen.
Patchwork-Biografien	Durch die sich verändernden Bedingungen des Arbeitslebens kommt es immer häufiger zu einer Abweichung von einer streng linearen, in ihren Elementen aufeinander aufbauenden Erwerbsbiografie, welche noch vor wenigen Jahrzehnten als Regelfall galt. Neben Erwerbslosigkeit, Ausbildungsabbrüchen, und häufigen Jobwechseln als wesentliche Ursachen für solche „Flickenteppich-Biografien" tragen auch die Elternzeit sowie berufliche Auszeiten, sogenannte Sabbaticals, zu Unterbrechungen in den Erwerbsbiografien bei.
Personenbezogene Dienstleistungen	Personenbezogene Dienstleistungen beziehen sich auf Leistungen, die in Kooperation bzw. Interaktion mit dem Kunden erbracht werden, z.B. im Beratungs- oder Servicebereich. Eine wesentliche berufliche Anforderung im personenbezogenen Dienstleistungsgewerbe ist die Regulation der eigenen Gefühle und die Beeinflussung der Gefühle der Kundin (vgl. auch emotional bzw. sentimental work).
Prospektive Arbeitsgestaltung	Bei der prospektiven Arbeitsgestaltung erlaubt die Arbeitsaufgabe eine eine Anpassung an die individuellen Fähigkeiten der Beschäftigten. Tätigkeiten werden lernförderlich gestaltet mit dem Ziel der Persönlichkeitsentwicklung während der Arbeit.
Proteische Laufbahnorientierung	Die proteische Laufbahnorientierung ist ein Konzept im Rahmen der New-career-Ansätze und beschreibt die selbstverantwortliche und wertegeleitete Gestaltung der eigenen beruflichen Laufbahn, die Freiheit und persönliches Wachstum – im Gegensatz zum objektiven Berufserfolg – betont.
Psychologischer Vertrag	Der Psychologische Vertrag beschreibt die individuelle Wahrnehmung der gegenseitigen Versprechen und Verpflichtungen im sozialen Austausch zwischen Arbeitnehmerin und Arbeitgeberin.
Regulationsebenen	Regulationsebenen kennzeichnen das Niveau der kognitiven Prozesse, die in spezifischen Handlungen involviert sind. Nach der Handlungsregulationstheorie ist eine Handlung hierarchisch vollständig, wenn sie nicht nur sensumotorische Operationen beinhaltet, sondern auch höhere geistige Prozesse.

Regulationserfordernisse	Die Regulationserfordernisse einer Arbeitsaufgabe bezeichnen das Niveau der kognitiven Prozesse, die zu ihrer Bewältigung erforderlich sind.
Reproduktionsarbeit	Reproduktionsarbeit ist Arbeit, die notwendig ist, um die Arbeitskraft zu erhalten. Der Begriff wird nicht nur verengt auf Tätigkeiten zur unmittelbaren Arbeitskrafterhaltung angewendet (z. B. waschen, putzen oder einkaufen), sondern auch auf Tätigkeiten, die helfen, die zukünftige gesellschaftliche Arbeitskraft zu erhalten (z. B. Kindererziehung).
Ressourcen	Ressourcen sind Faktoren, die die Auseinandersetzung mit Anforderungen und Belastungen unterstützen. Sie haben positive Effekte auf die Gesundheit und können Stressreaktionen mildern bzw. puffern. Es kann zwischen personen- und bedingungsbezogenen Ressourcen unterschieden werden. Eine häufig diskutierte bedingungsbezogene Ressource ist Handlungsspielraum. Ein Beispiel für eine personenbezogene Ressource ist berufliche Selbstwirksamkeit.
Risikofaktoren	Risikofaktoren sind diejenigen personalen Faktoren, die negative Wirkungen auf die Gesundheit haben und/oder die Wirkungen von Arbeitsbelastungen unterstützen. Zu den häufig diskutierten Risikofaktoren gehört das Typ-A-Verhalten.
Rollenstressperspektive	Die in stress- und ressourcentheoretischer Tradition stehende Rollenstressperspektive geht davon aus, dass eine hohe Zahl von Rollen in den verschiedenen Lebensbereichen die Wahrscheinlichkeit von Konflikten erhöht.
Selbstkonzept	Das Selbstkonzept ist die Gesamtheit selbstbezogenen Wissens und selbstbezogener Bewertungen. Es gliedert sich in verschiedene Selbstschemata, die in ihrer Einheit das Selbstkonzept konstituieren. Das berufliche Selbstkonzept wird als Teilbereich des Selbstkonzeptes verstanden, das sich explizit auf Selbsteinschätzungen von berufsbezogenen Fähigkeiten, Interessen, Handlungserfahrungen und Einstellungen bezieht.
Self-actualizing Man	„Self-actualizing Man" umfasst die Sichtweise auf den Menschen als nach persönlicher Entwicklung und Entfaltung strebend. Kennzeichnend für den Ansatz der Humanisierung der Arbeit, der die persönlichkeits- und entwicklungsförderliche Gestaltung von Arbeitsbedingungen zum Ziel hat.
Sentimental work	„Sentimental work" bezieht sich auf die intentionale Beeinflussung und Veränderung der Gefühle anderer Personen im beruflichen Kontext. Demgegenüber steht das Konzept emotional work, das sich auf den reflexiven Umgang mit den eigenen Gefühlen bezieht.
Sicherheitskultur	Sicherheitskultur stellt die Gesamtheit der von der Mehrheit der Mitglieder einer Organisation geteilten sicherheitsbezogenen Grundannahmen und Normen, die sich im konkreten Umgang mit Sicherheit in allen Bereichen der Organisation widerspiegeln, dar.
Sicherheitspsychologie	Die moderne Sicherheitspsychologie geht über die reaktive Analyse bereits geschehener Unfälle hinaus und widmet sich im wesentlichen der Prävention von Unfällen, d. h., es werden auch Beinaheunfälle und sicherheitswidriges Verhalten in die Analysen einbezogen (vgl. auch „Unfallpsychologie").

SOC-Modell	Das SOC-Modell ist ein kompensationsbezogenes Altersmodell, nach dem Selektion, Optimierung und Kompensation als Grundprozesse der Erhaltung von Handlungskompetenz auch bei Funktionsverlusten und Einschränkungen dienen.
Social Man	„Social Man" umfasst die Sichtweise auf den Menschen als soziales Wesen, für dessen Entfaltung soziale Beziehungen grundlegend sind. Kennzeichnend für den Human-Relations-Ansatz, der u. a. die Gestaltung der sozialen Beziehungen am Arbeitsplatz in den Blick nimmt.
Soziotechnische Analyse	Eine soziotechnische Analyse hat den soziotechnischen Systemansatz als theoretischen Hintergrund. Dabei wird in besonderem Maße die Wechselwirkung von sozialen und technischen Subsystemen eines Arbeitssystems analysiert und die Notwendigkeit betont, diese gemeinsam zu optimieren. Sie berücksichtigt zudem externe Systeme, z. B. Instandhaltungs-, Zulieferer-, Abnehmersysteme.
Spillover-Effekt	Der Spillover-Effekt besagt, dass Erwerbsleben und Privatleben sich gegenseitig beeinflussen, indem der eine in den anderen Lebensbereich „überquillt". Dieser Transfer auf den jeweils anderen Lebensbereich kann sowohl positiv als auch negativ sein.
Stress	Stress entsteht durch eine Situation, die als aversiv, zeitlich nah und lang andauernd eingeschätzt wird, die als nicht kontrollierbar beurteilt wird, deren Vermeidung aber wichtig erscheint.
Stressoren	Stressoren sind Faktoren, die mit erhöhter Wahrscheinlichkeit negative Wirkungen auf die Gesundheit haben. Es kann zwischen personen- und bedingungsbezogenen Stressoren unterschieden werden. Häufig untersuchte Arbeitsstressoren sind Zeitdruck oder arbeitsorganisatorische Probleme. Ein Beispiel für einen personenbezogenen Stressor ist Feindseligkeit.
Subjektpsychotechnik	Subjektpsychotechnik ist eine Richtung der Psychotechnik, die sich mit der Anpassung oder auch Auswahl des (bzw. von) Menschen an vorhandene Arbeitsmittel und Arbeitsbedingungen beschäftigt.
Teilautonome Arbeitsgruppen	Teilautonome Arbeitsgruppen sind Arbeitsgruppen, bei denen mehrere Arbeitende in einer räumlich und organisatorisch abgegrenzten Produktionseinheit eine gemeinsame Aufgabe ausführen. Sie dient der Herstellung eines gemeinsam erzeugten (Teil-)Produktes und unterteilt sich in interdependente Teilaufgaben. Die Aufgabe wird in gemeinsamer Verantwortung dauerhaft übertragen. Vollständige Aufgaben sind gewährleistet.
Tokenism	Der Ansatz des Tokenism von Rosabeth Moss Kanter thematisiert die Minderheitensituation in Gruppen (z. B. von Frauen in männlich dominierten Bereichen). Im Rahmen des Ansatzes wird postuliert, dass bei den Angehörigen von Minderheiten in Gruppen (sog. „Token") ihr Token-Status dazu führt, dass sie aufgrund der erhöhten Sichtbarkeit und Aufmerksamkeit versuchen, sich unauffällig zu verhalten und ihre Präsenz und eigene Leistung zu verbergen.

Unfällerpersönlichkeit

Aus einer früheren, personenbezogenen Perspektive auf Unfälle bestand die Annahme, dass es Menschen mit einer besonderen Disposition für Verhaltensweisen gibt, die vergleichsweise leicht zu Unfällen führen – sogenannte „Unfäller" oder „Unfällerpersönlichkeiten" (Marbe, 1926).

Unfallpsychologie

Die Unfallpsychologie beschäftigt sich mit der Analyse bereits geschehener Unfälle. Bei dieser reaktiven Vorgehensweise wird Sicherheit als das Ausbleiben von Unfällen verstanden. Mit der Hinwendung zu einem präventiven Verständnis von Sicherheit ist der Begriff „Unfallpsychologie" allerdings in den Hintergrund getreten.

Verhältnisprävention

Verhältnisprävention befasst sich mit der Gestaltung der Arbeitsbedingungen und deren Auswirkungen auf die Gesundheit der Beschäftigten. Sie setzt bei den Arbeitsmitteln, den Umgebungsbedingungen und der Arbeitsaufgabe an.

Ergänzende Übungsaufgaben

1. Welche Art der sozialen Unterstützung wird von Erwerbslosen als hilfreich erlebt und wie ist das zu erklären?
2. Welche Fehler sollten Sie bei der Gestaltung von Maßnahmen für Erwerbslose vermeiden?
3. Welche Vor- und Nachteile haben Beobachtungsverfahren?
4. Welche Strategien der Arbeitsgestaltung würden Sie verfolgen, um Arbeit persönlichkeitsförderlich zu gestalten?
5. Wie unterscheidet sich teilautonome Gruppenarbeit von anderen Konzepten der Aufgabenerweiterung?
6. Was tun Sie zum Erhalt der (lebenslangen) Leistungsfähigkeit älterer Menschen?
7. Bei welcher Art von Leistungsanforderung können die Jüngeren den Älteren überlegen sein, bei welchen ist es umgekehrt?

Fernlehrbrief
Arbeitspsychologie II
Bewertung der Arbeit

Autoren:
Prof. Dr. Eva Bamberg
Prof. Dr. Gisela Mohr
Dr. Christine Busch

Modulverantwortlicher:
Prof. Dr. Frank Vogelgesang

Herausgeber:
PFH Private Hochschule Göttingen
Weender Landstraße 3-7
37073 Göttingen
Tel.: +49 (0)551 54700-0

Verlag:
© 2016 Hogrefe Verlag GmbH & Co. KG
Göttingen • Bern • Wien • Oxford • Boston • Paris • Amsterdam
Prag • Florenz • Kopenhagen • Stockholm • Helsinki • São Paulo
Merkelstraße 3, 37085 Göttingen

Sonderausgabe: Der Fernlehrbrief basiert auf Kapitel 5 bis 9 des Buches „Arbeitspsychologie" von Eva Bamberg, Gisela Mohr und Christine Busch (2012). ISBN 978-3-8017-2165-7

Inhaltsverzeichnis

Abbildungsverzeichnis

Tabellenverzeichnis

Einleitung

Der Fernlehrbrief beschäftigt sich mit dem Themenbereich der Arbeitspsychologie, welche in den letzten Jahren immer mehr an Bedeutung
gewonnen hat. Die Arbeitspsychologie muss dabei von der Organisationspsychologie abgegrenzt werden. Während die Organisationspsychologie
Fragen und Themen aus der Perspektive der Organisation und aufgrund
der Auseinandersetzung mit dieser behandelt, befasst sich die Arbeitspsychologie mit Fragen aus der Perspektive des einzelnen Individuums.
Hier stehen Themen im Vordergrund, die sich aus der Auseinandersetzung
des Einzelnen mit seinen Aufgaben ergeben.

Der zweite Fernlehrbrief widmet sich zunächst dem Thema der Arbeitssicherheit, also dem Teilbereich der Arbeitspsychologie, der sich mit betrieblichen Unfallrisiken und Sicherheitsmaßnahmen beschäftigt. Des Weiteren
werden arbeitspsychologische Konzepte vorgestellt, die die Wirkung von
Arbeit auf Gesundheit und Wohlbefinden beschreiben. Abschließend wird
auf die Emotionen bei der Arbeit, Work-Life-Balance sowie auf flexible
Arbeitsmodelle eingegangen.

Einordnung des Lehrbriefes im Rahmen des Fernstudiums

„Die Hauptaufgaben arbeitspsychologischer Tätigkeit sind: Analyse, Bewertung und Gestaltung von Arbeitstätigkeiten und Arbeitssystemen nach
definierten Humankriterien" (Ulich, 2005, S. 2).

Besonders interessant an dieser Definition arbeitspsychologischer Tätigkeit ist die Aussage: „nach definierten Humankriterien". Es stellen sich
sofort zwei Fragen: Wer definiert hier, und was bedeutet human? Human
bedeutet zunächst nichts anderes als „menschlich". Im Mittelpunkt arbeitspsychologischen Handelns steht also der Mensch. Das ist nicht
trivial, sondern hat ganz entscheidende Auswirkungen. Es könnten auch
Effizienz, Kosteneinsparungen oder der Gewinn im Mittelpunkt stehen.
Die genannten Aspekte sind dabei aber nicht irrelevant, vielmehr strebt
jeder Betrieb nach Effizienz und Gewinn (es sei denn, es handelt sich
um eine Non-Profit-Organisation). Die Aufgabe der Geschäftsleitung ist
es, für diese wesentlichen Parameter wirtschaftlichen Handelns Sorge
zu tragen. Die Psychologie agiert im Auftrag der Geschäftsleitung, d. h.
auch Arbeitspsychologen sind nicht unabhängig von dieser Aufgabe.
Allerdings ist die Psychologie von der Betriebswirtschaftslehre dadurch zu
unterscheiden, dass der Mensch im Mittelpunkt des Handelns steht und
nicht die betriebswirtschaftlichen Zahlen. Durch Psychologen holen sich
Betriebe einen zusätzlichen Blickwinkel in die Organisation. Auch wenn
es darum geht, dass der arbeitende Mensch einen möglichst optimalen

Beitrag zum Gewinn beisteuern soll, interessiert die Psychologie nicht primär der Beitrag, sondern der Mensch.

Der Fernlehrbrief gibt einen Überblick über diese psychologische Arbeitsweise in Unternehmen. Zahlreiche Beispiele, Definitionen und Zusammenfassungen sowie Tabellen und Abbildungen strukturieren den Text und erleichtern die Prüfungsvorbereitung.

Aufbau und Konzeption dieses Lehrbriefes

Der zweite Fernlehrbrief widmet sich den folgenden Themen: Arbeitssicherheit, Auswirkungen der Arbeit auf die Gesundheit, Emotionen bei der Arbeit, Work-Life-Balance und Flexibilisierung der Arbeit. Das erste Kapitel beschäftigt sich mit der Fragestellung, wie durch psychologische Maßnahmen die Zahl an Arbeitsunfällen verringert werden kann. Hierzu werden einige sicherheitsbezogene Instrumente und Methoden für Interventionsmaßnahmen vorgestellt, u. a. das ganzheitliche Management des Arbeits- und Gesundheitsschutzes (GAMAGS). Im zweiten Kapitel geht es um die Auswirkungen der Arbeitstätigkeit auf Gesundheit und Wohlbefinden. Einige Zahlen zu Fehlzeiten und zu Erwerbsminderung, die als Indikatoren von arbeitsbedingten Beeinträchtigungen angenommen werden, sollen die Relevanz des Themas verdeutlichen. Das dritte Kapitel erörtert die Regulierung von Emotionen in beruflichen Interaktionen. Ein Ziel ist hier, das komplexe Verständnis von Emotionsarbeit mit all seinen Dimensionen darzustellen. Im vierten Kapitel wird Work-Life-Balance als vielschichtiger Themenbereich vorgestellt. Abschließend werden die Bedeutung der Arbeitszeit, verschiedene Arbeitszeitmodelle sowie die Funktionen und Rolle von Arbeitspausen erörtert.

Lernziele dieses Lehrbriefes

- Arbeitssicherheit: Begriffsbestimmung und Relevanz

- Arbeitspsychologische Ansätze

- Arbeit und Gesundheit – Kritische Merkmalsbereiche

- Dimensionen der Emotionsregulation

- Befunde zum beruflichen Umgang mit Emotionen

- Ansätze in der psychologischen Forschung

- Vereinbarkeit von Beruf und Familie: Konflikt und Gewinn?

- Flexibilisierung der Arbeitsverträge

- Psychologischer Vertrag

Kapitel 1
Arbeitssicherheit

Eva Bamberg und Henning Staar

Inhaltsübersicht

**Wenn Du ein neues Haus baust, so mache ein Geländer,
eine Lehne darum auf Deinem Dache, auf dass Du nicht Blutschuld
auf Dein Haus lädst, wenn jemand herabfällt.**

(Altes Testament, 5. Buch Mose, Kapitel 22, Vers 8)

1.1   Einleitung

In diesem Kapitel soll es um das Thema Arbeitssicherheit gehen, also den Teilbereich der Arbeitspsychologie, der sich mit betrieblichen Unfallrisiken, mit Fehlern und Sicherheitsmaßnahmen beschäftigt. Wie Sie bereits dem vorangestellten Zitat aus dem Alten Testament entnehmen können, ist die Diskussion um Sicherheit und die Vermeidung von Unfällen nicht neu. Die Frage, wie Arbeitssicherheit am besten gewährleistet werden kann, ist nach wie vor höchst aktuell: Die Folgen mangelnder Arbeitssicherheit können sowohl für die Betriebe als auch für die Beschäftigten sehr kritisch sein. Der Bibelvers zeigt zudem, dass das Thema Sicherheit zum einen vom System her betrachtet werden kann – wie der im Zitat geforderte Bau eines Geländers auf dem Dach. Arbeitssicherheit ist aber durch technische Maßnahmen allein nicht zu erreichen, sondern auch verhaltens- und einstellungsbezogene Faktoren spielen eine Rolle.

Anzahl von Arbeitsunfällen

Aktuell werden ungefähr 8 % der Arbeitsunfähigkeitstage auf Arbeitsunfälle zurückgeführt (Dieterich, Vetter & Naij, 1999). Dabei hat die Art der ausgeübten Tätigkeit einen erheblichen Einfluss auf die Anzahl der Arbeitsunfälle: Auf dem Bau passieren fast siebenmal so viele (angezeigte) Arbeitsunfälle wie in der Verwaltung (Gesundheitsberichterstattung des Bundes, 2007). Arbeitsunfälle sind zum Teil mit erheblichen Arbeitsausfallzeiten (im Jahr 2001 durchschnittlich 12,3 Tage pro gemeldetem Arbeitsunfall) sowie intensiven Kosten für anschließende medizinische Behandlung verbunden (Nettoaufwendungen der Unfallversicherungsträger: ca. 12,5 Mrd. Euro für Renten, Heilbehandlungen, Maßnahmen zur beruflichen Wiedereingliederung etc. in 2001; Nerdinger, Blickle & Schaper, 2008).

Wie Sie Abbildung 1 entnehmen können, sind die Zahlen meldepflichtiger Arbeitsunfälle seit 1960, dem Beginn der statistischen Auswertungen, generell rückläufig. Ein ähnlicher Rücklauf ist auch für Unfälle mit Todesfolge der Arbeitswelt zu verzeichnen (vgl. Abb. 2).

Meldepflichtige Arbeitsunfälle

„Meldepflichtig" sind dabei alle Unfälle, die eine Arbeitsabwesenheit von mehr als drei Tagen nach sich ziehen. Unfälle, die eine berufliche Abwesenheit unter drei Tagen zur Folge haben, gelten hingegen als sogenannte „geringfügige Unfälle" und unterliegen nicht der Meldepflicht. Wie in der Abbildung 1 zu sehen ist, wird die Unfallzahl in einem Betrieb üblicherweise durch die „Tausend-Mann-Quote" beschrieben, also durch die Zahl der Unfälle je 1000 Vollbeschäftigte.

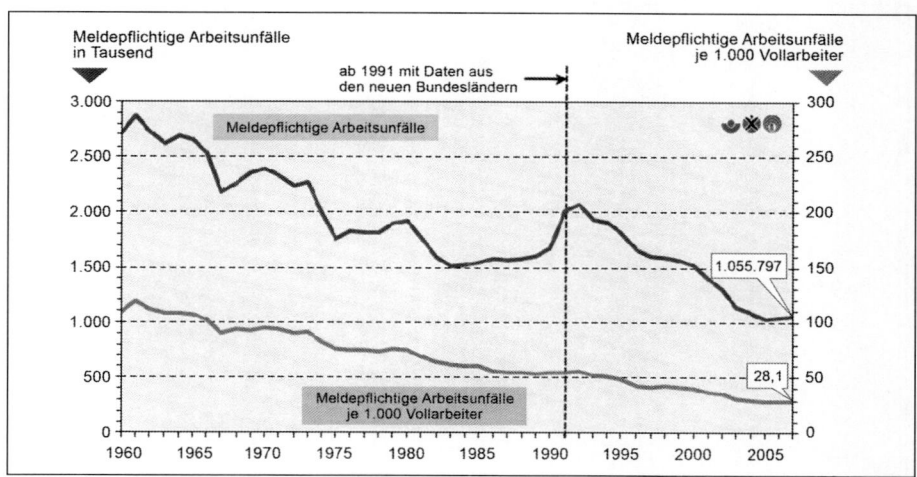

Abbildung 1: Häufigkeit der meldepflichtigen Arbeitsunfälle (Bundesanstalt für Arbeitsschutz und Arbeitsmedizin, 2008, S. 20)

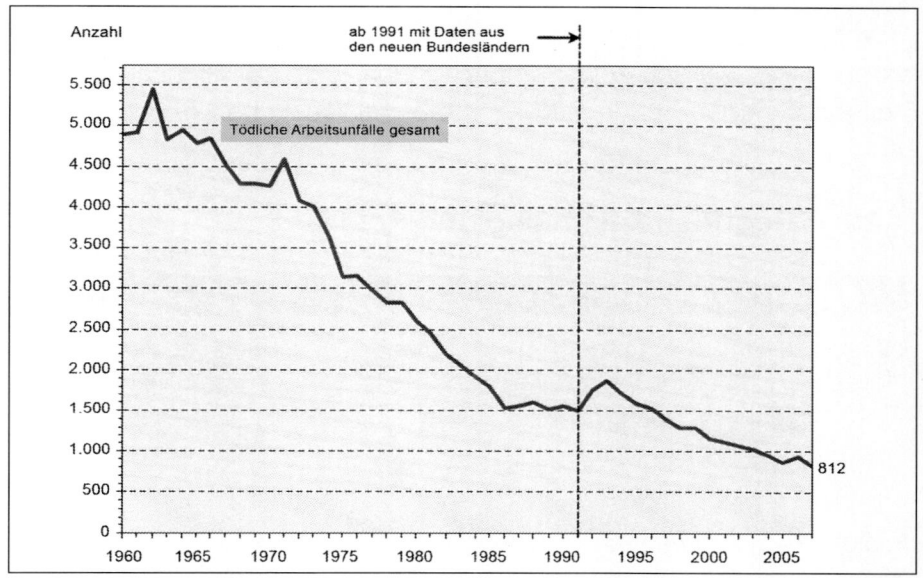

Abbildung 2: Gefahren bei der Arbeit: meldepflichtige Arbeitsunfälle mit Todesfolge (Bundesanstalt für Arbeitsschutz und Arbeitsmedizin, 2008, S. 21)

Der kontinuierliche Rückgang von Arbeitsunfällen erscheint auf den ersten Blick überaus erfreulich – im Vergleich zu 1960 beträgt die Anzahl der gemeldeten Fälle immerhin weniger als die Hälfte. Allerdings ist die Zahl mit über 1 Mio. Fällen in 2007 nach wie vor nicht unerheblich. Zudem müssen auch mögliche Probleme der Statistik bei der Interpretation dieser Zahlen in Betracht gezogen werden: So werden solche Unfälle nicht erfasst, die z.B. durch eine Verkürzung des Arbeitstages oder durch sogenannte „Schonarbeitsplätze" nicht der Meldepflicht unterliegen. Zudem ist es denkbar, dass durch Arbeitsplatzunsicherheit Abwesenheitstage reduziert werden. Wenn wir die Schwere von Unfällen anhand der damit verbundenen Arbeitsausfallzeiten festmachen und in Bezug zu Häufigkeiten setzen, ergibt sich eine sogenannte Unfallpyramide (Lehder & Skiba, 2005; vgl. Abb. 3).

Die Unfallpyramide

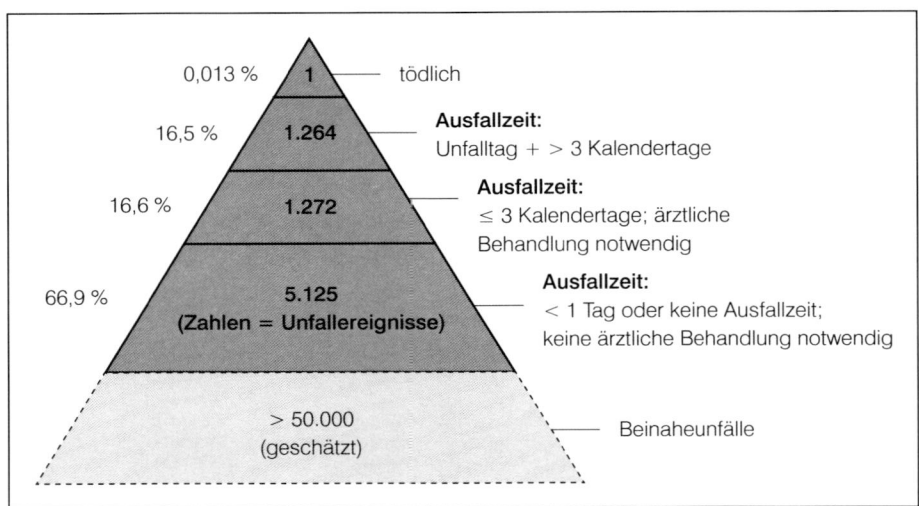

Abbildung 3: Unfallpyramide (nach Nerdinger et al., 2008)

Bevor wir uns intensiver den mit der Unfall- und Sicherheitsforschung verbundenen Fragen zuwenden, sind einleitend grundlegende, mit Arbeitssicherheit verbundene Konzepte begrifflich zu bestimmen.

1.2   Begriffsbestimmung und Relevanz

Definition Arbeitssicherheit

Arbeitssicherheit wird allgemein als ein weitgehend gefahrenfreier Zustand bei der Berufs- bzw. Arbeitsausübung verstanden, den es anzustreben gilt (Nerdinger et al., 2008, S. 487).

Gefahren und Gefährdungen

Arbeitsschutz

In diesem Zusammenhang werden Gefahren grundlegend als Sicherheitsdefizite eines Systems charakterisiert, während der Begriff der Gefährdung vor allem auf die Rolle des Menschen, der in den Einwirkungsbereich eines Gefahrenträgers gerät, verweist. Eng mit der Arbeitssicherheit ist der Begriff des Arbeitsschutzes verbunden, unter dem in Deutschland Maßnahmen für Sicherheit und Gesundheit der Beschäftigten bei der Arbeit verstanden werden. Als Ziel des Arbeitsschutzes wird, umfassender als bei der Arbeitssicherheit, die Gewährleistung der Gesundheit und die Schaffung des Wohlbefindens am Arbeitsplatz formuliert (Hoyos, 1987). Neben der Verhütung von Arbeitsunfällen, arbeitsbedingten Erkrankungen und Gesundheitsgefahren zählt zum Arbeitsschutz auch die menschengerechte Gestaltung der Arbeit. Dies betrifft beispielsweise Fragen der Arbeitszeit (z. B. Sonn- und Feiertagsarbeit) und des Schutzes besonders schutzbedürftiger Personengruppen, wie Jugendliche oder Schwangere.

Kosten für die Unternehmen

Unzureichende Arbeitssicherheit ist nicht nur mit erheblichen negativen Konsequenzen für die betroffenen Mitarbeiter, sondern auch für das Unternehmen verbunden. Betriebe mit 20 und mehr Beschäftigten sind verpflichtet, einen Sicherheitsbeauftragten zu haben. Häufig ist dies jemand aus dem Betrieb, der diese Funktion zusätzlich übernimmt. Zudem müssen Unternehmen einen bestimmten Beitrag pro Mitarbeiter an die Unfallversicherung bezahlen. Wenn der Durchschnitt der tödlichen Unfälle im Betrieb über dem Durchschnitt in der jeweiligen Branche liegt, dann muss dieser Betrieb einen weiteren Zuschlag bezahlen. Neben diesen genannten aufzuwendenden Beträgen erzeugt jeder Unfall für den Betrieb selbstverständlich erhebliche Kosten aufgrund von Ausfallzeiten. Insofern besteht für jeden Betrieb ein starkes – zunächst finanzielles – Interesse, Unfälle zu reduzieren.

1.3   Von der Unfall- zur Sicherheitsforschung

Büttner, Fahlbruch und Wilpert (2007) unterscheiden vier einander überlappende Phasen der Sicherheitsforschung, die jeweils unterschiedliche Schwerpunkte in der Erklärung von Unfällen und Fehlern setzen: die technische Phase, die Phase des „human error", die Phase des soziotechnischen Systemansatzes und die Phase interorganisationaler Beziehungen (vgl. Abb. 4).

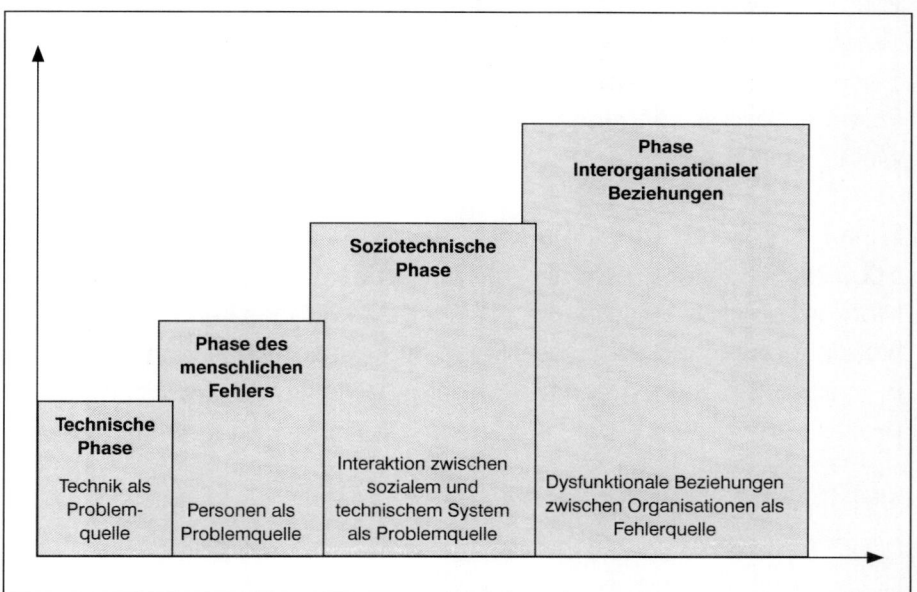

Abbildung 4: Phasen in der Sicherheitsforschung (nach Büttner et al., 2007)

Frühe Arbeiten zu Sicherheit konzentrierten sich in ihrer Perspektive vor allem auf die Wirkung von einzelnen Merkmalen der Arbeitsumgebung und der technischen Gestaltung des Arbeitsplatzes auf das Unfallrisiko. Als Beispiel wäre die Einführung der Schutzbrillen beim Schweißen zu nennen (technische Phase). Mit sich entwickelnder Forschungstradition wurden zunehmend komplexere (Umwelt-)Beziehungen in die Überle-

Veränderung der Schwerpunkte in der Sicherheitsforschung

gungen einbezogen: Bei der individuumsbezogenen Perspektive stehen individuelle Dispositionen im Mittelpunkt, d. h. die Person wird als Problemquelle fokussiert (zu sog. „Unfällerpersönlichkeiten" kommen wir in Kapitel 1.4). Eine dritte Gruppe von Konzepten sieht neben individuellen Merkmalen und Prozessen soziale und organisationale Beziehungen, Technik und Arbeitsbedingungen als Unfallursachen. Damit ist eine wesentliche Grundlage geschaffen für den soziotechnischen Ansatz, der die Interaktion zwischen sozialem und technischem System als Problemquelle betrachtet. Die vierte Perspektive trägt der Tatsache Rechnung, dass es für die Analyse von Unfällen und Fehlern in vielen Bereichen erforderlich ist, das Gesamtsystem zu berücksichtigen: So müssen beispielsweise in der Chemieindustrie auch Zulieferer bei Sicherheitsfragen einbezogen werden. Ebenso spielen bei der Formulierung von Vorgaben hinsichtlich zu erfüllender Sicherheitsbestimmungen (z. B. für Atomkraftwerke) Aufsichtsbehörden und der Staat eine wesentliche Rolle. Dysfunktionale Beziehungen zwischen Organisationen werden als Fehlerquelle betrachtet.

Negativdefinition von Sicherheit

In frühen Arbeiten zum Themenbereich stand streng genommen nicht die Sicherheit im Vordergrund, sondern der Fokus lag vor allem auf „Negativereignissen" wie Unfällen, Fehlern und Berufserkrankungen. Der Begriff „Sicherheit" wurde also anfänglich negativ definiert – unter Sicherheit wurde lediglich das Ausbleiben von Unfällen verstanden. Diese reaktive Vorgehensweise – die Beschäftigung mit dem Ereignis, wenn der Unfall bereits passiert ist – spiegelt sich in der Unfallpsychologie wider. Durch diese Perspektive klammert die Unfallpsychologie allerdings wichtige Prozesse und Bedingungen aus, die für die Entstehung von Unfällen wichtig sein können.

Führen Sie sich noch einmal die Unfallpyramide vor Augen, in der auf 5000 leichte Unfälle mehr als zehnmal so viele Beinaheunfälle kommen. Hier wird deutlich, dass es durch sicherheitswidriges Verhalten und Fehlhandlungen nicht notwendigerweise immer zum Unfall kommen muss. In einigen Situationen kommt es durch vorliegende Bedingungen und Prozesse nicht zum Unfall, in anderen Situationen mögen sie hingegen der „Tropfen, der das Fass zum Überlaufen bringt" sein (vgl. Gottschalk & Gürtler, 1959; vgl. Abb. 5).

Von der reaktiven zur präventiven Psychologie

Diese Erkenntnis greift die Sicherheitspsychologie auf, indem sie sich nicht nur dem konkreten Unfallereignis widmet, sondern auch Beinaheunfälle und sicherheitswidriges Verhalten in die Analyse einbezieht und Unfälle als einen Prozess versteht, der sich über mehrere Phasen erstreckt: Dies umfasst die Phase vor dem Ereignis, die konkrete Unfallphase (Kollisionsphase) und die Phase nach dem Unfallereignis. Die Vor-Unfallphase lässt sich durch Abweichungen von den augenblicklich wirksamen Parametern der Führungsgrößen kennzeichnen, z. B. begibt sich eine Person unter eine schwebende Last.

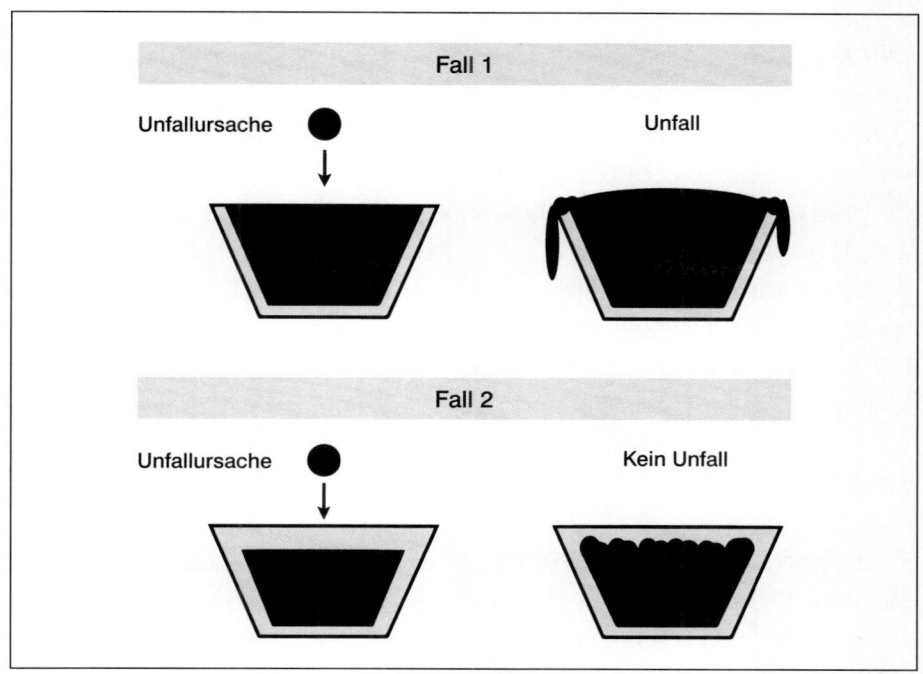

Abbildung 5: Zwei mögliche Verlaufsszenarien bei auftretenden Unfallursachen
(vgl. auch Gottschalk & Gürtler, 1959)

In der Kollisionsphase treffen Gegenstand (im weitesten Sinne) und Mensch zusammen, in der Nachunfallphase treten Schäden auf. Dieses schädigende Ereignis kann ganz unterschiedlicher Qualität sein. Für jeden dieser Prozesse gibt es eine Vielzahl von Einflussfaktoren. In der jüngeren Diskussion bedeutet Sicherheit also nicht mehr allein die Kontrolle bzw. Kontrollierbarkeit von Gefahren, sondern umfasst auch Prävention. In diesem Sinne wird der Begriff Sicherheit verstanden als die Unversehrtheit von Mensch und Gut, Gesundheit, Wohlbefinden und Handlungsfähigkeit.

1.4   Personenbezogene Erklärungsansätze für das Zustandekommen von Unfällen

Aufgabe

Fabians junger Kollege Jörn kommt des Öfteren mit Pflastern auf Armen oder Beinen zur Arbeit. Er schüttet sich morgens schon den heißen Kaffee auf die Hose, rutscht von seinem Skateboard auf dem Weg zur Arbeit ab und übersieht auch hin und wieder rote Ampeln. Ihm fallen auch mal auf der Arbeit Gläser aus der Hand oder er stolpert über die Schwelle zum Garten.

Glauben Sie, dass beim Zustandekommen von Unfällen bestimmte persönlichkeitsbezogene Faktoren eine Rolle spielen? Und wenn ja, welche?

Persönlichkeitseinflüsse auf sicheres Verhalten werden bereits von Freud (1901) erwähnt. Er sieht als Ursache für Unfälle und Fehlhandlungen vor allem unbewusste Motive und Triebe. Auch andere Autoren (z. B. Marbe, 1926) nehmen an, dass es Menschen gibt, die eher zu Unfällen neigen als andere: Man kennt sie unter dem Namen „Pechvögel" oder „Unglücksraben". Lange wurde aufgrund solcher Beobachtungen angenommen, dass es sogenannte „Unfällerpersönlichkeiten" gäbe. Dieser Einfluss bestimmter individueller Dispositionen lässt sich nach Wenninger (1991) empirisch jedoch nicht bestätigen. Allerdings zeigen verschiedene Analysen von Unfallstatistiken durchaus, dass bei bestimmten Personengruppen die Häufigkeit von Unfällen im Vergleich zu anderen deutlich höher ausgeprägt ist. Beispielsweise neigen jüngere Mitarbeiter eher zu Unfällen als ältere, was sich möglicherweise auf die Unerfahrenheit, aber auch auf eine höhere Risikoneigung der jüngeren Mitarbeiter zurückführen lässt (Miner, 1992).

Unfäller-persönlichkeiten

Auch abseits der Diskussion um den möglichen Zusammenhang zwischen Persönlichkeitsmerkmalen und Unfallhäufigkeiten wird grundsätzlich die Rolle des Individuums im Unfallprozess diskutiert. Schließlich sind Arbeitsunfälle nicht selten auf fehlerhaftes Handeln von Menschen zurückzuführen. Um Aussagen treffen zu können, welche Fehler gemacht wurden oder wie es zu dem fehlerhaften Verhalten kommen konnte, bedarf es einer genaueren Systematisierung von Fehlhandlungen.

1.4.1 Fehler

Beispiel

Der **„perfekte"** Tag. Es ist Sonntag und Fabian wacht gerade auf – leider viel zu spät, weil er am Vorabend versäumt hat, den Wecker zu stellen. Dabei findet heute eine Hochzeit im Café Carpe Diem statt. Schnell kleidet sich Fabian an. In der Hetze bleibt er mit seinem kleinen Zeh am Türrahmen hängen, was die Stimmung nicht unbedingt hebt. Dass er in aller Eile den Hausschlüssel in der Wohnung vergessen hat, merkt er erst, nachdem die Tür ins Schloss gefallen ist. Glücklicherweise hat er den Schlüssel für das neue Auto seines Freundes dabei, auf das er ein paar Tage aufpassen soll. So kommt er vielleicht doch noch rechtzeitig ins Café. Dass der Wagen im Gegensatz zum Vorgänger allerdings kein Benziner ist und lieber mit Diesel betankt wird, merkt Fabian bereits kurz nachdem er die Tankstelle verlassen hat. Zu Fuß, völlig verschwitzt und viel zu spät erreicht er schließlich das Café. Sein Handy hat er zu Hause liegen gelassen, sodass er nicht mehr Bescheid geben konnte. Die Chefin ist außer sich und entlädt ihre sicherlich berechtigte Wut. Sie hat bereits eine Aushilfskraft einbestellt, die gerade völlig hilflos versucht, die Tische zu decken.

Diese Handlungen weisen eine Gemeinsamkeit auf – womit wir bei der Begriffsbestimmung von Fehlhandlungen sind: Sie weichen ab vom eingeführten, angestrebten, vorgeschriebenen, als normal betrachteten Verhaltensmuster. Etwas allgemeiner definiert Hacker (1998) Fehlhand-

Fehlhandlungen

lungen als ungeeignete Ausführungsweisen, mit denen das angestrebte Ziel nicht erreicht werden kann. Wie das Beispiel von Fabian bereits nahelegt, gibt es anscheinend ganz unterschiedliche Fehler, die im Folgenden systematisiert werden sollen. Dabei ist zu berücksichtigen, dass es verschiedene Fehlertaxonomien gibt, die sich voneinander (wenn auch nicht stark) unterscheiden (z. B. Rasmussen, 1987; Reason, 1990; Zapf, Frese & Brodbeck, 1999). Hier soll eine Synthese aus den bestehenden Klassifikationen vorgestellt werden.

Eine Handlung besteht aus verschiedenen Phasen. Außerdem können Handlungen verschiedenen Regulationsebenen zugeordnet werden. Entsprechend lassen sich auch Fehler nach den verschiedenen Phasen der Handlung sowie nach den Regulationsebenen systematisieren. Wenn wir Fehler den Handlungsphasen zuordnen, dann unterscheiden wir Fehler bei der Orientierung (ein typischer Fehler ist, sich ungenügend zu informieren), bei der Planung (Haben Sie sich nicht auch schon einmal völlig verplant?), bei der Ausführung (hier ist die geplante Handlung angemessen, die ausgeführte Handlung weicht allerdings davon ab) oder beim Feedback (falsche Beurteilungen führen zu unangemessenen Reaktionen).

Handlungs-
theoretische
Systematisierung
von Fehlern

Wenn wir Fehler den Regulationsebenen zuordnen, dann bleibt festzuhalten: Es gibt Fehler, die allein auf der Bewegungsebene anzusiedeln sind, z. B., wenn Sie sich mit dem Hammer auf den Daumen schlagen. In der Handlungsregulationstheorie werden diese Fehler der sensumotorischen Regulationsebene zugeordnet. Ferner gibt es Fehler auf der Ebene der flexiblen Handlungsmuster, z. B., dass Ihr routinisierter, „eingespielter" Handlungsplan nicht in die Situation passt. Weiterhin gibt es Fehler, die auf eine intellektuelle Fehlleistung zurückzuführen sind, z. B. bei Anwendung falscher Problemlösestrategien.

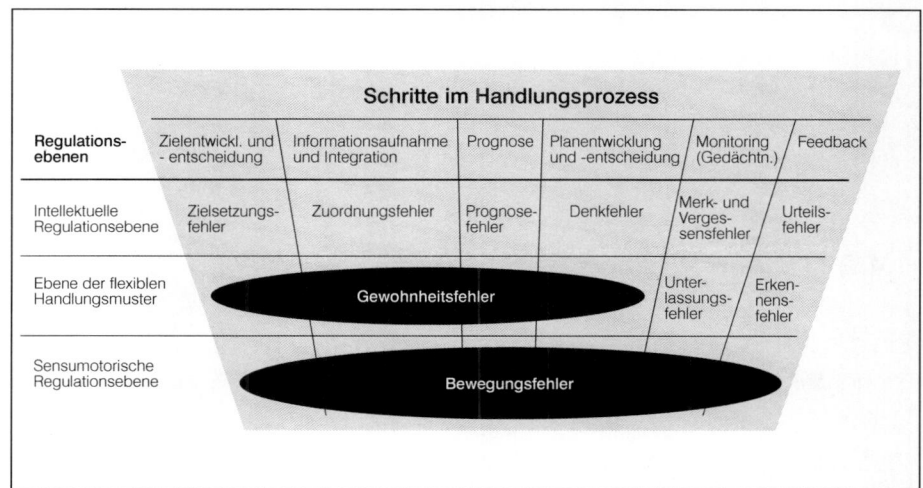

Abbildung 6: Fehlertaxonomie nach Zapf, Frese und Brodbeck (1999)

Eine weitere Unterscheidung, die besonders beim Thema Sicherheit eine wesentliche Rolle spielt, ist jene zwischen aktiven und latenten Fehlern

(Reason, 1990). Aktive Fehler sind Fehler, die auf der Ebene der praktisch tätigen Leistungsträger auftreten – z. B. von Operateuren an der Mensch-Maschine-Schnittstelle begangen werden – und eine unfallauslösende Funktion haben. Latente Fehler dagegen sind von der Unfallentstehung meist zeitlich und räumlich weit entfernt und ruhen oft unbemerkt wie Krankheitsherde im System, wie beispielsweise bestimmte Managemententscheidungen. Aufgrund von Barrieren und Sicherheitseinrichtungen können Unfälle entstehen, wenn aktive und latente Fehler gemeinsam das System schwächen. Als Manifestation latenter Fehler werden elf generelle Fehlertypen oder organisationale Faktoren genannt.

Elf generelle Fehlertypen nach Reason (1990)

- Hardwareschwächen
- schlechtes Design
- schlechtes Wartungsmanagement
- Schwächen in den Prozeduren
- Fehler fördernde Bedingungen
- schlechtes „Housekeeping"
- inkompatible Ziele
- Kommunikationsfehler
- organisationale Fehler
- nicht adäquates Training
- nicht adäquates Sicherheitssystem

Die Auflistung zeigt bereits, dass neben den schon angesprochenen personenbezogenen Faktoren und Fehlhandlungen auch die organisationalen Handlungs- bzw. Arbeitsbedingungen berücksichtigt werden müssen, denen wir uns in Kapitel 1.5 eingehender widmen werden.

Aufgabe

Kommen wir noch einmal kurz zum Beispiel vom „perfekten Tag" zurück. Welche Fehler hat Fabian gemacht und auf welchen Regulationsebenen würden Sie diese – ausgehend von der handlungstheoretischen Systematisierung – ansiedeln?

1.4.2 Die motivationale Seite

Einige der hier vorgestellten Konzepte beziehen sich direkt auf das Thema Sicherheit, wie z. B. die noch vorzustellenden Prozessmodelle von Weinstein (1989) und Schwarzer (2008). Aber auch allgemeinere motivationstheoretische Konzepte lassen sich durchaus auf das Thema Sicherheit übertragen. So postuliert Wilde (1982), dass Personen ein individuelles Risikoniveau haben – eine Bereitschaft, ein bestimmtes Risiko in Kauf zu nehmen. Das Risikoniveau und das wahrgenommene Risiko beeinflussen das Sicherheitsverhalten. In Situationen, die als sehr riskant eingeschätzt

Wahrgenommenes Risiko und individuelles Risikoniveau

werden, wird versucht, sich sehr sicherheitsbewusst und vorsichtig zu verhalten. In Situationen, die als weniger riskant eingestuft werden, ist das Verhalten entsprechend weniger sicherheitsbewusst. Die wichtigste Erkenntnis aus diesem Ansatz besteht darin, dass Interventionen, die zu einer bewusst wahrgenommenen Verringerung des Risikos führen, als wirkungslos erachtet werden, da es in der Folge zu einer erneuten Anpassung des Verhaltens in Richtung Erhöhung des Risikos kommen wird.

Beispiel

Werden die Bremsen bei einem Kfz verbessert, fährt der Fahrer anschließend schneller; wird eine Straße begradigt oder werden Kurven entschärft, ebenfalls.

Ein weiterer interessanter Ansatz zur Risikoeinschätzung ist das Konzept des unrealistischen Optimismus (Weinstein, 1989). Der unrealistische Optimismus beschreibt das Phänomen, dass Personen ihre eigene Gefährdung geringer einschätzen als die von Vergleichspersonen. Motivationstheoretische Konzepte zu gesundheits- und sicherheitsbezogenem Handeln beziehen sich häufig auf eine Abschätzung und Bewertung der Handlungsergebnisse. Sie basieren damit in vielen Fällen auf Wert-Erwartungs-Theorien (Vroom, 1964). Die Motivation zu sicherheitsbezogenem Verhalten wird demnach vom Wert der Handlungsfolgen und von der subjektiven Wahrscheinlichkeit, dass die Handlungsfolgen eintreten, beeinflusst. Das Nichteinhalten von Sicherheitsvorschriften kann also dadurch erklärt werden, dass der Verzicht mit mehr positiv bewerteten Handlungsfolgen verknüpft ist als das Einhalten der Vorschriften. Diese Konzepte gehen ein in die sich ähnelnden Prozessmodelle präventiven Handelns (Weinstein, 1989) und gesundheitlichen Handelns (Schwarzer, 2008). Zumindest im deutschsprachigen Raum dürfte das Modell von Schwarzer bekannter sein. Da es sich auf sicherheitsbezogenes Verhalten übertragen lässt, wird es im Rahmen dieses Kapitels vorgestellt.

Unrealistischer Optimismus

Schwarzer (1990, 2008) trennt bei seinem Modell zwischen der Bildung einer Handlungsintention und deren Umsetzung. Für die Phase der Entschlussbildung für gesundheitsbezogenes Verhalten sind mehrere Determinanten von Bedeutung, die in Abbildung 7 am Beispiel Lärm bzw. Maßnahmen zum Lärmschutz verdeutlicht werden.

Prozessmodell gesundheitlichen Handelns

Das Modell zeigt, dass bei sicherheitsbezogenem Verhalten an verschiedenen Komponenten angeknüpft werden muss: Die Bedrohung muss verdeutlicht werden, es muss ein Wissen über die eigenen Handlungsfähigkeiten vermittelt werden, situative Ressourcen müssen geschaffen und Barrieren reduziert werden. Wird nur an einem dieser Faktoren angeknüpft, könnte die Intervention unter Umständen ihr Ziel verfehlen. So mögen sich die Beschäftigten zwar durchaus darüber im Klaren sein, dass die

Wahrscheinlichkeit ohne entsprechenden Lärmschutz Hörschädigungen davonzutragen, sehr hoch ist – ist der Schutz nun aber aufwendig, unbequem und wird von den Kolleginnen „belächelt", werden sich die Beschäftigten in der konkreten Situation immer wieder dagegen entscheiden.

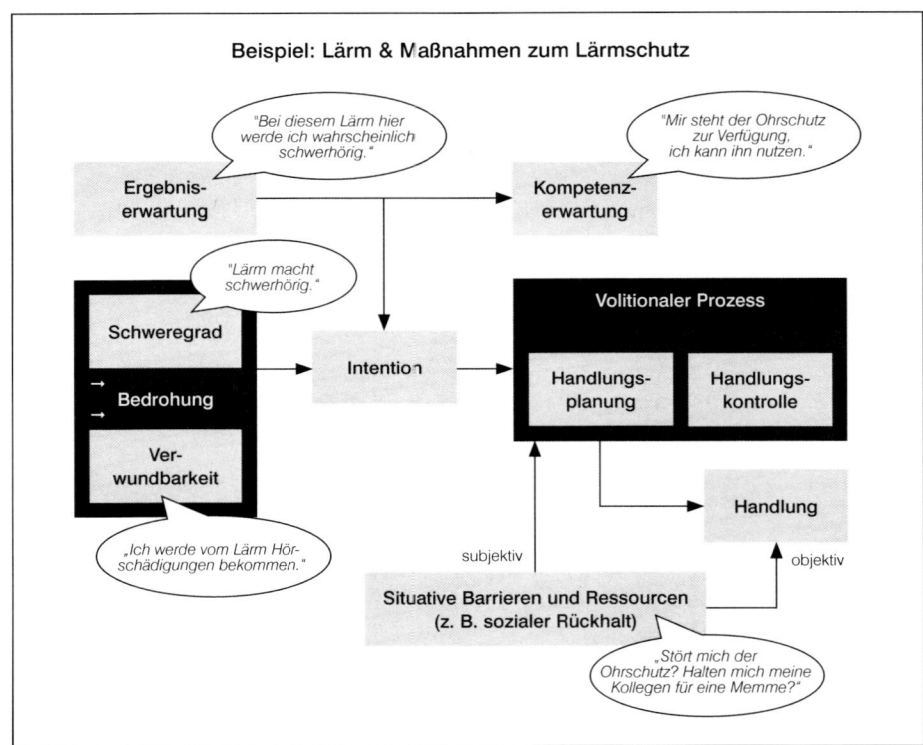

Abbildung 7: Sozial-kognitives Modell gesundheitlichen Handelns (nach Schwarzer, 2008)

1.5   Bedingungsbezogene Erklärungsansätze

Personale Faktoren bzw. menschliche Fehlhandlungen spielen sicherlich häufig eine Rolle bei der unmittelbaren Auslösung von Unfällen. Entsprechend oft wird behauptet, dass ca. 80 % aller Unfälle durch menschliche Faktoren verursacht werden (vgl. Nerdinger et al., 2008). Allerdings zeigen Modelle wie die von Schwarzer (2008), dass die situativen arbeitsbezogenen Ressourcen und Barrieren, also die Handlungsbedingungen, unbedingt in Analysen mit einzubeziehen sind. Entsprechend weisen verschiedene Autoren darauf hin, dass fehlerhaftes Handeln häufig erst durch bestimmte Handlungsbedingungen versursacht oder begünstigt wird – so seien ca. 50 bis 80 % aller personenbedingten Unfälle auf mangel- bzw. fehlerhaft gestaltete Arbeitsbedingungen zurückzuführen (vgl. Zimolong, 1990). Dies betrifft beispielsweise die mangelhafte Gestaltung des Arbeitsplatzes oder ungenügende Wartung und Instandsetzung der Arbeitsmittel. Bei einer umfassenden Unfallanalyse sind insofern auch immer die Bedingungen, die menschliches Fehlverhalten begünstigt oder verursacht haben können, mit einzubeziehen. Ein wichtiger Aspekt, den es auch bei sicherheitsbezogenen Analyse- und Interventionsverfahren

Mangelhafte Gestaltung

zu berücksichtigen gilt, bezieht sich dabei auf die Sicherheitskultur in Organisationen.

Von Grote und Künzler (1996) wird Sicherheitskultur definiert als Gesamtheit der von der Mehrheit der Mitglieder einer Organisation geteilten sicherheitsbezogenen Grundannahmen und Normen, die sich im konkreten Umgang mit Sicherheit in allen Bereichen der Organisation widerspiegeln. Die Autoren unterscheiden bei der organisationalen Sicherheitskultur zwischen materiellen und immateriellen Merkmalen. Unter ersterem wird dabei v. a. die gemeinsame Optimierung von Arbeitsorganisation und Technikeinsatz verstanden. Die immateriellen Merkmale beziehen sich v. a. auf die von den Organisationsmitgliedern geteilten Normen und Werte in Bezug auf den Einbezug von Sicherheit in die Arbeitsprozesse. Nach Reason (1997) sind vier Merkmale zu berücksichtigen, um eine Sicherheitskultur im organisationalen Kontext erfolgreich zu entwickeln und umzusetzen.

**Merkmale einer organisationalen Sicherheitskultur
nach Reason (1997)**

- Berichtskultur
- gerechte Vertrauenskultur
- flexible Kultur
- Lernkultur

Die **Berichtskultur** zielt darauf ab, dass berichtete Fehlhandlungen oder sicherheitsrelevante Vorfälle in der Organisation vertrauensvoll und ohne Angst vor Sanktionen von Mitarbeitern geäußert werden können. Damit eine Berichtskultur effektiv funktionieren kann, muss eine **gerechte Vertrauenskultur** vorherrschen, d. h. es muss transparent und eindeutig geregelt sein, welches Verhalten sanktioniert wird und welches nicht. **Flexible Kultur** bezieht sich auf die Fähigkeit des organisationalen Systems, in sicherheitskritischen Situationen flexibel agieren zu können, z. B. die Verlagerung der Führungsverantwortung an die Experten vor Ort. Die **Lernkultur** betont schließlich die Fähigkeit und Bereitschaft, aus früheren Erfahrungen sicherheitskritischen Verhaltens zu lernen und sich weiterzuentwickeln.

Verschiedene empirische Studien bestätigen, dass die Sicherheitskultur in Unternehmen tatsächlich einen Einfluss auf die Unfallhäufigkeitsrate hat (z. B. Hofman & Stetzer, 1996; Zimolong & Elke, 1996). So zeigt sich, dass eine gelebte Sicherheitskultur in Organisationen dazu führt, dass die Mitarbeiter bei Sicherheitsfragen in höherem Maße eigene Verantwortung übernehmen. Umgekehrt messen Mitarbeiterinnen Fragen der Sicherheit eher geringe Bedeutung bei, wenn die Führungskraft dies auch nicht zum Thema macht.

1.6 Sicherheitsbezogene Organisationsanalyse und -intervention

Je nachdem, wie die Organisation gegenüber Fehlern eingestellt ist, werden sicherheitsbezogene Analysen durchgeführt und, darauf aufbauend, bestimmte Interventionen umgesetzt oder nicht. Im Folgenden gehen wir auf verschiedene Analyse- und Interventionsverfahren ein, die im Rahmen einer sicherheitsbezogenen Organisationsgestaltung eingesetzt werden.

Fragebogen zur Sicherheitsdiagnose

Der Fragebogen zur Sicherheitsdiagnose von Hoyos und Ruppert (1993) analysiert und bewertet das Unfallrisikopotenzial von Arbeitsplätzen. Im Fokus des Verfahrens steht vor allem der Mensch in seinem Umgang mit Gefahren bei Arbeitstätigkeiten. Es zielt somit darauf ab, verhaltensbedingte Ursachen für Unfälle zu erfassen. Dabei wird einerseits davon ausgegangen, dass Gefährdungen durch Verhaltensleistungen kontrolliert werden können, z. B. präventives Verhalten wie das Einrichten einer Absturzsicherung. Andererseits berücksichtigen die Autoren, dass unter gewissen sicherheitskritischen Bedingungen und Anforderungen sicheres Verhalten von den Beschäftigten gewährleistet werden kann. Daher erfasst und analysiert das Verfahren Gefährdungen des gesamten Arbeitssystems einschließlich der Anforderungen und Bedingungen für jede als wichtig erachtete Gefahr bei der Arbeitstätigkeit.

Inhalte des Fragebogens zur Sicherheitsdiagnose (Hoyos & Ruppert, 1993)

1. Aufbau und Praxis des Arbeitsschutzes
2. Organisation der Arbeit
3. Gefahren und ihre Absicherung
4. Gefährdungsmöglichkeiten am Arbeitsplatz
5. Wahrnehmen und Erkennen von Gefahren
6. Information und Kooperation am Arbeitsplatz
7. Handeln und Entscheiden
8. Umgebungseinflüsse und besondere Arbeitsbedingungen

Wie Sie sicher bereits aus dem Vorangegangenen entnommen haben, setzen verschiedene sicherheitsbezogene Interventionen unterschiedliche Schwerpunkte. Tabelle 1 bietet Ihnen einen Überblick über bedingungs- und personenbezogene Maßnahmen.

Unfälle als multi-kausale Ereignisse

Unfälle sind als eine Ereignisfolge zu verstehen, die sich über mehrere Phasen erstreckt. Für jede dieser Phasen gibt es eine Vielzahl von Einflussfaktoren. Dementsprechend ist auch bei sicherheitsbezogenen Maßnahmen an verschiedenen Faktoren anzusetzen. Dieser Multikausalität von Unfällen trägt das DEPOSE-Modell Rechnung, welches in Abbildung 8 dargestellt ist.

Tabelle 1: Sicherheitsbezogene Interventionen im Überblick

Bedingungsbezogen	Personenbezogen
Ausführungs-, Umgebungsbedingungen	Informationen, Aufklärung
Gestaltung von Signalen	Plakate
Rahmenbedingungen (z. B. Arbeitszeit)	Instruktion und Unterweisung
Finanzielle Anreize/Prämiensysteme	Training und Qualifizierung (z. B. Sicherheitstraining)
Arbeitsaufgabe (Arbeitsinhalte)	Sicherheitszirkel
Struktur der Organisation	Negative Verstärkung
Überbetriebliche Bedingungen	Führung
Fehlerfreundlichkeit als Bestandteil der Unternehmenskultur	Führungskräfteschulung
–	Modellverhalten der Vorgesetzten
Ý Wichtig: Einbindung in die Gesamtphilosophie des Unternehmens!	

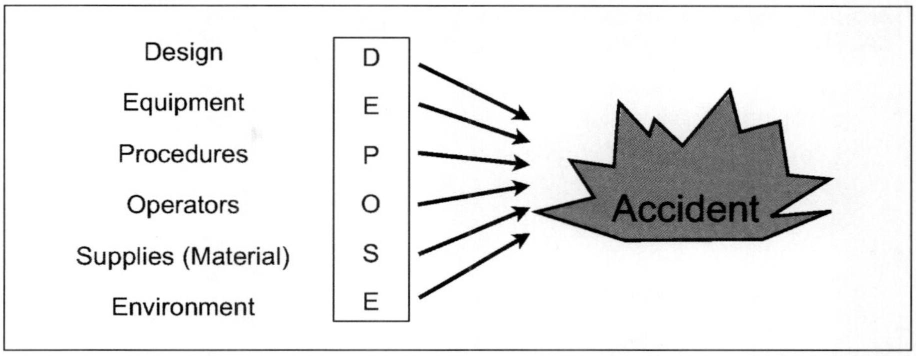

Abbildung 8: DEPOSE-Modell (nach Wenninger, 1991, S. 47)

Die einzelnen Komponenten des DEPOSE-Modells sind:
- **D**esign betrifft die Gestaltung von Signalen, die ergonomische Gestaltung des Arbeitsplatzes etc.
- **E**quipment bezieht sich auf die Maschine, die Ausstattung und Qualität des Arbeitsplatzes.
- **P**rocedures betreffen die Vorgehensweise, Verfahren und Ablauf, den Prozess der Arbeit und damit die Gestaltung des Arbeitsinhaltes, der Anforderungsgestaltung einer Arbeitsaufgabe.

- **O**perators umfassen die handelnden Menschen.
- **S**upplies beziehen sich auf das Grundmaterial, was verarbeitet werden muss. Also nicht die Maschine, sondern beispielsweise der Rohling, der bearbeitet werden muss.
- **E**nvironment bezieht sich auf die äußeren Umgebungsbedingungen, wie Lärm, Hitze, Staub, Ablenkung durch bestimmte Ereignisse etc.

GAMAGS

Bei Entscheidungen für Analyse- und Interventionsmaßnahmen im Sinne eines umfassenden Sicherheitsmanagements sollte die gesamte Organisation einbezogen werden. Die Gruppe um Zimolong und vor allem Gabriele Elke (2000) entwickelten ein Konzept für solch ein ganzheitliches Management des Arbeits- und Gesundheitsschutzes (GAMAGS). Ziel von GAMAGS ist die Förderung der Risikokompetenz von Organisationen. Unter organisationaler Risikokompetenz wird die Fähigkeit von Unternehmen zur verantwortungsbewussten, aktiven, systematischen und kooperativen Bewältigung von Gesundheitsrisiken verstanden. Dabei geht es vor allem um präventive Lösungen, die kontinuierlich optimiert werden sollen (Elke, 2000, S. 99). Bei GAMAGS geht es zum einen um die Orientierung an einem umfassenden Gesundheitsverständnis, das die klassische Arbeitssicherheit einschließt, zum anderen um die Strategien Lernen und Integration. Lernen bedeutet dabei ein aktives, auf Verbesserung ausgerichtetes Handeln. Integration heißt, dass Arbeits- und Gesundheitsschutz in die organisationalen Strukturen und Prozesse zu integrieren sind. Dies impliziert eine Einbeziehung der Akteure. Verdeutlichen lässt sich dies durch die nähere Betrachtung der fünf Kernelemente von GAMAGS.

Fünf Kernelemente von GAMAGS

- Standards und Steuerungszyklus (z. B. eine Gesundheitspolitik, die in Leitlinien festgelegt ist, ein Gesundheitsetat, Vorgaben über die Durchführung von Gefährdungsanalysen)
- Human Resource Management (z. B. durch Maßnahmen wie Unterweisung, Training, Supervision)
- Partizipation und Einbindung
- Informations- und Kommunikationsmanagement
- übergreifendes Systemmanagement (z. B. Einrichtung eines Lenkungskreises, an dem zentrale Entscheidungs- und Funktionsträger teilnehmen)

Arbeitssicherheit als
Wettbewerbsfaktor

Sie können sich denken, dass eine solche ganzheitliche Optimierung des betrieblichen Arbeits- und Gesundheitsschutzes durch die Integration von Sicherheit und Gesundheit in alle betrieblichen Abläufe enorme Anforderungen an die Betriebe stellt. Allerdings werden Sicherheit und Gesundheit am Arbeitsplatz immer mehr zu einem entscheidenden Wettbewerbsfaktor (Elke, 2000). Durch einen unzulänglichen betrieblichen Arbeits- und Gesundheitsschutz verlieren Volkswirtschaft und einzelne Unternehmen Millionenbeträge. Zudem wissen Sie, dass eine entsprechende Umsetzung keineswegs nur eine Frage der Technikgestaltung sein kann, sondern auch von Führung und Management abhängt. In allen Fragen zu Arbeitssicherheit sind immer sowohl die personen- als auch die bedingungsbezogenen Faktoren zu berücksichtigen, um den betrieblichen Arbeits- und Gesundheitsschutz sinnvoll und umfassend zu gestalten. So viel ist **sicher**.

Zusammenfassung

In diesem Kapitel zur Arbeitssicherheit wurde die Frage behandelt, wie durch psychologische Maßnahmen die Zahl an Arbeitsunfällen verringert werden kann. Um herauszufinden, an welchem Punkt eine Intervention anzusetzen hat, wurden Erklärungsansätze herangezogen, die sich im Laufe der Sicherheitsforschung entwickelt haben. Bei den personenbezogenen Ansätzen wird für die Erklärung von Unfällen vor allem immer wieder der Begriff der Unfällerpersönlichkeit herangezogen. Einen wichtigen Aspekt stellt das individuelle Risikoniveau dar, welches das Sicherheitsverhalten eines Einzelnen beeinflusst. Bedingungsbezogene Ansätze setzen an Arbeitsbedingungen an, die durch fehlerhafte Gestaltung Unfälle verursachen können. Sicherheit muss im Zusammenhang mit der Unternehmenskultur gesehen werden. Reason (1997) postuliert vier Merkmale, die notwendig sind, um eine Sicherheitskultur im Unternehmen zu entwickeln, die von den Beschäftigten gelebt werden kann. Anhand des DEPOSE-Modells wird die Multikausalität von Unfällen verdeutlicht. In diesem Kapitel wurden einige sicherheitsbezogene Instrumente und Methoden für Interventionsmaßnahmen vorgestellt, u. a. das ganzheitliche Management des Arbeits- und Gesundheitsschutzes (GAMAGS).

Weiterführende Literatur

Bamberg, E. & Fahlbruch, B. (2007). Gesundheit und Sicherheit. In H. Schuler (Hrsg.), *Lehrbuch Organisationspsychologie* (S. 617–640). Bern: Huber.

Elke, G. (2000). *Management des Arbeitsschutzes.* Wiesbaden: Deutscher Universitäts-Verlag.

Lehder, G. & Skiba, R. (2005). *Taschenbuch Arbeitssicherheit* (11. Aufl.). Berlin: Erich Schmidt.

Reflexionsaufgaben

1. Worin liegt der Unterschied zwischen Unfall- und Sicherheitspsychologie?
2. Was heißt DEPOSE?
3. Wie lassen sich Fehler systematisieren?
4. Welche Maßnahmen zur Erhöhung der Sicherheit gibt es?

Kapitel 2
Arbeit und Gesundheit -
Wirkung von Arbeit

Eva Bamberg, Gisela Mohr und Brigitte Steinmetz

Inhaltsübersicht

2.1 Einleitung

1965 veröffentlichte Arthur Kornhauser das in der Folgezeit viel zitierte Buch „Mental health of the industrial worker". Das Werk trug wesentlich dazu bei, dass Beeinträchtigungen der (psychischen) Gesundheit durch die Arbeitstätigkeit bei Industriearbeitern diskutiert wurden. Gegenstand der Debatte zum Thema Arbeit und Gesundheit, die in den folgenden Jahrzehnten in der Wissenschaft und in der Praxis geführt wurde, waren nicht nur Wirkungen von Umgebungsbelastungen oder von körperlichen Belastungen; mehr und mehr wurden auch psychische Belastungen thematisiert.

Fehlzeiten

In diesem Kapitel geht es um Auswirkungen der Arbeitstätigkeit auf Gesundheit und Wohlbefinden. Einige Zahlen zu Fehlzeiten und zu Erwerbsminderung, die als Indikatoren von arbeitsbedingten Beeinträchtigungen angenommen werden, sollen die Relevanz des Themas verdeutlichen. Durch den Ausfall der Arbeitskraft entstehen Folgekosten für das Unternehmen und die Volkswirtschaft. Fehlzeitenbedingte Zusatzaufwendungen in Unternehmen sind z. B. durch Aufwendungen für Personal erforderlich. Behandlungskosten durch die Krankenkassen belasten das Gesundheitssystem. In Deutschland werden die Kosten von Fehlzeiten – definiert als Ausfall an Bruttowertschöpfung – auf ca. 65 Mrd. Euro geschätzt (vgl. Brandenburg & Nieder, 2009, S. 53). Cooper, Liukkonen und Cartwright gingen bereits 1996 davon aus, dass für die Europäische Union die Kosten von Fehlzeiten bei 5 bis 10 % des Bruttosozialprodukts liegen.

Zwei Drittel der deutschen Bevölkerung sind im erwerbsfähigen Alter (67,6 %). Auf diese Gruppe entfallen rund die Hälfte aller Krankheitskosten (Maaz, Winter & Kuhlmey, 2007, S. 13). 12 % der Krankheitskosten im jungen bis mittleren Erwachsenenalter werden auf psychische Erkrankungen zurückgeführt. Sie gehören neben Krankheiten des Verdauungssystems zu den bedeutsamsten Erkrankungen in dieser Altersgruppe. Die Diagnosen von psychischen Erkrankungen haben sich in den letzten 20 Jahren verdreifacht und machen aktuell ca. 30 % der Frühverrentungsdiagnosen aus (Rehfeld, 2006).

Erwerbsminderung

Chronische Krankheiten können zu Erwerbsminderung und zu Frühberentung führen (Rehfeld, 2006). Eine Erwerbsminderung ist mit hohen (emotionalen) Kosten für die Leidtragenden und deren Familien verbunden. Neben finanziellen Einbußen für die Betroffenen entstehen Ausgaben der Sozialkassen. Psychische Erkrankungen, Muskel-Skelett-Erkrankungen und Herz-Kreislauf-Erkrankungen gehören zu den Beeinträchtigungen der Gesundheit, die besonders häufig einen vorzeitigen Rentenzugang begründen. Es sind auch die Erkrankungen, die als Folge von Arbeitsbedingungen und von Stress am Arbeitsplatz vorrangig diskutiert werden. Im Verlauf des vorliegenden Kapitels soll dieses Thema vertiefend behandelt werden.

Sie werden zunächst grundlegende Modelle kennenlernen, die in der Medizin, in den Arbeitswissenschaften und in der Psychologie entwickelt wurden. Daran anschließend beschäftigen wir uns mit arbeitspsychologischen Konzepten, die die Wirkungen von Arbeit auf Gesundheit und Wohlbefinden beschreiben. Stresskonzepte spielen in diesem Zusammenhang eine besondere Rolle. Auf der Grundlage der Ansätze können dann die verschiedenen Gruppen von Faktoren, die im Zusammenhang von Arbeit und Gesundheit von Bedeutung sind, diskutiert werden. Zur Veranschaulichung werden uns Fabian und seine Tätigkeit als Kellner im Café Carpe Diem auch in diesem Kapitel begleiten.

Aufgabe

Beantworten Sie die folgenden Fragen:
- Wie lässt sich die Arbeitstätigkeit von Kellnerinnen beschreiben?
- Welche Faktoren der Arbeitstätigkeit und der Arbeitsbedingungen sind zu berücksichtigen?
- Welche Wirkungen auf die Gesundheit sind zu erwarten?

2.2   Grundlegende Konzepte und Modelle

Viele wissenschaftliche Disziplinen wie die Psychologie, die Medizin und die Soziologie thematisieren, was Menschen krank macht und was sie gesund erhält. Im vorliegenden Abschnitt stellen wir Ihnen einige grundlegende Konzepte zu diesem Thema vor: das Allgemeine Adaptationssyndrom nach Selye, das Belastungs-Beanspruchungskonzept und das transaktionale Stressmodell.

2.2.1   Ansätze zu Stress und zu Belastungen

Hans Selye, ein Mediziner, hat in den 1970er Jahren des letzten Jahrhunderts wesentlich zur Popularisierung des Stressbegriffs beigetragen. Selye definiert Stress als „die unspezifische Reaktion des Körpers auf jede an ihn gestellte Anforderung" (1974, S. 58). Das Allgemeine Adaptionssyndrom – so die Bezeichnung für die unspezifische Reaktion – umfasst drei Phasen: die Alarmreaktion, die Widerstandsphase und das Erschöpfungsstadium. Wird die Anpassungsreaktion des Organismus überfordert, so kann dies zu Erkrankungen führen. Selye trennt zwischen Eustress und Distress. In Abhängigkeit von den jeweils vorliegenden Bedingungen ist Stress mit erwünschten oder unerwünschten Folgen verbunden.

Allgemeines Adaptations-syndrom

Insbesondere, wenn die physiologische Perspektive von Stress im Vordergrund steht, wird auf das Konzept von Selye auch heute noch vielfach Bezug genommen. Aus psychologischer Perspektive werden vor allem zwei Punkte kritisiert: (1) die sehr breite Stressdefinition, die positive

und negative Prozesse umfasst, sowie (2) die Zentrierung auf Stressreaktionen und die damit einhergehende mangelnde Berücksichtigung
Stress auslösender Bedingungen. Im arbeitspsychologischen Kontext ist
besonders der letztgenannte Kritikpunkt von Bedeutung: Wenn Stress
auslösende Bedingungen ausgeklammert bleiben, dann ist es nicht möglich, Handlungsempfehlungen zu erarbeiten, die auf eine Änderung der
Bedingungen abzielen. Erforderlich ist somit, potenziell Stress auslösende
Bedingungen und Stressreaktionen zu trennen.

Belastungs-
Beanspruchungs-
konzept

Hier setzt das Belastungs-Beanspruchungskonzept an. Es unterscheidet
zwischen beobachtbarer, objektiver, aus der Arbeitsumwelt kommender
Belastung und deren Wirkungen auf den Menschen, der Beanspruchung
(Greif et al., 1991). Die grundlegenden Überlegungen des in den Arbeitswissenschaften zunächst in der Arbeitsgruppe von Rohmert (1984)
entwickelten Konzepts wurden in der DIN EN ISO 10075-1 übernommen
(Deutsches Institut für Normung, 2000).

**Definitionen von Belastung und Beanspruchung
nach DIN EN ISO 10075-1**

Psychische Belastung: „Die Gesamtheit aller erfassbaren Einflüsse, die
von außen auf den Menschen zukommen und psychisch auf ihn einwirken"
(S. 3).
Psychische Beanspruchung: „Die unmittelbare (nicht die langfristige)
Auswirkung der psychischen Belastung im Individuum in Abhängigkeit von
seinen jeweiligen überdauernden und augenblicklichen Voraussetzungen,
einschließlich der individuellen Bewältigungsstrategien" (S. 3).

Nach dem Belastungs-Beanspruchungskonzept sind psychische Belastungen durch Einflüsse von außen, also durch Arbeitsbedingungen gegeben. Ein entscheidender Vorteil des Konzeptes ist somit, dass es eine
Grundlage liefert, um die Bedingungen zu spezifizieren, die zu Fehlbean-
spruchungen und zu gesundheitlichen Beeinträchtigungen führen können.
Diesem nicht zu unterschätzenden Vorteil steht als Nachteil gegenüber,
dass das Modell auf einem sehr breiten Verständnis von Belastungen
basiert. Auch werden langfristige Wirkungen von Belastungen sowie Be-
wertungs- und Bewältigungsprozesse nicht einbezogen (Bamberg, Busch
& Ducki, 2003).

Transaktionales
Stressmodell

Die psychologische Forschung der letzten Jahrzehnte hat wesentliche
Impulse durch das transaktionale Stressmodell von Lazarus (1999) erhalten (vgl. Abb. 9). Auch auf Konzepte zu Arbeit und Gesundheit hatte
dieses Modell maßgeblichen Einfluss. Das transaktionale Stressmodell
betont die Bedeutung von Bewertungs- und Bewältigungsprozessen.
Das Stressgeschehen lässt sich demnach wie folgt beschreiben: Im

Appraisal

Rahmen der primären Bewertung (**primary appraisal**) wird eine Situation hinsichtlich ihrer Bedeutung für das Wohlbefinden der Person bewertet (vgl. Lazarus, 1999). Drei stressbezogene Bewertungen von Situationen werden unterschieden:

- Schädigung/Verlust („harm"/„loss"; z. B. Arbeitsplatzverlust),
- Bedrohung („threat"; z. B. die Arbeitsaufgabe übersteigt die eigenen Kompetenzen und ein Misserfolg ist die Folge),
- Herausforderung („challenge"; z. B. die Arbeitsaufgabe liegt im Kompetenzbereich und ermöglicht den Einsatz von Fähigkeiten außerhalb der normalen Arbeitsaufgabe).

Die Bewertungen gehen mit typischen stressbezogenen Reaktionen wie Ärger, Furcht, Selbstwertverletzungen etc. einher. Herausforderung hat eine eher positive Konnotation (vgl. Lazarus, 1999, S. 76). Die Bewertungen können in Arbeitssituationen wechseln (vgl. Dewe, 1991, 1993). Wenn Sie beispielsweise für eine Prüfung lernen, dann werden Sie während der Vorbereitungen solche wechselnden Bewertungen kennen: Ich beherrsche den Stoff und werde mein Wissen demonstrieren (Herausforderung) oder: Der Stoff ist einfach zu viel, das schaffe ich nie (Bedrohung).

Im Rahmen der sekundären Bewertung (**secondary appraisal**) werden Ressourcen und Bewältigungsstrategien beurteilt. Nach einer erfolgten Bewältigung wird die Situation erneut beurteilt und es findet eine Neubewertung (**rehearsal**) statt.

Die durch das transaktionale Modell inspirierte Forschung schenkt den Bewältigungsprozessen (**coping**) besondere Aufmerksamkeit. Traditionell wird in Anlehnung an Lazarus zwischen problem- und emotionsorientiertem Bewältigungsverhalten unterschieden (zu weiteren Klassifikationen vgl. Semmer, 2003).

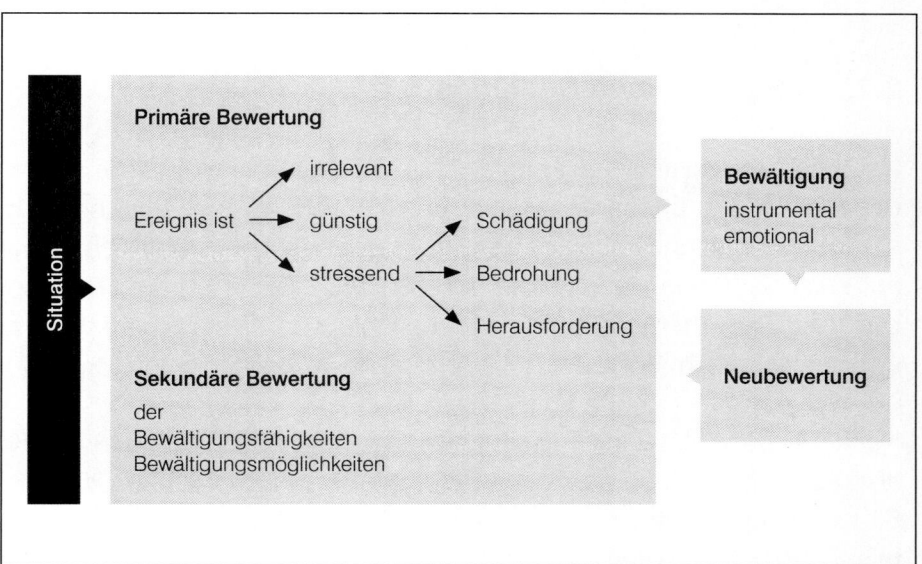

Abbildung 9: Transaktionales Stressmodell nach Lazarus (nach Zapf & Semmer, 2004)

Coping

Unter problembezogenem Coping werden Verhaltensweisen zusammengefasst, die auf eine Veränderung (z. B. Informationssuche oder Problemlösestrategien) der Stresssituation abzielen. Emotionsbezogenes Coping bezieht sich auf die Regulation der durch die Stresssituation ausgelösten Emotionen (z. B. Entspannungstechniken). Forschungsergebnisse zum Vergleich der Effektivität unterschiedlicher Bewältigungsprozesse sind nicht eindeutig. In der Tendenz zeigt sich, dass problemorientiertes Coping mit einer besseren mentalen Gesundheit einhergeht (Semmer, 2003). Zu berücksichtigen ist aber, dass eine aktive Bewältigung von Stress mit Aufwand verbunden ist und negative Nebeneffekte haben kann (Schönpflug & Battmann, 1988). Generell scheint es besonders wichtig zu sein, über ein reichhaltiges Inventar an Bewältigungsstrategien zu verfügen, das flexibel eingesetzt werden kann.

An dem transaktionalen Modell wird kritisiert, dass Stress auslösende Situationen zu wenig berücksichtigt werden. Um die Folgen der Arbeitsbedingungen auf die Gesundheit zu beschreiben, bedarf das Modell also einer Erweiterung. Darauf werden wir bei der Diskussion arbeitspsychologischer Konzepte näher eingehen. Trotz dieser Kritik bleibt festzuhalten, dass das transaktionale Modell grundlegend für die psychologische Stressforschung ist. Zahlreiche Theorien und Konzepte zu Arbeit und Gesundheit beziehen sich auf diesen Ansatz. Er hat wichtige Implikationen für unser Verständnis von Stress.

Aufgabe

- Wie kann der Stressprozess bei Kellnerinnen nach dem Modell von Selye, nach dem Belastungs-Beanspruchungsmodell und nach dem transaktionalen Stressmodell beschrieben werden?
- Nennen Sie Beispiele für Belastungen und Beanspruchungen bei Fabians Job als Kellner.

2.2.2 Stress – eine Definition

Nach dem transaktionalen Ansatz haben Bewertungsprozesse im Stressgeschehen eine besondere Bedeutung. Bewertungsprozesse beziehen sich auf Qualität und Intensität des Stress auslösenden Ereignisses sowie auf entsprechende Handlungsmöglichkeiten. Greif (1991, S. 13) knüpft bezüglich des Themas Stress am Arbeitsplatz an dieser Überlegung an und schlägt die im Folgenden wiedergegebene Definition von Stress vor.

Stressoren

Nach der Definition von Greif sind aversive Prognosen wichtig für Stress, also auf eine Situation bezogene Befürchtungen. Des Weiteren ist es die Situation selbst, die zu berücksichtigen ist. Diese Situation wird konstituiert durch Stressoren. „Stressoren" sind hypothetische Faktoren, die mit erhöhter Wahrscheinlichkeit „Stress" (oder „Stressempfindungen") auslösen (Greif, 1991, S. 13).

Definition Stress

„Stress" ist ein subjektiv intensiv unangenehmer Spannungszustand, der aus der Befürchtung entsteht, dass eine

- stark aversive,
- subjektiv zeitlich nahe (oder bereits eingetretene) und
- subjektiv lang andauernde Situation

sehr wahrscheinlich nicht vollständig kontrollierbar ist, deren Vermeidung aber subjektiv wichtig erscheint.

Aufgabe

Beschreiben Sie Stress, wie ihn Fabian während seiner Arbeit als Kellner erlebt, mit der oben genannten Definition.

Die Definition von Greif birgt dann die Gefahr eines Zirkelschlusses, wenn Stressoren über den Stresszustand oder die Stressempfindungen festgelegt werden. In den folgenden Abschnitten werden wir deshalb Stressoren oder Belastungen – die Begriffe werden hier synonym verwendet – ausführlicher diskutieren und damit auch klären, wie dieser Gefahr begegnet werden kann.

2.2.3 Arbeitspsychologische Ansätze

Nach dem weiter oben zusammengefassten Modell von Selye sind unerwünschte Folgen von Stress dann zu erwarten, wenn Anpassungsleistungen zu erbringen sind, die die Kapazitäten der Organismen überschreiten. Entsprechend dem transaktionalen Stressmodell ist die Bewertung der Situation ausschlaggebend für Stress. Nach der genannten Definition von Stress sind spezifische Bewertungen, nämlich mit einer Situation verbundene Befürchtungen von Bedeutung. Die damit thematisierte Stress auslösende Situation und deren Bewertungen sind Gegenstand einiger arbeitspsychologischer Ansätze, die ein Ungleichgewicht zwischen Soll- und Ist-Zustand bzw. zwischen Situation und Person in den Vordergrund stellen.

Eines der ersten Konzepte, das sich vertieft mit dem Ungleichgewicht zwischen Situation und Person beschäftigt hat, ist das Person-Environment-Fit-Modell (P-E-Fit model; Edwards, Caplan & Van Harrison, 1998; Edwards, 1998; Sekiguchi, 2004; Edwards & Rothbard, 2005). Zentrale Aussage des P-E-Fit-Modells ist, dass, wie der Name besagt, Diskrepanzen zwischen Situation und Person zu Befindensbeeinträchtigungen führen können. Das P-E-Fit-Modell unterscheidet relativ allgemein zwei Varianten von Übereinstimmungen:

P-E-Fit-Modell

- die Übereinstimmung zwischen den Fähigkeiten und Fertigkeiten einer Person und den Anforderungen der Arbeit (wenn dies nicht der Fall ist: Über- oder Unterforderung),
- die Übereinstimmung zwischen den Möglichkeiten, die die Arbeit bietet, und den Wünschen und Bedürfnissen der Person (wenn dies nicht der Fall ist: Inhaltliche Interessen können durch die Arbeitstätigkeit nicht erfüllt werden).

Das Modell trennt ferner zwischen einem objektiven Fit, der sich auf die Arbeitsbedingungen und die Merkmale der Person bezieht, und einem daraus abgeleiteten subjektiven Fit, der die Einschätzung durch die Person betrifft. In Untersuchungen wird aber vor allem die subjektive Übereinstimmung berücksichtigt (Zapf & Semmer, 2004).

Effort-Recovery-Modell

Das Effort-Recovery-Modell (Meijman & Mulder, 1998) berücksichtigt ebenfalls Diskrepanzen zwischen Situation und Person: Nach dem Modell bestimmt das Verhältnis zwischen Arbeitsanforderungen und Handlungsbereitschaft des Arbeitenden das Arbeitsverhalten, die Beanspruchung der Arbeitenden sowie erforderliche Erholungsprozesse (vgl. Abb. 10).

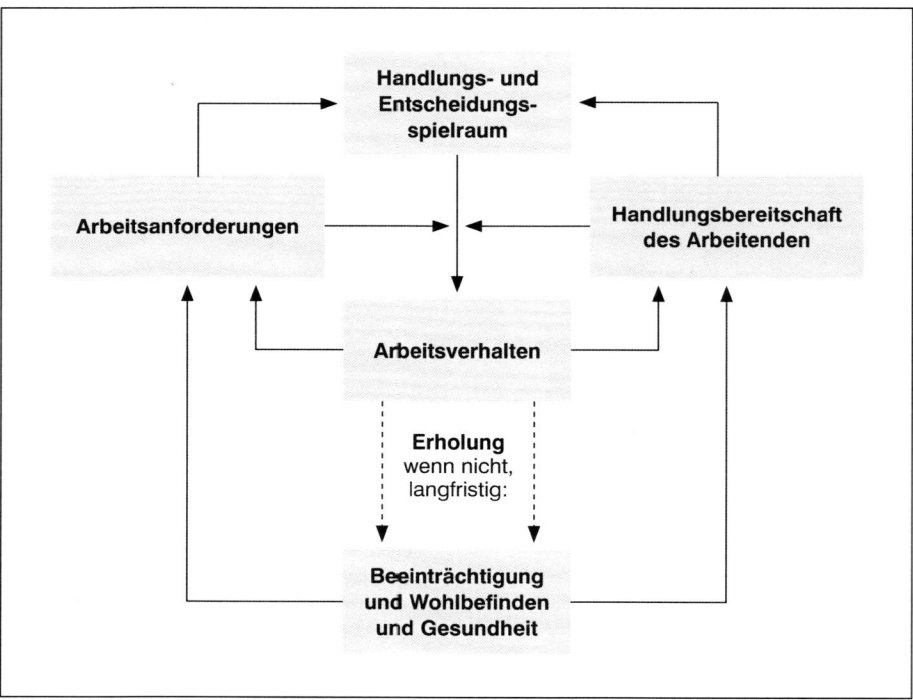

Abbildung 10: Das Effort-Recovery-Modell (modifiziert nach Meijman & Mulder, 1998)

Weichen die Handlungspotenziale von den Arbeitsanforderungen ab, wie dies z. B. bei Überforderung der Fall ist, so kann diese Diskrepanz während der Ausführung der Arbeitstätigkeit kompensiert werden, wenn entsprechende Handlungsspielräume bestehen, z. B. wenn Abgabetermine verschoben werden können. Erholung ist entscheidend dafür, ob kurzfristige Stressreaktionen zu langfristigen Beeinträchtigungen der Gesundheit führen.

Das Effort-Reward-Imbalance-Modell oder Modell der beruflichen Gratifikationskrisen thematisiert einen anderen spezifischen Aspekt: das Ungleichgewicht zwischen individuellen arbeitsbezogenen Anstrengungen und Belohnungen oder Gratifikationen durch die Organisation. Dieses Ungleichgewicht zwischen Anstrengungen und Gratifikationen, zwischen Einsatz und Ertrag, führt zu Gratifikationskrisen und damit zu Gesundheitsbeeinträchtigungen und Krankheiten. Empirische Studien (z. B. Le Blanc, De Jonge & Schaufeli, 2000; Siegrist, 1994, 1998) bestätigen das Modell (vgl. Zapf & Semmer, 2004). Beispielsweise zeigt sich ein vierfach erhöhtes Herzinfarktrisiko beim Vorliegen von Statusinkonsistenz, d. h. einer Diskrepanz zwischen beruflicher Stellung und Ausbildung (Siegrist, 1994).

Ein weiterer Aspekt wird von Semmer und seiner Arbeitsgruppe (Semmer, Jakobshagen, Meier & Elfering, 2010) betont: die Legitimität der Arbeitsaufgaben und der Arbeitsbedingungen. Vor allem dann, wenn die Aufgaben, die auf dem Hintergrund der eigenen Erwartungen oder Werte als illegitim angesehen werden, sind negative Wirkungen auf die Gesundheit zu erwarten.

Es gibt eine Reihe anderer Konzepte, die den Aspekt der Balance in den Vordergrund stellen. Prominentes Beispiel sind Ansätze zu Work-Life-Balance, auf die in Kapitel 4 ausführlicher eingegangen wird. An dieser Stelle bleibt festzuhalten, dass die Ansätze, die Stress oder Gesundheitsbeeinträchtigungen über eine Imbalance erklären, unterschiedliche Aspekte fokussieren. Sie berücksichtigen etwa Arbeitsanforderungen und Leistungsbereitschaft, Entwicklungsmöglichkeiten und Erwartungen, Einsatz und Gratifikationen. Damit bleibt die Frage zu klären, wie Arbeitsbedingungen, von denen Wirkungen auf die Gesundheit angenommen werden, systematisiert werden können. Ein Konzept, das in diesem Zusammenhang die arbeitspsychologische Forschung besonders inspiriert hat, ist das Job-Demand-Control-Modell von Karasek. Karasek unterscheidet bei der Beschreibung der Arbeitsbedingungen zwei Dimensionen: Die eine Dimension bezieht sich auf die Intensität der Arbeitstätigkeit und Arbeitsstressoren („demand") wie z. B. Zeitdruck, Arbeitsmenge und widersprüchliche Anforderungen, die andere Dimension umfasst Handlungsspielraum, Komplexität und Qualifikationsanforderungen („control"; Karasek & Theorell, 1990, S. 32 ff.; vgl. Abb. 11).

Zentrale Aussage des Job-Demand-Control-Modells ist, dass die Kombination der beiden Dimensionen „demand" und „control" Gesundheit und Wohlbefinden beeinflusst.

Marginalien: Effort-Reward-Modell — Legitimität der Arbeitsaufgabe — Job-Demand-Control-Modell — Kombination von demand und control

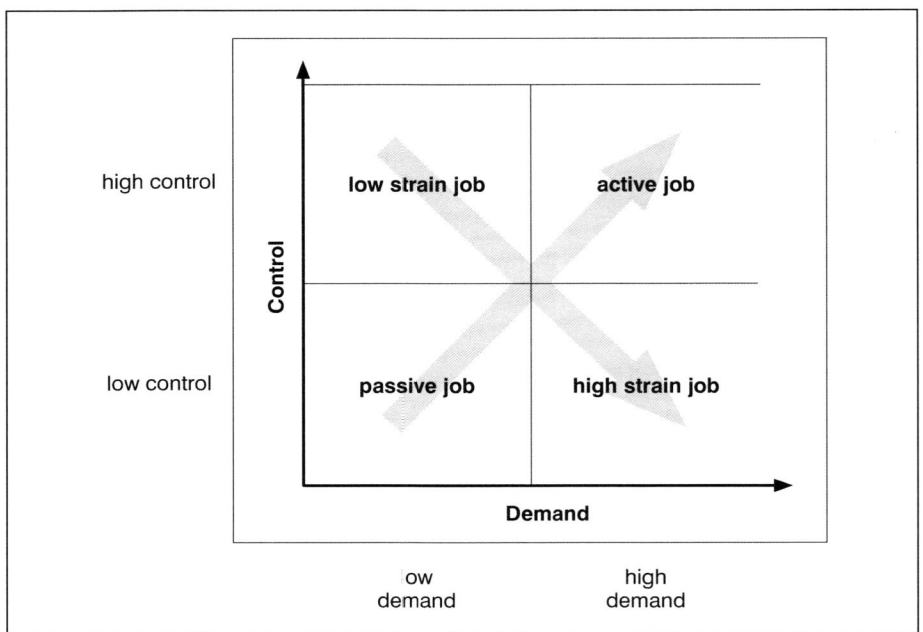

Abbildung 11: Job-Demand-Control-Modell (nach Karasek & Theorell, 1990)

Mögliche Schlussfolgerungen aus dem Job-Demand-Control-Modell

- Eine Arbeitssituation mit einer hohen Ausprägung der Dimension **demand** und einer geringen Ausprägung der Dimension **control** stellt den sogenannten „high strain job" dar. Die Lernmöglichkeiten einer solchen Arbeitssituation können durch den geringen Handlungsspielraum nicht genutzt werden. Solche Tätigkeiten stehen mit Effekten im Zusammenhang, die die Gesundheit beeinträchtigen.
- Sind beide Dimensionen gleich hoch ausgeprägt, handelt es sich um eine Arbeitssituation, die als aktivierend und herausfordernd beschrieben werden kann („active job"). Sie beinhaltet Aktivierungs- und Lernpotenzial.
- Eine Arbeitssituation, in der beide Merkmale gering ausgeprägt sind („passive job"), führt zu einer Abnahme der allgemeinen Aktivität.
- Eine Arbeitssituation mit hoher Ausprägung der Dimension **control** und geringer Ausprägung der Dimension **demand** wird als „low strain job" bezeichnet und geht mit geringem Aktivierungs- und Lernpotenzial und wenig gesundheitlichen Beschwerden einher.

Die direkten Effekte von demand und control wurden in empirischen Untersuchungen bestätigt (De Lange, Taris, Kompier, Houtman & Bongers, 2003; Oesterreich & Volpert, 1999; Theorell & Karasek, 1996). Der von Karasek postulierte Interaktionseffekt konnte aber empirisch selten nachgewiesen werden. Dies lässt sich mit der etwas unklaren Konzeptualisierung der Dimensionen demand und control begründen (Zapf & Semmer, 2004). Das Job-Demand-Control-Modell ist das international einflussreichste Modell und hat sowohl zahlreiche Forschungsaktivitäten als auch Interventionen ausgelöst (Sonnentag & Frese, 2003; Kasl, 1996).

Im Kontext weiterer Forschungsarbeiten wurde das Modell modifiziert, weitere Ressourcen wurden einbezogen. Im Job-Demand-Control-Support-Modell (Johnson & Hall, 1988; De Lange et al., 2003) wird neben Handlungsspielraum auch soziale Unterstützung berücksichtigt. Das Job-Demands-Resources-Modell (Bakker & Demerouti, 2007) umfasst allgemein Risikofaktoren und Ressourcen. Es geht davon aus, dass Erstere negative Wirkungen wie Beeinträchtigungen von Motivation und Gesundheit nach sich ziehen, Letztere aber positive Wirkungen auf Gesundheit und Wohlbefinden haben.

Im deutschsprachigen Raum wurde auf dem Hintergrund der Handlungsregulationstheorie eine Systematisierung der kritischen Dimensionen der Arbeitsaufgabe erarbeitet. Drei Merkmale der Arbeitsaufgabe, die sich zum Teil mit den oben genannten Dimensionen überschneiden, werden demnach getrennt (Frese & Zapf, 1994): Regulationsanforderungen, -möglichkeiten und -probleme, die eine Belastung darstellen. In Kapitel 2.3 werden wir diese Unterscheidung aufgreifen.

Handlungstheoretisches Modell

Aufgabe

„Mensch, war das heute ein anstrengender Tag!" Fabian kommt völlig erschöpft von seiner Arbeit nach Hause. Er erzählt von der heutigen Arbeit: „Meine Chefin brauchte unbedingt Hilfe in der Küche, weil unsere Aushilfskraft kurzfristig krank wurde. Da anscheinend niemand außer mir da war, dem sie diese Arbeit zutraut, und ich ja schon seit langem bei ihr arbeite, sollte ich in der Küche aushelfen, obwohl ich ihr erklärte, dass ich keinerlei Erfahrung und gehörigen Respekt vor der Köchin habe, die eigentlich alles selbst machen möchte und der nichts gut genug ist. Ich war tatsächlich völlig im Stress und machte nach Ansicht der Köchin alles falsch!"

Beschreiben Sie mit den bisher dargestellten arbeitspsychologischen Ansätzen die Entstehung von Befindensbeeinträchtigungen bei Fabian. Welche Merkmale sind zu berücksichtigen?

2.3   Arbeit und Gesundheit – Kritische Merkmalsbereiche

Auf der Grundlage der bisher vorgestellten Konzepte sollen im Folgenden drei Merkmalsbereiche, die für unser Thema von Bedeutung sind, diskutiert werden: Arbeitsbedingungen, personale Faktoren sowie Gesundheit.

2.3.1   Arbeitsbedingungen

In Verallgemeinerung des handlungstheoretischen Modells unterscheiden wir im Folgenden zwischen Anforderungen, Ressourcen und Belastungen (vgl. Abb. 12).

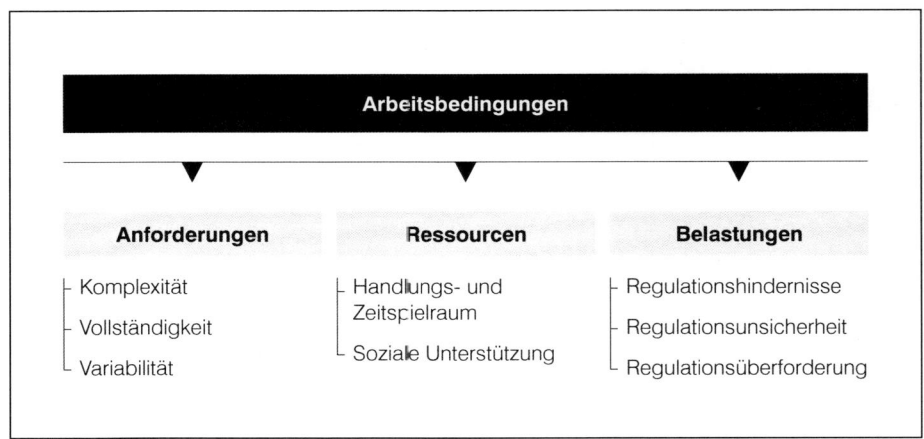

Abbildung 12: Handlungstheoretisches Modell (modifiziert nach Zapf & Semmer, 2004)

Anforderung

Anforderungen umfassen die Regulationsprozesse und Inhalte, die im Rahmen der Arbeitsaufgabe von den Arbeitenden verlangt oder gefordert werden. Sie beziehen sich auf Verhalten, Teilhandlungen oder Operationen, die für die Erfüllung der Arbeitsaufgabe notwendig sind. Eine zentrale Anforderung ist die Komplexität der Arbeitsaufgabe. Wenn komplexe Ziele gesetzt, Pläne erstellt und Entscheidungen getroffen werden müssen, um eine Arbeitsaufgabe zu erfüllen, so sind damit Lern- und Entwicklungsmöglichkeiten gegeben. Anforderungen zeigen einen U-förmigen Zusammenhang zu psychischen Befindensmerkmalen: Bei Tätigkeiten mit geringen Anforderungen (geringe Komplexität wie z. B. Fließbandarbeit) werden höhere Befindensbeeinträchtigungen festgestellt als bei einem mittleren Anforderungsniveau (Zapf, Bechtholdt & Dormann, 2000). Hohe Anforderungen sind mit Überforderung und mit Befindensbeeinträchtigungen verbunden.

Ein spezifischer, in jüngerer Zeit populärer Aspekt betrifft die emotionsbezogenen Regulationsanforderungen, also die Frage, inwieweit durch die Arbeitstätigkeit, etwa bei Dienstleistungsarbeit, eigene Emotionen oder die Emotionen anderer reguliert werden müssen. Darauf werden wir in Kapitel 3 näher eingehen.

Ressourcen

Ressourcen bzw. Regulationsmöglichkeiten betreffen die Faktoren, die den Umgang mit Anforderungen und Stressoren erleichtern. Regulationsanforderungen und -möglichkeiten sind theoretisch und empirisch hoch korreliert. In einer Reihe von Modellen werden sie nicht differenziert (z. B. Leitner, 1999). Untersuchungsergebnisse zeigen einen positiven Zusammenhang zwischen Ressourcen und Gesundheit. Zentrale, mit der Arbeitsaufgabe verbundene Ressourcen sind Handlungs- und Zeitspielraum. Eine wichtige Ressource aus der Arbeitsumgebung ist soziale Unterstützung durch Kollegen und Vorgesetzte. Die positive Wirkung der Ressourcen ist vielfach empirisch belegt (vgl. Zapf & Semmer, 2004; Sonnentag & Frese, 2003).

Die Bedeutung der Ressourcen wird in der Literatur im Rahmen sogenannter salutogenetischer Ansätze betont (Udris, Kraft, Muheim, Mussmann & Rimann, 1992). So sieht Hobfoll (1998, 2001) in dem Konzept „Conservation of Resources" den Verlust von Ressourcen als zentrale Ursache von Stress und unterscheidet drei Gruppen von Ressourcen: grundlegende Ressourcen (z. B. Nahrung, Kleidung), soziale Ressourcen bzw. soziale Unterstützung (z. B. Familie, Kollegen) sowie symbolische Ressourcen (z. B. gesellschaftlicher und sozialer Status).

Stressoren bzw. Belastungen sind die Faktoren, die negative Wirkungen auf Gesundheit, Leistungs- und Entwicklungsfähigkeit haben. Auf der Grundlage handlungstheoretischer Überlegungen ergeben sich Stressoren aus Problemen der Handlungsregulation. Über die in Abbildung 12 genannte Unterscheidung hinaus trennt Semmer (1984) die folgenden Faktoren:

Stressoren

- Frustration übergreifender Bedürfnisse und Motive: Wichtige Werte und Normen eines Individuums werden verletzt;
- Zielunsicherheit: Unzureichende Informationen über das Ziel der Arbeitsaufgabe; unklare oder widersprüchliche Anweisungen;
- Regulationsüberforderung: Die Regulationsanforderungen sind quantitativ zu hoch;
- Regulationsunsicherheit: Weg der Zielerreichung ist unklar;
- Regulationshindernisse: Erschwerungen, die Zusatzaufwand erforderlich machen.

In den letzten Jahren wurden – häufig pragmatisch – eine Reihe unterschiedlicher Klassifikationen von Stressoren entwickelt. So wird etwa getrennt zwischen Stressoren aus der Arbeitsumgebung (z. B. Lärm, Staub), aufgabenbezogenen Stressoren (z. B. Arbeitsunterbrechungen, qualitative und quantitative Über- und Unterforderung), zeitlichen Stressoren (z. B. Nacht- und Schichtarbeit) und sozialen Stressoren (z. B. Konflikte mit Kollegen oder mit Kunden). Zudem werden Stressoren, die sich aus Bedingungen der Organisation, aus wirtschaftlichen Bedingungen oder aus der Lebenslage der Beteiligten ergeben (z. B. Arbeitsplatzunsicherheit), unterschieden.

Aufgabe

Beschreiben Sie die Anforderungen, Belastungen und Ressourcen, die Fabian in seiner Arbeitssituation hat. Welche Wirkungen sind für die Gesundheit zu erwarten?

2.3.2 Person

Aus mehreren der oben dargestellten Konzepte geht hervor, dass Merkmale der Person die Wirkungen der Arbeit auf die Gesundheit beeinflussen.

Doch welche Merkmale der Person könnten das sein? Generell gibt es hier ein breites Spektrum an Möglichkeiten: Man könnte davon ausgehen, dass generell Erfahrungen, berufliche Kompetenzen, Schlüsselkompetenzen, Gesundheits- und Freizeitverhalten damit verbunden sind, dass Arbeitsanforderungen besser bewältigt werden und dass weniger Belastungen bestehen. Es ist zu erwarten, dass Alter, Geschlecht oder Familienstand die Bewältigungsstrategien beeinflussen. Persönlichkeitsmerkmale könnten Bewertungs- und Bewältigungsprozesse beeinflussen. Die Liste lässt sich fortsetzen. Um im Folgenden Schwerpunkte zu setzen, soll auf zwei Gruppen von Faktoren etwas ausführlicher eingegangen werden: auf Ressourcen und Risikofaktoren.

Personale Ressourcen

Ressourcen sind, wie wir oben festgestellt haben, diejenigen Faktoren, die den Umgang mit Anforderungen und Stressoren unterstützen. Weiter oben wurde bereits auf die Relevanz bedingungsbezogener oder situativer Ressourcen, wie etwa Handlungsspielraum und soziale Unterstützung, verwiesen. Diese Ressourcen werden ihre Wirkung aber nur dann entfalten können, wenn sie auch realisiert oder umgesetzt werden. Soziale Unterstützung hat nur dann Konsequenzen, wenn sie auch akzeptiert und in Anspruch genommen wird. Handlungsspielraum wirkt nur dann, wenn er auch wahrgenommen wird. Hier sind personenbezogene oder personale Ressourcen von Bedeutung. Wichtige personale Ressourcen sind nach Zapf und Semmer (2004) berufliche Kompetenzen, Selbstwert, Selbstwirksamkeit, Kontrollkognitionen, Kohärenzsinn, Hardiness, Optimismus und Sinngebung (vgl. auch Sonnentag & Frese, 2003).

Kohärenzsinn

Exemplarisch sei hier der Kohärenzsinn benannt. Kohärenzsinn hat im Rahmen der salutogenetischen Ansätze eine besondere Bedeutung und umfasst auch andere der oben genannten Ressourcen. Das Konzept Kohärenzsinn („sense of coherence") wurde von Antonovsky (1979) entwickelt. Kohärenzsinn wird als eine globale Orientierung verstanden, die drei Aspekte umfasst:

- Verstehbarkeit („comprehensibility"): Ereignisse, Reize oder Entwicklungen sind begreifbar, strukturierbar und vorhersehbar.
- Handhabbarkeit („manageability"): Anforderungen können durch geeignete (soziale oder personale) Ressourcen gemeistert werden.
- Sinnhaftigkeit („meaningfulness"): Anforderungen sind herausfordernd, und das Engagement sowie aktives Handeln werden als wertvoll erachtet.

Risikofaktoren

Personale Merkmale, die negative Wirkungen auf die Gesundheit haben und/oder die Wirkungen von Belastungen auf die Gesundheit verstärken, werden als Risikofaktoren bezeichnet. Nach Zapf und Semmer (2004) gehören dazu unter anderem Typ-A-Verhalten, Feindseligkeit, Misstrauen und Negative Affektivität.

Ausführlich wurde in den letzten Jahren Typ-A-Verhalten diskutiert. Unter Typ-A-Verhalten verstehen wir ein Verhaltensmuster, das durch Konkurrenzverhalten, Macht- und Kontrollbedürfnis, durch Feindseligkeit und Ärger charakterisiert ist (Zapf & Semmer, 2004). Es wird angenommen, dass Typ-A-Verhalten mit einem erhöhten Risiko an Herz-Kreislauf-Erkrankungen einhergeht. Zentraler Aspekt im Zusammenhang mit Stress scheint die Komponente „Feindseligkeit" zu sein (Zapf & Semmer, 2004; Sahl, Cohen & Dasch, 2009; Søgaard, Dalgard, Holme, Røysamb & Håheim, 2008). Richter, Hille und Rudolf (1999; vgl. auch Rotheiler, Richter & Rudolf, 2009) diskutieren, dass ein möglicher Zusammenhang zwischen Typ-A-Verhalten und Herz-Kreislauf-Erkrankungen auf die mit Typ-A-Verhalten einhergehende mangelnde Erholungsfähigkeit zurückzuführen sei.

Typ-A-Verfahren

Aufgabe

Denken Sie bitte an Ihre persönlichen Ressourcen und Risikofaktoren. Auf welche personalen Ressourcen und Risikofaktoren müssen Sie besonders achten?

2.3.3 Gesundheit und Wohlbefinden

Die in den vorausgehenden Abschnitten diskutierten Folgen der Arbeit auf Gesundheit und Wohlbefinden sollen im Folgenden systematisiert werden. Generell kann zwischen kurzfristigen und langfristigen Wirkungen auf das Individuum, dessen Bezugssystem und die Organisation unterschieden werden. Bei den individuellen Folgen sind drei Ebenen zu unterscheiden: die somatische, die kognitiv-emotionale und die Verhaltensebene. Einige zentrale thematische Bereiche sind in Tabelle 4 wiedergegeben (vgl. auch Bamberg et al., 2003; Sonnentag & Frese, 2003). Wie weiter oben erläutert wurde, können je nach Arbeitsbedingungen positive und/oder negative Wirkungen auf die Gesundheit entstehen.

Kurzfristige somatische Folgen bestehen z. B. in erhöhter Herzfrequenz, erhöhtem Blutdruck sowie erhöhter Ausschüttung der Hormone Adrenalin und Cortisol. Langfristige Wirkungen sind beispielsweise Erkrankungen des Herz-Kreislauf-Systems und des Muskel-Skelett-Systems, Magen-Darm-Erkrankungen, psychosomatische Beschwerden sowie eine erhöhte allgemeine Morbidität und Mortalität (vgl. Semmer & Mohr, 2001). Über Beeinträchtigungen des Immunsystems wird berichtet (Bosch, Fischer & Fischer, 2009; Cohen & Herbert, 1996).

Somatische Ebene

Auf der kognitiv-emotionalen Ebene werden als kurzfristige Wirkungen Anspannung, Nervosität, innere Unruhe, Frustration, Ärger, Ermüdungs-, Monotonie- und Sättigungsgefühle genannt. Langfristig führt arbeitsbe-

Kognitiv-emotionale Ebene

dingter Stress zu psychischen Beschwerden wie Depressivität, geringem Selbstwertgefühl, Unzufriedenheit mit der Arbeit, Ängsten sowie Spannungsgefühlen und Irritation (Zapf & Semmer, 2004; Dormann & Zapf, 2002).

Tabelle 2: Auswirkungen der Arbeitsbedingungen – thematische Bereiche

Ebene	Folgen	
	Kurzfristig	**Langfristig**
Individuum:		
• Somatisch	kardiovaskuläre Aktivität, hormonelle Aktivität	psychosomatisches Befinden
• Kognitiv-emotional	Bewertung von Situation und Person	psychisches Befinden
• Verhalten	Arbeitsverhalten	Gesundheitsverhalten, Freizeitverhalten
(Bezugs-)Gruppe	soziale Interaktion, soziale Beziehungen	
Organisation	Effektivität, Engagement	

Verhaltensebene

Konzentration und Leistungsschwankungen sowie Fehler gehören zu den individuellen Stressreaktionen auf der Verhaltensebene. Die langfristigen Wirkungen umfassen unterschiedliche inhaltliche Bereiche wie Arbeitsverhalten (z. B. verringertes Engagement), Gesundheitsverhalten (z. B. Zunahme von Substanzmittelgebrauch wie Nikotin, Alkohol, Sedativa) und Sozialverhalten (z. B. Konflikte, Rückzug, Aggression). Sie betreffen die Arbeitenden selbst und deren Partner sowie das soziale Umfeld. Ferner sind die bereits eingangs angesprochenen Folgewirkungen auf die Organisation und die Gesellschaft zu benennen (z. B. Produktivitätseinbußen durch Fluktuation und Krankenstand; organisationsschädigendes Verhalten).

2.4   Resümee

Untersuchungsergebnisse

Die Folgen der Arbeit auf Gesundheit und Wohlbefinden sind heute in Längsschnittstudien gut dokumentiert und werden in der aktuellen Diskussion kaum in Frage gestellt (Zapf & Semmer, 2004; Zapf, Dormann & Frese, 1996). Kritisch wird aber immer wieder auf die ermittelten relativ geringen Zusammenhänge verwiesen. So liegen Korrelationswerte zwischen Merkmalen der Arbeit und der Gesundheit in der Regel um .15 bis .20 (vgl. Zapf & Semmer, 2004; Frese & Zapf, 1988); dies entspricht einer

Varianzaufklärung von maximal 4 %. Semmer, Zapf und Greif (1996) heben jedoch hervor, dass Schätzungen zufolge selbst unter methodisch optimalen Bedingungen nur eine Varianzaufklärung von 20 % möglich wäre.

Für diese Ergebnisse gibt es mehrere Begründungen. Wir haben dargestellt, dass bei den Wirkungen der Arbeit auf die Gesundheit die Balance zwischen Bedingungen und Person zu berücksichtigen ist. So interagieren z. B. situative und personale Ressourcen. Handlungsspielraum etwa hat vor allem in Verbindung mit beruflicher Selbstwirksamkeit positive Konsequenzen, kann aber bei fehlender Selbstwirksamkeit leicht zur Überforderung werden (Semmer, 2003). In Untersuchungen wird dies in der Regel nicht berücksichtigt.

Des Weiteren ist die Multideterminiertheit von Gesundheit zu berücksichtigen. Die Gesundheit wird durch eine Vielzahl von Faktoren beeinflusst, z. B. durch das Gesundheitsverhalten, die Umweltsituation, die familiäre Situation usw. (vgl. Mohr & Semmer, 2002). Die damit angesprochene Komplexität lässt sich am Beispiel der Erholung verdeutlichen. Inwieweit Belastungen negative Wirkungen auf die Gesundheit haben, ist allein unter der Perspektive der Erholung von einer Reihe von Faktoren abhängig, die im Kontext des Effort-Recovery-Modells genannt wurden: vom Verhältnis von Arbeitsanforderungen und Handlungsbereitschaft der Arbeitenden, von der Wirkdauer der Arbeitsbelastungen, von Erholungsmöglichkeiten während der Ausführung der Arbeitstätigkeit, in den Pausen und am Feierabend, von Belastungen in anderen Lebensbereichen (z. B. in der Familie), von dem Erholungseffekt unterschiedlicher Aktivitäten (Sonnentag, 2003). Daraus ergeben sich Schlussfolgerungen für Forschung und Praxis: In Untersuchungen zu Arbeit und Gesundheit ist es erforderlich, der Komplexität der Wirkungsprozesse Rechnung zu tragen. Für die Praxis ergibt sich die Notwendigkeit, die zentralen Faktoren, die für die Sicherung und Förderung der Gesundheit von Bedeutung sind, zu berücksichtigen. Dies impliziert bedingungsbezogene und personenbezogene Interventionen (Bamberg, Ducki & Metz, 2011).

Erholung

Zusammenfassung

In diesem Kapitel haben wir die Auswirkungen der Arbeit auf die Gesundheit behandelt. Diese realisieren sich über einen komplexen Prozess der Transaktion zwischen Situation und Person. Ausgangspunkt sind Belastungen. Ein spezifisches Verständnis von Belastungen wird im Belastungs-Beanspruchungskonzept formuliert. Belastungen werden demnach neutral, als von außen auf den Menschen wirkende Einflüsse, betrachtet. Die Definition ist in einer DIN-Norm verankert. Sie hat damit eine wichtige Bedeutung in der Arbeitswelt. Arbeitspsychologisch sind Belastungen Probleme der Handlungsregulation. Ein weiterer Ausgangspunkt sind (situative) Ressourcen, d. h. diejenigen Möglichkeiten, die den Umgang mit Anforderungen und Belastungen unterstützen.

Die Wirkungen der Arbeit auf Gesundheit und Wohlbefinden sind nicht nur von den Arbeitsbedingungen abhängig, sondern auch davon, inwieweit diese den Handlungspotenzialen der Arbeitenden entsprechen. Die Balance zwischen Person und Situation, zwischen Möglichkeiten und Wünschen, Anforderungen und Kompetenzen sind hier von Bedeutung. Personale Ressourcen und Risikofaktoren beeinflussen somit die Wirkungen von Arbeit auf die Gesundheit. Sie sind ausschlaggebend für Bewertungs- und Bewältigungsprozesse im Stressprozess. Die Wirkungen der Arbeitsbedingungen auf die Arbeitenden sind in Untersuchungen gut belegt. Die Arbeitsbedingungen haben neben gesundheitlichen Wirkungen für die Arbeitenden soziale, organisationale und volkswirtschaftliche Konsequenzen.

Weiterführende Literatur

Bamberg, E., Busch, C. & Ducki, A. (2003). *Stress- und Ressourcenmanagement. Strategien und Methoden für die neue Arbeitswelt.* Bern: Huber.

Bamberg, E., Ducki, A. & Metz, A.-M. (Hrsg.). (2011). *Handbuch Gesundheitsförderung und Gesundheitsmanagement in der Arbeitswelt.* Göttingen: Hogrefe.

Zapf, D. & Semmer, N. K. (2004). Streß und Gesundheit in Organisationen. In H. Schuler (Hrsg.), *Organisationspsychologie – Grundlagen und Personalpsychologie* (Enzyklopädie der Psychologie, Serie Wirtschafts-, Organisations- und Arbeitspsychologie, Bd. 3, S. 1007–1112). Göttingen: Hogrefe.

Reflexionsaufgaben

1. Beschreiben Sie den Stressprozess auf der Grundlage (a) des Modells von Selye und (b) des transaktionalen Stressmodells. Benennen Sie Kritikpunkte an den Modellen.
2. Was ist unter Balance zwischen Situation und Person zu verstehen? Welche Bedeutung hat die Balance für die Wirkungen von Arbeit auf Gesundheit?
3. Welche Merkmalsbereiche der Arbeitstätigkeit haben Wirkungen auf die Gesundheit?
4. Wie lassen sich Wirkungen der Arbeit systematisieren?

Kapitel 3
Arbeit und Emotion

Henning Staar und Eva Bamberg

Inhaltsübersicht

3.1 Einleitung

> **Beispiel**
>
> Fabian bedient in der Regel seine Gäste zuvorkommend – schließlich ist der Kunde König. Den Job macht er gern, denn Fabian ist kommunikativ und mag den Kontakt mit Menschen. Aber es gibt auch Tage, wo es ihm schwerfällt, unzufriedene oder unhöfliche Gäste mit einem Lächeln zu bedienen und nach außen hin weiterhin freundlich zu bleiben, obwohl er eigentlich genervt und wütend ist. Allerdings versucht Fabian auch, sich in die Situation des Gastes zu versetzen und ist bestrebt, echte Empathie und ehrliches Interesse zu vermitteln. So oder so, in jedem Falle ist es für Fabian sicherlich mit einem gewissen Aufwand verbunden, in solchen Situationen seine eigene Gefühlslage zu regulieren – er leistet „Emotionsarbeit".

Emotionsarbeit

In diesem Kapitel geht es um die Regulierung von Emotionen in beruflichen Interaktionen. Bei diesem Bereich, der in den meisten Publikationen unter dem populären Etikett „Emotionsarbeit" gefasst wird, handelt es sich um ein vergleichsweise noch junges Thema in der Arbeitspsychologie. Dabei sind gerade Emotionen ein originärer Bestandteil organisationalen Verhaltens – sie werden bei der beruflichen Arbeit ausgelöst, erlebt und beeinflussen letztlich auch die Arbeitsergebnisse. Obgleich der Begriff „Emotionsarbeit" bzw. „Gefühlsarbeit" bereits in früheren Arbeiten von verschiedenen Autoren teilweise mit unterschiedlicher Bedeutung verwendet wurde, z. B. „sentimental work" von Strauss, Fagerhaugh, Suczek und Wiener (1980), wurde das Konzept im Wesentlichen erst durch die häufig zitierte Publikation von Arlie Hochschild „The managed heart" bekannt (1983).

Arlie Hochschild

Hochschild (1983, 2006) hob in ihren Forschungsarbeiten zu Flugbegleitern hervor, dass diese eine besondere Art von Arbeit zu leisten haben: Flugbegleiter müssen gegenüber Fluggästen freundlich und aufmerksam sein, die Passagiere werden normalerweise stets mit einem Lächeln bedient. Dasselbe gilt für die Arbeit des Kellners Fabian im Gastronomiebetrieb „Café Carpe Diem" (vgl. Abb. 13).

Emotionen als Arbeitsanforderung

Nach Hochschild ist die gezeigte Freundlichkeit jedoch nicht das Ergebnis eines individuellen Arbeitsstils, sondern vielmehr wird seitens des Unternehmens erwartet, spezifische, meist positive Emotionen wie gleichbleibende Freundlichkeit gegenüber Kunden, Klienten, Gästen und Patienten zu zeigen, unabhängig davon, ob die Angestellten diese empfinden oder nicht. Damit werden die gezeigten positiven Emotionen zu einer Arbeitsanforderung und liegen nicht mehr im freien Ermessen der Beschäftigten. Hochschild sieht die sogenannten emotionalen Dissonanzen (vgl. Kapitel 3.3 sowie Zapf, Seifert et al., 2000; Zapf, 2002) – wenn die zu zeigenden Emotionen nicht mit der aktuellen tatsächlichen Gefühlslage übereinstimmen – als Quelle von Stress. Hochschild fand in ihren qualitativen Untersuchungen bei Flugbegleiterinnen darüber hinaus, dass Emotionsarbeit mit negativen Effekten wie Substanzmissbrauch, Kopfschmerzen oder Absentismus verbunden war.

Folge als
Emotionsarbeit

Abbildung 13: Emotionsarbeit: Beim Lächeln nicht schwächeln! (© mangostock – Fotolia.com)

Der überwiegende Teil der späteren arbeitspsychologischen Untersuchungen zu Emotionsarbeit bezieht sich auf Hochschild und deren Definition von Emotionsarbeit und behandelt z. B. die gesundheitlichen Auswirkungen von Emotionsarbeit sowie den Umgang mit bzw. die Bewältigung von Emotionsarbeit, auch im Hinblick auf die Arbeitsleistung. Daneben werden mögliche Zusammenhänge zwischen Persönlichkeitsfaktoren und Emotionsarbeit sowie die Bereiche Kundenorientierung und Dienstleistungsklima in Verbindung mit Emotionsarbeit untersucht.

Obgleich sich das Thema der Emotionen im beruflichen Kontext aktuell großer Beliebtheit erfreut, hat die arbeitspsychologische Stress- und Belastungsforschung soziale und emotionale Belastungen lange Zeit größtenteils vernachlässigt und Empfindungen wie beispielsweise Angst, Ärger, Frustration oder Zufriedenheit lediglich als abhängige Variable, nicht jedoch Emotion selbst als Stressor betrachtet (Rastetter, 1999; Zapf et al., 2000). Gerade bei den meisten Arbeitsaufgaben im Dienstleistungssektor ist aber nicht nur die Regulation von Kognitionen, sondern auch der Umgang mit und die Regulation von Emotionen eine wesentliche Arbeitsanforderung, z. B. das Zeigen persönlicher Zuwendung (Zapf et al., 2000; Zapf, Isic, Fischbach & Dormann, 2003). Insofern ist durch die Beschäftigung mit dem Thema Emotionsarbeit auch ein Perspektivwechsel erfolgt, nämlich, Emotionen auch als unabhängige Variable zu betrachten, deren (erfolgreiche) Regulation die Auswirkungen der Arbeitsanforderungen beeinflusst.

Emotionen als unabhängige Variable

3.2   Begriffsbestimmung

Definition Emotionsarbeit

Nach Hochschild (2006) ist Emotionsarbeit im beruflichen Bereich definiert als bezahlte Arbeit, bei der eine Regulation der eigenen Gefühle erforderlich ist, um nach außen in Stimme, Mimik und Gestik ein bestimmtes Gefühl zu vermitteln, unabhängig davon, ob dies mit der inneren Einstellung im Einklang steht.

Emotionsregulation im Dienstleistungs- bereich

Wie oben bereits erwähnt, ist das Regulieren von Emotionen wesentlicher Bestandteil in den Berufsrollen der meisten Dienstleistungsbereiche. Stellen Sie sich beispielsweise eine Erzieherin vor, die sich gegenüber den betreuten Kindern und ihren Eltern ohne jegliche Einfühlsamkeit oder Freundlichkeit verhält und völlig mechanisch lediglich die entsprechenden Arbeitsschritte abarbeitet. Zweifelsohne würde das so erreichte Arbeitsergebnis nicht den Erwartungen der Beteiligten entsprechen: „Wenn man krank ist, dann erwartet man, dass die Krankenschwester von einem nicht als ‚die Leber auf Zimmer 223' spricht und stumm irgendwelche Verrichtungen am Patienten vornimmt. Vielmehr besteht die Erwartung, einfühlsam behandelt zu werden, dass die Schwester Verständnis zeigt und vielleicht auch einmal ein paar freundliche aufmunternde Worte für den Patienten hat" (Zapf et al., 2000, S. 101). In vielen Dienstleistungsberufen besteht eine wesentliche Arbeitsanforderung darin, in anderen Menschen (positive) Gefühlszustände zu erzeugen, was dadurch erreicht werden soll, dass selbst positive Emotionen gezeigt, vielleicht sogar selbst empfunden werden. Allerdings können die emotionalen Anforderungen an die Beschäftigten je nach beruflichem Bereich sehr unterschiedlich und vielfältig sein, z. B. sind die Anforderungen an das Kabinenpersonal im Umgang mit Fluggästen sicherlich andere als die emotionalen Anforderungen an das Pflegepersonal bei der Betreuung älterer Menschen oder an Gerichtsvollzieherinnen im Kontakt mit ihren Klientinnen.

3.3   Dimensionen der Emotionsarbeit

In ihren Studien betrachtete Hochschild Emotionsarbeit als unidimensionales Konstrukt. Hier war im Wesentlichen die Häufigkeit der Emotionsarbeit, also die Anzahl an Kundenkontakten eines Dienstleisters, entscheidend. Je stärker die Ausprägung der Emotionsarbeit, desto negativer seien auch die gesundheitlichen Konsequenzen für den Beschäftigten. Studien konnten diesen eindeutigen negativen Zusammenhang jedoch nicht bestätigen. Vielmehr konnten sowohl positive als auch negative Effekte von Emotionsarbeit nachgewiesen werden. Dies legt schon nahe, dass ein differenzierteres Konzept für ein umfassendes Verständnis von Emotionsarbeit notwendig erscheint (vgl. Zapf et al., 2003; Zapf, 2002;

Ein mehrdimensionales Konstrukt

Lord, Klimosi & Kanfer, 2002). Morris und Feldman (1996) legen in ihrer Konzeption den Fokus auf die Interaktion zwischen Arbeitnehmer und Kunden und definieren Emotionsarbeit als die Anstrengung, Planung und Kontrolle, die nötig ist, um die vom Unternehmen gewünschten Emotionen während einer zwischenmenschlichen Transaktion auszudrücken (S. 987), und schlagen vor, vier verschiedene Aspekte von Emotionsarbeit zu unterscheiden: die Häufigkeit der Interaktionen und damit von regulierten Gefühlsausdrücken, die Aufmerksamkeit auf die vorgeschriebenen Ausdrucksregeln, die Vielfalt der vorgeschriebenen zu zeigenden Emotionen sowie emotionale Dissonanz (vgl. Abb. 14).

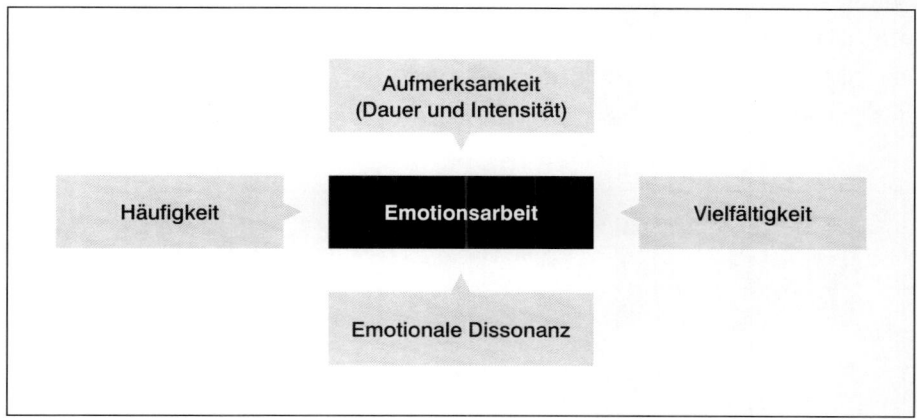

Abbildung 14: Dimensionen von Emotionsarbeit nach Morris und Feldman (1996)

Neben diesem und ähnlichen Ansätzen (z. B. Kruml & Geddes, 2000), bei denen der Fokus auf die Emotionsregulation im Arbeitsprozess gerichtet ist, wird in der arbeitspsychologischen Forschung von der Frankfurter Arbeitsgruppe um Zapf häufig auf die an der Handlungsregulationstheorie (z. B. Hacker, 1998) orientierte Sichtweise von Emotionsarbeit verwiesen. Aufbauend auf die Arbeiten von Hochschild (2006) und Morris und Feldman (1996) unterscheiden Zapf (2002) und Zapf et al. (2003) mit Bezug auf Hacker (z. B. 1999, 2005) drei Bereiche der Emotionsarbeit: Regulationsprobleme (emotionale Dissonanz), Regulationsanforderungen und Regulationsmöglichkeiten (vgl. Abb. 15).

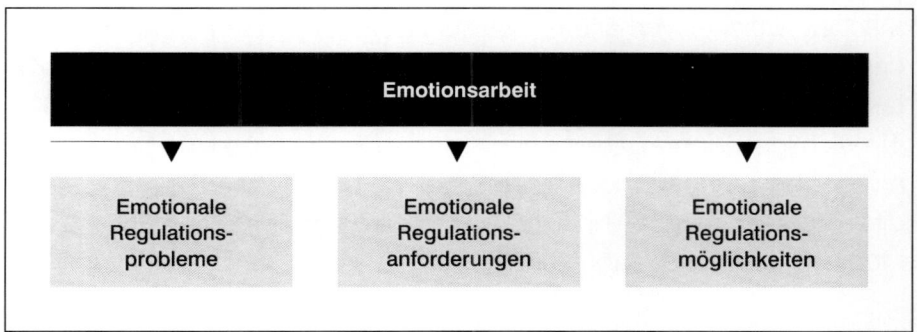

Abbildung 15: Emotionsarbeit aus handlungstheoretischer Sicht
(vgl. Zapf, Isic, Fischbach & Dormann, 2003)

Nach dieser handlungstheoretischen Sichtweise, die Ihnen aus Kapitel 3 des Fernlehrbriefs „Arbeits- und Organisationspsychologie I" bekannt sein dürfte, wird Emotionsarbeit als Bestandteil des Arbeitshandelns betrachtet – die arbeitenden Personen setzen sich mit den aus der Arbeitsaufgabe resultierenden Anforderungen aktiv auseinander und „regulieren" ihr Handeln – es werden Ziele gesetzt, Handlungsschritte geplant und bei Schwierigkeiten geändert. Der Vorteil dieses Ansatzes liegt darin, dass dadurch nicht nur negative, sondern auch positive Auswirkungen von Emotionsarbeit erklärt werden können (vgl. Krause, Philipp, Bader & Schüpbach, 2008).

In ihrer Konzeption von Emotionsarbeit nennen die Autorinnen um Zapf verschiedene Aspekte von Emotionsarbeit, die bei der Regulation der emotionalen Anforderungen sowie bei den emotionalen Regulationsmöglichkeiten und -problemen eine Rolle spielen (vgl. Abb. 16), die im Folgenden ausführlicher dargestellt werden sollen.

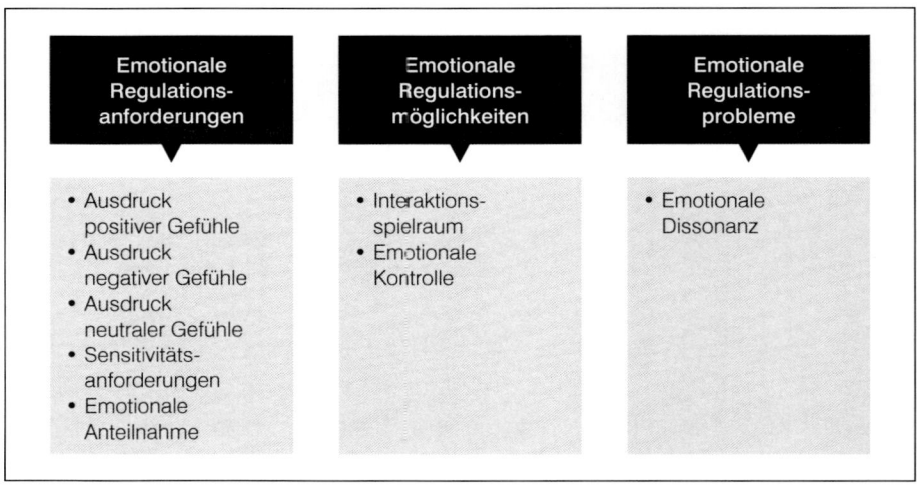

Abbildung 16: Zuordnung der Emotionsarbeitsdimensionen zu den handlungsregulatorischen Arbeitsmerkmalen (vgl. Zapf et al., 2003)

Regulations-
anforderung

Zunächst gehen wir auf Regulationsanforderungen bei der Emotionsarbeit ein, die vornehmlich auf den sogenannten „Darbietungsregeln" (display rules; Goffman, 1959) des Unternehmens beruhen. Solche vom Unternehmen mehr oder minder explizit vorgegebenen Regeln sollen deutlich machen, welches Verhalten erwünscht ist (z. B. Lächeln, wenn ein Kunde den Laden betritt) und welches nicht. Durch solche Regeln im Kundenkontakt definiert sich auch die Rolle des Dienstleisters (vgl. Nerdinger, 1994). Ein wichtiger Aspekt ist hier insbesondere die Häufigkeit (und Variabilität), mit der bestimmte Emotionen gezeigt werden müssen, die sozusagen die „Basisdimension" von Emotionsarbeit darstellen (Zapf, Vogt, Seifert, Mertini & Isic, 1999; Zapf, 2002).

Aufgrund der unterschiedlichen Anforderungen verschiedener Berufe in Bezug auf die auszudrückenden Emotionen hat die Arbeitsgruppe um

Zapf zwischen dem Ausdruck positiver (z. B. Freude) und negativer (z. B. Ärger) Emotionen sowie von Neutralität, was z. B. im beruflichen Alltag von Polizistinnen oder auch Schiedsrichterinnen notwendig ist, und Anteilnahme unterschieden. In verschiedenen beruflichen Bereichen werden unterschiedliche Emotionen gefordert. Beispielsweise ist es für Erzieher im Umgang mit den Kindern auch notwendig, zuweilen negative Emotionen, wie z. B. Ärger, auszudrücken. Entsprechend ist die Anforderung, negative Emotionen auszudrücken, daher auch nicht unbedingt negativ zu bewerten und hat, so die Ergebnisse der Studie von Zapf et al. (2000), nur wenig negative gesundheitliche Folgen. In anderen beruflichen Bereichen, wie z. B. in der Call-Center- oder Hotelbranche würde das Ausdrücken negativer Emotionen den Interaktionspartner wahrscheinlich verstört zurücklassen und eher als Zeichen misslungener Interaktion gewertet werden. Nach Zapf et al. (2000) hängt das Ausdrücken negativer Emotionen in diesen beruflichen Bereichen auch mit negativen gesundheitlichen Folgen zusammen.

Positive, negative und neutrale Emotionen

Zusätzlich wird als weitere Regulationsanforderung von den Autoren die Notwendigkeit der Erkennung von Gefühlen des Interaktionspartners, die sogenannte Sensitivitätsanforderung, aufgeführt. Diese sensitive Wahrnehmung ist die Voraussetzung für die eigene emotionale Reaktion, welche nachweislich wiederum Einfluss auf den Gefühlszustand des Interaktionspartners nimmt (z. B. Côté, 2005; Kruml & Geddes, 2000). Auf dieser Grundlage kann eine geeignete Strategie gewählt werden mit dem Kunden umzugehen und die Interaktion auf beiden Seiten zufriedenstellend durchzuführen.

Sensitivitätsanforderung

Ein Instrument zur Erfassung von Emotionsarbeit wurde von Zapf und Mitarbeitern entwickelt: die Frankfurter Skalen zur Emotionsarbeit (Frankfurt Emotion Work Scales, FEWS). Um Ihnen die aufgeführten Aspekte zu verdeutlichen, sind in Tabelle 5 einige Items aus den FEWS (Zapf et al., 1999; 2003) aufgeführt.

Kommen wir zu einer weiteren Dimension der Emotionsarbeit, den Regulationsmöglichkeiten. Nach Zapf et al. (2003) beziehen sich diese zum einen auf das Ausmaß, die Abläufe bei der Kundeninteraktion kontrollieren zu können, den sogenannten Interaktionsspielraum. Zum anderen spielt die emotionsbezogene Kontrolle des Beschäftigten als Regulationsmöglichkeit eine Rolle, also das Ausmaß, inwiefern die zu zeigenden Gefühle vorgeschrieben sind oder selbst darüber entschieden werden kann.

Ressourcen der Emotionsarbeit

Die letzte Dimension von Emotionsarbeit betrifft Regulationsprobleme bzw. die emotionale Dissonanz. Emotionale Dissonanz beschreibt einen Zustand, in dem die arbeitende Person eine Diskrepanz zwischen den zur Aufgabenerfüllung eigentlich notwendigen bzw. vom Unternehmen geforderten Emotionen und ihren eigenen Gefühlen erlebt (Nerdinger & Röper, 1999; Zapf et al., 1999). Entsprechend betonen verschiedene Auto-

Emotionale
Dissonanz als
Stressor

ren, dass Emotionsarbeit für die vom Unternehmen erwartete, erfolgreiche Aufgabenerledigung zwar nützlich und notwendig ist, aber insbesondere die emotionale Dissonanz – als wesentlicher belastender Aspekt – negative Auswirkungen auf das Befinden haben kann: Demzufolge ist der für die Gesundheit kritische Faktor das häufige Erleben emotionaler Dissonanz, das insbesondere zum Unterdrücken von Gefühlen führt. Dabei hat Emotionsunterdrückung offensichtlich nicht nur Auswirkungen auf das Befinden der arbeitenden Person, sondern auch auf deren Leistungsfähigkeit (Butler et al., 2003). Kognitive „Kosten" der Emotionsunterdrückung sind z. B. das erschwerte Aufnehmen und Speichern von Informationen und führen damit zu gesenkter Responsivität, wodurch wiederum die Qualität in sozialen Interaktionen beeinträchtigt wird (vgl. Krause et al., 2008). Emotionale Dissonanz bezieht sich allerdings zunächst erst einmal darauf, dass das Individuum subjektiv gewisse Diskrepanzen erlebt. Wie mit diesen Diskrepanzen in der Folge konkret umgegangen werden kann bzw. welche Strategien verwendet werden können, lernen Sie im fo genden Kapitel 3.4 kennen.

Tabelle 3: Regulationsanforderungen und Itembeispiele aus den FEWS
(vgl. auch Zapf et al., 2003)

Regulationsanforderung	Beispielitem
Ausdruck positiver Gefühle	Kommt es bei Ihrer Tätigkeit vor, dass Sie angenehme Gefühle gegenüber Kunden zum Ausdruck bringen müssen?
Ausdruck negativer Gefühle, Umgang mit negativen Gefühlen	Kommt es bei Ihrer Tätigkeit vor, dass Sie unangenehme Gefühle gegenüber Kunden zum Ausdruck bringen müssen?
Ausdruck von Anteilnahme (Ausdruck von positiven Gefühlen in einer für den Interaktionspartner negativen Situation)	Kommt es bei Ihrer Tätigkeit vor, dass Sie Mitgefühl zum Ausdruck bringen müssen?
Sensitivitätsanforderungen (Wahrnehmung von Gefühlen anderer)	Ist es für Ihre Tätigkeit von Bedeutung zu wissen, wie sich Kunden momentan fühlen?
Ausdruck von Neutralität (weder positive noch negative Gefühle)	Kommt es bei Ihrer Tätigkeit vor, dass Sie keine Gefühle ausdrücken, um nach außen hin neutral zu erscheinen?

3.4   Strategien der Emotionsregulation

Die in Kapitel 3.3 dargestellten emotionalen Anforderungen im beruflichen Bereich führen nach Zapf (2002; Zapf et al., 2003) zum Einsatz verschiedener Formen bzw. Strategien der Emotionsregulation.

Beispiel

Denken Sie an Fabian im Café Carpe Diem. Fabian versucht regelmäßig, aufkommenden Ärger im Kontakt mit einem unzufriedenen oder aggressiven Gast einfach zu unterdrücken. Auch versucht er beständig, sich in die Rolle der verärgerten Kundinnen hineinzuversetzen, um keine negativen Emotionen bei sich entstehen zu lassen.

Zapf et al. (2003) unterscheiden vier Kategorien emotionaler Regulationsprozesse:

- Oberflächenhandeln („surface acting"),
- Tiefenhandeln („deep acting"),
- emotionale Devianz,
- automatische Emotionsregulation.

Insbesondere die Strategien des Oberflächen- und Tiefenhandelns, denen sich auch Hochschild (1983) bereits in ihren Untersuchungen gewidmet hat, sind in der bisherigen arbeitspsychologischen Forschung zu Emotionsarbeit berücksichtigt worden.

Das „Oberflächenhandeln" bezieht sich auf die äußere Darstellung von Emotionen. Lediglich der Gefühlsausdruck wird hier den Normen angepasst, nicht die gefühlte Emotion – es handelt sich also um ein rein körperliches und gestisches Verhalten, das modifiziert wird. Wenn Ausdruck und Gefühl divergieren, also bei emotionaler Dissonanz, verhält sich der Akteur gemäß den Darbietungsregeln des Unternehmens freundlich, obwohl dieses Verhalten nicht seine Emotionen widerspiegelt.

Oberflächenhandeln

„Tiefenhandeln" hingegen verläuft von „innen nach außen" und bezieht sich auf die Modifikation der Emotionen selbst (vgl. Rastetter, 1999, S. 375). Es wird also versucht, die erforderlichen Gefühle tatsächlich zu empfinden oder eine schwierige Situation anders zu bewerten, so wie es Fabian im obigen Beispiel tut. Durch dieses mentale, imaginative Handeln werden gewünschte Gefühle hervorgerufen; es wird versucht, inneres und äußeres Gefühl in Einklang zu bringen: Fabian versetzt sich in die Lage seiner Kundin, um ihre Gefühlslage nachzuvollziehen und angemessen darauf zu reagieren. Tiefenhandeln bedarf bestimmter, vor allem kognitiver und körperlicher Techniken, mit deren Hilfe die passenden Gefühle hergestellt werden können, z. B. Entspannungsmethoden und Konzentrationstechniken, die auf die zu erreichenden Ziele und Bedürfnisse des Kunden abzielen.

Tiefenhandeln

Bei „emotionaler Devianz" wird das seitens der Organisation erwartete bzw. erwünschte Gefühl nicht gezeigt – beispielsweise bewusst, weil die arbeitende Person die Darbietungsregeln des Unternehmens nicht anerkennt, oder unabsichtlich, weil die Person emotional zu erschöpft ist. Erwartete und gezeigte Emotionen weichen also voneinander ab. Dies

Emotionale Devianz

beinhaltet nicht nur das Ausbleiben bestimmter zu zeigender Gefühle, sondern auch, dass Emotionen gezeigt werden, die seitens des Unternehmens sogar unerwünscht sind, z. B. ein Wutausbruch von Fabian im Kundenkontakt, was wiederum zu Sanktionen führen kann.

Neben den genannten Prozessen können sich der Situationsanforderung entsprechende Gefühle auch von selbst einstellen. In diesem Falle besteht sozusagen „emotionale Harmonie", ohne dass sonderlich investiert werden müsste; handlungstheoretisch betrachtet wäre diese Strategie auf der sensumotorischen Regulationsebene anzusiedeln. Hochschild (1983) spricht hier von „passivem Tiefenhandeln", Zapf (2002) von „automatischer Emotionsregulation". Entsprechend ist aber auch zu hinterfragen, ob der Begriff Emotionsarbeit hier überhaupt geeignet ist (Nerdinger, 1994).

3.5   Befunde zum beruflichen Umgang mit Emotionen

Auswirkungen emotionaler Dissonanz

Hinsichtlich der Auswirkungen von Emotionsarbeit zeigen sich unterschiedliche Ergebnisse. Wie bereits oben verdeutlicht, konnte die von Hochschild (1983) postulierte einfache Beziehung zwischen der Häufigkeit geleisteter Emotionsarbeit und negativen gesundheitlichen Folgen in empirischen Studien nicht bestätigt werden. Zum einen zeigen verschiedene Studien sowohl negative als auch positive Auswirkungen, die mit Emotionsarbeit einhergehen (zusammenfassend Zapf, 2002). Zum anderen ist nicht die Anforderung, bestimmte Emotionen zu zeigen, per se schädlich. Vielmehr konnte die erlebte emotionale Dissonanz als relevanteste Größe in Verbindung von Emotionsarbeit und negativen gesundheitlichen Konsequenzen identifiziert werden. Gut belegt ist beispielsweise der Zusammenhang zwischen emotionaler Dissonanz und verschiedenen Komponenten von Burnout, wie emotionaler Erschöpfung oder Depersonalisation (Zapf et al., 2000; Zapf & Holz, 2006). Im Folgenden werden einige Erklärungsansätze dargestellt: Aus Sicht sozialer Interaktionen zwischen Sender und Empfänger (vgl. Côté, 2005) ist es Ziel der beschäftigten Person, verschiedene Signale zu kodieren und zu dekodieren, um durch den bewussten Einsatz von Emotionen bestimmte Reaktionen hervorzurufen. Die Art des Sendens beeinflusst allerdings auch die Reaktion des Empfängers. Entsprechend einer solchen Feedbackschleife und einem permanenten Abgleich stellen emotionale Dissonanzen hier einen sensitiven Indikator für unangenehme bzw. stressende Interaktionen dar (Côté, 2005, S. 525). Einen weiteren Erklärungsansatz liefern Gross und Kollegen auf Grundlage ihrer Emotionsregulationstheorie (vgl. Gross & Levenson, 1993; Gross, 2001), die davon ausgeht, dass die Regulation von Emotionen – wie alle Prozesse der Selbstregulation – unweigerlich mit psychischen Kosten verbunden ist.

Bisherige empirische Befunde lassen vermuten, dass die bereits erwähnten Strategien der Emotionsregulation, das Oberflächenhandeln bzw. Tiefenhandeln, sich unterschiedlich auf die erlebte emotionale Dissonanz auswirken (Brotheridge & Grandey, 2002; Glomb & Tews, 2004). Dabei steht offensichtlich vor allem das Oberflächenhandeln in engem Zusammenhang mit negativen Auswirkungen der Emotionsarbeit (Zapf, 2002; Zapf & Holz, 2006).

Die Strategie des Tiefenhandelns wird von Zapf, Vogt et al. (1999) als effektive Strategie im Umgang mit emotionaler Dissonanz als beruflichem Stressor angesehen. In Anlehnung an die Arbeiten von Hochschild weist Rastetter (1999) allerdings auch auf Risiken durch das Tiefenhandeln hin: Der ständige Eingriff in die eigene Gefühlswelt aufgrund äußerer Regeln könne zu einer Entfremdung von den eigenen Emotionen führen, so dass der Betroffene Schwierigkeiten hat, zwischen den immanenten und konstruierten Empfindungen zu unterscheiden: „Ich weiß irgendwann nicht mehr, welches meine wirklichen und welches meine manipulierten Gefühle sind" (S. 376). Diese Vermutung Hochschilds ließ sich empirisch jedoch nicht bestätigen (vgl. Nerdinger et al., 2008). Entsprechend stehen verschiedene Autoren (z. B. Nerdinger, 1994; Nerdinger & Röper, 1999) dieser möglichen Gefahr der Entfremdung kritisch gegenüber und verweisen sogar auf positive Auswirkungen, wie das Gefühl erhöhter Selbstwirksamkeit, die die erlebten Veränderungen beim Betroffenen auslösen können.

> Gefahr der Entfremdung eigener Emotionen

Ein weiterer wesentlicher Faktor, der (negative) Auswirkungen von Emotionsarbeit mitbestimmt, ist das Ausmaß des wahrgenommenen Handlungsspielraums: Zum Beispiel zeigten Grandey, Fisk und Steiner (2005) in ihren Studien, dass bei einem hohen Handlungsspielraum in der Tätigkeit kein Zusammenhang zwischen der Häufigkeit von Emotionsarbeit und Burnout nachgewiesen werden konnte. Aus solchen Erkenntnissen lässt sich bereits ableiten, dass das Verhalten von Führungskräften, die auch Einflussmöglichkeiten auf den Handlungsspielraum ihrer Mitarbeiter haben, von großer Wichtigkeit für die Folgen von Emotionsarbeit sein kann.

Ein weiterer entscheidender Parameter für die Bewertung von emotionalen Dissonanzen scheint die Identifikation mit der beruflichen Rolle zu sein (Rastetter, 2008). Hier scheint das Maß an Identifikation entscheidend zu sein: Da durch Identifikation Rollenkonflikte aufgelöst werden, verringern sich emotionale Dissonanzen. Ein zu hohes Maß an Identifikation mit der beruflichen Rolle ist jedoch mit der Gefahr verbunden, ein zu hohes Commitment oder zu großen Idealismus zu zeigen – was wiederum zu Burnout führen kann. Dazu passend konnten Zapf und Holz (2006) in ihren Untersuchungen einen direkten, positiven Zusammenhang zwischen Sensitivitätsanforderungen und persönlichem Kompetenzgefühl nachweisen. Allerdings führten in derselben Studie hohe Sensitivitätsanforderungen aber auch zu emotionaler Erschöpfung.

> Identifikation mit der beruflichen Rolle

Insgesamt lässt sich also festhalten, dass die Anforderung, bestimmte Emotionen auszudrücken, nicht notwendigerweise mit negativen Konsequenzen verbunden sein muss, sondern durchaus auch positive Auswirkungen auf die psychische Gesundheit und Leistung haben kann. Eine wesentliche Voraussetzung dafür ist allerdings, dass die beruflichen Anforderungen den persönlichen Fähigkeiten angemessen sind und diese nicht überschreiten (Zapf et al., 2000; Zapf & Holz, 2006; Côté & Morgan, 2002).

3.6 Entwicklungsbedarfe

Das vorgestellte arbeitspsychologische Modell zur Emotionsarbeit von Zapf et al. integriert verschiedene Ansätze und nimmt dabei eine handlungstheoretische Sichtweise ein, die Emotionsregulation als Teil des Arbeitshandelns versteht. Dadurch können nicht nur negative, sondern auch positive Auswirkungen erklärt werden (vgl. Krause et al., 2008). Allerdings besteht hier noch weiterer Entwicklungs- und Forschungsbedarf. Unter anderem mangelt es an einer klaren Unterscheidbarkeit von emotionaler Dissonanz als Regulationsproblem und Zustand und Oberflächenhandeln als Strategie der Emotionsregulation, vor allem, wenn diese Konstrukte in Studien getrennt erhoben werden sollen. Weiterer Entwicklungsbedarf besteht darin, Oberflächenhandeln empirisch danach zu unterscheiden, ob die Simulation von Emotionen aus Sicht des Dienstleistungserbringers als sinnhaft erlebt wird und einem guten Zweck dient („faking in good faith"), oder ob diese Person die Darbietungsregeln für bestimmte Emotionen innerlich ablehnt („faking in bad faith"; Zapf, 2002).

Faking in good faith

Faking in bad faith

Zusammenfassung

In diesem Kapitel behandelten wir Emotionen bei der Arbeit. Sie bilden einen originären Bestandteil organisationalen Verhaltens und beruflicher Interaktionen. Seit den richtungsweisenden Studien von Hochschild (1983) erfuhr das Konzept der Emotionsarbeit eine wesentliche theoretische Weiterentwicklung und wurde in zahlreichen Studien z. B. hinsichtlich der Dimensionalität bzw. der mit Emotionsarbeit verbundenen Auswirkungen empirisch überprüft. Ein Ziel des Kapitels war es, dieses komplexere Verständnis von Emotionsarbeit mit seinen verschiedenen Dimensionen darzustellen. Dabei wurde Emotionsarbeit in einen handlungstheoretischen Kontext gebracht und durch die drei Bereiche emotionale Regulationsanforderungen, emotionale Regulationsmöglichkeiten und emotionale Regulationsprobleme erklärt. Darauf aufbauend wurde dargestellt, welche Strategien im Umgang mit emotionaler Dissonanz verwendet werden. Ferner wurden mögliche langfristige Auswirkungen vom Umgang mit Emotion im beruflichen Kontext dargestellt und entgegen der häufig formulierten Meinung, die Häufigkeit geleisteter Emotionsarbeit stehe in einfacher Beziehung zu den negativen Beanspruchungsfolgen, in Bezug auf die verschiedenen Handlungsmöglichkeiten differenzierter dargestellt.

Hochschild, A. (1990). Das gekaufte Herz. *Zur Kommerzialisierung der Gefühle.* Frankfurt am Main: Campus.

Nerdinger, F. W., Blickle, G. & Schaper, N. (2008). *Arbeits- und Organisationspsychologie* (S. 557–569). Berlin: Springer.

Zapf, D., Isic, A., Fischbach, A. & Dormann, C. (2003). Emotionsarbeit in Dienstleistungsberufen. Das Konzept und seine Implikationen für die Personal- und Organisationsentwicklung. In K. C. Hamborg & H. Holling (Hrsg.), *Innovative Personal- und Organisationsentwicklung* (S. 266–288). Göttingen: Hogrefe.

**Weiterführende
Literatur**

Reflexionsaufgaben

1. Definieren Sie Emotionsarbeit und überlegen Sie, in welchen Berufen dies besonders gefordert wird.
2. Was wird an dem Konzept von Emotionsarbeit nach Hochschild bemängelt?
3. Erläutern Sie die an der Handlungsregulationstheorie orientierte Sichtweise von der Emotionsarbeit.
4. Erläutern Sie die Unterscheidung zwischen „faking in good faith" und „faking in bad faith".

Kapitel 4
Work-Life-Balance

Henning Staar und Eva Bamberg

Inhaltsübersicht

4.1   Einleitung

Gerade in den letzten Jahren hat in der Diskussion um Arbeit und Gesundheit das Thema **Work-Life-Balance** (WLB) zunehmend an Aufmerksamkeit gewonnen (Resch & Bamberg, 2005). Die gegenwärtige
Popularität legt zumindest eine Internetabfrage des Suchbegriffs „Work-
Life-Balance" am 17. September 2009 nahe: Sie ergab beeindruckende
51 500 000 Eintragungen (im Jahr 2005 „nur" 31,6 Mio. Treffer; Ulich, 2005).
Demgegenüber ist allerdings festzuhalten – und ein Großteil der aktuellen
Publikationen zu WLB leitet mit dieser Feststellung ein –, dass die Popularität des Themas dabei in keinerlei Beziehung zur Eindeutigkeit des Begriffs

Uneinheitliche
Definition

steht (Resch & Bamberg, 2005). Dies liegt sicherlich nicht zuletzt daran,
dass der Zugang zum Themengebiet WLB über diverse wissenschaftliche
Disziplinen gewährt wird, die eine Vielzahl unterschiedlicher Fragestellungen in Bezug auf Qualität und Verhältnis verschiedener Arbeits- und
Lebensbereiche diskutieren (Schobert, 2007). So werden unter diesem
populär gewordenen Schlagwort unter anderem die Zusammenhänge von
Erwerbsarbeit und Privatleben sowie die Auswirkungen unterschiedlicher
Rollen, die innerhalb dieser Domänen eingenommen werden, untersucht
sowie Fragen zur Abgrenzung, Koordination und Integration verschiedener
Lebensbereiche diskutiert (Resch & Bamberg, 2005). Zur Komplexität
des Themas trägt zusätzlich bei, dass sich vielfältige Formen der Arbeit
auch außerhalb der Erwerbstätigkeit finden lassen – welche ebenfalls in
die WLB-Diskussion einbezogen werden – aus diesem Grund schlägt
Ulich (2007) auch alternativ den Begriff der „Life-Domain-Balance" vor.

4.2   Ansätze in der psychologischen Forschung

Die Auseinandersetzung mit den Folgen der Erwerbsarbeit für die anderen Lebensbereiche der Beschäftigten und deren Familien sowie die
Unterordnung der übrigen Lebensbereiche unter die Erwerbsarbeit hat
eine lange Tradition (Resch & Bamberg, 2005). Auch in der arbeits- und
organisationspsychologischen Forschung werden seit einigen Jahren
verschiedene Modelle und Konzepte zu WLB diskutiert. Im Folgenden
lernen Sie einige dieser Ansätze kennen, die als Teile einer möglichen
arbeitspsychologischen Perspektive innerhalb des Themenbereichs WLB
anzusehen sind.

Ein in der Arbeits- und Organisationspsychologie wesentlicher For-
schungsbereich zum Thema WLB widmet sich der Untersuchung zum
Verhältnis von Arbeit und Freizeit sowie Arbeit und Familie. Gerade im
WLB-Kontext trifft sich diese Forschungstradition mit rollen- bzw. stress-
und ressourcentheoretisch fundierten Konzepten, die derzeit vor allem in
der angelsächsischen Forschung dominieren. Aus arbeitspsychologischer
Perspektive spielen daneben noch tätigkeitsregulative Ansätze eine Rolle,

zu denen im Wesentlichen die Arbeitszeitforschung sowie die Analyse der Qualität von Tätigkeiten zählen. Weiterhin soll auf biografieorientierte bzw. entwicklungsregulative Modelle und Konzepte eingegangen werden, die sich durch die Untersuchung von beruflichen Laufbahnen und Biografien den längerfristigen Prozessen der WLB widmen (vgl. Wiese, 2007).

4.2.1 Arbeit, Freizeit und Familie

Die Untersuchung von Arbeit und Freizeit bzw. Familie hat bereits eine langjährige Forschungstradition. Vor allem in frühen Arbeiten zum Thema galt das Interesse im Wesentlichen den Folgen der Erwerbsarbeit für die Familie oder Freizeit – wobei im Wesentlichen die Erwerbsarbeit als zentrale Kategorie betrachtet wurde, die anderen Lebensbereiche hingegen nicht näher beschrieben oder definiert wurden. Entsprechend wurde weniger thematisiert, dass auch in den anderen Lebensbereichen verschiedene Anforderungen und Verpflichtungen bestehen können. Verschiedene Modelle über mögliche Beziehungen zwischen Arbeitstätigkeiten und Freizeitverhalten wurden entwickelt, die sich auch in aktuellen Publikationen zu WLB finden lassen.

Fokus auf der Erwerbsarbeit

Modellvorstellungen über mögliche Beziehungen zwischen Arbeitstätigkeiten und Freizeitverhalten (vgl. Ulich, 2005, S. 502)

- **Neutralitätshypothese**: Erlebens- und Verhaltensweisen in Arbeit und Freizeit hängen nicht miteinander zusammen.
- **Kompensationshypothese**: Erlebens- und Verhaltensweisen in der Arbeitstätigkeit beeinflussen das Erleben und Verhalten in der Freizeit oder umgekehrt, wobei eine ausgleichende Wirkung angenommen wird.
- **Generalisationshypothese**: Erlebens- und Verhaltensweisen in der Arbeitstätigkeit beeinflussen das Erleben und Verhalten in der Freizeit oder umgekehrt, wobei eine verstärkende Wirkung angenommen wird.
- **Interaktionshypothese**: Erlebens- und Verhaltensweisen in der Arbeitstätigkeit beeinflussen das Erleben und Verhalten in der Freizeit und umgekehrt.
- **Kongruenzhypothese**: Die Gemeinsamkeiten, die Erlebens- und Verhaltensweisen in Arbeit und Freizeit aufweisen, sind auf Drittvariablen zurückzuführen.

Zur Gültigkeit der oben dargestellten Modelle ist Folgendes festzuhalten: Eine völlige Unabhängigkeit der Lebensbereiche, wie es die Neutralitätshypothese postuliert, wird mittlerweile als unzulässig zurückgewiesen. Es erscheint wenig sinnvoll, sich den Menschen als Chamäleon vorzustellen, der sich vollkommen von einem „Arbeitsmenschen" in einen „Freizeitmenschen" verwandeln lässt (vgl. Hoff, 1986). Allerdings bedeutet dies nicht, dass Ziele in verschiedenen Lebensbereichen nicht unabhängig

Neutralitätshypothese unzulässig

voneinander entwickelt und verfolgt werden können. Auf eine solche subjektive Segmentation der Lebensbereiche wird im Rahmen biografischer Verfahren weiter unten eingegangen. Zur Generalisations- und Kompensationshypothese ist festzustellen, dass diese einander nicht notwendigerweise ausschließen müssen – so kann eine Schneiderin ihre berufliche Tätigkeit in der Freizeit durchaus fortsetzen, indem sie sich am Wochenende mit dem Ändern und Verarbeiten eigener Kleidung beschäftigt. Gleichzeitig kann diese Tätigkeit aber auch insofern als kompensatorisch begriffen werden, als sie, im Gegensatz zur Fremdkontrolle am Arbeitsplatz, selbstbestimmt ist.

Erweiterung des Fokus

In Publikationen jüngeren Datums werden zunehmend die Wechselwirkungen zwischen verschiedenen Lebensbereichen betont, dies vor allem in Bezug auf die Bereiche Erwerbsarbeit und Familie. Auch in Ansätzen, die sich der Analyse von Be- und Entlastungsprozessen über den Tagesverlauf widmen (z. B. Rau, 1998), werden solche Wechselwirkungen einbezogen. Das heißt also, es steht nicht mehr nur die Erwerbsarbeit im Zentrum des Interesses, sondern die Belastungen, Anforderungen und Ressourcen aller Lebens- und Arbeitsbereiche werden in die Analysen einbezogen. Dies beinhaltet auch eine Erweiterung des Fokus möglicher Auswirkungen von Anforderungen auf das Umfeld des Erwerbstätigen: So werden in arbeitspsychologischen Studien seit den 1980er Jahren zunehmend auch die Familie und partnerschaftliche Bindungen berücksichtigt, z. B. in Bezug auf mögliche Übertragungseffekte (Crossover-Effekte) in der Partnerschaft. Insbesondere in Bezug auf solche Wechselwirkungen zwischen den Lebensbereichen trifft sich die Forschungstradition um das Verhältnis von Arbeit und Familie mit rollen- bzw. stress- und ressourcentheoretischen Konzepten, die im Kontext von Themen der WLB gerade in der angelsächsischen Forschung häufig aufgegriffen werden (z. B. Frone, 2003). Zwei aktuell prominente Konzepte mit stress- und ressourcentheoretischer Fundierung – Work-Family-Conflict und Work-Family-Facilitation – werden Sie in Kapitel 4.3 noch genauer kennenlernen. Neben den genannten Ansätzen kommt aus der arbeitspsychologischen Beanspruchungsforschung mit dem „Effort-Recovery-Modell" (Mejman & Mulder, 1998), das Sie ja bereits in Kapitel 2 kennengelernt haben, ein weiterer wichtiger Ansatz hinzu.

4.2.2 Tätigkeitsregulative Ansätze

Innerhalb der tätigkeitsregulativen Ansätze zu WLB wird der Fokus im Wesentlichen auf zwei Bereiche gelegt (vgl. Wiese, 2007):

- Erwerbsarbeitszeit- und Zeitbudgetforschung,
- Analyse der inhaltlichen Qualität von Tätigkeiten.

Die Beschäftigung mit der Chronologie und Chronometrie von Erwerbsarbeitszeit (Dauer und Lage von Erwerbsarbeitszeit; vgl. Kapitel 5) gehört zu einem traditionsreichen Themengebiet innerhalb der Arbeits- und Organisationspsychologie. Während sich frühere Arbeiten allerdings vor allem mit der Frage nach Grenzen der Arbeitszeit in Bezug auf Leistungsfähigkeit und Produktivität beschäftigten, wird in neueren Publikationen vor allem untersucht, welche Chancen und Risiken sich durch die aktuell immer relevanter werdenden flexiblen Arbeitszeitmodelle für Individuen bieten und wie Menschen mit diesen neuen Herausforderungen umgehen (vgl. Resch & Bamberg, 2005). Im Kontext der Diskussion um WLB und entgrenzte Arbeitssituationen wird erforscht, inwiefern Modelle wie Telearbeit oder Vertrauensarbeitszeit zu längeren Arbeitszeiten oder höherem Zeitdruck beitragen und insofern eine Balance zwischen Erwerbsarbeitszeit und restlicher Lebenszeit möglicherweise erschweren oder erleichtern.

Wirkung verschiedener Arbeitszeitgestaltungen

Verschiedene Autoren in der arbeitspsychologischen Forschung widmen sich der Analyse der objektiven und subjektiven Qualität von Tätigkeiten (z. B. Kastner, 2004; Fenzl & Resch, 2005). Kastner (2004) schlägt zur qualitativen Charakterisierung von Tätigkeiten folgende differenzierende Merkmale vor: investive vs. konsumptive Tätigkeiten, sinnvoll vs. sinnlos erlebte Tätigkeiten, motivierende vs. demotivierend empfundene Tätigkeiten (vgl. Abb. 17). In diesem Sinne definiert er WLB als „… den ‚gesunden' Ausgleich von investiven und konsumtiven Tätigkeiten, die sich im Idealfall beide im Bereich des lust- und sinnvollen, freiwilligen Handelns bewegen" (Kastner, 2004, S. 8).

Analyse der Qualität von Tätigkeiten

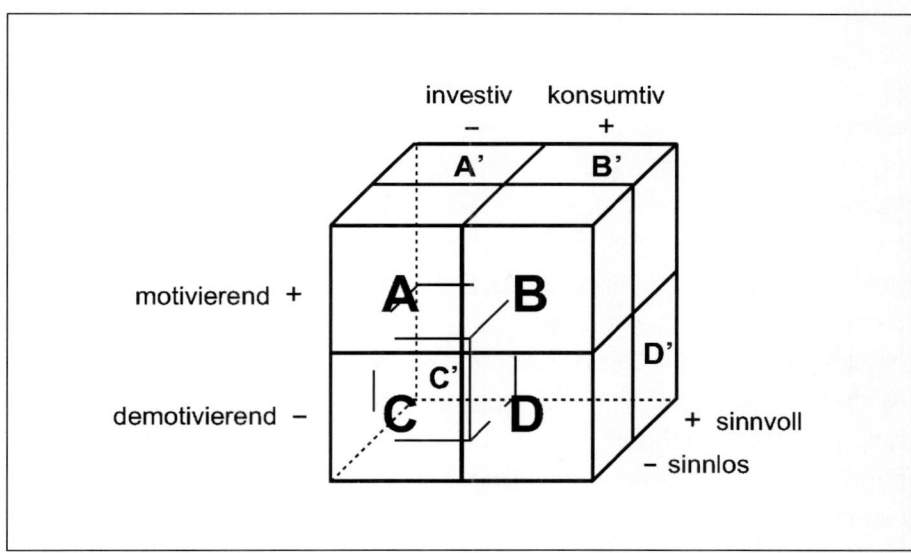

Abbildung 17: Qualitative Charakterisierung von Tätigkeiten (nach Kastner, 2004)

Aufgabe

Überlegen Sie sich, welche Tätigkeiten in Ihrem Leben den jeweiligen Ausprägungen auf den Dimensionen am ehesten entsprechen. (Könnte z. B. Ihr Engagement auf „Facebook" als investive, motivierende und sinnlose Tätigkeit bewertet werden?)

Koordinierbarkeit von Handlungen

Auf Grundlage handlungsregulat onstheoretischer Überlegungen widmen sich Fenzl und Resch (2005) in Bezug auf die Qualität von Tätigkeiten speziell dem Aspekt der Koordinierbarkeit verschiedener Lebensbereiche. Nach den Autorinnen wird diese von drei Tätigkeitsmerkmalen bestimmt:

- **Erhaltungsrelevanz** (je erhaltensrelevanter Tätigkeiten sind, d. h., dass durch sie notwendige Voraussetzungen für späteres Handeln geschaffen werden, desto weniger kann auf sie verzichtet werden),
- **zeitliche Gebundenheit** (Ausmaß an zeitlichem „Spielraum" zur Ausführung der Tätigkeit),
- **Eigendynamik** (je weniger über die zukünftigen Ausführungsbedingungen einer Tätigkeit bekannt ist, desto größer die Eigendynamik).

4.2.3   Berufliche Entwicklung und Lebenslauf

Das Verhältnis zwischen verschiedenen Arbeits- und Lebensbereichen wurde von jeher auch immer mit Blick auf den Lebenslauf und damit verbundene längerfristige Prozesse thematisiert. Arbeiten zu Lebensplänen, zur Berufswahl und beruflicher Entwicklung haben bereits eine lange Tradition: So wurden bereits von Hetzer (1931) und Busemann (1926) Untersuchungen zu den Zukunftsvorstellungen Jugendlicher durchgeführt. Gerade im Rahmen der Diskussion um WLB – vor allem in Bezug auf die Änderungen im beruflichen Verhalten von Frauen oder die größere Vielfalt von Familienformen – ist die Perspektive auf die mittel- und längerfristige Balancierung verschiedener Lebensbereiche wieder verstärkt in den Fokus gerückt. Wichtige Fragen solcher entwicklungs- bzw. biografieorientierten Ansätze sind beispielsweise, wie verschiedene Lebensbereiche in der eigenen Lebensplanung subjektiv gewichtet werden und ob gewünschte Formen der Lebensgestaltung unter den gegebenen Bedingungen überhaupt verwirklicht werden können (vgl. Wiese, 2007). Trotz der Tatsache, dass häufig ein balanciertes Engagement in beiden Lebensbereichen gewünscht wird (z. B. Hoff, Grote, Dettmer, Hohner & Olos, 2005), weicht die tatsächliche Lebensführung in bestimmten Lebensphasen allerdings nicht selten von der ursprünglichen balancierten Planung bzw. Priorisierung ab – dies sicher nicht zuletzt aufgrund der erhöhten Unsicherheit der beruflichen Laufbahnen (Resch & Bamberg, 2005; Wiese, 2007). Sogenannte „Patchwork-Biografien" findet man dementsprechend mittlerweile nicht mehr nur in den beruflichen Lebenswegen von Frauen, sondern auch vermehrt in männlich dominierten Berufsfeldern, was die Orientierung am männlichen Normalarbeitsverhältnis zunehmend in Frage stellt (Resch & Bamberg, 2005).

Verwirklichung der erwünschten Balance

Aufgabe

Vielleicht haben Sie sich bereits über die nächsten Stationen Ihres Lebens nach Abschluss des Studiums Gedanken gemacht. Wann, glauben Sie – als angehende Psychologin – ist der beste Zeitpunkt, sich der Familienplanung

zu widmen? Im Studium? Direkt danach? Oder erst nach mehreren enga-
gierten Jahren im Berufsleben?

Vielleicht merken Sie schon am eigenen Beispiel, dass sich solch eine
geplante zeitliche Verschiebung der Prioritäten hin zu Familie und Elternschaft in der Realität als nicht ganz unproblematisch erweisen mag. Zum
einen bestehen natürlich biologisch gesetzte Grenzen, die eine Verschiebung der Elternschaft zeitlich limitieren. Daneben ist aber auch vor allem
davon auszugehen, dass ein Sprung auf der Karriereleiter und das Erreichen einer bestimmten beruflichen Position mit steigender Verantwortung
und neuen Aufgaben einhergehen, welche wiederum einer angestrebten
Priorisierung des Privatlebens eher gegenläufig sein werden. Hoff et al.
(2005) unterscheiden drei verschiedene Formen der Lebensgestaltung:

- **Segmentation** (Ziele im Bereich Beruf und Familie werden unabhängig
  voneinander entwickelt und verfolgt),
- **Integration** (Ziele in beiden Lebensbereichen werden aufeinander
  bezogen),
- **Entgrenzung** (Privatleben wird durch beruflichen Lebensbereich bestimmt).

In den Ergebnissen der Autoren finden sich geschlechtsspezifische Unterschiede in der Form der Lebensgestaltung. So zeigen Frauen häufiger
eine Integration und Balancierung beider Lebensbereiche, während Männer häufiger zu einer Segmentation der Lebensbereiche mit einer Priorität
zum beruflichen Bereich tendieren.

Lebensgestaltung von Frauen für Männer

Eine wesentliche grundsätzliche Erkenntnis aus biografieorientierten Ansätzen zur beruflichen Entwicklung verweist darauf, dass Menschen nicht
nur am Anfang ihrer Biografie zentrale Entscheidungen treffen, sondern
der berufliche Lebenslauf durch den Einzelnen fortlaufend entwickelt und
ausgestaltet werden muss. Interessanterweise wird in diesem Kontext
häufig vor allem die subjektive Verantwortung des Einzelnen betont, d. h.
eine im Lebenslauf hergestellte, mehr oder minder gelungene Verbindung
zwischen beruflichem und privatem Leben wird vorrangig als persönliche
Leistung (oder persönliches Versagen) betrachtet (vgl. Resch & Bamberg,
2005). Strukturelle Restriktionen, die zweifelsohne Einfluss auf eine erfolgreiche Balancierung haben, werden demgegenüber oft nur unzureichend
einbezogen (vgl. Kapitel 4.5).

Fortlaufende Entwicklung

4.3 Vereinbarkeit von Beruf und Familie: Konflikt und Gewinn?

In der empirischen Forschung dominierte lange Zeit vor allem die Untersuchung der „negativen" Seite von WLB, also des Konflikterlebens

und der durch die Vereinbarkeit von Beruf und Familie entstehenden Probleme. Gerade in Publikationen neueren Datums werden durchaus auch positivere Konzeptualisierungen aufgegriffen und Möglichkeiten des Gewinns durch Teilhabe an mehreren Lebensbereichen betont. In diesem Abschnitt soll zuerst auf die Konfliktperspektive eingegangen werden. Im Anschluss werden die in der aktuellen Literatur zunehmend betonten Positivbeziehungen zwischen Beruf und Familie diskutiert.

4.3.1 Negativbeziehungen zwischen Beruf und Familie: Work-Family-Conflict

Konfliktperspektive

Nach Greenhaus und Beutell (1985) bezeichnen Work-Family-Conflicts (WFC) eine Form des Interrollenkonflikts zwischen Beruf und Familie, bei dem die Erfüllung der Rollenanforderungen in einem Bereich durch die Rollenerfüllung im anderen Lebensbereich erschwert wird (Greenhaus & Beutell, 1985, S. 77).

Wirkrichtung von Konflikten

In der Literatur zu WFC hat es sich zum einen etabliert, dass Konflikte nach der jeweiligen Wirkrichtung klassifiziert werden (vgl. Carlson, Kacmar & Williams, 2000): Das heißt, auf der einen Seite können sich berufliche Anforderungen beeinträchtigend auf das Familienleben auswirken, während in der anderen Richtung familiäre Anforderungen zu Konflikten im beruflichen Bereich führen können (vgl. Tab. 4). Während in frühen Studien zum Thema vor allem die Wirkungen auf den familiären Bereich untersucht wurden, wird durch den Einbezug der entgegengesetzten Wirkungen zunehmend der Tatsache Rechnung getragen, dass auch Anforderungen im familiären Bereich zu Konflikten im Beruf führen können. Metaanalysen jüngeren Datums bestätigen zudem die diskriminante Validität dieser zwei Konfliktrichtungen (Mesmer-Magnus & Viswesvaran 2005; Allen & Armstrong, 2006).

Ursachen von Konflikten

Daneben werden Konflikte hinsichtlich verschiedener Dimensionen unterschieden, die sich auf unterschiedliche Ursachen für entstehende Konflikte beziehen (z. B. Greenhaus & Beutell, 1985):
- zeitbasierte Konflikte,
- beanspruchungsbasierte Konflikte,
- verhaltensbasierte Konflikte.

Entsprechend lassen sich unter Berücksichtigung der beiden Wirkrichtungen insgesamt sechs Konflikttypen unterscheiden. Diese differenziertere Typisierung spiegelt sich vermehrt auch in Fragebogeninstrumenten zur WFC-Messung wider (z. B. Carlson et al., 2000) – Tabelle 4 zeigt beispielhaft einige Items aus dem Inventar von der Forschungsgruppe um Carlson (2000, eigene Übersetzung).

Tabelle 4: Richtungen und Dimensionen von WFC sowie Beispielitems (nach Carlson et al., 2000)

		Wirkrichtung zwischen Beruf und Familie	
		Beruf-Familie-Konflikt	Familie-Beruf-Konflikt
Ursache	**Zeit-basierter Konflikt**	„Meine Arbeit hält mich stärker von meinen Aktivitäten in der Familie ab, als ich das möchte."	„Die Zeit, die ich mit Familienverpflichtungen verbringe, beeinträchtigt mich oft bei meinen Arbeitsverpflichtungen."
	Beanspruchungsbasierter Konflikt	„Wenn ich von der Arbeit nach Hause komme, bin ich oft zu kaputt, um an familiären Aktivitäten teilzunehmen."	„Weil ich durch meine familiären Verpflichtungen oft gestresst bin, fällt es mir schwer, mich auf meine Arbeit zu konzentrieren."
	Verhaltens-basierter Konflikt	„Verhaltensweisen, die für mich auf der Arbeit nützlich sind, sind zu Hause kontraproduktiv."	„Meine Art und Weise, zu Hause Probleme zu lösen, scheint bei der Arbeit nicht so nützlich zu sein."

In der anfänglichen empirischen WFC-Forschung wurden vornehmlich zeitbasierte Konflikte mit der Annahme eines positiven Zusammenhangs zwischen zeitlichen Investments und WFC berücksichtigt. Allerdings zeigte sich schnell, dass sich Konflikte zwischen Beruf und Familie nicht nur aufgrund zeitlicher Anforderungen erklären ließen, sondern dass neben der physischen Eingebundenheit in den Lebensbereichen auch die erlebte psychische Beanspruchung (vgl. das Beispiel im folgenden Kasten) sowie inkompatible Verhaltensanforderungen in den Lebensbereichen einbezogen werden mussten.

Beispiel

Fabian kellnert auch heute im Café Carpe Diem und nimmt fleißig Bestellungen auf. Körperlich ist er anwesend, doch seine Freundin, die mit Fieber zu Hause im Bett liegt und auf ihn wartet, geht ihm nicht aus seinem Kopf.

Eine differenzierte Analyse erlebter Konflikte erscheint auch vor dem Hintergrund wichtig, dass ein hohes Konflikterleben offenbar mit negativen Auswirkungen auf die Gesundheit einhergeht. Dies gilt für eine Reihe subjektiver und objektiver Befindensvariablen, wie Arbeitszufriedenheit (z. B. Kossek & Ozeki, 1998), Zufriedenheit mit der Partnerschaft (z. B. Aryee, Field & Luk, 1999) sowie der psychischen und physischen Gesundheit (Allen, Herst, Bruck & Sutton, 2000; Allen & Armstrong, 2006). Hier ist außerdem

Differenzierte Analyse erlebter Konflikte

zu klären, ob die negativen Auswirkungen von Beruf-Familie- bzw. Familie-Beruf-Konflikten vornehmlich den konfliktverursachenden („matching hypothesis") oder den entgegengesetzten („cross-domain-hypothesis") Lebensbereich betreffen (Amstad, Meier, Fasel, Elfering & Semmer, 2011).

4.3.2   Positivbeziehungen zwischen Beruf und Familie: Work-Family-Facilitation

Wie oben bereits erwähnt, ist die empirische Forschung zur Vereinbarkeit von Familie und Beruf in der Vergangenheit im Wesentlichen durch die Perspektive auf Konflikte und Schwierigkeiten dominiert worden. Allerdings erfahren positivere Konzeptualisierungen wie Work-Family-Facilitation – oder auch Work-Family-Enrichment, „positive spillover" und Work-Family-Enhancement – mittlerweile verstärkt Beachtung und werden systematisch in empirische Untersuchungen e nbezogen (z. B. Carlson, Kacmar, Wayne & Grzywacz, 2006; Sieber, 1974; Marks, 1977). Work-Family-Facilitation bezeichnet „das Ausmaß, in dem die Teilhabe an und das positive Erleben in einem Lebensbereich (z. B. Berufsarbeit) durch die Fähigkeiten und Erfahrungen erleichtert wird, die sich aus der Teilhabe an einem anderen Lebensbereich, z. B. Familie, ergeben" (Grzywacz & Marks, 2000; zitiert nach Wiese, 2007, S. 253). Analog zum Konflikterleben wird auch bei positivem Transfer unterschieden je nach Wirkrichtung: Berufliche Erfahrungen und Kompetenzen können sich positiv auf die familiäre Domäne auswirken und vice versa. Eine wichtige inhaltliche Differenzierung hinsichtlich möglicher positiver Transfers bieten z. B. Greenhaus und Powell (2006) an. So unterscheiden sie zwischen einer affektiven (Transfer von positiven Stimmungen) und einer instrumentellen (Transfer von Kompetenzen) Form der Bereicherung.

Konzept des positiven Transfers

Affektiver und instrumenteller Transfer

> **Beispiel**
>
> Fabian passt regelmäßig auf die drei Kinder seiner älteren Schwester auf. Diese Erfahrungen im privaten Bereich kommen ihm nun im Café Carpe Diem zugute, da er neuerdings die Aufgabe der Teamleitung für das Kellnerpersonal übernommen hat.

4.3.3   Was heißt nun „Balance"?

Die bisherigen beiden Abschnitte haben zum einen das Zusammenspiel der Lebensbereiche aus der Konfliktperspektive – Work-Family-Conflict – betrachtet, im Anschluss wurde mit Work-Family-Facilitation der Fokus auf mögliche Bereicherungen und Ressourcengewinne gelegt, die mit der Teilhabe an mehreren Lebensbereichen verbunden sind. Was aber heißt es nun, eine balancierte Lebensgestaltung zu führen? Was bedeutet also Work-Family-Balance (WFB)? Es ist voranzuschieben, dass hier alles andere als Einigkeit in der Work-Family-Forschung besteht (Grzywacz & Carlson, 2007). Häufig wird die Balance zwischen Arbeit und Familie mit dem bloßen Fehlen von Interrollenkonflikten zwischen den beiden Domänen gleichgesetzt. Andere Autoren, beispielsweise Greenhaus, Collins und Shaw (2003), sehen als wesentliches definitorisches Merkmal eine Gleichwertigkeit beider Lebensbereiche und definieren WFB „als das Ausmaß, in dem Individuen gleichermaßen engagiert in und gleichermaßen zufrieden mit den Rollen in Arbeit und Familie sind" (S. 513). Es erscheint allerdings fraglich, ob Menschen tatsächlich eine derartige Gleichwertigkeit von beruflichem und familiärem Lebensbereich anstreben bzw. ob es realistisch ist, diese überhaupt zu erreichen. Greenhaus und Allen (2006) bewerten WFB als: „das Ausmaß, in dem die individuelle Leistungsfähigkeit und Zufriedenheit mit Arbeits- und Familienrollen mit den individuellen Lebensprioritäten vereinbar ist" (S. 10). Es bleibt jedoch kritisch anzumerken, dass eine solche Sichtweise mit der Betonung individueller Zufriedenheit und dem Gefühl der Effektivität nur unzureichend den beruflichen und familiären Kontext berücksichtigt – lässt sich von einer Balance zwischen Beruf und Familie sprechen, wenn eine Person zufrieden und leistungsfähig in beiden Lebensbereichen ist, diese Zufriedenheit aber gleichzeitig auf Kosten anderer geht, z. B. auf Kosten des ebenfalls berufstätigen Ehemanns, an dem alleine die Familien- und Hausarbeit hängen bleibt, während die Frau die Karriereleiter erklimmt?

Frone (2003) sieht in WLB ein Konstrukt, das sowohl auf das Konflikterleben als auch auf den Positivtransfer zwischen Beruf und Familie Bezug nimmt. Nach Frone wird WFB nicht nur durch die Abwesenheit von Konflikten (WIF und FIW) definiert, sondern zusätzlich muss eine gegenseitige Bereicherung der Rollen vorhanden sein (vgl. Tab. 5).

Modell von Frone

Tabelle 5: Dimensionen von Work-Family-Balance (nach Frone, 2003)

Wirkungs-richtung		Art des Effekts	
		Konflikt	Bereicherung
	Beruf → Familie	Work-to-Family-Conflict	Work-to-Family-Facilitation
	Familie → Beruf	Family-to-Work-Conflict	Family-to-Work-Facilitation

4.4 Betriebliche Vereinbarkeitsmaßnahmen

Neben gesetzlichen Regelungen (z. B. Kindergeld, Bereitstellung von Kinderbetreuungseinrichtungen, formalrechtliche Arbeitsplatzsicherung während des Erziehungsurlaubs etc.) setzen sich in der Praxis immer mehr Unternehmen dafür ein, die Rahmenbedingungen für eine gesunde WLB der Beschäftigten zu verbessern. Dadurch sollen u. a. qualifizierte

Fachkräfte gewonnen und dauerhaft gebunden werden (vgl. Wiese, 2007; Ulich & Wiese, 2011).

In der betrieblichen Praxis lässt sich unter dem Oberbegriff WLB aktuell eine breite Palette an Programmen und Einzelmaßnahmen finden. Viele dieser populären Maßnahmen im Kontext von WLB sind allerdings nicht neu, vielmehr wird häufig lediglich „alter Wein in neue Schläuche" gegossen – schließlich bestehen Angebote wie Betriebskindergärten und Betriebssport nicht erst seit gestern (Resch & Bamberg, 2005). Ziele vieler Maßnahmen bestehen nach wie vor darin, Erholungsmöglichkeiten in der Freizeit zu schaffen, Konflikte zwischen Anforderungen der Erwerbsarbeit und der Familie zu unterbinden, die Gesundheitskompetenz zu stärken und Mitarbeiter bei der beruflichen Entwicklung zu unterstützen. Allerdings werden heute mehr als früher familiäre Anforderungen und Familienarbeit berücksichtigt und Familienmitglieder in Maßnahmen einbezogen (Resch, 2007). Wichtige Beispiele für betriebliche Programme und Maßnahmen zur besseren Vereinbarkeit von Beruf und Familie sind im nächsten Kasten zusammengefasst.

Betriebliche WLB-Programme und -maßnahmen (nach Wiese, 2007, S. 258)

Kinderbetreuung:
- Betriebskindergärten
- Belegplätze in Kinderbetreuungseinrichtungen
- Zuschüsse zu Kinderbetreuungskosten
- Vermittlungsservice für Kinderbetreuung
- Ferienbetreuungsangebote

Arbeitszeit und -ort:
- flexible Arbeitszeiten
- Teilzeitarbeitsplätze
- Telearbeitsplätze
- Jobsharing

Mobilitätsunterstützung:
- Arbeitsvermittlung für Ehe-/Lebenspartner
- Umzugskostenübernahme

Führungskompetenz:
- Schulungen zur vereinbarkeitsorientierten Personalführung
- Mentorenprogramme

Freistellungen:
- über gesetzliche Ansprüche hinausgehende Beurlaubungsoptionen für Mütter und Väter

Informationsbereitstellung:
- betriebsinterne Familienbeauftragte
- Informationsmaterialien

Angesichts dieser Vielfalt an Vereinbarkeitsmaßnahmen stellt sich natürlich die Frage nach der Wirksamkeit. Tatsächlich deuten verschiedene Studien darauf hin, dass Maßnahmen wie die Einführung flexibler Arbeitszeiten, die Einrichtung von Teilzeitarbeitsplätzen, Jobsharing oder Kinderbetreuungsangebote positive Auswirkungen haben (vgl. zusammenfassend Ulich & Wiese, 2011). Wichtige Voraussetzungen für eine erfolgreiche Umsetzung solcher betrieblichen Maßnahmen scheint vor allem eine familienunterstützende Unternehmenskultur sowie das Führungskräfteverhalten zu sein (z. B. Rump & Eilers, 2006).

Positive Effekte betrieblicher Maßnahmen

4.5 Kritische Abschlussbemerkungen

Die breite Präsenz des Themas WLB in Wissenschaft und Praxis sollte nicht darüber hinwegtäuschen, dass in vielerlei Hinsicht weiterer Forschungs- und Verbesserungsbedarf besteht: Schon allein in Bezug auf den Begriff WLB ist festzuhalten, dass es sich im Grunde um eine durch seine uneinheitliche Verwendung irreführende und sachlich falsche Bezeichnung handelt: So stellt der Begriff WLB Arbeit nicht als inhärenten Bestandteil des Lebens, sondern vielmehr als einen dem Leben gegenübergestellten Bereich dar (Ulich, 2007).

Forschungsbedarf

Entsprechend ist für ein umfassendes Verständnis von WLB bei der Untersuchung von (Arbeits-)Tätigkeiten in verschiedenen Lebensbereichen nicht nur eine differenzierte Analyse der Erwerbsarbeit, sondern aller Lebensbereiche notwendig. Dabei ist zu berücksichtigen, dass in diesem Zusammenhang nicht nur aktuelle, sondern auch lebenslaufbezogene Fragen wichtig sind, welche die Biografie des Menschen in die Analysen einbeziehen. Zudem sind Probleme der Vereinbarkeit zwischen Erwerbsarbeit und Nichterwerbsarbeit nicht mehr ausschließlich auf weibliche Beschäftigte zu begrenzen: Wurde in der Vergangenheit für männliche Beschäftigte eher ein tendenziell geringer Einfluss von Merkmalen des privaten Lebensbereichs angenommen, legen die sich aktuell verändernden Lebenssituationen von Männern nahe, dass diese Annahme kritisch hinterfragt werden muss.

Zusammenfassung

Das Thema Work-Life-Balance (WLB) erfreut sich in Wissenschaft und Praxis aktuell großer Aufmerksamkeit. Allerdings sollte die Popularität des Themas nicht darüber hinwegtäuschen, dass in vielerlei Hinsicht noch Klärungs- und Forschungsbedarf besteht. Ein Ziel des Kapitels war es, die Begrifflichkeit kritisch zu würdigen und WLB als vielschichtigen Themenbereich vorzustellen, in dessen Rahmen eine Vielzahl verschiedener Fragestellungen bearbeitet wird. Entsprechend wurden verschiedene Ansätze vorgestellt, die sich dem Phänomen WLB mit unterschiedlichen Schwerpunkten nähern: Zum einen wurde die Forschungstradition um das Verhältnis von Arbeit und Freizeit sowie Arbeit und Familie vorgestellt, in deren Rahmen auch Bezug auf stress- und ressourcentheoretisch fundierte Konzepte genommen wurde. Daneben wurden tätigkeitsregulative Ansätze wie z. B. die Zeitbudgetforschung und die Analyse der Qualität von Tätigkeiten vorgestellt sowie biografieorientierte Verfahren im Kontext von WLB betrachtet. Mit Work-Family-Conflict und Work-Family-Facilitation wurden zentrale Konstrukte zur Operationalisierung und Erfassung im Rahmen der empirischen WLB-Forschung eingeführt. Abschließend wurden betriebliche Vereinbarkeitsmaßnahmen vorgestellt.

Weiterführende Literatur

Frone, M. R. (2003). Work-family balance. In J. C. Quick, & L. E. Tetrick (Hrsg.), *Handbook of occupational health psychology* (pp. 43–162). Washington, DC: American Psychological Association.

Resch, M. (2007). Familienfreundlichkeit von Unternehmen aus arbeitspsychologischer Sicht. In A. Dilger, I. Gerlach & H. Schneider (Hrsg.), *Betriebliche Familienpolitik – Potenziale und Instrumente aus multidisziplinärer Sicht* (S. 103–112). Wiesbaden: VS-Verlag.

Ulich, E. & Wiese, B. S. (2011). *Life Domain Balance – Konzepte zur Verbesserung der Lebensqualität*. Wiesbaden: Gabler.

Reflexionsaufgaben

1. Der Begriff Work-Life-Balance ist sehr populär. Aber worin liegt die Kritik hinsichtlich des Begriffs?
2. Welche Modellvorstellungen über mögliche Beziehungen zwischen Arbeitstätigkeiten und Freizeitverhalten existieren?
3. Erläutern Sie Ansätze zu WLB und stellen Sie diese einander gegenüber.
4. Nennen Sie die drei Formen der Lebensgestaltung nach Hoff und anderen und die dazugehörigen geschlechtsspezifischen Ergebnisse. Warum kommt es zu solchen Ergebnissen?

Kapitel 5
Flexibilisierung der Arbeit und Psychologischer Vertrag

Thomas Rigotti und Gisela Mohr

Inhaltsübersicht

5.1   Einleitung

Seit einigen Jahren ist ein zunehmender Trend zur Flexibilisierung der Arbeit bemerkbar. Globalisierung, rasche technologische Fortschritte und flachere Unternehmenshierarchien führen zu einer Ablösung von Normalarbeitsverhältnissen mit starren Arbeitszeitsystemen und lebenslanger Beschäftigung. Flexibilisierung kann sich auf die zeitliche Dimension beziehen, auf den Crt, den Inhalt und die vertraglichen Bedingungen. Zunächst werden wir uns die Bedeutung der Arbeitszeit und verschiedene Arbeitszeitmodelle ansehen sowie die Funktion und Rolle von Arbeitspausen. Dann werden wir genauer auf die Flexibilisierung von Arbeitsverträgen eingehen. Abschließend wird mit dem Psychologischen Vertrag ein Konzept vorgestellt, welches Arbeitsbeziehungen aus der subjektiven Sicht der Arbeitnehmerin beschreibt und das angesichts des Wandels traditioneller Vertrags- und Arbeitsverhältnisse an Bedeutung gewinnt.

5.2   Arbeitszeit

Arbeitszeit ist ein kostbares Tauschgut und ein Medium der Beziehungsgestaltung. Wenn jemand sein gutes Verhältnis mit der Vorgesetzten beschreibt, dann spielt Arbeitszeit oft eine Rolle: „Meine Chefin erwartet von mir, dass ich auch mal länger bleibe, wenn's brennt. Aber dafür kann ich auch mal später kommen, wenn bei mir mal was ist ..."

Klassifikation von Arbeitszeitmodellen

Kriterien zur Klassifikation von Arbeitszeitmodellen

- nach der Dauer (**Chronometrie**: Voll-/Teilzeit)
- nach der Lage (**Chronologie** Tag-Nacht)
- nach dem Zyklus bzw. der Verteilung (**Chronomorphie**: täglich, wöchentlich, monatlich, jährlich, im Verlauf des Arbeitslebens)
- danach, ob es sich um ein flexibles oder starres Modell handelt

5.2.1   Chronometrie: Wie viel?

Normalarbeitsmodell

Spätestens seit 1956, mit der Einführung der 5-Tage-Woche, gilt das Arbeitszeitmodell mit 8 Stunden Arbeitszeit am Tag, freiem Wochenende und unbefristetem Arbeitsvertrag als „Normalarbeitsmodell", welches jedoch seit den 1980er Jahren mehr und mehr von flexibleren Arbeitszeit- und Beschäftigungsmodellen verdrängt wird.

Teilzeitarbeit

Nach dem Teilzeit- und Befristungsgesetz (TzBfG § 2 Abs. 1) „sind Arbeitnehmer dann teilzeitbeschäftigt, wenn ihre regelmäßige Wochenarbeitszeit kürzer ist als die regelmäßige Wochenarbeitszeit vergleichbarer vollzeitbeschäftigter Arbeitnehmer des Betriebes". Im Jahr 2008 gingen rund 16 % der erwerbstätigen Bevölkerung einer Teilzeitarbeit nach. Nur etwa 13 % der Teilzeitbeschäftigten sind Männer. Teilzeitbeschäftigte bekommen im Durchschnitt weniger Qualifizierungsangebote, sind selten im Betriebsrat vertreten und haben geringere Aufstiegschancen (vgl. Helfmann, 2000). Teilzeitarbeit trägt zwar zum einen zu einer besseren Vereinbarkeit von Beruf und Familie, aber wegen der eben genannten Rahmenbedingungen auch zur Geschlechtersegregation auf dem Arbeitsmarkt bei.

Studien zur psychischen Beanspruchung von Teilzeitbeschäftigten weisen auf Unterschiede zwischen der subjektiven Beanspruchung und den objektiven Beanspruchungsfolgen hin. So hatten in einer Studie von Helfmann (2000) Teilzeitbeschäftigte im Vergleich zu vollzeitbeschäftigten Kolleginnen bessere Blutdruckwerte, berichteten aber über eine höhere subjektive Beanspruchung am Morgen und am Abend. Teilzeitführungskräfte berichten in einer Studie über höheres Job-Involvement und Arbeitszufriedenheit, aber auch über eine höhere Intensität der Arbeit im Vergleich zu den vollzeitbeschäftigten Führungskräften (z. B. Kleiminger, 2001).

Im Gegensatz zur Teilzeitarbeit stellt Kurzarbeit eine erzwungene Verkürzung der Arbeitszeit dar. Die Differenz zum vollen Lohn bei Vollzeitarbeit übernimmt in Deutschland bis zu 67 % die Bundesagentur für Arbeit. Zu Kurzarbeit gibt es kaum Studien. Anzunehmen ist, dass die Arbeitsplatzunsicherheit steigt, da unsicher ist, ob das Unternehmen zur ursprünglichen Auslastung zurückkehrt oder überhaupt weiter existieren wird.

Nach Erhebungen des Instituts für Arbeitsmarkt und Berufsforschung (Allmendinger, Eichhorst & Walwei, 2005) werden in Deutschland ca. 3,5 % des Arbeitszeitvolumens als bezahlte Überstunden geleistet. Der Anteil unbezahlter Überstunden wird ähnlich hoch geschätzt, obwohl die Vergütung von Überstunden oder ein Freizeitausgleich gesetzlich vorgeschrieben sind.

Mehrarbeit und Beanspruchung

Längere Arbeitszeiten zeigen einen nahezu linearen Zusammenhang zu Beeinträchtigungen wie Schlafstörungen, Rückenschmerzen und anderen Beschwerden (Spurgeon, Harrington & Cooper, 1997; Wirtz, Nachreiner, Beermann, Brenscheidt & Siefer, 2009), aber keinen positiven Zusammenhang zur Leistung. Allerdings trägt eine Verkürzung des 8-Stunden-Tages nicht automatisch zu besserer Gesundheit bei (vgl. Helfmann, 2002; in dieser Studie eine Verkürzung auf sechs Stunden). Offenbar ist vor allem wichtig, wie die Arbeit gestaltet ist. Schichtarbeit, um die es im folgenden Kapitel 5.2.2 geht, stellt dabei einen bedeutenden Moderator (hier: verstärkenden Risikofaktor) dar.

5.2.2 Chronologie: Wann?

Schichtarbeit

Allgemein können Ein- von Mehrschichtsystemen und kontinuierliche von diskontinuierlichen Schichtplänen unterschieden werden. Einschichtsysteme beinhalten Normal- oder Regelarbeitszeiten oder Dauerfrüh-, Spät- oder Nachtschicht. Bei den Mehrschichtsystemen ist zwischen Zweischichtsystem mit oder ohne Nachtarbeit zu unterscheiden. Diese können diskontinuierlich sein, d. h. ohne Sonn- und Feiertagsarbeit oder vollkontinuierlich über alle 7 Tage der Woche, also auch über das Wochenende (vgl. Waldbuesser, 2007).

Die Akzeptanz von Schichtarbeit bei Arbeitnehmerinnen ist vor allem durch Lohnzulagen zu erklären. In Paarhaushalten mit Kindern hat Schichtarbeit die größte Akzeptanz (vgl. Bauer, Groß & Schilling, 1997). Die Akzeptanz der Schichtarbeit sinkt, je mehr die andere Person verdient.

Gesundheitliche Risiken durch Nachtschichtarbeit

Die gesundheitlichen Auswirkungen von (Nacht-)Schichtarbeit entwickeln sich unabhängig von der erlebten Freiwilligkeit. Zu nennen sind vor allem Schlafstörungen, Magen-Darm-Krankheiten, höhere Inzidenzraten kardiovaskulärer Erkrankung und eine erhöhte Wahrscheinlichkeit für die Entwicklung von Alters-Diabetes (Typ II; vgl. Rajaratnam & Arendt, 2001). Der Grund dafür ist im Wesentlichen, dass bei Nachtarbeit exogene (z. B. Tageslicht) und endogene (physiologische Regulationsmechanismen) asynchron bleiben, also z. B. Aufmerksamkeit und Konzentration verlangt werden, wenn Körperfunktionen inklusive der Vigilanz auf (Nacht-)Ruhe „heruntergefahren" sind (vgl. den Abschnitt weiter unten zum Circadian-Rhythmus).

Healthy-worker-Effekt

Nicht in allen Studien ließen sich gesundheitliche Auswirkungen von Schichtarbeit nachweisen. Dies kann mit dem sogenannten „Healthy-worker"-Effekt begründet werden: Durch Selektion bei der Einstellung sowie dem Verbleib in Schichtarbeit sind nur noch die Gesunden in den Stichproben solcher Studien (vgl. Knauth, 2010). Im folgenden Kasten sind einige Hinweise zur Schichtplangestaltung gegeben. Ähnlich wie bei Langstreckenflügen mit dem Lauf der Sonne findet eine schnellere Anpassung bei vorwärtsrotierenden Schichtsystemen, d. h. von der Frühschicht zur Spätschicht, dann zur Nachtschicht, statt (Rajaratnam & Arendt, 2001). Die Anpassung an einen verlängerten Tag gelingt besser als die Anpassung an einen verkürzten Tag.

**Empfehlungen zur Schichtplangestaltung
(vgl. Knauth, 1997, 2010)**

Aufeinanderfolge der Schichten:
- Rotationsgeschwindigkeit (gering)
- Rotationsrichtung (vorwärts)
- Antizipierbarkeit (hoch aufgrund der Teilhabe am Leben außerhalb der Erwerbsarbeit)

Dauer und Verteilung der Arbeitszeit:
- Anzahl hintereinanderliegender Arbeitstage (max. 5 bis 7, bei Nachtschicht max. 3, besser nur eine „eingestreute" Nachtschicht)
- Schichtdauer (> 8 Stunden nur unter bestimmten Rahmenbedingungen)
- Ruhezeit zwischen den Schichten (mindestens 11 Stunden sind gesetzlich vorgeschrieben)

Lage der Arbeitszeit:
- Frühschichtbeginn (nicht zu früh)
- Spätschichtende (nicht zu spät)
- Nachtschichtende (so früh wie möglich)
- Wochenendarbeit (vermeiden)

Bei kurzfristigen Abweichungen vom Soll-Plan:
- durch den Arbeitgeber veranlasst (gemeinsame „Spielregeln" festlegen, evtl. Kompensationsmöglichkeiten anbieten, Transparenz und Planbarkeit berücksichtigen)
- auf Wunsch des Mitarbeiters (Flexibilität ermöglichen, auf faire Behandlung der Mitarbeiterinnen achten)

Entgegen früheren Annahmen erwiesen sich in neueren Studien 12-Stunden-Schichten im Vergleich zu 8-Stunden-Schichten bei gewissen Rahmenbedingungen als günstiger für das psychosoziale Befinden (Lowden, Kecklund, Axelsson & Åkerstedt, 1998), jedoch sind die Befunde hierzu widersprüchlich. Ein positiver Effekt der Schichtverlängerung scheint davon abhängig zu sein, ob es sich um Tag- oder Nachtschicht handelt und, vor allem, wie die Anfangs- und Endzeiten liegen. So gaben in einer Studie nach einer Schichtverlängerung von 8 auf 10 Stunden die Tagarbeiter eine Verschlechterung (der Leistung, des Schlafs) an, was vor allem an der Verschiebung der Anfangs- und Endzeiten lag (Heslegrave, Teinisch, Beyers & Hall, 2000).

Eine wesentliche Grundlage zum Verständnis der Wirkungen von Schichtarbeit – insbesondere Nachtschicht – ist das Wissen um den sogenannten **Circadian-Rhythmus** (circa-diem: ungefähr einen Tag). Damit ist der Sachverhalt gemeint, dass verschiedene biologische Funktionen, wie etwa Körpertemperatur, Blutdruck, Wachheit, (mentale) Leistungsfähigkeit, die Synthese und Sekretion verschiedener Hormone (z. B. Melatonin, Cortisol, Prolactin) und der Verdauungsprozess einem sich wiederholenden, spezifischen Zyklus unterliegen (vgl. Spork, 2004). Eine prototypische Verlaufskurve der Leistungsfähigkeit über einen Tag hinweg ist in Abbildung 18 zu sehen, in der zugleich auch die Zeiten von Leistungstiefs und Leistungshochs zu erkennen sind.

Der Circadian-Rhythmus

Versuche in isolierten Räumen ohne Tageslicht, sogenannte Bunkerversuche, haben gezeigt, dass dieser Verlauf weitestgehend endogen gesteuert wird, also nur begrenzt beeinflussbar ist. Selbst wenn der Hell-Dunkel-

Wechsel entfällt, ist der Ablauf bzw. Rhythmus immer noch vorhanden (Aschoff, 1965). Zu den wichtigsten exogenen Zeitgebern gehören neben dem Tageslicht die Arbeitszeit und soziale Zeitgeber (z. B. die spezifischen Geräusche der Hauptverkehrszeit). Weichen exogene Zeitgeber vom endogen gesteuerten Circadian-Rhythmus ab, so wird dies als Desynchronisation bezeichnet.

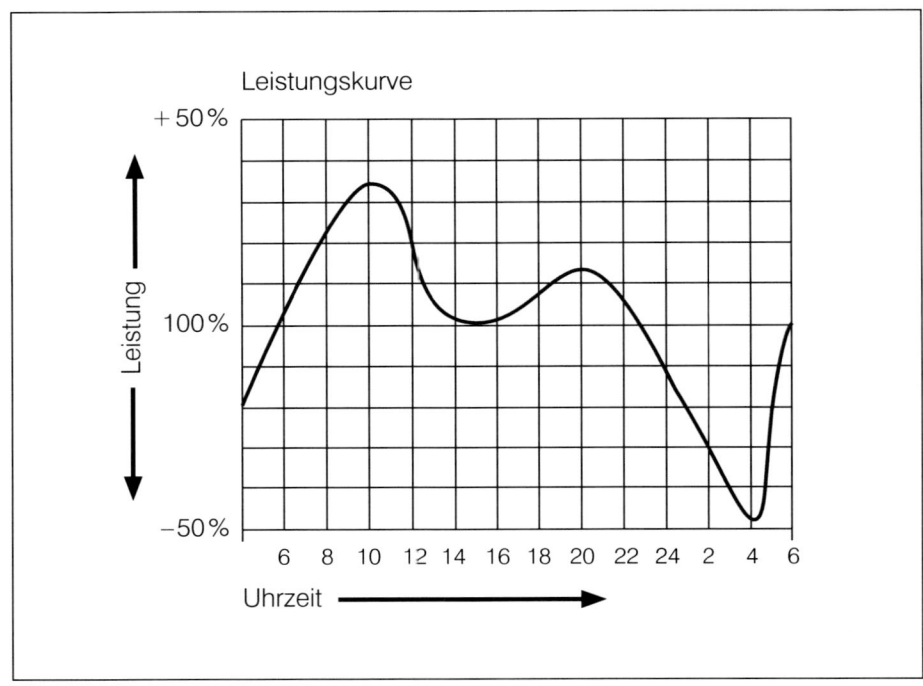

Abbildung 18: Prototypische Leistungskurve des Menschen über einen Tag (vgl. Laurig, 1980)

5.2.3   Chronomorphie: Wie verteilt?

Ein übergeordnetes Beschreibungsmerkmal stellt die Unterscheidung in starre und flexible Modelle dar. Diese grundsätzliche Unterscheidung wird zunächst erläutert, dann wird exemplarisch auf einige besondere Modelle eingegangen: Arbeitszeitkonten, Vertrauensarbeitszeit und Arbeit auf Abruf.

Starre Modelle zeichnen sich dadurch aus, dass Anfangs- und Endzeiten der Arbeitszeit festgelegt sind. Flexible Modelle können aus verschiedenen Kombinationen hinsichtlich Chronometrie, -logie und -morphie bestehen. Das klassische „flexible" Model (Banken, Verwaltung, Produktion) ist die Gleitzeit mit einer festen Kernzeit (z. B. besteht eine Anwesenheitspflicht von 9 bis 15 Uhr). Die restlichen Arbeitsstunden können laut Arbeitsvertrag selbst gewählt und morgens oder am Nachmittag – auch wechselnd – geleistet werden. Zentral ist hier also, dass das tägliche bzw. wöchentliche und monatliche, vereinbarte Arbeitsdeputat von dem Arbeitnehmer innerhalb eines bestimmten Rahmens selbst verteilt werden kann.

Gleitzeit

Arbeitszeit-Flexibilisierung klingt nach einem Königsweg der humanen Arbeitsgestaltung. Sie bietet die Möglichkeit der Anpassung an die Bedürfnisse der Arbeitnehmerin und des Arbeitgebers. Flexibilisierung heißt nicht automatisch, dass die erlebte Zeitnot in der Freizeit abnimmt. Hierzu ist die Studie von Garhammer (1994) sehr aufschlussreich. Eine Repräsentativbefragung mit 1545 Vollzeitbeschäftigten in unterschiedlichen Arbeitszeitmodellen ergab, dass Personen mit flexiblen Zeiten (auch Schichtarbeit) in der Freizeit eher Zeitnot erlebten als jene mit einem traditionellen starren Arbeitszeitmodell (vgl. Abb. 19). Der Autor weist darauf hin, dass dies insbesondere dann auftritt, wenn mehr als einmal im Monat am Samstag gearbeitet werden muss. Außerdem scheint es so zu sein, dass Personen mit flexiblen Zeiten einen höheren Erwartungsdruck an die freie Zeit haben. Sie geben häufiger an, „in Zeitnot zu kommen, weil sie sich zu viel vorgenommen haben" (S. 195).

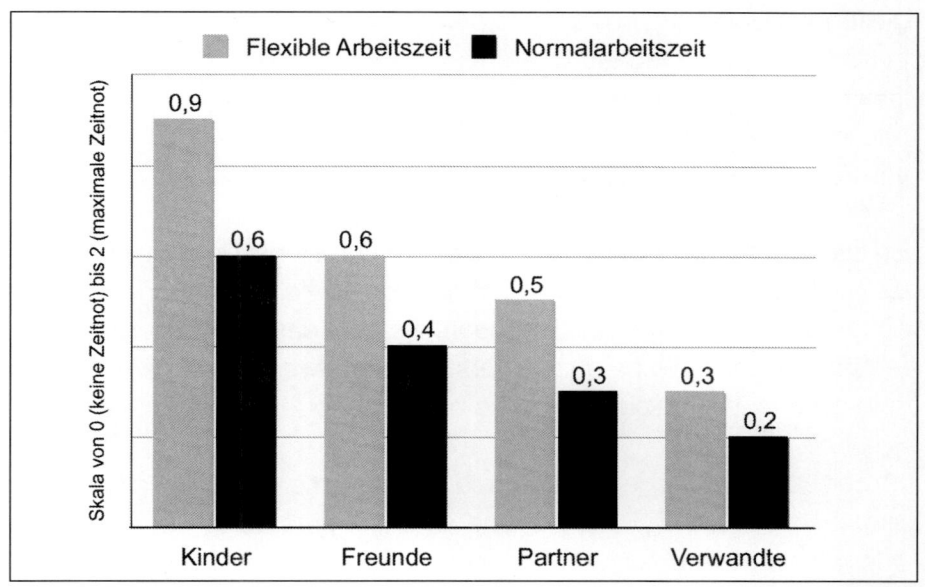

Abbildung 19: Zeitnot für verschiedene Bezugsgruppen in Abhängigkeit von flexiblen Arbeitszeiten (Garhammer, 1994)

Flexible Arbeitszeiten bergen das Risiko eines Verlustes an Freizeit, weil bei starren Arbeitszeiten z. B. Arztbesuche eher während der Arbeit stattfinden, bei flexiblen Arbeitszeiten hingegen die Erwartung besteht, dass diese in der Freizeit stattfinden. Auch wird Mehrarbeit in flexiblen Systemen seltener als solche anerkannt und entlohnt. Zudem verlangen flexible Arbeitszeiten nach einem höheren Maß an Zeit- und Selbstmanagement und enthalten mehr Koordinationsprobleme mit den Zeitstrukturen anderer (z. B. Schulzeiten, Kindergartenöffnungszeiten etc.). In vielen Fällen ist die Flexibilität eine eher einseitige Forderung seitens der Arbeitgeberin, und die Arbeitnehmerinnen haben nur beschränkte Einflussmöglichkeiten. Es ist also zwischen den Flexibilitätsanforderungen der Arbeitgeberin an die Arbeitnehmerin und Flexibilitätsmöglichkeiten auf der Seite der Arbeitnehmerin zu unterscheiden.

Risiken flexibler
Arbeitszeiten

Es ergibt sich auch die zunehmende Schwierigkeit der Abgrenzung zwischen Arbeit und Freizeit und der Gefahr der Selbstausbeutung, wenn Erwerbsarbeit jederzeit stattfinden könnte (vgl. Kapitel 4). Nicht umsonst wird von Seifert (1995) daher die sogenannte „Normalarbeitszeit", also ein starres Arbeitszeitmodell, auch als „goldener Käfig" bezeichnet. Dieser schützt vor allzu vielen Ansprüchen der Arbeitgeberin, ist in seiner Starre aber den wechselnden Bedürfnissen der Arbeitnehmerin in unterschiedlichen Lebensphasen zu wenig angepasst.

Formen flexibler Arbeitszeitmodelle

„Arbeitszeitkonten" bieten die Möglichkeit, ein Zeitguthaben anzulegen, das je nach Betrieb für einen bestimmten Zeitraum (1 Monat, 3 Monate, 6 Monate, 1 Jahr, 3 Jahre, Lebensarbeitszeit) und in einer bestimmten Höhe (z. B. 2000 Stunden pro Jahr) angesammelt werden kann. Die Verrechnung des Arbeitszeitkontos kann entweder über freie Tage (Freizeitausgleich), längere Arbeitsunterbrechungen (Sabbaticals) oder als Modell für den gleitenden Übergang in die Rente genutzt werden. Dieses Modell verlangt in der Regel eine genaue Dokumentation der Arbeitszeit. Neben rechtlichen Bestimmungen aus dem Arbeitszeitgesetz sind in Tarifverträgen häufig Grenzen für den maximalen Umfang von Minus- und Plusstunden von Arbeitszeitkonten festgeschrieben.

Bei der „Vertrauensarbeitszeit" geht es um den Wegfall jeglicher Kontrolle. Es zählt vor allem das Ergebnis und nicht, wie viel Zeit jemand dafür benötigt. Das klingt verlockend, bedeutet jedoch, dass das Ergebnis eingefordert wird, auch wenn dazu Überstunden notwendig werden, die dann selbstverständlich nicht als solche betrachtet oder gar bezahlt werden.

„Arbeit auf Abruf" bedeutet, dass die Arbeitnehmerin kurzfristig bei Bedarf eingesetzt wird, z. B. in der Kneipe an besonders heißen Sommertagen oder an der Kasse zur „Rushhour". Zwar ist gesetzlich vorgeschrieben, dass die Arbeitnehmerin mindestens 4 Tage vor dem Arbeitseinsatz informiert wird und mindestens 10 Stunden pro Woche beschäftigt wird – aber diese Bestimmungen werden häufig nicht eingehalten.

5.2.4   Arbeitspausen

Rechtlicher Rahmen: Das Arbeitszeitgesetz

Das Arbeitszeitgesetz gibt den juristischen Rahmen vor. Eine Ruhepause von mindestens 30 Minuten bei 6 bis 9 Stunden Arbeit und von mindestens 45 Minuten bei mehr als 9 Stunden Arbeit (ArbZG, § 4 Ruhepausen) ist vorgeschrieben.

Die teilweise über 100 Jahre alten Befunde zu diesem Thema haben nach wie vor ihre Gültigkeit. Ein zentraler und häufig replizierter Befund ist, dass häufigere kurze Pausen im Vergleich zu wenigeren, aber längeren Pausen zu einer Leistungssteigerung und geringerer psychischer Beanspruchung beitragen. Dies scheint für industrielle Tätigkeiten im produzierenden Gewerbe wie für geistige Arbeit und Computerarbeit gleichermaßen zu gelten (vgl. Tucker, 2003). Allerdings kann es bei geistiger Arbeit bei einem starren Pausensystem zu negativen Effekten durch eine erlebte Unterbrechung der gerade ausgeführten Tätigkeit kommen, so dass hier individuelle Zeitspielräume für Pausen gewährt werden sollten (z. B. Boucsein & Thum, 1997; Henning, Jacques, Kissel, Sullivan & Alteras-Webb, 1997; McLean, Tingley, Scott & Rickards, 2001).

Es lassen sich verschiedene Arten von Pausen unterscheiden, wie am Beispiel von Fabian im nächsten Kasten verdeutlicht wird.

> ### Beispiel
>
> Fabian macht hin und wieder „versteckte Pausen" – wenn er z. B. im Getränkelager ein neues Bierfass holen soll, nutzt er manchmal die Gelegenheit, sich für einen Augenblick, fern der Augen seiner Chefin, kurz hinzusetzen. Klar gibt es eigentlich vorgeschriebene Pausen – aber wenn gerade ein voller Reisebus kommt, dann interessiert das niemanden. Manchmal kommt es natürlich auch zu „spontanen Arbeitsunterbrechungen", wenn er sich mit seinen Kollegen und der Chefin in einem günstigen Moment zu einem Kaffee zusammensetzt oder aber auch zu „arbeitsbedingten Unterbrechungen", wenn z. B. das Bierfass gerade leer ist oder die Kaffeemaschine erst wieder vom Thekendienst befüllt werden muss, bevor Fabian die Gäste weiter bedienen kann.

Nicht jede Pause ist gleich

Studien belegen, dass mehr versteckte Pausen gemacht werden, wenn keine anderen Pausenmöglichkeiten bestehen. Arbeitsbedingte Unterbrechungen haben in der Regel keinen Erholungswert. Untersuchungen bei Lkw-Fahrern zeigen beispielsweise, dass Wartezeiten höhere Blutdruckwerte zur Folge haben als das Fahren auf der Autobahn (nach Frieling & Sonntag, 1999). Im Rahmen der Handlungsregulationstheorie werden Arbeitsunterbrechungen als Regulationshindernisse bezeichnet und stellen eine psychische Belastung dar, da der Bearbeitungsstand der unterbrochenen Aufgabe nach der Unterbrechung wieder erinnert werden muss.

Pausen sollen antizipierbar sein, da so Ressourcen bewusst über den Tag verteilt werden könnten. Ob Ruhe oder Bewegung eine günstigere Form der Pausengestaltung darstellt, ist vermutlich abhängig von den Belastungsmerkmalen der Tätigkeit.

Neben der Erholungsfunktion gibt es aber noch eine ganze Reihe weiterer Funktionen von Pausen (vgl. Raum, Heichen & Hahn, 1985):
* **Erholungsfunktion**: Pausen können Ermüdung ausgleichen oder – bei günstiger Wahl des Zeitpunktes – gar nicht erst auftreten lassen.

- **Gliederungsfunktion**: Pausen können den Arbeitstag in überschaubare Teile unterteilen und so die Motivation bei stark repetitiven Tätigkeiten fördern.
- **Ausgleichsfunktion**: Durch den Wechsel der Aufmerksamkeitsbindung von der Arbeitstätigkeit weg zur Pausentätigkeit kann ein gewisser Ausgleich erreicht werden.
- **Informationsfunktion**: Wenn während der Arbeit wenig Informationsaustausch stattfinden kann, kann hier die Pause diese Funktion übernehmen.
- **Kompensations- oder Pufferfunktion**: Die Pause kann Möglichkeiten bieten, Abstimmungsschwierigkeiten zwischen verschiedenen Arbeitsplätzen oder Abteilungen zu beheben.
- **Vermittlungsfunktion**: Im Falle eines Tätigkeitswechsels kann die Pause Gelegenheit sein, sich auf eine neue Anforderungssituation einstellen zu können.
- **Persönliche Funktion**: Die berühmte Pinkelpause, Essen, Telefonieren etc.
- **Soziale Funktion**: Pausen bieten die Gelegenheit, mit Kolleginnen und Kollegen in Kontakt zu kommen. Dies ist vor allem an Einzelarbeitsplätzen wichtig.

Erholungswirkung
von Pausen

Wie sieht es nun mit der Gestaltung von Pausen aus? Am Besten: eher kurz, frühzeitig, verteilt und vorhersehbar. Bekannt ist aus der physiologischen Forschung: Je länger die Pause, desto geringer der zusätzliche Erholungswert. Wenn man außerdem weiß, dass die Ermüdung in einer exponentiellen Kurve steigt, dann ergibt sich daraus, dass häufige und kurze, relativ frühe Pausen gegenüber wenigen und relativ langen und späten Pausen zu bevorzugen sind. Da die Tendenz besteht, sich die Pausen zu sparen und dafür den Arbeitstag früher zu beenden, sind vollständig frei gewählte Pausen im Sinne des Leistungserhalts nicht anzuraten.

Erholungszeiten sollen immer vor einem zu erwartenden größeren Leistungsabfall liegen und nicht erst dann, wenn das subjektive Ermüdungserleben ein Erholungsbedürfnis hervorruft, denn das Ermüdungsgefühl tritt erst ein, wenn bereits ein Leistungsabfall (Ermüdung) eingetreten ist. Schon sehr früh wurde festgestellt, dass bei kurzen regelmäßigen (also nicht erst, wenn Ermüdung eingetreten ist) Pausen trotz geringer Nettoarbeitszeit dennoch mehr Leistung erreichbar ist. Abbildung 19 zeigt die Ergebnisse eines „Klassikers" der Pausenforschung von Graf und Scholz (aus Graf, 1956). Trotz einer geringeren Nettoarbeitszeit stieg durch häufigere kurze Pausen, im Vergleich zu einer längeren Pause, die Produktivität. Dies konnte im Kern auch für Computerarbeit bestätigt werden (vgl. Tucker, 2003). Bei der Pausengestaltung geht es also vorrangig um die Sicherung der Erholungsfunktion. Damit diese möglich ist, wird es notwendig sein, die anderen für die Erfüllung der Aufgaben notwendigen Funktionen – wie z. B. den Informationsaustausch oder die Vermittlungsfunktion – außerhalb der Pausen sicherzustellen, d. h. also während der Ausübung der

Tätigkeit. Will man informelle Pausen reduzieren, so gilt es, die Arbeit so zu gestalten, dass die Funktionen der informellen Pausen (z. B. soziale Funktion, Pufferfunktion) auch in der Arbeitstätigkeit realisiert werden können, z. B. durch die Einführung abwechslungsreicher Tätigkeiten, sogenannter „Mischtätigkeiten". Weiterhin kann die Aufhebung von Isolation am Arbeitsplatz in Form von einer Umgestaltung von Einzelarbeitsplätzen zu Gruppenarbeitsplätzen die Häufigkeit informeller Pausen reduzieren.

Wie sieht es mit längeren Phasen der Arbeitsunterbrechung aus, wie z. B. Wochenende, Urlaub? Die Erholungsforschung zeigt, dass auch während längerer Arbeitsunterbrechungen der Erholungseffekt vor allem am Anfang feststellbar ist. In Bezug auf die Erholungswirkung des Urlaubs kann man auf der Grundlage einer Metaanalyse (De Bloom et al., 2009) sagen: Für arbeitsbezogene Einstellungen (z. B. Arbeitszufriedenheit, Job-Involvement) ist kein Urlaubseffekt nachweisbar. Für Erschöpfung und gesundheitliche Beschwerden gibt es mittlere bis große Effekte. Diese positiven Erholungseffekte verlieren sich allerdings recht schnell nach Wiederaufnahme der Arbeit. Es wird vermutet, dass die Art der Urlaubsgestaltung wichtig ist für einen Erholungseffekt. Hierzu gibt es aber noch kaum Forschung.

Urlaubseffekte

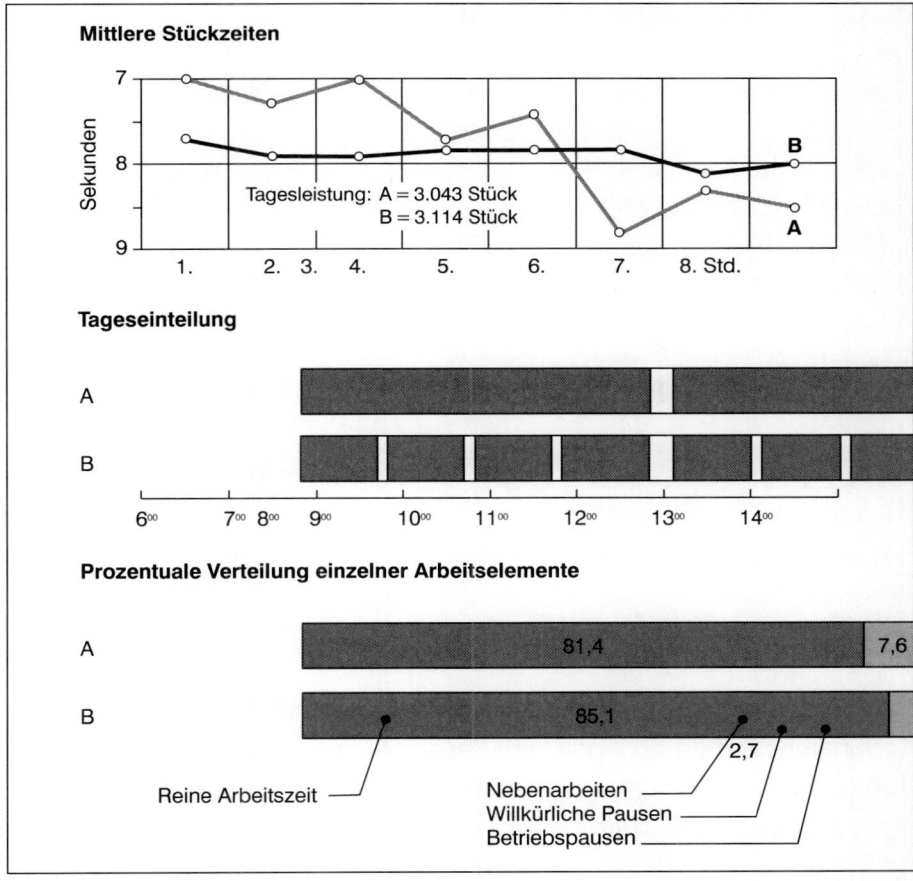

Abbildung 20: Beispiel für die Wirkung von Kurzpausen auf Tagesleistung, Stückzeiten und prozentuale Verteilung der einzelnen Tätigkeitselemente bei der Herstellung von Feinsicherungen (Ulich, 2005, S. 444; nach Untersuchungen von Graf & Scholz; vgl. Graf, 1956)

5.2.5   Sozialverträglichkeitskriterien der Arbeitszeitgestaltung

Arbeitszeit-gestaltung

Bei der Gestaltung der Arbeitszeit sind neben individuellen Präferenzen auch organisationale Rahmenbedingungen und Einschränkungen durch die Art der Tätigkeit zu berücksichtigen. Es gibt also nicht das eine beste Arbeitszeitmodell. Zudem sind Kriterien einer sozialverträglichen Arbeitszeitgestaltung zu bedenken (vgl. folgenden Kasten; ergänzt nach Baillod, Davatz, Luchsinger, Stamatiadis & Ulich, 1997; Seifert, 1995).

Kriterien einer sozialverträglichen Arbeitszeitgestaltung

1. Der Erhalt der Gesundheit von Arbeitnehmerinnen
2. Die Möglichkeit der Teilhabe am Familienleben sowie am sozialen, kulturellen und gesellschaftlichen Leben
3. Der Autonomiegrad bei der individuellen Gestaltung der Arbeitszeit
4. Die Transparenz und Planbarkeit
5. Die Sicherung des Einkommens
6. Die Merkmale des Arbeitsinhaltes und der Lebensumwelt
7. Mögliche Auswirkungen auf den Arbeitsmarkt
8. Die ökologischen Folgen

5.3   Flexibilisierung der Arbeitsverträge

Atypische Beschäftigungs-formen

Die Abnahme von Normalarbeitsverhältnissen ist besonders prägnant im (Einzel-)Handel sowie im Gastgewerbe (Statistisches Bundesamt, 2009a). In allen atypischen Beschäftigungsformen sind (teilweise deutlich) mehr Frauen als Männer vertreten, mit Ausnahme der Leiharbeit. Zudem finden sich Berufseinsteigerinnen, Geringqualifizierte und Ausländerinnen häufiger in atypischer Beschäftigung.

5.3.1   Zeitarbeitsverträge

Die Möglichkeit, Arbeitsverträge zeitlich zu befristen, regelt das Teilzeit- und Befristungsgesetz (TzBfG). Die Verbreitung befristeter Arbeitsverträge hat in den letzten Jahren in Europa und Deutschland stark zugenommen. In vielen Bereichen ist es üblich, vor allem Berufseinsteigern zunächst einen befristeten Arbeitsvertrag anzubieten (abgesehen von einer Probezeit).

Befristete Beschäftigung

Vergleichsstudien zwischen befristet und unbefristet Beschäftigten kamen zu uneinheitlichen Ergebnisser. Unterschiede sind nicht so sehr durch die Befristung zu erklären. Entscheidend ist vielmehr, welche Qualität die Arbeit hat (z. B. Handlungsspielräume), wie genau die Befristung aussieht (z. B. Länge des Arbeitsvertrages) und welche individuellen Präferenzen die Personen haben (z. B. erlebte Freiwilligkeit; vgl. De Cuyper et al., 2008). Befristet Beschäftigte geben ein höheres Maß an Arbeitsplatzunsicherheit an. Allerdings ist der Zusammenhang zwischen der erlebten

Arbeitsplatzunsicherheit und dem subjektiven Befinden bei unbefristeten Beschäftigten stärker ausgeprägt (z. B. De Cuyper & De Witte, 2006). Wie auch schon bei Teilzeitverträgen ist die Freiwilligkeit, mit der ein befristetes Vertragsverhältnis eingegangen wird, ein Protektivfaktor (Krausz, Brandwein & Fox, 1995).

Es liegt nahe zu vermuten, dass neben der Freiwilligkeit die Qualifikation dafür relevant ist, wie ein befristeter Vertrag erlebt wird. Marler, Barringer und Milkovich (2002) entwickelten eine Typologie aus den beiden Dimensionen Qualifikationsniveau und Freiwilligkeit. Anhand dieser beiden Dimensionen unterschieden die Autoren zwischen vier Typen befristet Beschäftigter (vgl. Tab. 6). Andere Autoren ersetzen Qualifikationsniveau mit der wahrgenommenen Arbeitsmarktfähigkeit (Employability, z. B. „Wenn ich diesen Job verlieren würde, würde ich leicht einen anderen Job finden."). Es zeigte sich, dass die „Traditionellen", also jene mit geringer Arbeitsmarktfähigkeit und geringer Freiwilligkeit, über die höchste Arbeitsplatzunsicherheit, die geringste Lebenszufriedenheit und das schlechteste psychische Befinden im Vergleich mit den anderen drei Typen berichteten (Silla, Gracia & Peiró, 2005).

Tabelle 6: Vier Typen befristet Beschäftigter (nach Rigotti, 2010; vgl. auch Marler et al., 2002)

		Freiwilligkeit der Flexibilität	
		niedrig	**hoch**
Qualifi-kation	**hoch**	**Vorübergehend:** • mittleres Gehalt • kein anderes Einkommen • organisationsspezifische Tätigkeiten • wenig Jobalternativen	**Ungebunden:** • hohes Gehalt • anderes Einkommen • spezialisierte Tätigkeit • viele Jobalternativen
	niedrig	**Traditionell:** • geringes Gehalt • kein anderes Einkommen • Routinetätigkeit • wenig Jobalternativen	**Freiwillig:** • geringes Gehalt • anderes Einkommen • Routinetätigkeit • viele Jobalternativen

5.3.2   Leiharbeit

Leiharbeit (oder auch Zeitarbeit) stellt eine besondere Form des befristeten Arbeitseinsatzes dar. Seit 1972 regelt das Arbeitnehmerüberlassungsgesetz (AÜG) diese Beschäftigungsform. Leiharbeit schließt nicht aus, dass die Arbeitsverträge mit dem Zeitarbeitsunternehmen unbefristet sind.

Leiharbeit betrifft vor allem Niedr g- bis Mittelqualifizierte im gewerblichen Sektor, wenngleich ein gewisser Trend besteht, auch im hochqualifizierten Bereich Leiharbeit einzusetzen (EUROCIETT, 2007). Es handelt sich also vorwiegend um Arbeitsplätze mit geringer Komplexität und geringem Handlungsspielraum. Neben der erhöhten Arbeitsplatzunsicherheit dürften daher vor allem die mit der Leiharbeit konfundierten negativen Tätigkeitsmerkmale ausschlaggebend für berichtete höhere Beanspruchung und schlechtere Gesundheit von Leiharbeitern sein (im Vergleich zu Festangestellten).

Spezifische Belastungsfaktoren in der Leiharbeit

Leiharbeit ist geprägt durch einen häufigen Wechsel des Arbeitsumfeldes sowie der Tätigkeiten, Kollegen und Vorgesetzten, was zu einem Mangel an sozialen Beziehungen am Arbeitsplatz führen kann. Von manchen wird die Abwechslung aber auch positiv bewertet. Ferner sind kennzeichnend für Leiharbeit: eine erhöhte Wahrscheinlichkeit von Fehlern (kurze Einarbeitungszeiten), geringer sozialer Status, geringeres Gehalt als die Stammbelegschaft sowie eine Arbeitsmotivation, die vorrangig darauf ausgerichtet ist, eine Festanstellung zu bekommen. Als typisch für Leiharbeit gilt, dass durch die trianguläre Beschäftigungssituation häufig eine Verantwortungsdiffusion zwischen dem Zeitarbeitsunternehmen und dem Entleihbetrieb entsteht (Galais & Moser, 2001). Auch werden Zeitarbeiter häufig nicht bei Personalentwicklungsmaßnahmen oder Programmen zu betrieblicher Gesundheitsförderung berücksichtigt und haben weniger Möglichkeiten der direkten und indirekten Partizipation.

5.4 Variabler Arbeitsort

Telearbeit

Zwar ist Telearbeit, d.h. eine Arbeitsform, bei der Beschäftigte teilweise räumlich getrennt vom Betrieb arbeiten, längst nicht so angewachsen, wie dies vor zwei Jahrzehnten vorhergesagt wurde. Dennoch sind viele Arbeiten heute nicht mehr an einen bestimmten Arbeitsort gebunden und können so von zu Hause oder von unterwegs erledigt werden, ohne dass es sich um ein vertraglich geregeltes Telearbeitsverhältnis handelt.

Heimarbeiter oder alternierende Telearbeiter berichteten in einer Studie über geringere Kommunikationsmöglichkeiten, aber dafür über einen höheren Zeitspielraum und weniger Arbeitsunterbrechungen. Im Vergleich zu einer Kontrollgruppe zeigten sich keine abweichenden oder auffälligen Beanspruchungswerte. Allerdings nahm im Verlauf der 9-monatigen Untersuchung die Beanspruchung zu und die Arbeitszufriedenheit sank (Konradt & Schmook, 1999). Moderne Kommunikationsmedien verstärken die Erwartung an ständige Erreichbarkeit und ständige Einsatzbereitschaft. Dies begünstigt das Nicht-abschalten-Können und das ständige gedankliche „Wiederkäuen" (Rumination) von Arbeitsproblemen (vgl. Kapitel 4). Zusammenhänge von Rumination mit der Entwicklung bzw.

Verstärkung von Depressionen, zu vermehrtem Suchtmittelmissbrauch, zu Angst, Erholungsunfähigkeit sowie zu verminderter Schlafqualität sind belegt (z. B. Harrington & Blankenship, 2002; Nolen-Hoeksema, 2000; Nolen-Hoeksema & Harrell, 2002; Thomsen, Mehlsen, Christensen & Zachariae, 2003).

Seit den letzten Jahren ist ein deutlicher Anstieg psychischer Probleme und Verhaltensstörungen als Grund für Fehltage festzustellen (vgl. z. B. Badura, Schröder, Klose & Macco, 2009). Unter anderem werden steigende Flexibilitätsanforderungen bei geringen Flexibilitätsmöglichkeiten, eine Intensivierung der Arbeit und eine partielle Belastungsverschiebung durch Interaktionsarbeit im Dienstleistungsbereich und damit auch der Zunahme psychosozialer Risikofaktoren als Gründe benannt.

Wenn klare Grenzen zwischen Arbeit und Freizeit, also klare vertragliche Regelungen, nicht mehr gelten, dann sind Selbstmanagement in der täglichen Arbeitsplanung und individuelles Zeitmanagement eine zunehmend wichtige Kompetenz. Auch im Hinblick auf die langfristige Karriere- und Berufsplanung kann dies als „selbstverantwortliches Laufbahnmanagement" bezeichnet werden (Gasteiger, 2007).

Selbstverantwortliche Arbeits- und Zeitplanung

5.5 Psychologischer Vertrag

Neben dem formalen Arbeitsvertrag, in dem die Arbeitszeiten, die Entlohnung, Befristung und weitere Rahmenbedingungen geregelt sind, gehen Arbeitnehmerinnen einen Psychologischen Vertrag ein. Psychologische Verträge können definiert werden als „an individual's belief in mutual obligations between that person and another party such as an employer [...]. This belief is predicated on the perception that a promise has been made and a consideration offered in exchange for it, binding the parties to some set of reciprocal obligations" (Rousseau & Tijouriwala, 1998, S. 679). Es liegt auf der Hand, dass die ungeschriebenen gegenseitigen Erwartungen umso wichtiger werden, je weniger formal festgelegt wird, wie dies z. B. im Modell der Vertrauensarbeitszeit der Fall ist.

Versprechen, als Grundlage Psychologischer Verträge, besitzen subjektive Bedeutung. Die interpretative Funktion kommt besonders in mehrdeutigen oder unsicheren Situationen zum Tragen, in denen fehlende Informationen ergänzt werden müssen (Rousseau, 1995, 2001). Fühle ich mich von der Organisation, z. B. im Vergleich zu Kolleginnen, prinzipiell benachteiligt, so werde ich Handlungen dahingehend interpretieren, dass sie zu meinen Vorstellungen der sozialen Austauschbeziehung passen. Ist meine Grundeinstellung von Vertrauen geprägt, dass die Organisation nur das Beste für mich im Sinn hat, nehme ich nicht gleich jede abweichende Handlung oder Entscheidung als Bruch wahr. Vertrauen wird daher neben der erlebten Gerechtigkeit auch als Grundstein erfüllter Psychologischer Verträge gesehen (Rigotti & Mohr, 2006).

„Breach" und „violation"

Wenn betriebliche Ereignisse oder das Handeln von Organisationsvertretern (z. B. direkte Vorgesetzte oder Personalleiterin) nicht in den bestehenden Psychologischen Vertrag integriert werden können, d. h. nicht den Erwartungen entsprechen, kommt es zu einem erlebten Bruch. Dies führt entweder zu einer Veränderung des Psychologischen Vertrages oder zu emotionalen Reaktionen und/oder zur Änderung des Verhaltens. Vertragsbrüche (engl.: contract breachs) führen jedoch nicht bei allen Personen gleichermaßen zu Einstellungs-, Befindens- oder Verhaltensveränderungen. Morrison und Robinson (1997) führten daher die Unterscheidung in Vertragsbrüche (die Wahrnehmung, dass Versprechen nicht eingehalten wurden) und Vertragsverletzungen (engl.: violation, auf der emotionalen Ebene) ein und definieren Letzteres als „emotional and affective state that may follow from the belief that one's organization has failed to adequately maintain the psychological contract" (Morrison & Robinson, 1997, S. 230).

Zusammenhänge zum Erleben und Verhalten

Obgleich die unterschiedlichsten Methoden zur Erfassung Psychologischer Verträge verwendet wurden, sind die Ergebnisse weitestgehend konsistent. Es bestehen – ermittelt über eine Metaanalyse – mittelgroße Effekte (ρ = .42 bis .54; messfehlerkorrigierte Effektstärken) für den Zusammenhang zwischen erlebtem Vertragsbruch und z. B. Arbeitszufriedenheit, Commitment und Kündigungsabsichten (Zhao, Wayne, Glibowski & Bravo, 2007) sowie – auf der Grundlage eines Überblicks über 34 Einzelstudien – mittlere Effektgrößen für den Zusammenhang zwischen Psychologischen Vertragsbrüchen und dem psychosozialen Wohlbefinden (r = .22 bis .48 für globalen Vertragsbruch und verschiedene abhängige Variablen; Rigotti, Otto & Mohr, 2007).

Zusammenfassung

Die Entwicklung der Arbeit in den letzten Jahrzehnten ist geprägt durch Flexibilisierungsprozesse, die zu einer Erosion des Normalarbeitsverhältnisses führen. Neben der Zunahme atypischer Beschäftigungsformen, wie geringfügiger Beschäftigung oder Leiharbeit, zeigt sich die Flexibilisierung vor allem in flexiblen Arbeitszeitmodellen und einer zunehmenden Unabhängigkeit von einem bestimmten Arbeitsort. Flexible Arbeitszeitmodelle können zu einer besseren Vereinbarkeit von Beruf und Familie und Freizeitgestaltung beitragen. Sie bergen aber auch Risiken und fordern ein höheres Maß an individuellen Selbstmanagementkompetenzen. Dies betrifft nicht nur die Planung der Arbeitstätigkeit, sondern auch die langfristige berufliche Laufbahn.

Schichtarbeit, vor allem in Verbindung mit Nachtarbeit, birgt gesundheitliche Risiken, auch wenn diese freiwillig gewählt wird. Diese können durch die hier vorgestellten Kriterien der Schichtplangestaltung zumindest eingedämmt werden. In diesem Kapitel haben wir uns speziell der Gestaltung der Arbeitszeit und den Pausen zugewandt. Neben spezifischen Vorschlägen zur Arbeitszeit- und Pausengestaltung, sind individuelle Kontrolle und Mitbestimmung bedeutsame psychologische Faktoren.

In der Arbeitspsychologie spricht man vom Primat der Tätigkeit. Dies bedeutet, dass vor allem die Gestaltung der täglichen Handlungsabläufe, also die Arbeitstätigkeit an sich, die wichtigste Rolle einnimmt, wenn es um die Gesundheits- und Persönlichkeitsförderlichkeit in der (Erwerbs-)Arbeit geht. Egal ob es sich um einen befristeten Arbeitsvertrag oder flexible Arbeitszeiten handelt: Neben den formalen Vertragsbedingungen bleibt die Arbeitsaufgabe an sich ein wichtiger Bereich der Arbeitsgestaltung. Das Konzept Psychologischer Verträge hilft dabei zu verstehen, warum auch ähnliche Arbeitsbedingungen von Arbeitnehmerinnen unterschiedlich wahrgenommen und interpretiert werden. Die Befunde zum Zusammenhang zwischen Psychologischen Verträgen und arbeitsbezogenen Einstellungen, Verhalten sowie dem Wohlbefinden unterstreichen dabei die Bedeutsamkeit der Beziehungsgestaltung zwischen Arbeitgeberin und Arbeitnehmerin.

Weiterführende Literatur

Conway, N. & Briner, R. B. (2005). *Understanding psychological contracts at work. A critical evaluation of theory and research.* Oxford: Oxford University Press.

De Cuyper, N., De Jong, J., De Witte, H., Isaksson, K., Rigotti, T. & Schalk, R. (2008). Literature review of theory and research on the psychological impact of temporary employment: Towards a conceptual model. *International Journal of Management Reviews, 10* (1), 25–51.

Ulich, E. (Hrsg.). (2001). *Beschäftigungswirksame Arbeitszeitmodelle.* Zürich: vdf

Reflexionsaufgaben

1. Nach welchen Kriterien können Arbeitszeitmodelle klassifiziert werden?
2. Welche Funktionen – außer Erholung – können Pausen noch haben?
3. Kann man sich an Schichtarbeit gewöhnen?
4. Was versteht man unter Psychologischen Verträgen?

Ausblick

Der dritte Fernlehrbrief widmet sich zuerst dem Thema Erwerbslosigkeit. Das erste Kapitel gibt einen Überblick über zentrale Ergebnisse zu den psychischen Folgen der Erwerbslosigkeit. Daneben werden förderliche und hinderliche Bedingungen für den Wiedereinstieg und die Gestaltung psychologischer Interventionen bei Erwerbslosen erörtert. Im zweiten Kapitel geht es um eine der Hauptaufgaben arbeitspsychologischer Tätigkeit, nämlich um die Analyse und Bewertung von Arbeitstätigkeiten und Arbeitssystemen. Hier stehen folgende Fragen im Vordergrund: Was bedeutet eine Arbeitsanalyse? Welche Verwendungszwecke gibt es? Nach welchen Kriterien können die Verfahren geordnet werden? Daran anschließend wird im dritten Kapitel die Arbeitsgestaltung als eine der zentralen Aufgaben von Arbeitspsychologen behandelt. Mit dem Ziel der Verhältnisprävention verfolgt sie einen bedingungsbezogenen Ansatz. Dabei soll nicht nur primär die Arbeitsaufgabe, sondern auch Umgebungsbedingungen, Arbeitsplatz und -mittel sowie die organisatorischen Randbedingungen gesundheits- und persönlichkeitsförderlich gestaltet werden. Das abschließende Kapitel befasst sich mit dem Thema des demografischen Wandels, da die Alterung der Erwerbsbevölkerung zu den größten Herausforderungen für die Arbeitspsychologie zählt.

Anhang

Literatur

Allen, T. D. & Armstrong, J. (2006). Further examination of the link between work-family conflict and physical health. *American Behavioral Scientist, 49,* 1204–1221.

Allen, T. D., Herst, D. E., Bruck, C. S. & Sutton, M. (2000). Consequences associated with work-to-family conflict: A review and agenda for future research. *Journal of Occupational Health Psychology, 5,* 278–308.

Allmendinger, J., Eichhorst, W. & Walwei, U. (2005). *IAB Handbuch Arbeitsmarkt. Analysen, Daten, Fakten.* Nürnberg: Institut für Arbeitsmarkt und Berufsforschung.

Amstad, F. T., Meier, L. L., Fasel, U., Elfering, A. & Semmer, N. K. (2011). A meta-analysis of work-family conflict and various outcomes with a special emphasis on cross-domain versus matching-domain relations. *Journal of Occupational Health Psychology, 16* (2), 151–169.

Antonovsky, A. (1979). *Health, stress and coping: New perspectives on mental and physical well-being.* San Francisco, CA: Jossey-Bass.

Aryee, S., Field, D. & Luk, V. (1999). A cross-cultural test of the work-family interface. *Journal of Management, 25,* 491–511.

Aschoff, J. (1965). Circadian rhythms in man – a self-sustained oscillator with an inherent frequency underlies human 24-hour periodicity. *Science, 148,* 1427–1432.

Badura, B., Schröder, H., Klose, J. & Macco, K. (2009). *Fehlzeiten-Report 2009: Arbeit und Psyche: Belastungen reduzieren – Wohlbefinden fördern.* Berlin: Springer.

Baillod, J., Davatz, F., Luchsinger, C., Stamatiadis, M. & Ulich, E. (1997). *Zeitenwende Arbeitszeit. Wie Unternehmen die Arbeitszeit flexibilisieren.* Zürich: vdf Hochschulverlag.

Bakker, A. B. & Demerouti, E. (2007). The job demand-resources model: state of the art. *Journal of Managerial Psychology, 22,* 309–328.

Bamberg, E., Busch, C. & Ducki, A. (2003). *Stress und Ressourcenmanagement. Strategien und Methoden für die neue Arbeitswelt.* Bern: Huber.

Bamberg, E., Ducki, A. & Metz, A.-M. (Hrsg.). (2011). *Handbuch Gesundheitsförderung und Gesundheitsmanagement in der Arbeitswelt.* Göttingen: Hogrefe.

Bamberg, E. & Fahlbruch, B. (2007). Gesundheit und Sicherheit. In H. Schuler (Hrsg.), *Lehrbuch Organisationspsychologie* (S. 617–640). Bern: Huber.

Bauer, F., Groß, H. & Schilling, G. (1997). *Zeitverwendung in Arbeits- und Lebenswelt. Fallstudien bei Alleinstehenden und Beschäftigten in Paarhaushalten mit und ohne Kind.* Köln: Institut zur Erforschung sozialer Chancen.

Bosch, J. A., Fischer, J. E. & Fischer, J. C. (2009). Psychologically adverse work conditions are associated with CD8+ T cell differentiation indicative of immunosenescence. *Brain, Behavior, and Immunity, 23,* 527–534.

Boucsein, W. & Thum, M. (1997). Design of work/rest schedules for computer work based on psychophysiological recovery measures. *International Journal of Industrial Ergonomics, 20,* 51–57.

Brandenburg, U. & Nieder, P. (2009). *Betriebliches Fehlzeiten-Management – Instrumente und Praxisbeispiele für erfolgreiches Anwesenheits- und Vertrauensmanagement.* Wiesbaden: Gabler.

Brotheridge, C. M. & Grandey, A. A. (2002). Emotional labor and burnout: Comparing two perspectives of ‚people work‘. *Journal of Vocational Behavior, 60,* 17–39.

Bundesanstalt für Arbeitsschutz und Arbeitsmedizin (Hrsg.). (2008). *Sicherheit und Gesundheit bei der Arbeit 2006. Unfallverhütungsbericht Arbeit.* Berlin: Autor.

Busemann, A. (1926). *Die Jugend im eigenen Urteil.* Langensalza: Beltz.

Butler, E. A., Egloff, B., Wilhelm, F. H., Smith, N. C., Erickson, E. A. & Gross, J. J. (2003). The social consequences of expressive suppression. *Emotion, 3* (1), 48–67.

Büttner, T., Fahlbruch, B. & Wilpert, B. (2007). *Sicherheitskultur. Konzepte und Analysemethoden.* Heidelberg: Asanger.

Carlson, D. S., Kacmar, K. M., Wayne, J. H. & Grzywacz, J. G. (2006). Measuring the positive side of the work-family interface: Development and validation of a work-family enrichment scale. *Journal of Vocational Behavior, 68,* 131–164.

Carlson, D. S., Kacmar, K. M. & Williams, L. J. (2000). Construction and initial validation of a multidimensional measure of work-family conflict. *Journal of Vocational Behavior, 56,* 249–276.

Cohen, S. & Herbert, T. B. (1996). Health psychology: Psychological factors and physical disease from the perspective of human psychoneuroimmunology. *Annual Review of Psychology, 47,* 113–142.

Conway, N. & Briner, R. B. (2005). *Understanding psychological contracts at work. A critical evaluation of theory and research.* Oxford: Oxford University Press.

Cooper, C. L., Liukkonen, P. & Cartwright, S. (1996). *Stress prevention in the workplace: Assessing the costs and benefits to organisations.* Dublin: European Foundation for the Improvement of Living and Working Conditions.

Côté, S. (2005). A social interaction model of the effects of emotion regulation on work strain. *Academy of Management Review, 30* (3), 509–530.

Côté, S. & Morgan, L. M. (2002). A longitudinal analysis of the association between emotion regulation, job satisfaction, and intentions to quit. *Journal of Organizational Behavior, 23,* 947–962.

De Bloom, J., Kompier, M., Geurts, S., De Weerth, C., Taris, T. & Sonnentag, S. (2009). Do we recover from vacation? Meta-analysis of vacation effects on health and well-being. *Journal of Occupational Health, 51,* 13–25.

De Cuyper, N., De Jong, J., De Witte, H., Isaksson, K., Rigotti, T. & Schalk, R. (2008). Literature review of theory and research on the psychological impact of temporary employment: Towards a conceptual model. *International Journal of Management Reviews, 10* (1), 25–51.

De Cuyper, N. & De Witte, H. (2006). The impact of job insecurity and contract type on attitudes, well-being and behavioural reports: A psychological contract perspective. *Journal of Occupational and Organizational Psychology, 79,* 395–409.

De Lange, A. H., Taris, T. W., Kompier, M. A. J., Houtman, I. L. D. & Bongers, P. M. (2003). „The very best of the millennium": Longitudinal research and the demand-control-(support) model. *Journal of Occupational Health Psychology, 8* (4), 282–305.

Deutsches Institut für Normung (2000). DIN EN ISO 10075-1. *Ergonomische Grundlagen bezüglich psychischer Arbeitsbelastung – Teil 1: Allgemeines und Begriffe.* Berlin: Beuth.

Dewe, P. (1991). Primary appraisal, secondary appraisal and coping: Their role in stressful work encounters. *Journal of Occupational Psychology, 64,* 331–351.

Dewe, P. (1993). Measuring primary appraisal: Scale construction and directions for future research. *Journal of Social Behavior and Personality, 8* (4), 673–685.

Dieterich, C., Vetter, C. & Naji, N. (1999). Krankheitsbedingte Fehlzeiten in der deutschen Wirtschaft. In B. Badura, M. Litsch & C. Vetter (Hrsg.), *Fehlzeiten-Report 1999. Psychische Belastung am Arbeitsplatz* (S. 363–622). Berlin: Springer.

Dormann, C. & Zapf, D. (2002). Social stressors at work, irritation and depressive symptoms: Accounting for unmeasured third variables in a multi-wave study. *Journal for Occupational and Organizational Psychology, 75,* 33–58.

Edwards, J. R. (1998). Cybernetic theory of stress, coping, and well-being: Review and extension to work and family. In C. L. Cooper (Ed.), *Theories of organizational stress* (pp. 122–152). Oxford: Oxford University Press.

Edwards, J. R., Caplan, R. D. & Van Harrison, R. (1998). Person-environment fit theory: Conceptual foundations, empirical evidence, and direction for future research. In C. L. Cooper (Ed.), *Theories of organizational stress* (pp. 28–67). Oxford: Oxford University Press.

Edwards, J. R. & Rothbard, N. P. (2005). Work and family stress and well-being: An integrative model of person-environment fit within and between the work and family domains. In E. E. Kossek & S. J. Lambert (Eds.), *Work and life integration: Organizational, cultural, and individual perspectives* (pp. 211–242). Mahwah, NJ: Erlbaum.

Elke, G. (2000). *Management des Arbeitsschutzes.* Wiesbaden: Deutscher Universitätsverlag.

EUROCIETT (2007). *More work opportunities for more people: Unlocking the private employment agency industry's contribution to a better functioning labour market.* Brüssel: Author.

Fenzl, C. & Resch, M. (2005). Zur Analyse der Koordination von Tätigkeitssystemen. *Zeitschrift für Arbeits- und Organisationspsychologie, 49*, 220–231.

Flanagan, J. C. (1954). The critical incident technique. *Psychological Bulletin, 51* (4), 327–358.

Frese, M. & Zapf, D. (1988). Methodological issues in the study of work stress: Objective vs. subjective measurement of work stress and the question of longitudinal studies. In C. L. Cooper & R. Payne (Eds.), *Causes, coping, and consequences of stress at work* (pp. 375–411). Chichester: Wiley.

Frese, M. & Zapf, D. (1994). Action as the core of work psychology. A German approach. In H. C. Triandis, M. D. Dunette & L. M. Rough (Eds.), *Handbook of industrial and organizational psychology* (pp. 271–340). Palo Alto, CA: Consulting Psychologists Press.

Freud, S. (1901). *Zur Psychopathologie des Alltagslebens.* Frankfurt: Fischer.

Frieling, E. & Sonntag, K. (1999). *Lehrbuch der Arbeitspsychologie* (2. Aufl., S. 381–430). Bern: Huber.

Frone, M. R. (2003). Work-family balance. In J. C. Quick & L. E. Tetrick (Eds.), *Handbook of occupational health psychology* (pp. 143–162). Washington, DC: American Psychological Association.

Galais, N. & Moser, K. (2001). Zeitarbeit als Sprungbrett in ein „Normalbeschäftigungsverhältnis"? Individuelle Determinanten der Übernahme und des Wohlbefindens von Zeitarbeitnehmern. In J. Zempel, J. Bacher & K. Moser (Hrsg.), *Erwerbslosigkeit, Ursachen, Auswirkungen und Interventionen* (S. 251–265). Opladen: Leske + Budrich.

Garhammer, M. (1994). *Balanceakt Zeit.* Berlin: Sigma.

Gasteiger, R. M. (2007). *Selbstverantwortliches Laufbahnmanagement: Das proteische Erfolgskonzept.* Göttingen: Hogrefe.

Gesundheitsberichterstattung des Bundes (2007). *Arbeitsunfälle und Berufskrankheiten.* Verfügbar unter http://www.gbe-bund.de/gbe10/ergebnisse.prc_tab?fid=10696& suchstring=2007_arbeitsunfall&query_id=&sprache=D&fund_typ=TXT&methode= 2&vt=1&verwandte=1&page_ret=0&seite=1&p_lfd_nr=2&p_news=&p_sprachkz =D&p_uid=gast&p_aid=94461368&hlp_nr=3&p_janein=J [7.3.2010].

Glomb, T. M. & Tews, M. J. (2004). Emotional labor: A conceptualization and scale development. *Journal of Vocational Psychology, 64*, 1–23.

Goffman, E. (1959). *The presentation of self in everyday life.* New York: Doubleday Anchor.

Gottschalk, F. & Gürtler, H. (1959). *Handbuch der Unfallverhütung. Ein Ratgeber für betriebliche Führungskräfte.* Stuttgart: Ring-Verlag.

Graf, O. (1956). Sicherheit durch Freizeit und Pause. *Verhandlungen der Deutschen Gesellschaft für Arbeitsschutz, 4*, 256–268.

Grandey, A. A., Fisk, G. M. & Steiner, D. D. (2005). Must „service with smile" be stressful? The moderating role of personal control for American and French employees. *Journal of Applied Psychology, 90*, 893–904.

Greenhaus, J. H. & Allen, T. D. (2006). *Work-family balance: Exploration of a concept.* Paper presented at the Families and Work Conference, Provo, UT.

Greenhaus, J. H. & Beutell, N. J. (1985). Sources of conflict between work and family roles. *Academy of Management Review, 10*, 76–88.

Greenhaus, J. H., Collins, K. M. & Shaw, J. D. (2003). The relation between work-family balance and quality of life. *Journal of Vocational Behavior, 63*, 510–531.

Greenhaus, J. H. & Powell, G. N. (2006). When work and family are allies: A theory of work-family enrichment. *Academy of Management Review, 31* (1), 72–92.

Greif, S. (1991). Stress in der Arbeit – Einführung und Grundbegriffe. In S. Greif, E. Bamberg & N. K. Semmer (Hrsg.), *Psychischer Stress am Arbeitsplatz* (S. 1–28). Göttingen: Hogrefe.

Greif, S., Bamberg, E. & Semmer, N. K. (Hrsg.). (1991). *Psychischer Stress am Arbeitsplatz.* Göttingen: Hogrefe.

Gross, J. J. (2001). Emotion regulation in adulthood: Timing is everything. *Psychological Science, 10*, 214–219.

Gross, J. J. & Levenson, R. W. (1993). Emotional suppression: Physiology, self report and expressive behaviour. *Journal of Personality and Social Psychology, 64*, 970–986.

Grote, G. & Künzler, C. (1996). *Sicherheitskultur, Arbeitsorganisation und Technikeinsatz.* Zürich: vdf Hochschulverlag.

Grzywacz, J. G. & Carlson, D. (2007). Conceptualizing work-family balance: Implications for practice and research. *Advances in Developing Human Resources, 9* (4), 455–471.

Grzywacz, J. G. & Marks, N. F. (2000). Reconceptualizing the work-family interface: An ecological perspective on the correlates of positive and negative spillover between work and family. *Journal of Occupational Health Psychology, 5*, 111–126.

Hacker, W. (1998). Fehlhandlungen und Handlungsfehler. In W. Hacker (Hrsg.), *Allgemeine Arbeitspsychologie* (S. 665–716). Bern: Huber.

Hacker, W. (1999). Regulation und Struktur von Arbeitstätigkeiten. In C. Graf Hoyos & D. Frey (Hrsg.), *Arbeits- und Organisationspsychologie. Ein Lehrbuch* (S. 385–397). Weinheim: Psychologie Verlags Union.

Hacker, W. (2005). *Allgemeine Arbeitspsychologie: Psychische Regulation von Wissens-, Denk- und körperlicher Arbeit* (2. Aufl.). Bern: Huber.

Harrington, J. A. & Blankenship, V. (2002). Ruminative thoughts and their relation to depression and anxiety. *Journal of Applied Social Psychology, 32* (3), 465–485.

Helfmann, B. (2000). Verkürzte Erwerbsarbeit – familienfreundliche und gesundheitsförderliche Alternative? *Arbeit, 9* (3), 244–250.

Helfmann, B. (2002). *Verkürzte Erwerbsarbeit – gesundheitsförderliche und familienfreundliche Alternative.* Unveröffentlichte Dissertation, Universität Dresden.

Henning, R. A., Jacques, P., Kissel, G. V., Sullivan, A. B. & Alteras-Webb, S. M. (1997). Frequent short rest breaks from computer work: Effects on productivity and well-being at two field sites. *Ergonomics, 40,* 78–91.

Heslegrave, R. J., Teinisch, L., Beyers, J. & Hall, G. (2000). Innovative Ansätze für längere Arbeitsschichten können Arbeitern zugute kommen. *Zeitschrift für Arbeitswissenschaft, 54* (5), 318–323.

Hetzer, H. (1931). Der Einfluss von Begabung und sozialem Milieu auf die Zukunftswünsche junger Mädchen. In P. F. Lazarsfeld (Hrsg.), *Jugend und Beruf* (S. 140–156). Jena: Fischer.

Hobfoll, S. E. (1998). *Stress, culture, and community: The psychology and philosophy of stress.* New York: Plenum.

Hobfoll, S. E. (2001). The influence of culture, community, and the nested-self in the stress process: Advancing conservation of resources theory. *Applied Psychology: An International Review, 50,* 337–421.

Hochschild, A. R. (1983). *The managed heart: The commercialization of human feeling.* Berkeley, CA: University of California Press.

Hochschild, A. R. (2006). *Das gekaufte Herz. Zur Kommerzialisierung der Gefühle.* Frankfurt am Main: Campus.

Hoff, E.-H. (1986). *Arbeit, Freizeit und Persönlichkeit.* Bern: Huber.

Hoff, E.-H., Grote, S., Dettmer, S., Hohner, H.-U. & Olos, L. (2005). Work-Life-Balance: Berufliche und private Lebensgestaltung von Frauen und Männern in hoch qualifizierten Berufen. *Zeitschrift für Arbeits- und Organisationspsychologie, 49,* 196–207.

Hofman, D. A. & Stetzer, A. (1996). A cross-level investigation of factors influencing unsafe behaviors and accidents. *Personnel Psychology, 49,* 307–339.

Hoyos, C. Graf (1987). Verhalten in gefährlichen Arbeitssituationen. In U. Kleinbeck & J. Rutenfranz (Hrsg.), *Arbeitspsychologie* (Enzyklopädie der Psychologie, Serie Wirtschafts-, Organisations- und Arbeitspsychologie, Bd. 1, S. 577–627). Göttingen: Hogrefe.

Hoyos, C. Graf & Ruppert, F. (1993). *Der Fragebogen zur Sicherheitsdiagnose (FSD).* Bern: Huber.

Johnson, J. V. & Hall, E. M. (1988). Job strain, work place social support, and cardiovascular disease: A cross-sectional study of a random sample of the swedish working population. *American Journal of Public Health, 78* (10), 1336–1342.

Karasek, R. & Theorell, T. (1990). *Healthy work. Stress, productivity, and the reconstruction of working life.* New York: Basic Books.

Kasl, S. V. (1996). The influence of the work environment on cardiovascular health: A historical, conceptual, and methodological perspective. *Journal of Occupational Health Psychology, 1* (1), 42–56.

Kastner, M. (2004). Work Life Balance als Zukunftsthema. In M. Kastner (Hrsg.), *Die Zukunft der Work Life Balance* (S. 1–65). Kröning: Asanger.

Kleiminger, K. (2001). *Arbeitszeit und Arbeitsverhalten. Eine empirische Untersuchung bei Fach- und Führungskräften.* Wiesbaden: Deutscher Universitätsverlag.

Knauth, P. (1997). Nacht- und Schichtarbeit. In H. Luczak & W. Volpert (Hrsg.), *Handbuch Arbeitswissenschaften* (S. 938–942). Stuttgart: Poeschel.

Knauth, P. (2010). Nacht- und Schichtarbeit. In D. Windemuth, D. Jung & O. Petermann (Hrsg.), *Praxishandbuch psychische Belastungen im Beruf. Vorbeugen – erkennen – handeln* (S. 119–126). Wiesbaden: Universum Verlag.

Konradt, U. & Schmook, R. (1999). Telearbeit – Belastungen und Beanspruchungen im Längsschnitt. *Zeitschrift für Arbeits- und Organisationspsychologie, 43,* 142–150.

Kornhauser, A. W. (1965). *Mental health of the industrial worker: A Detroit study.* New York: Wiley.

Kossek, E. E. & Ozeki, C. (1998). Work-family conflict, policies, and the job-life satisfaction relationship: A review and directions for organizational behavior-human resources research. *Journal of Applied Psychology, 83,* 139–149.

Krause, A., Philipp, A., Bader, F. & Schüpbach, H. (2008). Emotionsregulation von Lehrkräften: Umgang mit Gefühlen als Teil der Arbeit. In A. Krause, H. Schüpbach, E. Ulich & M. Wuelser (Hrsg.), *Arbeitsort Schule. Organisations- und arbeitspsychologische Perspektiven* (S. 309–334). Wiesbaden: Gabler.

Krausz, M., Brandwein, T. & Fox, S. (1995). Work attitudes and emotional responses of permanent, voluntary, and involuntary temporary-help employees – an exploratory study. *Applied Psychology – An International Review, 44* (3), 217–232.

Kruml, S. M. & Geddes, D. (2000). Catching fire without burning out: Is there an ideal way to perform emotional labor? In N. M. Ashkanasy, C. E. J. Härtel & W. J. Zerbe (Eds.), *Emotions in the workplace: Theory, research, and practice* (pp. 177–188). Westport, CT: Quorum Books.

Laurig, W. (1980). *Grundzüge der Ergonomie.* Berlin: Beuth.

Lazarus, R. S. (1999). *Stress and emotion: A new synthesis.* Berlin: Springer.

Le Blanc, P., De Jonge, J. & Schaufeli, W. B. (2000). Job stress and health. In N. Chmiel (Ed.), *Introduction to work and organizational psychology: A European perspective.* (pp. 148–177). Malden: Blackwell.

Lehder, G. & Skiba, R. (2005). *Taschenbuch Arbeitssicherheit* (11. Aufl.). Berlin: Erich Schmidt.

Leitner, K. (1999). Kriterien und Befunde zu gesundheitsförderlicher Arbeit – Was schädigt, was fördert die Gesundheit? In R. Oesterreich & W. Volpert (Hrsg.), *Psychologie gesundheitsgerechter Arbeitsbedingungen* (S. 63–140). Bern: Huber.

Lord, R. G., Klimoski, R. J. & Kanfer, R. (Eds.). (2002). *Emotions in the workplace: Understanding the structure and role of emotions in organizational behavior.* San Francisco, CA: Jossey-Bass.

Lowden, A., Kecklund, G., Axelsson, J. & Åkerstedt, T. (1998). Change from an 8-hour shift to a 12-hour shift, attitudes, sleep, sleepiness and performance. *Scandinavian Journal of Work, Environment & Health, 24,* 69–75.

Maaz, A., Winter, M. H.-J. & Kuhlmey, A. (2007). Der Wandel des Krankheitspanoramas und die Bedeutung chronischer Erkrankungen (Epidemiologie, Kosten). In B. Badura, H. Schellschmidt & C. Vetter (Hrsg.), *Fehlzeiten-Report 2006. Chronische Krankheiten* (S. 5–24). Heidelberg: Springer.

Marbe, K. (1926). *Praktische Psychologie der Unfälle und Betriebsschäden.* Berlin: Oldenbourg.

Marks, S. R. (1977). Multiple roles and role strain: Some notes on human energy, time and commitment. *American Sociological Review, 42,* 921–936.

Marler, J. H., Barringer, M. W. & Milkovich, G. T. (2002). Boundaryless and traditional contingent employees: Worlds apart. *Journal of Organizational Behavior, 23* (SI), 425–453.

McLean, L., Tingley, M., Scott, R. N. & Rickards, J. (2001). Computer terminal work and the benefit of microbreaks. *Applied Ergonomics, 32,* 225–237.

Meijman, T. F. & Mulder, G. (1998). Psychological aspects of workload. In P. J. Drenth, H. Thierry & C. J. De Wolff (Eds.), *Handbook of work and organizational psychology* (2nd ed., pp. 5–33). Hove: Erlbaum.

Mesmer-Magnus, J. R. & Viswesvaran, C. (2005). Convergence between measures of work-to-family and family-to-work conflict: A meta-analytic examination. *Journal of Vocational Behavior, 67,* 215–232.

Miner, J. (1992). *Industrial-organizational psychology.* New York: McGraw-Hill.

Mohr, G. & Semmer, N. K. (2002). Arbeit und Gesundheit: Kontroverse zu Person und Situation. *Psychologische Rundschau, 53* (2), 77–84.

Morris, J. A. & Feldman, D. C. (1996). The dimensions, antecedents, and consequences of emotional labor. *Academy of Management Review, 21,* 986–1010.

Morrison, E. W. & Robinson, S. L. (1997). When employees feel betrayed: A model of how psychological contract violation develops. *Academy of Management Review, 22,* 226–256.

Nerdinger, F. W. (1994). *Zur Psychologie der Dienstleistung.* Stuttgart: Schäffer-Poeschel.

Nerdinger, F. W., Blickle, G. & Schaper, N. (2008). *Arbeits- und Organisationspsychologie.* Heidelberg: Springer.

Nerdinger, F. W. & Röper, M. (1999). Emotionale Dissonanz und Burnout. Eine empirische Untersuchung im Pflegebereich eines Universitätskrankenhauses. *Zeitschrift für Arbeitswissenschaft, 53,* 187–193.

Nolen-Hoeksema, S. (2000). The role of rumination in depressive disorders and mixed anxiety/depressive symptoms. *Journal of Abnormal Psychology, 109* (3), 504–511.

Nolen-Hoeksema, S. & Harrell, Z. A. (2002). Rumination, depression, and alcohol use: Tests of gender differences. *Journal of Cognitive Psychotherapy, 16* (4), 391–403.

Oesterreich, R. & Volpert, W. (Hrsg.). (1999). *Psychologie gesundheitsgerechter Arbeitsbedingungen.* Bern: Huber.

Rajaratnam, S. M. W. & Arendt, J. (2001). Health in a 24-h society. *Lancet, 358,* 999–1005.

Rasmussen, J. (1987). Cognitive control and human error mechanisms. In K. Rasmussen, J. Duncan & J. Leplat (Eds.), *New technology and human error.* London: Wiley.

Rastetter, D. (1999). Emotionsarbeit. Stand der Forschung und offene Fragen. *Arbeit, 4* (8), 374–388.

Rastetter, D. (2008). *Zum Lächeln verpflichtet. Emotionsarbeit im Dienstleistungsbereich.* Frankfurt am Main: Campus.

Rau, R. (1998). Ambulantes psychophysiologisches Monitoring zur Bewertung von Arbeit und Erholung. *Zeitschrift für Arbeits- und Organisationspsychologie, 42,* 185–196.

Raum, H., Heichen, B. & Hahn, E. (1985). Arbeitszeit, Pausen, Arbeitswechsel bei Bildschirmarbeit. *Psychologie für die Praxis, 3,* 230–238.

Reason, J. (1990). *Human error.* New York: Cambridge University Press.

Reason, J. (1997). *Managing the risks of organizational accidents.* Burlington, VT: Ashgate.

Rehfeld, U. G. (2006). *Gesundheitsbedingte Frühberentung. Schwerpunktbericht der Gesundheitsberichterstattung des Bundes.* Berlin: Robert Koch Institut.

Resch, M. (2007). Familienfreundlichkeit von Unternehmen aus arbeitspsychologischer Sicht. In A. Dilger, I. Gerlach & H. Schneider (Hrsg.), *Betriebliche Familienpolitik – Potenziale und Instrumente aus multidisziplinärer Sicht* (S. 103–12). Wiesbaden: VS-Verlag.

Resch, M. & Bamberg, E. (2005). Work-Life-Balance – ein neuer Blick auf die Vereinbarkeit von Berufs- und Privatleben? *Zeitschrift für Arbeits- und Organisationspsychologie, 49,* 171–175.

Richter, P., Hille, B. & Rudolf, M. (1999). Gesundheitsrelevante Bewältigung von Arbeitsanforderungen. *Zeitschrift für Differentielle und Diagnostische Psychologie, 20,* 25–38.

Rigotti, T. (2010). Flexibilität und Selbstorganisation. In D. Windemuth, D. Jung & O. Petermann (Hrsg.), *Praxishandbuch Psychische Belastungen im Beruf* (S. 155–165). Wiesbaden: UniversumVerlag.

Rigotti, T. & Mohr, G. (2006). Trau – Schau – Wem? Vertrauen in die Organisation als salutogenetischer Katalysator. *Wirtschaftspsychologie, 8* (2/3), 22–29.

Rigotti, T., Otto, K. & Mohr, G. (2007). Psychologische Verträge und ihr Zusammenhang zu psychosozialem Befinden von Arbeitnehmerinnen und Arbeitnehmern. In P. Richter, R. Rau & S. Mühlpfordt (Hrsg.), *Arbeit und Gesundheit* (S. 227–246). Lengerich: Pabst.

Rohmert, W. (1984). Das Belastungs-Beanspruchungskonzept. *Zeitschrift für Arbeitswissenschaft, 38* (4), 193–200.

Rotheiler, E., Richter, P. & Rudolf, M. (2009). *FABA – Faulty attitudes and behaviour analysis relevant to coping with work demands.* Dresden: University Press.

Rousseau, D. M. (1995). *Psychological contracts in organizations. Understanding written and unwritten agreements.* Thousand Oaks, CA: Sage.

Rousseau, D. M. (2001). Schema, promise and mutuality: The building blocks of the psychological contract. *Journal of Occupational and Organizational Psychology, 74,* 511–541.

Rousseau, D. M. & Tijouriwala, S. A. (1998). Assessing psychological contracts: Issues, alternatives and measures. *Journal of Organizational Behavior, 19,* 679–695.

Rump, J. & Eilers, S. (2006). *Beschäftigungswirkungen der Vereinbarkeit von Beruf und Familie – auch unter Berücksichtigung der demographischen Entwicklung.* Mainz: Ministerium für Arbeit, Soziales, Familie und Gesundheit Rheinland-Pfalz.

Sahl, J. C., Cohen, L. H. & Dasch, K. B. (2009). Hostility, interpersonal competence, and daily dependent stress: A daily model of stress generation. *Cognitive Therapy and Research, 33* (2), 199–210.

Schobert, D. B. (2007). Grundlagen zum Verständnis von Work-Life-Balance. In A. S. Esslinger & D. B. Schobert (Hrsg.), *Erfolgreiche Umsetzung von Work-Life-Balance in Organisationen: Strategien – Konzepte – Maßnahmen* (S. 19–33). Wiesbaden: Deutscher Universitätsverlag.

Schönpflug, W. & Battmann, W. (1988). The costs and benefits of coping. In S. Fisher & J. Reason (Eds.), *Handbook of life stress, cognition and health* (S. 699–713). New York: Wiley.

Schwarzer, R. (1990). *Gesundheitspsychologie. Ein Lehrbuch.* Göttingen: Hogrefe.

Schwarzer, R. (2008). Modeling health behavior change: How to predict and modify the adoption and maintenance of health behaviors. *Applied Psychology: An International Review, 57,* 1–29.

Seifert, H. (1995). Kriterien für eine sozialverträgliche Arbeitszeitgestaltung. In A. Büssing & H. Seifert (Hrsg.), *Sozialverträgliche Arbeitszeitgestaltung* (S.15–30). München: Hampp.

Sekiguchi, T. (2004). Toward a dynamic perspective of person-environment-fit. *Osaka Keidai Ronshu, 55* (1), 177–190.

Selye, H. (1974). *Stress without distress.* Philadelphia, PA: Lippincott.

Semmer, N. K. (1984). *Streßbezogene Tätigkeitsanalyse: Psychologische Untersuchungen zur Analyse von Streß am Arbeitsplatz.* Weinheim: Beltz.

Semmer, N. K. (2003). Individual Differences, Work, Stress and Health. In M. J. Schabracq, J. A. Winnubst & C. L. Cooper (Eds.), *The handbook of work and health psychology* (S. 83–120). Chichester: Wiley.

Semmer, N. K., Jacobshagen, N., Meier, L. L. & Elfering, E. (2010). *Illegitimate tasks as a source of stress.* Manuscript submitted for publication.

Semmer, N. K. & Mohr, G. (2001). Arbeit und Gesundheit: Konzepte und Ergebnisse der arbeitspsychologischen Stressforschung. *Psychologische Rundschau, 52,* 150–158.

Semmer, N. K., Zapf, D. & Greif, S. (1996). „Shared job strain": A new approach for assessing the validity of job stress measurements. *Journal of Occupational and Organizational Psychology, 69* (3), 293–310.

Sieber, S. (1974). Toward a theory of role accumulation. *American Sociological Review, 39,* 567–578.

Siegrist, J. (1994). Berufliche Gratifikationskrisen und Herz-Kreislauf-Risiko – ein medizinsoziologischer Erklärungsansatz sozial differentieller Morbidität. In A. Mielck (Hrsg.), *Krankheit und soziale Ungleichheit. Sozialepidemiologische Forschungen in Deutschland* (S. 411–423). Opladen: Leske + Budrich.

Siegrist, J. (1998). Adverse health effects of Effort-Reward Imbalance at Work. In C. L. Cooper (Ed.), *Theories of organizational stress* (S.190–204). Oxford: Oxford University Press.

Silla, I., Gracia, F. J. & Peiró, J. M. (2005). Job insecurity and health-related outcomes among different types of temporary workers. *Economic and Industrial Democracy, 26,* 89–117.

Søgaard, A. J., Dalgard, O. S., Holme, I., Røysamb, E. & Håheim, L. L. (2008). Associations between type a behaviour pattern and psychological distress: 28 years of follow-up of the Oslo study 1972/1973. *Social Psychiatry and Psychiatric Epidemiology, 43* (3), 216–223.

Sonnentag, S. (2003). Recovery, work engagement, and proactive behaviour: A new look at the interface between work and non-work. *Journal of Applied Psychology, 88,* 518–528.

Sonnentag, S. & Frese, M. (2003). Stress in organizations. In W. C. Borman, D. R. Ilgen, R. J. Klimoski & I. B. Weiner (Eds.), *Handbook of Psychology. Industrial and Organizational Psychology* (Vol. 12, pp. 453–491). Hoboken, NJ: Wiley.

Spork, P. (2004). *Das Uhrwerk der Natur. Chronobiologie – Leben mit der Zeit.* Reinbek: Rowohlt.

Spurgeon, A., Harrington, J. M. & Cooper, C. L. (1997). Health and safety problems associated with long working hours: A review of current positions. *Occupational and Environmental Medicine, 54,* 367–375.

Statistisches Bundesamt (2009a). *Atypische Beschäftigung auf dem Deutschen Arbeitsmarkt.* Wiesbaden: Statistisches Bundesamt.

Strauss, A., Fagerhaugh, S., Suczek, B. & Wiener, C. (1980). Gefühlsarbeit: Ein Beitrag zur Arbeits- und Berufssoziologie. *Kölner Zeitschrift für Soziologie und Sozialpsychologie, 32* (4), 629–651.

Strohm, O. & Ulich, E. (1999). Ganzheitliche Betriebsanalyse unter Berücksichtigung von Mensch, Technik, Organisation (MTO-Analyse). In H. Dunckel (Hrsg.), *Handbuch psychologischer Arbeitsanalyseverfahren* (S.319–340). Zürich: vdf Hochschulverlag.

Theorell, T. & Karasek, R. (1996). Current issues relating to psychosocial job strain and cardiovascular disease research. *Journal of Occupational Health Psychology, 1* (1), 9–26.

Thomsen, D. K., Mehlsen, M. Y., Christensen, S. & Zachariae, R. (2003). Ruminationrelationship with negative mood and sleep quality. *Personality & Individual Differences, 34* (7), 1293–1301.

Tucker, P. (2003). The impact of rest breaks upon accident risk, fatigue and performance: A review. *Work & Stress, 17,* 123–137.

Udris, I., Kraft, U., Muheim, M., Mussmann, C. & Rimann, M. (1992). Ressourcen der Salutogenese. In H. Schröder & K. Reschke (Hrsg.), *Psychosoziale Prävention und Gesundheitsförderung* (S. 85–103). Regensburg: Roderer.

Ulich, E. (Hrsg.). (2001). *Beschäftigungswirksame Arbeitszeitmodelle.* Zürich: vdf.

Ulich, E. (2005). *Arbeitspsychologie* (6. Aufl.). Stuttgart: Schäffer-Poeschel.

Ulich, E. (2007). Von der Work Life Balance zur Life Domain Balance. *Zeitschrift Führung + Organisation, 76* (4), 188–193.

Ulich, E. & Wiese, B. S. (2011). *Life Domain Balance – Konzepte zur Verbesserung der Lebensqualität.* Wiesbaden: Gabler.

Vroom, V. H. (1964). *Work and motivation.* New York: Wiley.

Waldbuesser, P. (2007). Zeitliche Gestaltung der Arbeit. In H. Schuler & K. Sonntag (Hrsg.), *Handbuch der Arbeits- und Organisationspsychologie* (S.191–196). Göttingen: Hogrefe.

Weinstein, M. (1989). Lebensweisen, Stress und Arbeit: Strategien für die Gesundheitsförderung. In A. Kaplun & E. Wenzel (Hrsg.), *Gesundheitsförderung in der Arbeitswelt* (S. 15–24). Berlin: Springer.

Wenninger, G. (1991). *Arbeitssicherheit und Gesundheit. Psychologisches Grundwissen für betriebliche Sicherheitsexperten und Führungskräfte.* Heidelberg: Asanger.

Wiese, B. S. (2007). Work-Life-Balance. In K. Moser (Hrsg.), *Wirtschaftspsychologie* (S. 245–263). Berlin: Springer.

Wilde, G. J. S. (1982). The theory of risk homeostasis: Implication for safety and health. *Risk Analysis, 2,* 209–225.

Wirtz, A., Nachreiner, B., Beermann, F., Brenscheidt, A. & Siefer, A. (2009). *Lange Arbeitszeiten und Gesundheit.* Dortmund: Bundesanstalt für Arbeitschutz und Arbeitsmedizin.

Zapf, D. (2002). Emotion work and psychological well-being: A review of the literature and some conceptual considerations. *Human Resource Management Review, 12,* 237–268.

Zapf, D., Bechtholdt, M. & Dormann, C. (2000). *Instrumente der Arbeits- und Organisationspsychologie. Instrument zur stressbezogenen Tätigkeitsanalyse (ISTA): Fragebogenversion 6.0.* Frankfurt am Main: Goethe-Universität.

Zapf, D., Dormann, C. & Frese, M. (1996). Longitudinal studies in organizational stress research: A review of the literature with reference to methodological issues. *Journal of Occupational Health Psychology, 2,* 145–169.

Zapf, D., Frese, M. & Brodbeck, F. C. (1999). Fehler und Fehlermanagement. In C. Graf Hoyos & F. Frey (Hrsg.), Arbeits- und Organisationspsychologie. *Ein Lehrbuch* (S. 398–411). Weinheim: Psychologische Verlags Union.

Zapf, D. & Holz, M. (2006). On the positive and negative effects of emotion work in organisations. *European Journal of Work and Organizational Psychology, 15* (1), 1–28.

Zapf, D., Isic, A., Fischbach, A. & Dormann, C. (2003). Emotionsarbeit in Dienstleistungsberufen. Das Konzept und seine Implikationen für die Personal- und Organisationsentwicklung. In K.-C. Hamborg & H. Holling (Hrsg.), *Innovative Personal- und Organisationsentwicklung* (S. 266–288). Göttingen: Hogrefe.

Zapf, D., Seifert, C., Mertini, H., Voigt, C., Holz, M., Vondran, E., Isic, A. & Schmutte, B. (2000). Emotionsarbeit in Organisationen und psychische Gesundheit. In H.-P. Musahl & T. Eisenhauser (Hrsg.), *Psychologie der Arbeitssicherheit. Beiträge zur Förderung von Sicherheit und Gesundheit in Arbeitssystemen* (S. 99–106). Heidelberg: Asanger.

Zapf, D. & Semmer, N. K. (2004). Streß und Gesundheit in Organisationen. In H. Schuler (Hrsg.), *Organisationspsychologie* (Enzyklopädie der Psychologie, Serie Wirtschafts-, Organisations- und Arbeitspsychologie, Bd. 1, S. 1007–1112). Göttingen: Hogrefe.

Zapf, D., Vogt, C., Seifert, C., Mertini, H. & Isic, A. (1999). Emotion work as a source of stress. The concept and development of an instrument. *European Journal of Work and Organizational Psychology, 8,* 371–400.

Zhao, H., Wayne, S. J., Glibowski, B. C. & Bravo, J. (2007). The impact of psychological contract breach on work-related outcomes: A meta-analysis. *Personnel Psychology, 60,* 647–680.

Zimolong, B. (1990). Fehler und Zuverlässigkeit. In B. Zimolong & C. Graf Hoyos (Hrsg.), *Ingenieurpsychologie* (Enzyklopädie der Psychologie, Serie Wirtschafts-, Organisations- und Arbeitspsychologie, Bd. 2, S. 311–345). Göttingen: Hogrefe.

Zimolong, B. & Elke, G. (1996). *Sicherheit als Systemziel* (Bochumer Berichte zur Angewandten Psychologie, Vol. 13/96). Bochum: Ruhr Universität.

Glossar

Aktiver Fehler

Aktive Fehler werden von Operateuren an der Mensch-Maschine-Schnittstelle begangen und haben eine unfallauslösende Wirkung. Da sie räumlich und zeitlich begrenzt sind, sind aktive Fehler leichter zu identifizieren als latente Fehler.

Basale Fähigkeiten

Basale Fähigkeiten (basic capabilities) sind die an den Organismus gebundenen Fähigkeiten wie z.B. schnelle Reaktion, Wahrnehmung oder Kondition.

Career education

Career education beschreibt laufbahnbezogene Interventionen, welche die Vermittlung von Kenntnissen über die Arbeitswelt, Kenntnissen über die eigene Person sowie Kenntnissen und Kompetenzen bezüglich laufbahnbezogenem Verhalten (z.B. Bewerbung) zum Gegenstand haben.

Circadian-Rhythmus

Der Circadian-Rhythmus (circa-diem: ungefähr ein Tag) bezeichnet die endogenen (inneren) zyklisch ablaufenden Prozesse, wie etwa die Ausschüttung bestimmter Hormone, die Körpertemperatur und damit verknüpfte Zustände der Wachheit und Leistungsfähigkeit.

Complex Man

„Complex Man" umfasst die Sichtweise auf den Menschen als von vielfältigen und individuellen Bedürfnissen bestimmt. Als Konsequenz daraus ergibt sich beispielsweise die Notwendigkeit einer flexiblen Arbeitsgestaltung, die auf unterschiedliche Bedürfnisse abgestimmt werden kann.

Critical Incident Technique

Die „Critical Incident Technique" (Flanagan, 1954) ist eines der bekanntesten teilstandardisierten, verhaltensorientierten Verfahren. Das Verfahren wurde zur Erhebung von Anforderungen komplexer Tätigkeiten entwickelt. Dabei wird zwischen kritischen Ereignissen und erfolgskritischem Verhalten unterschieden. Ein kritisches Ereignis ist eine Situation, in der effektives oder ineffektives Verhalten zum Erfolg bzw. Misserfolg der betroffenen Person beiträgt.

Crossover-Effekt

Von Crossover-Effekten wird gesprochen, wenn es zu positiven oder negativen Übertragungseffekten kommt. So kann der berufliche Stress einer Person zu einem erhöhten häuslichen Stresserleben der Partnerin führen.

Defizitmodell

Defizitmodelle des Alterns gehen von einem unumgänglichen Abbauprozess der wichtigsten Funktionen aus. Zu diesen Funktionen gehören physiologische Voraussetzungen wie Muskelkraft und kognitive Voraussetzungen wie Intelligenz.

Display Rules

Display rules bezeichnen die von betrieblicher Seite definierten und geforderten Normen und Standards von Verhalten, die anzeigen, welche Gefühle in welcher Situation als angemessen gelten.

Drittvariable	Bei einer Drittvariable handelt es sich um eine Variable, die einen Einfluss auf die Höhe des Zusammenhanges zwischen zwei anderen Variablen ausübt.
Dual Career Couples	Als „Doppelkarrierepaare" werden Paare bezeichnet, bei denen beide Partner eine hohe Qualifikation und Berufsorientierung besitzen sowie eine eigenständige Berufslaufbahn verfolgen.
Economic Man	„Economic Man" umfasst die Sichtweise auf den Menschen als stets rational handelnd und überwiegend durch materielle Anreize motiviert. Dieses Menschenbild war prägend für den Ansatz der wissenschaftlichen Betriebsführung nach Taylor.
Emotional work	Emotional work bezeichnet die Auseinandersetzung und Regulation der eigenen Gefühle in Kundeninteraktionen. Strauss et al. (1980) unterscheiden diese Art der Gefühlsarbeit von sentimental work, das sich auf die Beeinflussung der Gefühle anderer bezieht.
Erwerbsarbeit	Erwerbsarbeit ist bezahlte Tätigkeit mit dem Ziel, den Lebensunterhalt zu finanzieren.
Erwerbslosenquote	Erwerbslosenquote ist ein synonymer Begriff für Arbeitslosenquote. Sie wird ermittelt aus dem Anteil der Erwerbslosen an der Gesamtzahl der zivilen erwerbsfähigen abhängigen Erwerbspersonen. In den Publikationen der Bundesanstalt für Arbeit und des Statistischen Bundesamts werden zwei Berechnungsmodi angegeben, die sich jeweils durch die Definition der Erwerbstätigen unterscheiden. Eine Quote bezieht sich auf alle zivilen Erwerbspersonen (abhängig Beschäftigte, Selbstständige und mithelfende Familienangehörige). Eine weitere Quote bezieht sich nur auf die abhängig und zivil Beschäftigten (sozialversicherungspflichtig Beschäftigte, geringfügig Beschäftigte, Beamtinnen).
Erwerbslosigkeit	Erwerbslosigkeit ist ein Synonym für Arbeitslosigkeit. Definition von Arbeitslosen nach dem Sozialgesetzbuch (SGB III, § 16): Arbeitslose sind Personen, die vorübergehend nicht in einem Beschäftigungsverhältnis stehen, eine versicherungspflichtige Beschäftigung suchen und dabei den Vermittlungsbemühungen der Agentur für Arbeit zur Verfügung stehen und sich bei der Agentur für Arbeit arbeitslos gemeldet haben. Teilnehmer an Maßnahmen der aktiven Arbeitsmarktpolitik gelten als nicht arbeitslos.
Freizeit	Freizeit ist jene Zeit, über die ohne Sachzwang individuell disponiert und nach persönlichen Wünschen verfügt werden kann. Diese ist abzugrenzen von der arbeitsgebundenen Freizeit, die sich auf Pausen, Wege- und Bereitschaftszeiten bezieht, und vom Konzept der Sozialzeit, das die Partizipation an der Erstellung gesellschaftlicher Strukturen beschreibt und weder eindeutig der Erwerbsarbeit noch der Freizeit zuzuordnen ist.
Generic Error Modeling System	Das „Generic Error Modeling System" ist ein kognitives Modell zu Fehlerprozessen nach Reason (1990), in dem drei Ebenen („levels") der Handlungssteuerung und damit auch der Fehlergenese unterschieden werden: die fertigkeitsbasierte („skill-based") Ebene, auf der Ausrutscher oder Versehen („slips") angesiedelt sind, die regelbasierte („rule-based") Ebene,

auf der es zu Erkennens- oder Verwechslungsfehlern kommen kann, und die wissensbasierte („knowledge-based") Ebene, wo Denk- oder Urteilsfehler auftreten.

Geschlechts spezifische Arbeitsteilung

Geschlechtsspezifische Arbeitsteilung ist die Aufteilung des Arbeitsmarktes nach Geschlechtern. Dabei kann sowohl eine vertikale Segregation, d.h. ein deutlich geringerer Anteil von Frauen in (höheren) Führungspositionen, als auch eine horizontale Segregation beobachtet werden: Frauen und Männer arbeiten in unterschiedlichen Berufsfeldern („Frauen- und Männerberufe") bzw. bekommen auch auf derselben Hierarchieebene und in ähnlichen Tätigkeitsfeldern häufig unterschiedliche Aufgaben zugewiesen.

Handlung

Handlung ist eine zeitlich in sich geschlossene, auf ein Ziel gerichtete sowie inhaltlich und zeitlich gegliederte Einheit der Tätigkeit. Die Abgrenzung von Handlungen erfolgt durch das bewusste Ziel.

Handlungszyklus

Handlungszyklus ist die Abfolge der vier Handlungsphasen Zielbildung, Planung, Ausführung und Kontrolle. Nach der Handlungsregulationstheorie muss eine sequenziell vollständige Aufgabe die Bewältigung des gesamten Handlungszyklus erfordern.

Job enlargement

„Job enlargement" bedeutet die Erweiterung der Tätigkeit auf horizontaler Ebene. Zur ausgeführten Tätigkeit kommen weitere Aufgaben des gleichen Anspruchsniveaus hinzu. Ein Arbeitsplatz besteht somit aus mehreren Teiltätigkeiten.

Job enrichment

„Job enrichment" bedeutet die Erweiterung des Aufgabenspektrums durch Übertragung von Aufgaben mit mehr Anforderungen sowie Erhöhung der Verantwortung und Entscheidungsfreiheit der Beschäftigten. Aufgabenerweiterung findet auf hierarchischer Ebene statt.

Job rotation

„Job rotation" bedeutet das Prinzip des geplanten Arbeitsplatzwechsels. Mitarbeiterinnen rotieren Arbeitsplätze, die aus jeweils einer Teiltätigkeit der gleichen Anforderungsebene bestehen.

Langzeitarbeitslosigkeit

Zu den Langzeitarbeitslosen werden diejenigen gezählt, die bereits 12 Monate oder länger arbeitslos sind.

Latente Fehler

Latente Fehler sind Mängel im System wie etwa schlechtes Design, ungenügende Wartung, ungünstige oder unzureichende Personalausstattung. Die Beurteilung latenter Fehler erweist sich als schwierig, da sie zeitlich und räumlich oft weit entfernt von einem konkreten Unfallereignis liegen.

Moderatorvariable

Eine Moderatorvariable verändert die Stärke des Zusammenhangs zwischen zwei Variablen. Zur Prüfung von Moderationseffekten wird ein Interaktionsterm aus der unabhängigen Variable und der Moderatorvariable zusätzlich zu den Einzelvariablen in eine Regressionsanalyse eingeführt.

MTO-Analyse

Die MTO-Analyse ist ein Verfahren zur Mehrebenenanalyse. Sie verfolgt einen integrativen Ansatz von soziotechnischer Systemanalyse und psychologischer Arbeitsanalyse (Strohm & Ulich, 1999).

New career	Ansätze der „new career" greifen Veränderungen in der aktuellen flexibilisierten Arbeitswelt auf und berücksichtigen, dass sich berufliche Laufbahnen zunehmend außerhalb des organisationalen Rahmens entwickeln. Ein zentrales Element der Ansätze zur „new career" ist die Verschiebung der Verantwortung für die berufliche Laufbahn von der Organisation auf die Person.
Objektpsychotechnik	Die Objektpsychotechnik ist eine Richtung der Psychotechnik, die sich mit der Anpassung der Arbeitsmittel und Arbeitsbedingungen an den Menschen beschäftigt.
Partialisierung	Partialisierung von Handlungen bedeutet, dass Handelnde von einzelnen Regulationsebenen abgeschnitten sind. Je nachdem, welche Regulationsebene dies betrifft, ist die Partialisierung mehr oder weniger ausgeprägt. Eine partialisierte Handlung ist gleichzeitig auch eine unvollständige Handlung. Je mehr Regulationsebenen beim Handeln angesprochen werden, desto weniger partialisiert und desto vollständiger ist die Handlung und desto mehr Möglichkeiten bietet sie zur Erweiterung individueller Kompetenzen.
Patchwork-Biografien	Durch die sich verändernden Bedingungen des Arbeitslebens kommt es immer häufiger zu einer Abweichung von einer streng linearen, in ihren Elementen aufeinander aufbauenden Erwerbsbiografie, welche noch vor wenigen Jahrzehnten als Regelfall galt. Neben Erwerbslosigkeit, Ausbildungsabbrüchen, und häufigen Jobwechseln als wesentliche Ursachen für solche „Flickenteppich-Biografien" tragen auch die Elternzeit sowie berufliche Auszeiten, sogenannte Sabbaticals, zu Unterbrechungen in den Erwerbsbiografien bei.
Personenbezogene Dienstleistungen	Personenbezogene Dienstleistungen beziehen sich auf Leistungen, die in Kooperation bzw. Interaktion mit dem Kunden erbracht werden, z. B. im Beratungs- oder Servicebereich. Eine wesentliche berufliche Anforderung im personenbezogenen Dienstleistungsgewerbe ist die Regulation der eigenen Gefühle und die Beeinflussung der Gefühle der Kundin (vgl. auch emotional bzw. sentimental work).
Prospektive Arbeitsgestaltung	Bei der prospektiven Arbeitsgestaltung erlaubt die Arbeitsaufgabe eine eine Anpassung an die individuellen Fähigkeiten der Beschäftigten. Tätigkeiten werden lernförderlich gestaltet mit dem Ziel der Persönlichkeitsentwicklung während der Arbeit.
Proteische Laufbahnorientierung	Die proteische Laufbahnorientierung ist ein Konzept im Rahmen der New-career-Ansätze und beschreibt die selbstverantwortliche und wertegeleitete Gestaltung der eigenen beruflichen Laufbahn, die Freiheit und persönliches Wachstum – im Gegensatz zum objektiven Berufserfolg – betont.
Psychologischer Vertrag	Der Psychologische Vertrag beschreibt die individuelle Wahrnehmung der gegenseitigen Versprechen und Verpflichtungen im sozialen Austausch zwischen Arbeitnehmerin und Arbeitgeberin.
Regulationsebenen	Regulationsebenen kennzeichnen das Niveau der kognitiven Prozesse, die in spezifischen Handlungen involviert sind. Nach der Handlungsregulationstheorie ist eine Handlung hierarchisch vollständig, wenn sie nicht nur sensumotorische Operationen beinhaltet, sondern auch höhere geistige Prozesse.

Regulationserfordernisse	Die Regulationserfordernisse einer Arbeitsaufgabe bezeichnen das Niveau der kognitiven Prozesse, die zu ihrer Bewältigung erforderlich sind.
Reproduktionsarbeit	Reproduktionsarbeit ist Arbeit, die notwendig ist, um die Arbeitskraft zu erhalten. Der Begriff wird nicht nur verengt auf Tätigkeiten zur unmittelbaren Arbeitskrafterhaltung angewendet (z. B. waschen, putzen oder einkaufen), sondern auch auf Tätigkeiten, die helfen, die zukünftige gesellschaftliche Arbeitskraft zu erhalten (z. B. Kindererziehung).
Ressourcen	Ressourcen sind Faktoren, die die Auseinandersetzung mit Anforderungen und Belastungen unterstützen. Sie haben positive Effekte auf die Gesundheit und können Stressreaktionen mildern bzw. puffern. Es kann zwischen personen- und bedingungsbezogenen Ressourcen unterschieden werden. Eine häufig diskutierte bedingungsbezogene Ressource ist Handlungsspielraum. Ein Beispiel für eine personenbezogene Ressource ist berufliche Selbstwirksamkeit.
Risikofaktoren	Risikofaktoren sind diejenigen personalen Faktoren, die negative Wirkungen auf die Gesundheit haben und/oder die Wirkungen von Arbeitsbelastungen unterstützen. Zu den häufig diskutierten Risikofaktoren gehört das Typ-A-Verhalten.
Rollenstressperspektive	Die in stress- und ressourcentheoretischer Tradition stehende Rollenstressperspektive geht davon aus, dass eine hohe Zahl von Rollen in den verschiedenen Lebensbereichen die Wahrscheinlichkeit von Konflikten erhöht.
Selbstkonzept	Das Selbstkonzept ist die Gesamtheit selbstbezogenen Wissens und selbstbezogener Bewertungen. Es gliedert sich in verschiedene Selbstschemata, die in ihrer Einheit das Selbstkonzept konstituieren. Das berufliche Selbstkonzept wird als Teilbereich des Selbstkonzeptes verstanden, das sich explizit auf Selbsteinschätzungen von berufsbezogenen Fähigkeiten, Interessen, Handlungserfahrungen und Einstellungen bezieht.
Self-actualizing Man	„Self-actualizing Man" umfasst die Sichtweise auf den Menschen als nach persönlicher Entwicklung und Entfaltung strebend. Kennzeichnend für den Ansatz der Humanisierung der Arbeit, der die persönlichkeits- und entwicklungsförderliche Gestaltung von Arbeitsbedingungen zum Ziel hat.
Sentimental work	„Sentimental work" bezieht sich auf die intentionale Beeinflussung und Veränderung der Gefühle anderer Personen im beruflichen Kontext. Demgegenüber steht das Konzept emotional work, das sich auf den reflexiven Umgang mit den eigenen Gefühlen bezieht.
Sicherheitskultur	Sicherheitskultur stellt die Gesamtheit der von der Mehrheit der Mitglieder einer Organisation geteilten sicherheitsbezogenen Grundannahmen und Normen, die sich im konkreten Umgang mit Sicherheit in allen Bereichen der Organisation widerspiegeln, dar.
Sicherheitspsychologie	Die moderne Sicherheitspsychologie geht über die reaktive Analyse bereits geschehener Unfälle hinaus und widmet sich im wesentlichen der Prävention von Unfällen, d. h., es werden auch Beinaheunfälle und sicherheitswidriges Verhalten in die Analysen einbezogen (vgl. auch „Unfallpsychologie").

SOC-Modell	Das SOC-Modell ist ein kompensationsbezogenes Altersmodell, nach dem Selektion, Optimierung und Kompensation als Grundprozesse der Erhaltung von Handlungskompetenz auch bei Funktionsverlusten und Einschränkungen dienen.
Social Man	„Social Man" umfasst die Sichtweise auf den Menschen als soziales Wesen, für dessen Entfaltung soziale Beziehungen grundlegend sind. Kennzeichnend für den Human-Relations-Ansatz, der u. a. die Gestaltung der sozialen Beziehungen am Arbeitsplatz in den Blick nimmt.
Soziotechnische Analyse	Eine soziotechnische Analyse hat den soziotechnischen Systemansatz als theoretischen Hintergrund. Dabei wird in besonderem Maße die Wechselwirkung von sozialen und technischen Subsystemen eines Arbeitssystems analysiert und die Notwendigkeit betont, diese gemeinsam zu optimieren. Sie berücksichtigt zudem externe Systeme, z. B. Instandhaltungs-, Zulieferer-, Abnehmersysteme.
Spillover-Effekt	Der Spillover-Effekt besagt, dass Erwerbsleben und Privatleben sich gegenseitig beeinflussen, indem der eine in den anderen Lebensbereich „überquillt". Dieser Transfer auf den jeweils anderen Lebensbereich kann sowohl positiv als auch negativ sein.
Stress	Stress entsteht durch eine Situation, die als aversiv, zeitlich nah und lang andauernd eingeschätzt wird, die als nicht kontrollierbar beurteilt wird, deren Vermeidung aber wichtig erscheint.
Stressoren	Stressoren sind Faktoren, die mit erhöhter Wahrscheinlichkeit negative Wirkungen auf die Gesundheit haben. Es kann zwischen personen- und bedingungsbezogenen Stressoren unterschieden werden. Häufig untersuchte Arbeitsstressoren sind Zeitdruck oder arbeitsorganisatorische Probleme. Ein Beispiel für einen personenbezogenen Stressor ist Feindseligkeit.
Subjektpsychotechnik	Subjektpsychotechnik ist eine Richtung der Psychotechnik, die sich mit der Anpassung oder auch Auswahl des (bzw. von) Menschen an vorhandene Arbeitsmittel und Arbeitsbedingungen beschäftigt.
Teilautonome Arbeitsgruppen	Teilautonome Arbeitsgruppen sind Arbeitsgruppen, bei denen mehrere Arbeitende in einer räumlich und organisatorisch abgegrenzten Produktionseinheit eine gemeinsame Aufgabe ausführen. Sie dient der Herstellung eines gemeinsam erzeugten (Teil-)Produktes und unterteilt sich in interdependente Teilaufgaben. Die Aufgabe wird in gemeinsamer Verantwortung dauerhaft übertragen. Vollständige Aufgaben sind gewährleistet.
Tokenism	Der Ansatz des Tokenism von Rosabeth Moss Kanter thematisiert die Minderheitensituation in Gruppen (z. B. von Frauen in männlich dominierten Bereichen). Im Rahmen des Ansatzes wird postuliert, dass bei den Angehörigen von Minderheiten in Gruppen (sog. „Token") ihr Token-Status dazu führt, dass sie aufgrund der erhöhten Sichtbarkeit und Aufmerksamkeit versuchen, sich unauffällig zu verhalten und ihre Präsenz und eigene Leistung zu verbergen.

Unfällerpersönlichkeit

Aus einer früheren, personenbezogenen Perspektive auf Unfälle bestand die Annahme, dass es Menschen mit einer besonderen Disposition für Verhaltensweisen gibt, die vergleichsweise leicht zu Unfällen führen – sogenannte „Unfäller" oder „Unfällerpersönlichkeiten" (Marbe, 1926).

Unfallpsychologie

Die Unfallpsychologie beschäftigt sich mit der Analyse bereits geschehener Unfälle. Bei dieser reaktiven Vorgehensweise wird Sicherheit als das Ausbleiben von Unfällen verstanden. Mit der Hinwendung zu einem präventiven Verständnis von Sicherheit ist der Begriff „Unfallpsychologie" allerdings in den Hintergrund getreten.

Verhältnisprävention

Verhältnisprävention befasst sich mit der Gestaltung der Arbeitsbedingungen und deren Auswirkungen auf die Gesundheit der Beschäftigten. Sie setzt bei den Arbeitsmitteln, den Umgebungsbedingungen und der Arbeitsaufgabe an.

Ergänzende Übungsaufgaben

1. Welche motivationalen Prozesse beeinflussen sicherheitsbezogenes Verhalten?
2. Was ist der Unterschied zwischen aktivem und latentem Fehler?
3. Beschreiben Sie bitte das Job-Demand-Control-Modell. Überlegen Sie, warum es das international einflussreichste Modell ist.
4. Welche personalen Faktoren sind beim Thema Arbeit und Gesundheit zu berücksichtigen?
5. Was bedeutet emotionale Dissonanz und welche Befunde gibt es dazu?
6. Nennen Sie die vier Strategien zur Regulation von Emotionen. Welche davon ist die effektivste und warum?
7. Was versteht man unter Work-Family-Conflict und unter Work-Family-Facilitation? Welche Klassifikationsmöglichkeiten für die Ursachen der Konflikte gibt es?
8. Worin liegen die Schwierigkeiten der betrieblichen Maßnahmen zur besseren Vereinbarkeit von Familie und Beruf?
9. Geben Sie Empfehlungen für eine optimale Schichtplangestaltung, und begründen Sie diese!
10. Nennen Sie Kriterien für sozialverträgliche Arbeitszeitgestaltung!